权威·前沿·原创

皮书系列为
"十二五""十三五""十四五"时期国家重点出版物出版专项规划项目

BLUE BOOK

智库成果出版与传播平台

中国社会科学院创新工程学术出版资助项目

工业化蓝皮书
BLUE BOOK OF INDUSTRIALIZATION

中国工业化进程报告（2023）
REPORT ON CHINESE INDUSTRIALIZATION (2023)

以新型工业化推动中国式现代化

黄群慧　李芳芳 等 / 著

社会科学文献出版社
SOCIAL SCIENCES ACADEMIC PRESS (CHINA)

图书在版编目(CIP)数据

中国工业化进程报告.2023：以新型工业化推动中国式现代化/黄群慧等著.--北京：社会科学文献出版社，2024.1
（工业化蓝皮书）
ISBN 978-7-5228-3163-3

Ⅰ.①中… Ⅱ.①黄… Ⅲ.①工业化-研究报告-中国-2023 Ⅳ.①F424

中国国家版本馆 CIP 数据核字（2023）第 248894 号

工业化蓝皮书
中国工业化进程报告（2023）
——以新型工业化推动中国式现代化

著　　者 / 黄群慧　李芳芳 等

出 版 人 / 冀祥德
责任编辑 / 宋　静
责任印制 / 王京美

出　　版 / 社会科学文献出版社·皮书出版分社（010）59367127
　　　　　 地址：北京市北三环中路甲29号院华龙大厦　邮编：100029
　　　　　 网址：www.ssap.com.cn

发　　行 / 社会科学文献出版社（010）59367028
印　　装 / 三河市东方印刷有限公司

规　　格 / 开　本：787mm×1092mm　1/16
　　　　　 印　张：30.5　字　数：459千字

版　　次 / 2024年1月第1版　2024年1月第1次印刷
书　　号 / ISBN 978-7-5228-3163-3
定　　价 / 158.00元

读者服务电话：4008918866

▲ 版权所有 翻印必究

主要编撰者简介

黄群慧 第十四届全国政协委员、经济委员会委员,中国社会科学院经济研究所所长,研究员、博士生导师,《经济研究》主编,中国社会科学院大学经济学院院长、教授,中国社会科学院国有经济研究智库主任。中国公共经济研究会副会长,中国企业改革发展研究会副会长,国家"十四五"规划专家委员会委员,国家制造强国建设战略咨询委员会委员,国务院反垄断委员会专家咨询组成员,国务院学位委员会学科评议组成员,国家计量战略专家咨询委委员,最高人民检察院专家咨询委员。享受国务院颁发的政府特殊津贴,荣获"国家级有突出贡献的中青年专家"称号入选文化名家暨"四个一批"人才。主要研究领域为发展经济学、制造业发展、企业改革与管理等。曾主持国家社会科学基金重大项目3项及其他研究项目多项。在《中国社会科学》《经济研究》等学术刊物公开发表论文300余篇,撰写《新时期全面深化国有经济改革研究》《工业化后期的中国工业经济》《企业家激励约束与国有企业改革》《新工业革命:理论逻辑与战略视野》《理解中国制造》《面向制造强国的产业政策》《迈向共同富裕之路》等专著30余部,编著"工业化蓝皮书""企业社会责任蓝皮书""国有经济蓝皮书""民营经济蓝皮书"多部。曾获孙冶方经济科学奖、张培刚发展经济学奖、蒋一苇企业改革与发展学术基金奖、"三个一百"原创图书奖、中国社会科学院优秀科研成果二等奖等,作品入选国家新闻出版总署优秀通俗理论读物出版工程、国家哲学社会科学成果文库等。

李芳芳　北京林业大学经济管理学院国际贸易系副教授。2015年毕业于中国社会科学院研究生院，获经济学博士学位。2015~2017年在中国社会科学院工业经济研究所从事博士后研究工作。主要研究方向为产业经济、"一带一路"贸易与投资。目前主要的学术兼职有：国家林业和草原局一带一路林草经贸国际合作中心副秘书长、国家林业和草原局林产品国际贸易研究中心对外投资室主任、国家林业和草原局木材安全国家科技创新联盟副秘书长、中央财经大学国际投资研究中心特约研究员、中国企业管理研究会理事等。在《经济管理》、《国际贸易》、《宏观经济研究》、《城市发展研究》、《经济评论》、《经济日报》、*Journal of Sustainable Forestry*等国内外核心期刊发表学术论文40余篇。以第二著者在社会科学文献出版社、中国社会科学出版社等出版学术专著7部。主持并参与国家自然科学基金项目、政府或企业委托项目30余项。科研成果曾获梁希林业科学技术奖二等奖、中国循环经济协会科学技术奖二等奖等学术奖励。

代前言 论新型工业化与中国式现代化

黄群慧

习近平总书记在党的二十大报告中提出：从现在起，中国共产党的中心任务就是团结带领全国各族人民全面建成社会主义现代化强国、实现第二个百年奋斗目标，以中国式现代化全面推进中华民族伟大复兴。[①]"以中国式现代化全面推进中华民族伟大复兴"的战略擘画，一方面指明了实现中华民族伟大复兴的战略路径，另一方面也指明了中国式现代化的战略目标，全面体现了中国共产党人的初心和使命。新中国成立以来，中国式现代化经历了长期的探索过程——从实现国家的社会主义工业化到建设现代农业、工业、国防和科学技术的四个现代化，再从新型工业化到新型工业化、城镇化、信息化和农业现代化的"新四化"同步发展，从实现总体小康到全面建成小康社会，现在我国踏上了全面建设富强民主文明和谐美丽的社会主义现代化强国的新征程。工业化是现代化的核心和基础，推进工业化和新型工业化在中国式现代化进程中具有基础和核心地位，党的二十大要求到2035年要基本实现新型工业化，如何以新型工业化推进中国式现代化无疑是一项重大论题，具有重大意义。

[①] 习近平：《高举中国特色社会主义伟大旗帜　为全面建设社会主义现代化国家而团结奋斗：在中国共产党第二十次全国代表大会上的报告》，人民出版社，2022，第21页。

一 从"工业化"到"中国式现代化"：
社会主义现代化思想的演进

现代化是18世纪工业革命以来人类文明的转型发展、社会经济达到世界先进和前沿水平的过程。工业化是一个国家或地区人均收入的提高和经济结构高级化的经济发展和经济现代化过程，其本质是国民经济中一系列基要的生产函数（或生产要素组合方式）连续发生由低级到高级的突破性变化（或变革），[①] 技术进步和生产率提高是其关键特征，工业化几乎是现代经济增长的同义词。[②] 从现代化历史来看，工业化是现代化的核心和发动机，对大多数国家尤其是大国而言，是成为现代化国家的必要条件。

近代以来，把中国发展成为一个现代化国家，成为众多仁人志士的伟大梦想。19世纪60年代"洋务运动"可以看作是近代工业化开端的标志。1919年孙中山提出的《建国方略》在很大程度上是中国资本主义工业化的蓝图。在近代现代化思想史上，20世纪二三十年代出现强调以农立国的重农主义学派与强调以工立国的重工主义学派的思想之争，前者提出"保全农化""农村立国""振兴农业论""复兴农村"等农本主义思想主张，后者提出"以工立国""农化为工""农工并重"等工业化思想主张，体现出早期我国学术界关于对符合中国国情的工业化道路初步探索；1933年7月《申报月刊》创刊周年纪念刊推出"中国现代化问题号"特辑，体现出当时知识界试图用"现代化"这个术语去分析中国所面临的民族危机和民族发展出路问题，提出赶快顺着现代化方向推进中国发展，重点讨论了中国现代化的发展道路和现代化发展的运作机制两方面问题。[③]

[①] 张培刚：《农业与工业化》上卷，华中工学院出版社，1984，第82页。
[②] Richard Sylla, Gianni Toniolo, *Patterns of European Industrialization: the Nineteenth Century*, Routledge and Fondazione Adriano Olivetti 1991.
[③] 李放、黄南姗：《"现代化"、"工业化"的论争与现代中国的经济取向》，《江汉论坛》1997年第4期。

代前言　论新型工业化与中国式现代化

关于中国的现代化道路，以毛泽东同志为主要代表的中国共产党人早在新民主主义革命时期就开始关注中国的工业化问题。习近平总书记指出，在新民主主义革命时期，中国共产党团结带领人民，浴血奋战、百折不挠，经过北伐战争、土地革命战争、抗日战争、解放战争，推翻帝国主义、封建主义、官僚资本主义三座大山，建立了人民当家作主的中华人民共和国，实现了民族独立、人民解放，为实现现代化创造了根本社会条件。① 在抗日战争期间，中国共产党就认识到工业化对于中国现代化的重要意义。1944年5月，毛泽东就向全党指出了中国工业化的重要意义："要打倒日本帝国主义，必需有工业；要中国的民族独立有巩固的保障，就必需工业化。我们共产党是要努力于中国的工业化的。"② 毛泽东的现代化思想中坚持了现代化是以工业化为核心的认识，认为现代化社会要以工业为基础，并将其归结为马克思主义的观点。

中华人民共和国成立以后，中国共产党开始致力于领导推进中国的社会主义现代化建设。1953年，中国共产党正式提出了党在过渡时期的总路线：从中华人民共和国成立，到社会主义改造基本完成，这是一个过渡时期，党在这个过渡时期的总路线和总任务，是要在一个相当长的时期内，逐步实现国家的社会主义工业化，并逐步实现国家对农业、对手工业和对资本主义工商业的社会主义改造。以"一化三改"总路线为指导思想，以五年计划为抓手，中国大规模的现代化建设全面铺开。也就是说，新中国成立之初，确定的社会主义现代化方向是社会主义工业化，与西方发达国家所走的以私有制商品经济发展为基础的资本主义工业化道路不同，新中国要走出一条国家的社会主义工业化道路。随后，实现社会主义工业化目标进一步具体化为实现"四个现代化"，这是社会主义现代化思想演进中出现的又一标识性概念。在1954年召开的第一届全国人民代表大会上，强大的现代化工业、现代化农业、现代化交通运输业和现代化国防被具体化为社会主义工业化建设

---

① 《习近平在学习贯彻党的二十大精神研讨班开班式上发表重要讲话强调　正确理解和大力推进中国式现代化》，《光明日报》2023年2月8日。
② 《毛泽东同志号召发展工业打倒日寇》，《解放日报》1944年5月26日。

003

的总任务。1956年党的八大根据我国社会主义改造基本完成后的形势，提出国内主要矛盾已经不再是工人阶级和资产阶级的矛盾，而是人民对于经济文化迅速发展的需要同当前经济文化不能满足人民需要的状况之间的矛盾，全国人民的主要任务是集中力量发展社会生产力，实现国家工业化，逐步满足人民日益增长的物质和文化需要。党提出努力把我国逐步建设成为一个具有现代农业、现代工业、现代国防和现代科学技术的社会主义强国，领导人民开展全面的大规模的社会主义建设。① "现代农业、现代工业、现代国防和现代科学技术"，这就是耳熟能详的"四个现代化"。

在完成社会主义革命和推进社会主义建设时期，社会主义现代化思想的核心是实现社会主义工业化，遵循了马克思关于两大部类比例关系和生产资料优先增长的理论，强调优先快速发展重工业，政府作为投资主体，国家指令性计划作为配置资源手段。虽然是重工业优先发展，但这个时期的工业化指导思想与苏联的斯大林工业化思想并不完全相同。斯大林主张：不是发展任何一种工业都算作工业化，工业化的中心和基础就是发展重工业。② 毛泽东的工业化思想则除了强调重工业优先发展外，也还强调要处理好国民经济比例关系，重工业和轻工业、农业的关系以及沿海和内地工业关系，以及煤电、运输等先行工业部门与整个国民经济的协调发展关系，尤其是将农业现代化视为工业化的一个组成部分，强调工业与农业同时并举。毛泽东在中共八届三中全会讲话中指出："讲到农业与工业的关系，当然，以重工业为中心，优先发展重工业，这一条毫无问题，毫不动摇。但是在这个条件下，必须实行工业与农业同时并举，逐步建立现代化的工业和现代化的农业。过去我们经常讲把我国建成一个工业国，其实也包括了农业的现代化。"③ 总体而言，在完成社会主义革命和推进社会主义建设时期，以毛泽东同志为主要代表的中国共产党人，提出关于社会主义现代化建设的一系列重要思想，强

---

① 《中共中央关于党的百年奋斗重大成就和历史经验的决议》，人民出版社，2021，第10~11页。
② 蒋学模：《影响中国现代化的几种工业化理论》，《当代经济研究》1996年第4期。
③ 《毛泽东文集》第七卷，人民出版社，1999，第310页。

调正确处理我国社会主义建设的十大关系,探索出一条适合我国国情的工业化道路,实现了中华民族有史以来最为广泛而深刻的社会变革,建立起独立的比较完整的工业体系和国民经济体系。正如习近平总书记所指出的:社会主义革命和建设取得了独创性理论成果和巨大成就,为现代化建设奠定根本政治前提和宝贵经验、理论准备、物质基础。①

党的十一届三中全会以后,中国进入改革开放和社会主义现代化建设新时期,开始探索走中国特色社会主义现代化道路。1979年邓小平同志提出了"小康之家"这个中国式的现代化概念,明确了什么是"中国式的现代化道路":"过去搞民主革命,要适合中国情况,走毛泽东同志开辟的农村包围城市的道路。现在搞建设,也要适合中国情况,走出一条中国式的现代化道路。"② 1982年党的十二大首次提出到2000年人民的物质文化生活可以达到小康水平,把中国式现代化目标综合表述为"小康"。1987年党的十三大报告进一步把经济现代化战略部署分为"三步走",首次明确到本世纪中叶人均国民生产总值达到中等发达国家水平,人民生活比较富裕,基本实现现代化。2002年党的十六大在确认实现了现代化"三步走"战略的第一步、第二步目标的基础上,提出了在21世纪头二十年全面建设惠及十几亿人口的更高水平的小康社会,明确了全面建设小康社会目标,并将基本实现工业化列为全面建设小康社会的一项重要目标。③ 党的十六大报告还首次提出我国应该走"新型工业化道路"。党的十七大报告进一步明确了我国在2020年基本实现工业化和全面建成小康社会的目标,2020年基本实现工业化也继续被列为全面建成小康社会的一个重要标志。

推进改革开放和社会主义建设新时期,中国社会主义现代化指导思想实现了质的飞跃,不仅仅强调实现工业化和"四个现代化",更加突出工业化

---

① 《习近平在学习贯彻党的二十大精神研讨班开班式上发表重要讲话强调　正确理解和大力推进中国式现代化》,《光明日报》2023年2月8日。
② 《邓小平文选》第二卷,人民出版社,1994,第163页。
③ 中共中央党校教务部编《十一届三中全会以来党和国家重要文献选编(一九七八年十二月——二〇〇七十月)》,中共中央党校出版社,2008,第452页。

和现代化目标是改善人民生活、实现"小康",坚持以经济建设为中心,并将社会主义现代化建设进一步拓展到经济建设、政治建设、文化建设和社会建设各个领域,坚持发展是硬道理,提出科学技术是第一生产力,突出科学技术在发展生产力上的重大意义,强调在以公有制经济为主体的条件下利用一切有利于生产力发展的经济形式,确立并不断完善社会主义市场经济体制作为现代化实现的体制机制,工业化战略和政策的重心逐步转向市场在配置资源中发挥基础性作用、低成本出口导向、建设开放经济、基于产业演进规律不断促进产业结构优化升级,①要求以信息化带动工业化、以工业化促进信息化,探索一条科技含量高、经济效益好、资源消耗低、环境污染少、人力资源优势得到充分发挥的发展道路。习近平总书记在全面总结40年改革开放取得的伟大成就和宝贵经验时,强调改革开放是党的一次伟大觉醒,是中国人民和中华民族发展史上一次伟大革命。发出将改革开放进行到底的伟大号召。改革开放和社会主义现代化建设的伟大成就举世瞩目,我国实现了从生产力相对落后的状况到经济总量跃居世界第二的历史性突破,实现了人民生活从温饱不足到总体小康、奔向全面小康的历史性跨越,推进了中华民族从站起来到富起来的伟大飞跃。②总体而言,改革开放和社会主义建设新时期,中国共产党大力推进实践基础上的理论创新、制度创新、文化创新以及其他各方面创新,为中国式现代化提供了充满新的活力的体制保证和快速发展的物质条件。③

进入中国特色社会主义新时代,以习近平同志为核心的党中央不断实现理论和实践上的创新突破,领导中国人民成功推进和拓展了中国式现代化。党的十八大强调到2020年实现全面建成小康社会宏伟目标,工业化基本实现,信息化水平大幅提升,城镇化质量明显提高,农业现代化和社会主义新

---

① 黄群慧:《中国共产党领导社会主义工业化建设及其历史经验》,《中国社会科学》2021年第7期。
② 《中共中央关于党的百年奋斗重大成就和历史经验的决议》,人民出版社,2021,第22页。
③ 《习近平在学习贯彻党的二十大精神研讨班开班式上发表重要讲话强调 正确理解和大力推进中国式现代化》,《光明日报》2023年2月8日。

农村建设成效显著。2017年党的十九大提出,从十九大到二十大,既要全面建成小康社会、实现第一个百年奋斗目标,又要乘势而上开启全面建设社会主义现代化国家新征程,向第二个百年奋斗目标进军。从2020年到21世纪末中国的社会主义现代化事业分两个阶段部署,第一个阶段从2020年到2035年,在全面建成小康社会的基础上基本实现社会主义现代化,第二个阶段从2035年到本世纪中叶,在基本实现现代化的基础上把我国建成富强民主文明和谐美丽的社会主义现代化强国。党的二十大报告提出以中国式现代化全面推进中华民族伟大复兴,进一步对现代化新征程进行了两步走的战略擘画,指出到2035年中国经济实力、科技实力、综合国力大幅跃升,人均国内生产总值达到中等发达国家水平,实现高水平科技自立自强,建成现代化经济体系,形成新发展格局,基本实现新型工业化、信息化、城镇化、农业现代化。进入中国特色社会主义新时代,以习近平同志为核心的党中央将实现中华民族伟大复兴与实现社会主义现代化作为坚持和发展中国特色社会主义总任务,将社会主义现代化建设事业进一步拓展,提出经济建设、政治建设、文化建设、社会建设、生态文明建设的中国特色社会主义事业"五位一体"总体布局,以及全面建设社会主义现代化国家、全面深化改革、全面依法治国、全面从严治党的"四个全面"战略布局;提出在全面建成小康社会的基础上,分两步走在21世纪中叶建成富强民主文明和谐美丽的社会主义现代化强国,以中国式现代化推进中华民族伟大复兴;将高质量发展作为全面建设社会主义现代化国家的首要任务,要求完整、准确、全面贯彻新发展理念,坚持社会主义市场经济改革方向,使市场在资源配置中起决定性作用,更好发挥政府作用,坚持高水平对外开放,加快构建以国内大循环为主体、国内国际双循环相互促进的新发展格局,统筹发展和安全;明确坚持走中国特色新型工业化、信息化、城镇化、农业现代化道路,推动信息化和工业化深度融合、工业化和城镇化良性互动、城镇化和农业现代化相互协调,促进工业化、信息化、城镇化、农业现代化同步发展。

在中国特色社会主义新时代,形成了习近平新时代中国特色社会主义思想,实现了马克思主义中国化时代化新的飞跃,为中国式现代化提供了根本遵循。中国特色社会主义新时代的社会主义现代化思想，进一步深化对中国式现代化的内涵和本质的认识，概括形成了中国式现代化的五方面中国特色——人口规模巨大的现代化、全体人民共同富裕的现代化、物质文明和精神文明相协调的现代化、人与自然和谐共生的现代化、走和平发展道路的现代化，九方面本质要求——坚持中国共产党领导、坚持中国特色社会主义、实现高质量发展、发展全过程人民民主、丰富人民精神世界、实现全体人民共同富裕、促进人与自然和谐共生、推动构建人类命运共同体、创造人类文明新形态，以及五方面重大原则——坚持和加强党的全面领导、坚持中国特色社会主义道路、坚持以人民为中心的发展思想、坚持深化改革开放、坚持发扬斗争精神。① 尤其强调的是，中国共产党的领导直接关系中国式现代化的根本方向、前途命运、最终成败。这初步构建了中国式现代化的理论体系，深刻揭示了中国式现代化的科学内涵，为全面建成社会主义现代化强国、实现中华民族伟大复兴指明了一条康庄大道，使中国式现代化更加清晰、更加科学、更加可感可行。新时代在现代化建设上推进一系列变革性实践、实现一系列突破性进展、取得一系列标志性成果，推动党和国家事业取得历史性成就、发生历史性变革，特别是消除了绝对贫困问题，全面建成小康社会，为中国式现代化提供了更为完善的制度保证、更为坚实的物质基础、更为主动的精神力量②。

二 "新型工业化"与"中国式现代化"："中国特色"的内在一致性

党的二十大报告要求推进新型工业化，在2035年基本实现新型工业化。新型工业化作为党的十六大提出的概念，是一条坚持以信息化带动工业化，

---

① 习近平：《高举中国特色社会主义伟大旗帜　为全面建成社会主义现代化国家而团结奋斗：在中国共产党第二十次全国代表大会上的报告》，人民出版社，2022，第22~24页。
② 《习近平在学习贯彻党的二十大精神研讨班开班式上发表重要讲话强调　正确理解和大力推进中国式现代化》，《光明日报》2023年2月8日。

以工业化促进信息化，科技含量高、经济效益好、资源消耗低、环境污染少、人力资源优势得到充分发挥的发展道路。新型工业化既是基于对世界工业化共同特征和时代发展趋势的把握和认识，更是对中国基本国情认识和中国特色的体现，是具有"世界时代特质""中国国情特质"的工业化，① 如同"小康"概念提出一样，是中国式现代化自主的知识体系的重要内容。从新中国成立之初的实现国家的社会主义工业化，到中国特色的新型工业化道路，正是中国式现代化不断深化和拓展的重要体现。在全面建设社会主义现代化强国的新征程中，进一步推进和最终实现新型工业化，是以高质量发展推进中国式现代化的重要要求。

新型工业化道路的"新型"具有两方面基本含义。一方面，相对于发达国家已经走过的工业化道路而言，新型工业化道路融合了信息化（数字化、网络化、智能化）、绿色化的现代化科技革命和产业变革，这是新型工业化的"时代特质"。工业化如果抽掉技术创新的具体内容，单纯从经济学含义上可以一以贯之地认为是一系列基要生产函数连续发生的由低级向高级的突破性变革。但是，在世界200多年的工业化进程中，大体经历了三次（维度不同，可以有不同划分）工业革命，实质上不同时代工业化的技术创新的主要内涵并不相同。当今时代技术创新的趋势是信息化、绿色化，我国是后发赶超型工业化，不会也不可能再完全重复传统工业化道路，不应该"先机械化后信息化""先污染后治理"，必然走一条与信息化融合的、绿色可持续的工业化道路。中国工业化整体上是一个并联型、叠加型工业化，正如习近平总书记所指出："我国现代化同西方发达国家有很大不同。西方发达国家是一个'串联式'的发展过程，工业化、城镇化、农业现代化、信息化顺序发展，发展到目前水平用了二百多年时间。我们要后来居上，把'失去的二百年'找回来，决定了我国发展必然是一个'并联式'的过程，工业化、信息化、城镇化、农业现代化是叠加发展的。"②

---

① 陈佳贵、黄群慧：《论新型工业化战略下的工业现代化》，《当代财经》2003年第9期。
② 《习近平关于社会主义经济建设论述摘编》，中央文献出版社，2017，第159页。

另一方面,"新型"的含义是基于中国国情和中国发展阶段的"国情特质"考虑的工业化战略。从发展阶段看,相对于以前工业化初中期更注重劳动要素数量投入促进经济增长的经济粗放发展的工业化道路而言,现在工业化进程进入中后期阶段,推进经济发展需要通过创新驱动发展、提高经济效益、实现经济增长方式从粗放型向集约型转变,尤其是在工业化进入后期、中国经济从高速增长转向高质量发展阶段,新型工业化战略要求从赶超跨越式的高速度工业化转向技术创新驱动的高质量工业化。从中国基础国情看,中国是第一人口大国,人口规模巨大,这要求充分发挥人力资源优势作为中国工业化战略的基点,既要认识到劳动力资源丰富、具备基础供给充分的特点,也要认识到在科技革命和产业转型升级过程中劳动力教育培训转型、岗位就业匹配等问题的复杂性、艰难性、长期性;既要认识到人口规模巨大是消费需求潜力巨大的基础,也要认识到推进全体人民共同富裕、完善收入分配制度的复杂性、艰难性、长期性。新型工业化道路需要基于这两方面"国情特质"探索自己的新的工业化战略和政策,需要探索出注重创新与包容、效率与公平协调的工业化道路。

党的二十大报告指出,中国式现代化是中国共产党领导的社会主义现代化,既有各国现代化的共同特征,更有基于自己国情的中国特色,中国式现代化是人口规模巨大的现代化、全体人民共同富裕的现代化、物质文明和精神文明协调的现代化、人与自然和谐共生的现代化、走和平发展道路的现代化。[1] 基于上面对新型工业化的分析可以看出,新型工业化的"国情特质"与中国式现代化的"中国特色"具有内在一致性,这意味着坚持推进新型工业化,实现新型工业化,本身就是深化和推进中国式现代化的应有之义。实际上,从新中国成立之初提出的实现国家的社会主义工业化目标到第三届全国人民代表大会提出实现"四个现代化"目标,从党的十二大提出到2000年人民的物质文化生活可以达到小康水平到党的十六大提出到2020年

---

[1] 习近平:《高举中国特色社会主义伟大旗帜 为全面建设社会主义现代化国家而团结奋斗:在中国共产党第二十次全国代表大会上的报告》,人民出版社,2022,第22~23页。

代前言 论新型工业化与中国式现代化

全面建成小康社会,从党的十六大提出新型工业化道路到党的十八大提出的新型工业化、信息化、城镇化和农业现代化同步实现,直到党的二十大提出以中国式现代化全面推进中华民族的伟大复兴,这既体现了中国式现代化进程的不断深化和拓展,也体现了对中国式现代化规律的深入认识和把握。

从中国式现代化进程看,2021年7月1日,习近平总书记代表党和人民庄严宣告:经过全党全国各族人民持续奋斗,我们实现了第一个百年奋斗目标,在中华大地上全面建成了小康社会,历史性地解决了绝对贫困问题,正在意气风发地向着全面建成社会主义现代化强国的第二个百年奋斗目标迈进。从工业化视角衡量中国式现代化的进程,全面建成小康社会目标的实现意味着中国基本实现了工业化。最初党的十六大报告提出到2020年全面建成小康社会目标时,就将基本实现工业化列为全面建设小康社会的一项重要目标任务,并首次明确了到2020年我国基本实现工业化的奋斗目标。从党的十七大、十八大报告的全面建成小康社会的各项要求看,基本实现工业化都是全面建成小康社会的基本要求或者重要标志之一。因此,全面建成小康社会,也就意味着我国已经基本实现了工业化。实际上,基于工业化水平综合指数具体测评,也可以判断到2020年我国已经基本实现了工业化。[①]

虽然中国基本实现了工业化,但工业化进程中还存在发展不平衡不充分问题,还没有全面实现工业化;虽然中国基本实现了工业化,但还没有实现工业现代化,中国工业发展"大而不强",这意味着中国作为世界第一工业产出国,规模巨大,但从效率、结构、质量等方面与世界工业先进水平相比还有一定差距,工业现代化水平还有待提升;虽然中国基本实现了工业化,但没有实现新型工业化,与新型工业化关于高级化(科技含量高)、信息

---

① 按照传统工业化理论,我们把工业化划分为前工业化、初期、中期、后期和后工业化阶段,利用人均GDP、三次产业产值比例、制造业增加值占总商品增加值比例、人口城市化率、第一产业就业占总体就业比重5个指标并赋予不同权重,取实现工业化国家这5个指标在不同工业化阶段的经验数值范围作为标准值,构造了工业化水平综合指数。计算表明,2020年中国整体工业化水平指数已经达到93,处于工业化后期的后半阶段,可以判断为基本实现了工业化。具体计算过程可参阅黄群慧、李芳芳《中国工业化进程报告(1995~2020)——"十三五"回顾与"十四五"展望》,社会科学文献出版社,2020,第44~45页。

011

化、绿色化、包容性等方面要求还有很大距离，更是还面临着推进新型工业化、信息化、城镇化和农业现代化"新四化"同步实现的高质量工业化任务。① 总之，基本实现工业化，是中国共产党领导中国人民百年奋斗取得的中国式现代化的辉煌成就，具有伟大的历史意义和世界意义。但是，面对现代化的新征程，中国式现代化还面临全面实现工业化、实现新型工业化、实现工业现代化和实现"新四化"的重大任务。

三 以新型工业化推进中国式现代化：战略着力点、协同性与过程包容性

第一，正确把握新型工业化的战略着力点，大力提高实体经济供给质量，筑牢中国式现代化的实体经济根基，加快建设现代化产业体系，持续推进制造业沿着高端化、数字化、绿色化、服务化的方向转型升级。

党的二十大报告强调："坚持把发展经济的着力点放在实体经济上，推进新型工业化，加快建设制造强国、质量强国、航天强国、交通强国、网络强国、数字中国。"② 而实体经济发展正是推进工业化进程的核心内容，把发展经济着力点放在实体经济上，需要进一步推进和深化新型工业化进程。当前我国实体经济总体发展质量还有待提高，发展还存在不平衡不充分问题。无论是企业层面，还是产业层面，以及产品层面，我国实体经济供给质量都有待提高。尤其是，近些年我国经济呈现"脱实向虚"的倾向，呈现过快去工业化。这要求围绕提高实体经济质量继续深化供给侧结构性改革，加快构建新发展格局，畅通国民经济循环，推进我国工业化从快速的工业化进程向高质量工业化进程转变。这尤其要深化金融供给侧结构性改革，优化融资结构和完善金融机构体系、市场体系、产品体系，健全资本市场功能，

---

① 黄群慧：《2020年我国已经基本实现了工业化——中国共产党百年奋斗巨大成就》，《经济学动态》2021年第11期。
② 习近平：《高举中国特色社会主义伟大旗帜 为全面建设社会主义现代化国家而团结奋斗：在中国共产党第二十次全国代表大会上的报告》，人民出版社，2022，第30页。

为制造业高质量发展提供更高质量、更有效率的金融服务。正如习近平总书记所指出:"在经济循环中,实体经济供求循环发挥着基础性作用,这一循环畅通,经济就不会出大问题。我国经济发展面临的突出问题是需求结构升级了,但供给体系没有跟上,供需出现结构性失衡,导致实体经济循环不畅。这恰恰是供给侧结构性改革要解决的基本问题,也是当前和今后一个时期金融为实体经济服务的基本任务。"[1]

推进中国式现代化,需要建设现代化经济体系。现代化产业体系是现代化经济体系的基础和核心,要通过深化新型工业化进程,促进实体经济、科技创新、现代金融、人力资源协同发展,形成高技术含量的现代化产业基础能力、产业、产业链和产业集群,从而建成创新驱动、协同发展的现代化产业体系。虽然我国产业发展取得了历史性成就,产业体系比较完整,在全球产业链和供应链中具有重要的地位,但是,从总体上看,我国产业基础能力还不强,存在大量"产业基础短板",产业体系现代化水平还不高,产业还处于全球价值链的中低端,一些核心技术还受制于人,在百年未有之大变局下,我国产业链供应链的稳定性更面临着多重压力。针对我国产业体系的突出问题,扬优势、补短板、强弱项,加快建设自主可控、安全可靠和具有竞争力的现代化产业体系,就成为深化新型工业化进程、推进中国式现代化的必然要求和重大任务。

实体经济最核心、最主体的部分是制造业。以新型工业化推进中国式现代化,需要把握好制造业创新发展的方向,持续推进制造业沿着高端化、智能化、绿色化、融合化的方向转型升级,这需要在以下几方面着力。一是发挥社会主义市场经济条件下的新型举国体制优势,加快科技自立自强步伐,强化高水平自主技术要素供给,找准关键核心技术和零部件"卡脖子"薄弱环节,推进新一代信息技术、生物技术、人工智能等领域的关键核心技术攻关工程,提高产业基础能力现代化水平,加快共性基础建设,突破关键共

---

[1] 《习近平著作选读》第一卷,2023,第614页。

性技术、前沿引领技术等。① 二是适应产业融合发展的大趋势，加快推进数字产业化、产业数字化，以数字经济赋能制造业与服务业融合，加快推进现代服务业与先进制造业、现代化农业的深度融合。同时，积极推进内外产业的深度融合，鼓励企业深度参与全球产业分工、进行国际贸易投资合作，以产业为载体联动国内国际两个市场、联动国内国际两种生产要素资源，在构建互利共赢、多元平衡、安全高效的开放型经济体系中不断增强我国国际经济合作和产业竞争新优势。三是聚焦新一代信息技术、生物技术、新能源、新材料、高端装备、新能源汽车、绿色环保及航空航天、海洋装备等战略性新兴产业的集群化发展，培育一批具有竞争力的先进制造业集群。同时前瞻谋划类脑科学、量子信息、基因技术、未来网络、深海空天开发、氢能与储能等未来产业，抢占产业变革制高点，为形成未来的先进制造业产业集群、提高未来的现代化产业国际竞争力奠定基础。四是加快建成系统完备、高效实用、智能绿色、安全可靠的现代化基础设施体系，以有效投资促进新型基础设施建设，探索优化基础设施建设发展模式，实现经济效益、社会效益、生态效益、安全效益相统一。五是应对产业链供应链安全问题，尽快明确产业链供应链安全政策在我国产业和经济政策体系中具有前置功能和基础性地位，建起权责清晰、多部门紧密协作的产业链供应链安全管理体系，完善专业化的产业链供应链安全信息情报收集和动态评估体系，加快培育链主企业和关键节点控制企业，提高我国企业全球产业链掌控能力，积极有效推进产业链的强链补链稳链。六是积极推进制造业绿色化转型实施绿色制造工程，加快制造业绿色改造升级，积极构建以开放绿色产品、建设绿色工厂、发展绿色园区、打造绿色供应链为核心内容的绿色制造体系，强化绿色监管。以绿色制造发展加快推进人与自然和谐共生的中国式现代化建设。

第二，高度重视新型工业化的战略协同性，通过促进城乡、区域、产业的融合发展，提高新型工业化战略与以人为核心的新型城镇化战略、全面推

---

① 黄群慧：《打造自主可控、安全可靠、竞争力强的现代化产业体系》，《光明日报》2023年2月21日。

进乡村振兴战略的协同性，推动新型工业化、信息化、城镇化和农业现代化同步发展。

中国式现代化要求实现全体人民共同富裕，要求新型工业化、信息化、城镇化和农业现代同步发展到2035年基本实现，要求实现区域协调发展和城乡协调发展。作为一个现代化强国，不仅仅是制造强国、质量强国、航天强国、交通强国、网络强国、数字中国，还必须是一个农业强国；不仅仅是城市现代化，农村还必须具备现代生活条件；中国式现代化要求构建优势互补、高质量发展的经济布局和国土空间体系。无论是从区域协调发展和城乡协调发展的中国式现代化要求看，还是从新型工业化、城镇化、信息化和农业现代化"四化同步"要求看，无论是从以新发展理念为指导的高质量发展要求看，还是从以人为核心的新型城镇化战略以及全面推进乡村振兴战略的要求看，以及从扎实推进全体人民共同富裕的现代化要求看，推进新型工业化时必须注重战略协同性。

新型工业化、新型城镇化和全面推进乡村振兴三大战略，是我国实现中国式现代化、建设现代化强国的关键战略支撑，提高新型工业化推进的战略协同性，关键体现在新型工业化如何与新型城镇化和全面推进乡村振兴战略的协同，而政策的关键在于能否实现城乡之间、区域之间和产业之间融合发展，只有城乡之间、区域之间和产业之间的融合发展才能很好地实现战略协同，才能在工业强国的基础上实现农业强国建设目标，在工业现代化基础上实现农业现代化，在"两横三纵"城镇化格局上实现乡村全面振兴。而推进城乡之间、区域之间和产业之间融合发展，信息化、数字化、绿色化技术又提供了强大的技术支持。要以推进新型工业化和新型城镇化的新型基础设施建设为抓手，依靠信息化、数字化和绿色化技术手段，破除产业之间、区域之间和城乡之间融合发展的制度藩篱（如统筹城乡社会保障），促进城乡之间、区域之间、产业之间的融合发展，这是提高新型工业化战略协同性的关键。这要求健全城乡融合发展、产业融合发展的体制机制，形成城乡生产要素平等交换、双向流动的完善的政策体系，打破城乡要素流动的体制机制障碍，促进乡村与城镇的融合发展，在推进都市圈建设、城市群一体化发展

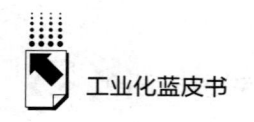

中包容和带动县城、乡镇发展。

第三，持续提升新型工业化的过程包容性，充分考虑到人口规模巨大的基本国情，重视实现全体人民共同富裕的中国式现代化要求，以包容性的新型工业化战略全面推进中国式现代化进程。

人口规模巨大是我国的基本国情，也是一种资源优势，新型工业化道路是要充分发挥规模巨大的人力资源优势的工业化。我国巨大的人力资源优势，在工业化初中期，是我国低成本工业化战略的基础，正是大量的甚至是无限供给的低成本劳动力，支撑了我国快速的、跨越式的工业化进程，实现了快速的经济赶超。但是，对于已经处于工业化后期的未来的现代化新征程而言，人口规模巨大作为一种资源优势的内涵发生了变化。除了还在一定程度上是层次丰富的劳动力供给源泉外，大量低成本劳动力供给的比较优势逐步减弱，主要优势转换为巨大人口资源所形成的超大规模的市场需求。随着我国经济增长水平提高，我国人均GDP已经超过1万美元，具有超4亿人口的中等收入群体①，这形成了超大规模市场优势，为大国经济内部可循环提供了需求条件。我国要加快构建以国内大循环为主体、国内国际双循环相互促进的新发展格局，工业化战略需要从基于低成本比较优势的传统工业化道路转向基于技术创新优势的新型工业化道路。推进新型工业化，需要把我国超大规模市场优势转为高水平自主创新优势，这正是构建新发展格局的本质和关键。②

面对人口规模巨大的基本国情，实现全体人民共同富裕的中国式现代化，其艰巨性和复杂性无疑是前所未有的。在推进新型工业化进程中，必须重视实现共同富裕这个中国式现代化本质要求。工业化在促成经济增长和人均收入水平提高的同时，也会产生分配效应，影响收入分配格局。在工业化

---

① 2020年的《社会蓝皮书：2020年中国社会形势分析与预测》，把中等收入人群定义为，家庭年收入在10万~50万元，并按该标准测算，2018年我国中等收入群体约占总人口的28%，约4亿人，而这一数据也被广泛使用。
② 黄群慧：《新发展格局的理论逻辑、战略内涵与政策体系——基于经济现代化的视角》，《经济研究》2021年第4期。

进程的不同发展阶段，收入不平等呈现不同的变化趋势。与传统工业化进程中欧美发达国家一般呈现收入不平等与工业化推进先上升后下降倒 U 形关系不同，20 世纪 80 年代以来，随着数字化、经济全球化和去制造业化的趋势明显，发达国家大多都呈现收入差距逐年扩大的趋势。在未来的现代化新征程中，我国新型工业化必然呈现数字化、经济全球化和去制造业化趋势，这对我国如何实现共同富裕提出了更大挑战。面对如此庞大的人口规模，新型工业化进程中的技术转型升级带来的就业岗位转换必然是大规模的，由此而产生的收入差距扩大问题也会比较严峻，这必然要求推进新型工业化要考虑到过程包容性。

这意味着，一方面，注意避免现代化进程中"极化效应"，不能单纯从技术转型升级、制造业高级化考虑加快推进新型工业化进程，技术创新要考虑社会责任，要推进有道德的技术创新，技术创新不仅要注重经济效益，还必须兼顾环境效益和社会效益，新型工业化应该是创新驱动的、可持续的、包容的工业化，在推进制造业高级化、数字化转型升级过程中，要注意到这个过程的包容性，使更多人群参与新型工业化进程。当今全球商界日益流行的 ESG（环境、社会与治理）投资理念，很好地体现了这方面的要求，应该大力提倡推动。另一方面，不能信奉经济发展过程一定会产生所谓的"涓滴效应"，而要不断完善分配制度，坚持以按劳分配为主体、多种分配方式并存，构建初次分配、再分配、第三次分配协调配套的制度体系，通过分配制度的完善来提高工业化进程的包容性，使全体人民都能够分享到新型工业化的成果，从而推进实现全体人民共同富裕的中国式现代化。

目 录

Ⅰ 总报告

B.1 新型工业化道路是推进中国式现代化的战略选择
.... 黄群慧 李芳芳 章子琪 / 001

B.2 新型工业化评价理论逻辑、指标体系构建及结果评价
.... 李芳芳 张 鹏 黄群慧 / 022

Ⅱ 分报告

B.3 以两化融合推进新型工业化发展 ················· 邵婧婷 / 045

B.4 推进中国新型工业化与城镇化协调发展
.... 石 颖 李宛华 张露月 / 066

B.5 新型工业化与农业现代化融合发展研究 ··········· 周灵灵 / 089

B.6 用绿色发展夯实新型工业化的生态底色 ··········· 王 龙 / 103

Ⅲ 专题一 信息化：新型工业化的时代特征

B.7 人工智能对全要素生产率的影响研究
——基于城市-企业层面的经验证据 ········· 余泳泽 胡 俊 / 118

B.8 数字时代的产学研融合与企业突破性创新
——来自中国上市公司的证据……………… 王　龙　夏宇锋 / 136
B.9 产业数字化、国内市场规模与制造业全球供应链韧性
………………………………………………… 杨　飞　余泳泽 / 165

Ⅳ 专题二　绿色化：新型工业化的生态底色

B.10 中国县域碳排放强度的动态演化
——来自可解释机器学习的新证据
……………………… 俞　剑　蔡铉烨　苏　治　梁龙跃 / 185
B.11 新型基础设施建设与地区绿色低碳转型
……………………… 苏　治　赵　晨　刘　鹏　俞　剑 / 204

Ⅴ 专题三　服务化：现代化产业体系构建的必然选择

B.12 制造业服务化与企业双元创新：产融结合的视角…… 王　龙 / 224
B.13 我国工业与旅游融合发展现状及对策建议……………… 廖　斌 / 252

Ⅵ 专题四　城镇化：新型工业化的重要载体

B.14 区域协调战略的产业结构转型升级效应评估
——以国家级城市群建设为例 ………………………… 李欣泽 / 272
B.15 以城兴产：城市化对数字经济创新创业活跃度的
影响研究 …………………………………………………… 李欣泽 / 305

Ⅶ 专题五　农业现代化：新型工业化的广阔应用场景

B.16 数字经济、技术创新与农业全要素生产率
……………………………… 齐文浩　赵博骏　杨兴龙 / 336

B.17 小农户衔接现代农业：数字经济的微观影响
————基于要素配置效应及四省农户调查数据 ········ 武建辉 / 364

Ⅷ 专题六 共同富裕：新型工业化的包容性体现

B.18 推进新型工业化包容性发展研究 ················ 魏国江 / 389
B.19 推进共同富裕背景下公共消费对城乡居民消费
结构的影响研究
————基于 LA/AIDS 拓展模型的实证分析
························ 龙少波 俞思琪 / 407

Ⅸ 专题七 更高水平对外开放：新型工业化的必由之路

B.20 以自由贸易试验区建设引领高水平对外开放
···················· 李芳芳 裴韬武 / 423
B.21 碳减排视角下的制造业全球价值链嵌入与全要素生产率
————基于造纸产业的多国（地区）影响检验
················ 解希玮 李芳芳 李凌超 / 438

皮书数据库阅读 使用指南

总 报 告

B.1
新型工业化道路是推进中国式现代化的战略选择

黄群慧　李芳芳　章子琪*

摘　要： 不同时期的现代化和工业化都有着不同的内涵，中国实践不断丰富现代化和工业化理论内涵并促进其与时俱进。而工业化是现代化的基本前提和核心内涵，抓住了工业化就把握了现代化的关键。新型工业化使传统工业化理论面临挑战，也为中国式现代化理论创新提供了实践基础。新型工业化发展，是把握中国式现代化发展方向及其理论创新的重要抓手。本文系统阐述了我国工业化推动现代化发展的历程，并总结了我国工业化发展的历史成就、在新阶段所面临的问题，以更好地佐证在新发展阶段以新型工业化来推进中国式现代化的必要性，进而探索实现中国式现代

---

* 黄群慧，中国社会科学院经济研究所所长、研究员、博士生导师，研究方向为产业经济、企业管理；李芳芳，北京林业大学经济管理学院副教授、硕士生导师，研究方向为产业经济、国际贸易理论与政策；章子琪，中国社会科学院经济研究所博士研究生，研究方向为经济增长。

化伟大愿景的战略重点。

关键词： 新型工业化　中国式现代化　战略选择

自2006年课题组开发出工业化水平综合指数以来，一直利用工业化水平指数对中国工业化进程进行连续的跟踪评价。综合测评的结果显示，到2020年我国已经基本实现了工业化，进入全面深化工业化的新发展阶段[①]。我国已迈上全面建设社会主义现代化国家新征程；党的二十大报告提出，到2035年基本实现新型工业化。回顾中国现代化推进的历程，全面总结工业化在中国现代化推进中的重要作用，有利于更好地理解新型工业化和中国式现代化的内涵，也可以为新发展阶段顺利推进新型工业化和中国式现代化提供历史借鉴。

一　工业化推动的现代化：理解中国式现代化的一个视角

在经济基础决定上层建筑的范式内，工业革命所启动的一波又一波的工业化浪潮，将人类文明从传统农业社会推入现代工业社会。从历史现象来看，现代化涉及由工业革命带来的经济、政治、科技、文化、思维等人类社会生活方方面面的深刻的社会变革。从从属关系来看，工业化实质上是经济领域的现代化，是现代化的关键组成部分和核心动力。长期以来，中国对经济发展道路的探索，是"摸着石头过河"的过程，也是形成中国特色社会主义工业化理论的过程。依据发展国情，我国积极探索和调整符合自身实际的工业化道路，工业化发展取得了显著的成就，为现代化进程提供了坚实的物质基础和发展动力。

[①] 黄群慧、李芳芳等：《中国工业化进程报告（2021）：迈向新发展阶段》，社会科学文献出版社，2021。

（一）工业化在中国现代化中的意义

不同时期的现代化和工业化都有着不同的内涵，中国实践不断丰富现代化和工业化理论内涵并促进其与时俱进，在新发展阶段，我国对现代化和工业化的发展都有了更为深刻的指导和要求。而工业化是现代化的基本前提和核心内涵，抓住了工业化就把握了现代化的关键。新型工业化使传统工业化理论面临挑战，也为中国式现代化理论创新提供了实证、奠定了基础。当前的新型工业化发展，是把握中国式现代化发展方向及其理论创新的抓手。在新时代新征程，我国新型工业化建设有了深厚的基础，迎来了重要的发展机遇，然而也会面对各种制约和挑战。为成功完成基本实现新型工业化的目标，实现中国式现代化的伟大愿景，我国必须直面各种短板和挑战，全面贯彻落实新发展理念，提高自主创新能力，积极攻克各种核心难点技术，努力提高在国际竞争中的分工地位；在继续做大总量的基础上，加快推动传统产业升级、新兴产业培育和先进制造业壮大，努力从中国制造向中国创造转变。

（二）工业化的历史性成就与新阶段问题

在对传统工业化道路转型的艰苦实践与积极探索下，我国摸索出了一条符合我国国情的新型工业化道路，并从战略、全局高度对加快推进新型工业化作出了一系列重大决策部署，在规模效益、结构转型、科技创新、绿色发展、对外开放等多个方面都取得了重大成就，使中国从传统落后的农业国转化为具有巨大发展潜能的工业国。

1. 工业化的历史性成就

（1）产业规模快速增长

工业化推动中国由一个贫穷落后的农业国成长为世界第一工业大国，尤其是在新型工业化的不断发展与带动下，中国三大产业总量迎来跨越式增长。新中国成立以来，尤其是改革开放以来，中国快速推进工业化进程，目前，我国制造业已经具备 31 个大类、179 个中类和 609 个小类，拥有全球产业门类最齐全、产业体系最完整的制造业体系，为促进实体经济高速发展、维持国民经济平稳运行提供了有力支撑。2010年以后，我国持续保持世界第一工业大国和制造业大国地位。2013~2021年，我国工业增加值年均增长6.1%[1]，远高于世界其他主要经济体增长水平。2021年，我国工业增加值比上年增长9.6%，拉动经济增长3.1个百分点，对国内生产总值增长的贡献率达到38.1。根据课题组基于人均GDP、产业结构、制造业增加值占比、城市化率以及就业结构等多项指标计算得到的工业化水平综合指数，工业化进程划分为前工业化、工业化初期、工业化中期、工业化后期以及后工业化等五个阶段。测算结果显示，2011年以后，我国工业化水平已经进入工业化后期阶段，2019年综合指数达到92，接近实现工业化的综合指数100。这不仅意味着党对工业化发展的既定目标取得了实质性进展，更彰显了，在中国共产党的坚强领导下，我国经济快速而高效地实现了一个历史性飞跃。

（2）产业结构持续优化

我国产业结构持续优化，创新水平不断提高，制造能力和制造规模实现长足发展，产业结构经历了由农业为主向工业主导进而服务业占比最高的高级化转变。新中国成立伊始，我国产业基础极为薄弱，1952年农业增加值占GDP比重为50.5%，农业更是吸纳了83.5%的就业人口。1978年农业增加值占GDP比重降至27.7%，就业占比降至70.5%。2011年，第三产业就业占比提高到35.7%，首次超过第一产业成为就业最多的产业；2012年，第一、二、三产业增加值占GDP比重分别为9.1%、45.4%、45.5%，第三产业首次超过第二产业成为增加值最大的产业。2022年，第一、二、三产业增加值占GDP比重分别为7.3%、39.9%、52.8%。分产业看，2013~2021年，第一产业保持平稳发展，年均增加值增速达到4.0%，农业现代化持续推进；第二产业由高速增长向高质量发展转变，装备制造业、高技术制造业迅速发展，年均增速分别为11.7%和9.2%，高于制造业增加值6.4%

---

[1] 本节数据若无特殊说明，均来自国家统计局网站。

的年均增速，产业创新能力不断增强；第三产业发展质量不断提升，尤其是伴随着信息通信、互联网、大数据等新一代信息技术的广泛应用和现代服务业的高速发展，增加值年均增速达到7.4%，对国民经济增长贡献持续提高。

（3）创新能力更为突出

我国在新型工业化发展过程中始终着力实施创新驱动发展战略，重点创新领域的发展成果实现了重大突破。数字经济等颠覆性创新领域不断涌现，数字技术的广泛应用为新型工业化的发展带来了新的效率源泉。从天宫、北斗、嫦娥到天和、天问、羲和，我国在航空航天领域取得了多项技术突破，中国航天正不断创造新的历史。我国在深海领域也在积极抢占科技制高点，如"海斗一号"成功实现万米下潜并完成科考应用，"奋斗者"号成功万米坐底等。此外，我国在其他很多领域的科技创新成果更是层出不穷，例如，交通领域的新能源汽车不断涌现，农田的无人驾驶电动拖拉机研制成功，医疗领域的骨科手术机器人临床应用，通信领域的5G无线通信技术不断加强，一大批关键核心技术实现了跨越式突破，推动我国科技事业密集发力，实现了历史性、整体性、格局性的重大转变，重要技术领域进入跟跑、并跑、领跑"三跑"并存阶段，且并跑、领跑的比例不断扩大，我国成功与多个国家和地区建立起创新对话机制，国家的创新能力综合排名稳步提升，由2017年的世界第22位上升至2021年的第12位[①]。随着新型工业化的稳步推进，我国的科技创新也按下了"快进键"，"中国芯""智能造""未来车""数据港"等一些专业核心技术加快发展，不断塑造着高质量发展新优势。在现代工业化建设新征程上，我国不断增强科技实力和创新能力，加快了中国制造向中国创造转变的步伐。

（4）绿色转型稳步推进

我国在推进新型工业化建设发展的同时，推进节能减排与环境保护工作，绿色低碳发展成为新型工业化的生态底色。在节能减排方面，2014~

---

① 世界知识产权组织：《2021年全球创新指数报告》，2021。

2019年，我国工业污染治理投资额累计超过4000亿元①，工业废物利用率有所提升，单位工业增加值能耗、单位工业增加值电耗、单位工业增加值用水量等均明显降低，逐步实现单位能耗、电力消耗与用水量的减少，提高了能源的利用率，减少了碳排放总量，碳排放强度相较于2005年累计下降超过35%②，扭转了二氧化碳排放快速增长的态势，摸索出一条创新绿色低碳的发展道路，为实现"碳达峰""碳中和"目标做了积极铺垫；2012年以来，我国以年均3%的能源消费增速支撑了年均超过6%的经济增长，能耗强度累计下降26.4%，③是全球能耗强度降低最快的国家之一，实现了生产向可持续发展的转变。此外，战略性新兴产业得到大力发展，在能源转型方面带动了对技术溢出效应强、产业带动性强的高端装备、新一代电子信息技术、生物医药、新能源、新能源汽车等的投入，促进了能源资源的绿色转型与可持续发展，更有效地促进了经济的转型发展，将资源条件转变为经济优势、生态优势，有力地推动了建设清洁低碳、安全高效的能源储备利用体系，极大地提高了能源供给保障能力。新型工业化建设使工业能源利用率不断提高，能源资源消耗强度大幅下降，材料、能源等领域逐步加强绿色改造，积极向"碳达峰""碳中和"目标靠拢。新型工业化发展积极应对气候变化国家战略，对生态环境保护与改善作出了积极贡献。

（5）对外开放正当其时

我国坚定推动高水平对外开放，深入推进"放管服"改革，大力培育外贸竞争新优势，致力于持续拓展外贸规模、提升质量效益，有力推动国民经济的高质量增长，为构建新发展格局提供了有力支持。2013~2021年，货物和服务净出口对经济增长的年均贡献率达到5.4%，较2012年上升2.9个百分点。我国作为货物贸易大国的地位不断稳固，连续6年蝉联全球首位。2022年，我国货物进出口总额首次超过42万亿元，同比增长7.7%，实现了规模再上新台阶。其中，机电产品出口规模达到13.70万亿元，占货物出

---

① 数据来源：《2016—2019年全国生态环境统计公报》。
② 数据来源：《中国应对气候变化的政策与行动2023年度报告》。
③ 数据来源：《中国低碳经济发展报告蓝皮书（2022—2023）》。

口总值的57.15%，同比增长7.0%；高新技术产品出口规模已达6.34万亿元，同比增长0.3%；手机、集成电路、汽车出口规模分别比上年增长0.9%、3.5%、82.2%，贸易结构进一步优化。同时，2022年我国服务进出口总额达到5.98万亿元，比上年增长12.9%，服务贸易发展更加均衡。在外资使用方面，对华直接投资金额891亿元，增长17.2%；全年高技术产业实际使用外资4449亿元，增长28.3%。可以预见，未来我国将不断打造核心竞争优势，通过推动电子电气设备、机械设备等中高端产业加速由加工组装转向零部件生产环节，增强高铁及光伏等新能源发展在全球的领先地位等，形成具有更强创新力、更高附加值、更安全可靠的工业化体系。

2. 工业化发展存在的新问题

（1）发展动力的内外不平衡

从工业化的发展动力角度来看，我国工业化进程存在明显的内外不平衡。长期以来，采用低成本、出口导向的高速工业化战略导致国内外发展动力失衡，具体表现为过度依赖国际市场循环，而内需市场的开拓则显不足。内外动力失衡致使我国经济平稳运行和产业链供应链安全面临与日俱增的风险，并使新时期工业化进程面临着巨大挑战。与此同时，由于核心技术的缺失，我国在产业链中的竞争力受到制约。这不仅使我国面临着经济安全方面的困境，还在一定程度上制约了科技创新和产业升级的步伐。

（2）产业供需的结构性错配

在工业化发展过程中，产业供给侧结构性矛盾较为突出，严重制约了工业化的高质量发展进程。一方面，部分传统行业（例如钢铁、石化和建材等）普遍存在低水平产能过剩问题，不仅导致资源错配和产能过剩，还使这些产业面临激烈的市场竞争，降低了整体产业的盈利水平。另一方面，高端产业和价值链的高端环节的发展不够充分。例如，核心基础零部件、先进基础工艺、关键基础材料和产业共性技术基础等"工业四基"自主生产和制造能力不足，严重依赖进口和外资企业，进一步使我国制造业在高品质、个性化、高复杂性、高附加值的产品供给方面存在明显不足，并导致我国在高端技术领域存在一定的薄弱性，尤其是在面对全球市场变化时可能面临技

术缺失的风险。上述结构性供需错配问题限制了我国制造业的整体发展。

（3）区域结构的发展不平衡

首先，各都市圈和城市群之间的协同发展面临一定的挑战。一些发达城市群在吸引人才、科技创新和资本引导方面表现出色，形成了相对强大的工业化支持体系。然而，其他一些地区的城市圈协同发展能力相对较弱，缺乏吸引和集聚产业要素的竞争力。这种差异导致不同城市群之间的工业化水平差异，影响了整体区域的均衡发展。其次，各区域内部也存在发展不平衡的情况。一些核心城市及其周边地区在工业化进程中取得了显著的进展，形成了相对完善的产业链和支持体系。然而，其他一些地区的发展相对滞后，工业化水平相对较低，导致区域内部发展不均衡。这种不均衡不仅在产业结构上表现出来，还在城市规模、基础设施建设等方面存在明显差异。同时，就南北差异而言，东北作为我国工业重镇，随着国家产业结构的调整和市场变化，近几年工业化进程推进缓慢。这进一步加剧了南北之间的工业化水平差距。

（4）核心技术的创新能力弱

在中国工业化进程中，核心技术的自主研发和创新能力相对较弱。首先，新型基础设施建设仍有待加强。在工业化进程中，信息基础设施和融合基础设施等新型基础设施的重要性日益凸显，但我国在该方面布局不足，这不仅制约了工业的高效运转，也限制了核心技术的深度创新。其次，数字经济和实体经济融合深度需要拓展。工业与信息技术的深度融合是提升工业化水平的关键，然而，当前我国在数字经济和实体经济融合方面还存在卡点、堵点，不利于借助数字技术充分激活创新内生动力。最后，工业软件、高性能芯片等关键领域还严重落后于世界先进水平。在工业化与信息化深度融合的趋势下，软硬件技术的落后将直接影响到核心技术的创新，加大"卡脖子"风险。

（5）资源环境的承载力较弱

从资源环境的承载力角度来看，工业化速度与资源环境承载力不平衡，这使现有资源储备难以支撑快速的大国工业化进程。工业化的快速推进，以及对能源、原材料的大规模需求对生态系统和环境产生了巨大的压力。首先，工业化的高速推进催生了大量的资源需求，资源消耗速度明显快于资源的再生速度，导致资源过度开发甚至枯竭，且粗放型发展模式加剧了环境问题。其次，工业化进程中的高排放，尤其是碳排放，对气候变化产生了显著的影响，亟须低碳减排以减缓气候变化对资源环境的不利影响。此外，绿色发展成为实现可持续工业化的必然要求。传统的高污染、高排放模式已经无法满足当今社会对于生态平衡和环境友好的需求。采取绿色技术、清洁能源等手段，实现经济增长与资源环境的和谐共生是中国工业化的必然选择。

二 以新型工业化推进中国式现代化的必要性

西方现代化理论的局限性、片面性集中表现在其从西方国家的价值观和利益立场出发，把西方国家现代化的具体道路与模式作为全人类现代化的唯一道路与模式，而中国式现代化则破除了西方现代化理论的困境，在各国现代化的普遍趋势和共同特征的基础上，形成了发展中国家有效规避西方模式极易陷入多重困境的中国方案。与中国式现代化相同，新型工业化不仅符合各国工业化的一般规律，也体现了进入新时代后中国特色社会主义的要求。新型工业化理论的内涵也在长期发展过程中与中国式现代化理论相辅相成，并在新时代背景下继续发挥着推动中国式现代化不断前行的重要作用。

（一）新型工业化是建设现代化产业体系的核心动力

要实现中国式现代化，首先要实现经济基础的现代化，这在生产力意义上表现为产业体系的现代化。产业现代化是现代化的核心，建设现代化产业体系既是对中国式现代化路径探索的成功经验总结，也是对新发展阶段现代化发展的全新研判和定位，而走好新型工业化道路是建设现代化产业体系的关键。首先，新型工业化注重技术先进性。当前，全球正经历新一轮科技革命和产业变革，科技创新对新型工业化至关重要。中国要成为现代化强国，必须紧跟科技潮流，建设科技强国，提升自主创新能力。特别地，新型工业

化注重技术密集型工业和战略性新兴产业的集中发展,推动产业向智能化、数字化、绿色化、服务化转型。这种转变不仅加速了传统落后产业的淘汰,还使高技术产业成为新型工业化的引领产业,对于我国产业结构优化具有重要作用。其次,新型工业化强调战略协同。随着全球产业链重组的深化,我国要统筹国内国际两个市场、两种资源,实现国内大循环和国际双循环的有机融合,以加快形成全球竞争新优势。新型工业化不是孤立的发展战略,而是需要与信息化、城镇化、农业现代化等战略协同推进,通过建立协调配套的制度体系,确保各项战略在推进过程中相互促进,形成良性互动,进而加快全球竞争新优势的形成。最后,新型工业化注重产业安全性。近年来,我国工业和信息化发展面临更加严峻复杂的外部环境。为了营造安全稳定的经济环境,促进现代化产业体系的大步发展,需要在深化新型工业化的过程中统筹产业发展和安全政策。通过开放合作,共同维护全球和平与发展,将中国的现代化进程与世界和平发展相统一,发挥经济"压舱石"作用,为全球经济发展和人类进步作出积极贡献。

(二)新型工业化是经济高质量发展的应有之义

党的二十大报告明确提出高质量发展是全面建设社会主义现代化国家的首要任务。推进实体经济的高质量发展,关键在于根据人类科学技术发展的新成果,持续深入推进新型工业化,提高工业现代化的水平。首先,新型工业化能够为经济高质量发展提供坚实支撑。随着世界经济格局的深刻调整,我国正面临经济发展方式的根本性变革,而新型工业化正是实现这一变革的关键路径。通过提升工业化水平,我国能够更好地应对全球经济变化,增强自身的适应能力和抗风险能力,推动我国经济由高速增长向高质量发展迈进。其次,新型工业化有助于优化产业结构,提升经济发展的质量和效益。传统工业化模式带来了资源浪费、环境污染等问题,而新型工业化注重绿色、低碳、可持续发展,有助于推动产业结构的优化升级。引入先进技术和智能制造,提高产业附加值,实现产业从劳动密集型向技术密集型的转变,使我国产业更具竞争力,从而实现经济高质量发展。同时,新型工业化能够培育创新驱动的经济增长动力。在全球科技竞争激烈的背景下，新型工业化注重科技创新，注重提升企业和产业的创新能力。通过加强基础研究、推动产学研合作、建设创新体系，我国能够在全球价值链中占据更加有利的位置，推动我国经济实现更可持续、创新驱动的发展。最后，新型工业化有助于实现全面小康社会目标。中国式现代化的目标之一是建设全面小康社会，而实现全面小康离不开经济的高质量发展。新型工业化作为推动产业升级的重要手段，可以为全面小康社会建设提供更为坚实的物质基础，为居民提供更多优质的就业机会和更好的生活条件，推动实现全面小康的目标。

（三）新型工业化是双循环新发展格局构建的有力支撑

党的二十大报告指出，中国式现代化的成功推进与拓展建立于"改革开放以来长期探索和实践基础上"，并以"推动构建人类命运共同体"为本质要求。因此，对外开放始终是中国式现代化实践的应有之义。在新发展阶段，中国式现代化要求必须构建高水平对外开放新格局，实现内外联动和双循环局面。新型工业化道路是从传统工业化道路中的低成本比较优势向技术创新优势转变，能够有力支撑双循环新发展格局的构建。一方面，新型工业化可以促进国内循环的形成和发展。国内大循环的核心是要通过产业升级和创新驱动，提高国内经济的自主创新能力和核心竞争力，推动经济结构的转型升级，拉动国内消费。新型工业化能够促进国内产业链的深度融合，形成更为完整和高效的生产体系。通过引入先进的生产技术和管理理念，推动产业链上下游的协同发展，提高整个产业链的附加值。新型工业化注重数字化、智能化，使生产过程更为灵活高效，有助于构建更为紧密的国内产业链，形成良性的生产生态系统。另外，随着人民生活水平的提高和消费观念的变化，消费需求呈现多样化、个性化和高品质的特点。新型工业化可以满足人们的高品质、个性化产品和服务需求，推动消费升级，促进市场供给侧结构性改革，提高市场活力，畅通国内大循环。另一方面，新型工业化可以促进国内国际双循环的拓展和深化。国内国际双循环是通过扩大对外开放和积极参与全球价值链，实现国内经济的高质量发展。新型工业化可以通过创新驱动和技术引领,提升我国产业在全球价值链中的地位。加强与国际市场的连接,推动企业在全球范围内的资源配置和协同创新,我国产业更好地融入国际体系。新型工业化将重点放在技术研发和高端制造上,提高产品附加值,推动我国产业在国际市场上具备更强的竞争力,为国内国际双循环的有机衔接提供了有力支持。同时,新型工业化还可以促进国内市场的扩大和消费升级,进一步拉动经济增长,为国际大循环的拓展提供动力。

(四)新型工业化是实现共同富裕的产业根基

新时代,促进共同富裕是中国式现代化的重要特征,是中国迈向现代化道路的重要一环,是实现国家强盛与人民富裕相统一的重要举措,更是社会主义制度优越性的集中体现。新型工业化道路能从以下几个方面促进社会公平。首先,新型工业化有助于扩大就业机会,促进收入分配更加公平合理。新型工业化通过推动产业结构升级和优化,带动新兴产业的发展和传统产业的转型升级,这将创造更多的就业机会,不仅为广大劳动者提供更多的劳动收入和份额增长,还能提高劳动者素质,减少贫困人口数量,推动劳动收入分配更加公平,进而有利于缩小社会贫富差距,促进社会公平。其次,新型工业化注重人才培养和技能提升,促使更多人分享到经济发展的成果。建立健全的人才培训体系,使广大劳动者能够适应新型工业化的要求,不断提高自身的职业技能,进而参与到高附加值的产业中。这将有助于实现劳动者的全面发展,从而推动共同富裕目标的实现。此外,新型工业化不仅能够提供平等的教育机会和公正的人才选拔机制,实现人力资源的合理配置,而且还能加大对教育的投入,提高教育资源的均衡分配,改善农村和贫困地区的教育条件,让每个人都能够享受到公平的教育机会。同时,新型工业化也注重职业教育和技能培训,提高劳动者的就业竞争力,促进社会的公平正义。再次,新型工业化还有助于缩小城乡发展差距,实现区域的共同富裕。通过推动新型工业在农村地区的发展,引导产业向农村转移,可以促进农村地区的经济结构升级,提升农民的收入水平。同时,新型工业化也能够促进城市和农村之间的互补发展，实现全国范围内的区域均衡发展，为实现共同富裕打破地域壁垒。同时，新型工业化还可以推动农村产业结构的升级和优化，促进农村与城市产业的互补发展。通过农村企业和农民合作社的发展，可以实现农村经济与城市经济的良性互动，促进城乡经济循环的畅通。最后，新型工业化注重社会保障，有助于营造公平正义的社会环境。传统工业化模式在快速发展的同时，常常忽视了社会保障体系的建设，导致社会保障水平低下，影响了社会公平正义。而新型工业化模式强调构建全面的社会保障体系，为人民提供基本的保障，减轻个人和家庭的经济压力，保障人民的基本权益，增强社会的公平正义。同时，加强社会救助和社会福利的发展，保障弱势群体的基本生活需求。

（五）新型工业化是实现高水平科技自立自强的必由之路

科技创新是中国式现代化推进的第一驱动力，唯有走高水平科技自立自强之路才能行稳致远。新型工业化是坚持科技自立自强、依靠创新驱动发展的工业化，是建设现代化产业体系、加快迈向全球价值链中高端的工业化。首先，新型工业化能够推动科技创新体系的建设，为我国构建自主创新能力打下坚实基础。通过加强产学研用结合，建设创新平台和实验室，新型工业化有助于打破传统行业壁垒，促进不同领域的交叉创新，形成有机的创新生态系统，为高水平科技自立自强创造良好条件。其次，新型工业化注重人才培养和科技人才引进，有助于解决科技领域的人才短缺问题。通过建立完善的人才培养机制和引才政策，新型工业化能够培养更多具备国际竞争力的科技人才，吸引全球优秀人才为我国科技事业发展贡献力量，从而提升我国在全球科技舞台上的地位。最后，新型工业化注重数字化、智能化发展，为科技自立自强提供了技术支撑。通过推动数字技术在各个行业的广泛应用，新型工业化能够提高生产效率、降低生产成本、推动科技水平的快速提升。智能制造、物联网等技术的广泛应用，将为我国科技创新提供更广阔的发展空间，有助于实现高水平科技自立自强的目标。综合而言，新型工业化对于中国式现代化实现高水平科技自立自强具有重要作用。通过构建创新生态系统，解决科技人才短缺问题，推动数字化、智能化发展，新型工业化为我国科技事业注入强大的动力，为实现高水平科技自立自强奠定了坚实基础。

（六）新型工业化是绿色发展的集中体现

人与自然和谐共生是中国式现代化的本质要求，这也使绿色发展成为中国式现代化的底色，成为中国式现代化的时代要求和中国特色。绿色发展是新型工业化发展的内在要求，新型工业化也是绿色发展的集中体现。首先，新型工业化致力于实现资源的可持续利用，通过智能、高效的生产方式和循环经济理念，优化产品设计、制造过程，减少对自然资源的过度消耗。引入循环经济理念，优化产品设计和废弃物处理，使工业化过程中对自然资源的过度消耗得以减少。这有助于实现可持续发展目标，确保资源的合理使用。其次，新型工业化积极推动清洁能源的应用，例如太阳能、风能和水能等，相较于传统的高能耗、高排放能源形式，这些清洁能源具有更小的环境影响，不仅降低了大气污染，而且减少了对有限资源的依赖，实现了能源的可持续利用。最后，新型工业化强调科技创新，特别是绿色技术的研发和应用。通过引入智能制造、节能技术和环保材料，生产过程中的能源消耗和环境污染得以有效减少。这些技术的应用使产业向更为环保和可持续的方向发展，体现了工业化与科技创新相辅相成的关系。总的来说，新型工业化不仅仅是对传统工业模式的更新换代，更是对可持续发展理念的积极践行。通过引入绿色技术、清洁能源，实现资源的更加合理利用，在全产业链上推广环保和可持续性的理念。

三 以新型工业化推进中国式现代化的战略重点

以新一代信息技术、新能源、新材料、绿色低碳等交叉融合为特征的新一轮科技革命和产业变革正在蓬勃发展，数字经济与制造业深度融合创新，推动制造业生产方式、发展模式和企业形态发生根本性变革，各工业大国也纷纷推出再工业化战略，制定相应产业政策，抢占工业竞争的制高点，夺取发展主动权。工业作为技术创新的主战场，是创新活动最活跃、创新成果最丰富、创新应用最集中、创新溢出效应最强的领域，科技与产业成为决定一国经济发展和国际竞争力的关键因素。以新型工业化推动中国式现代化具有巨大的战略价值。

（一）科技创新是新型工业化发展的根本动力

科技创新是新型工业化发展的根本动力。科技创新能够推动制造业向智能化、数字化转型，不仅能够提高产品附加值，促使制造业结构升级，还有助于建设制造强国和质量强国，实现工业经济可持续增长。

加强基础研究和前沿技术攻关。通过加强对基础科学研究的资金支持，建设国家级实验室和科研平台，推动在核心技术领域的深入探索。在前沿技术攻关方面，鼓励企业和高校深度合作，成立联合实验室，加强产学研用的结合，推动前沿技术的创新和应用。同时，要加大对关键领域和战略性新兴产业的支持力度。通过实施科技创新专项计划，重点支持新一代信息技术、生物技术、新能源、人工智能等领域的创新。制定相关政策，提供税收、财政、金融等多方面的支持，以促使关键领域和战略性新兴产业实现快速发展。

强化企业创新主体地位。建设以企业为主体、市场为导向、产学研深度融合的科技创新体系。推动建立开放共享的创新平台，促使企业之间、企业与研究机构之间形成更紧密的协同网络。通过有效利用科技创新联合体，促进各类创新要素向企业集聚，支持企业承担科技项目，激励企业加大创新投入，让科技创新进一步融入需求、产业，加快科技创新成果产业化进程。

完善企业创新体系。重视创新体系建设，围绕产业链部署创新链，有效促进创新链、产业链、资金链、人才链、政策链有效衔接，通过设立科技创新人才培养计划，引进国际一流的科技人才，提高科技人才的待遇，以确保高水平的科技团队形成持续创新的动力，利用好国内国际两个市场的两种资源不断增强推进新型工业化的动力与活力。

夯实数字信息基础设施底座。坚持数字化、网络化、智能化协同发展，为推进新型工业化夯实发展道路。我国自改革开放以来持续快速发展，现已成为世界第二大经济体，科技企业应精准匹配新型工业化发展要求，全力推进产业提档升级。与此同时，科技企业也应持续建设5G、算力网络、人工智能等数字信息基础设施，夯实新型工业化数字底座；进一步深化数字技术融合创新，以5G+工业互联网为抓手，提升重点工业行业服务能力，促进传统产业转型升级；强化企业科技创新能力，前瞻布局下一代互联网和6G、光网络等战略性新兴产业和未来产业。

强化产业链和供应链"韧性"。实施产业基础再造工程，聚焦重点领域、"卡脖子"关键环节，发挥新型举国体制优势，组织产业链上下游协同攻关，支持核心零部件和关键基础材料强基础、补短板、提水平、促升级。实施重大技术装备攻关工程，加快推进大飞机、航空发动机、工业母机等领域重大技术装备攻关，发挥重大工程、重大装备、整机系统的牵引作用。实施关键供应链市场多元化储备和备份工程，积极推进新一轮找矿突破战略行动，增强能源资源初级产品国内生产保障能力。

（二）产业数字化是新型工业化的强大推力

通过进一步实施数字经济做优做强"一号工程"，持续推进数字产业化和产业数字化，将智能制造作为主攻方向，树立一批数字化转型范例企业，培育一批数字化转型服务商，促进新一代信息技术与制造业深度融合发展。

加强数字基础设施建设，提升产业信息化水平。要在新型工业化推进过程中，优先确保数字基础设施的完备性，包括高速宽带网络、云计算平台、物联网技术等。在这一基础上，可以实现实时数据传输、信息共享，为产业数字化提供有力支撑。同时，通过建设数字化生产线、工厂智能化设施，加速推动传统产业数字化升级。

推动产业数据开放共享，促进产业协同创新。在新型工业化推进过程中，应当制定政策，推动企业间的数据开放共享。可以通过建立数字平台，实现生产数据、市场信息、技术经验的高效流通。同时，鼓励企业建立数据共享联盟，通过合作推动整个产业链的数字化协同创新。此外，可以建立数字化技术创新平台，促进产业界、学术界、政府部门的密切合作，共同推动产业数字化技术的发展。

推动数字化技术与产业深度融合。在新型工业化推进过程中，必须促进数字技术与产业的深度融合，推动数字化在生产、管理、营销等方面的全面应用。这包括在传统产业中引入人工智能、大数据分析、物联网等数字技术，以提高生产效率和产品质量。同时，建立统一的产业数字化标准和规范，使各类数字化系统和设备能够更好地协同工作，以确保不同企业、行业之间的数字化应用具有互通性和可比性，提高产业整体数字化水平。

（三）产业绿色化是新型工业化的生态底色

推动能源结构转型，推动制造业绿色化发展，完善有利于促进绿色消费的制度政策体系和体制机制，对于新型工业化具有重要意义。

在生产过程中，实施资源节约型生产，通过优化生产流程，提高资源利用率，采用先进的清洁生产技术，减少能源和原材料的浪费，以最小的资源投入获得最大的产出和经济效益。此外，加强废弃物处理与循环利用，实现产业链的闭环循环，最大限度地减少对环境的不良影响。

在产品设计阶段，推广绿色设计理念，采用环保材料，设计可循环再生的产品。通过推行绿色设计，可以从根本上减少产品对环境的负面影响，提高产品的可持续性。此外，鼓励企业实施绿色供应链管理，促使整个产业链上下游企业共同追求绿色化，促进产业链绿色升级。

在技术应用层面，加大环保技术研发和应用力度，通过引进、培育清洁生产技术，降低生产过程中的资源消耗和环境排放。推动企业进行清洁生产技术改造，鼓励企业采用新技术、新能源、新材料，提高资源利用效率，减少废弃物排放。建立碳交易市场，通过市场机制推动企业主动减排，以促进整体产业绿色发展。

在宏观政策层面，建立健全的绿色产业政策体系，为绿色产业的发展提供了政策支持。这包括制定和完善绿色产业的税收、财政、金融等激励政策，引导企业朝着绿色化方向发展。同时，建立绿色产业标准，规范产业发展行为，促使企业自觉践行绿色发展理念。通过综合利用各方面手段，实现产业绿色化的全面推进，为新型工业化的可持续发展奠定坚实基础，确保我国在2030年前实现碳达峰、在2060年前实现碳中和。

（四）加强人才培养是新型工业化的重要举措

作为科技型企业的强大引擎和科技创新的推动者，高端人才的创新精神和科研经验是企业获得竞争优势的关键，有助于企业实施产业升级战略，推动工业结构优化和转型。因此，培养和吸引高素质的人才是新型工业化的战略重点之一，新型工业化也为人才提供了更广阔的发展空间。

构建全面的人才培养体系，着力培养新型工业化所需的高层次人才。制订灵活的培训计划，促进产学研用深度合作，开展跨学科和跨专业交叉人才培养。设立博士后工作站，推动企业和高校院所协同培养战略科学家，通过特色研究院等机制，加速培养具有战略科学家潜质的人才。

注重重点领域的科技领军人才和创新团队的培养。推动企业与高校院所的协同创新，构建深度融合的技术创新体系。设立技术创新中心，成立联合实验室和技术研究院。建立问题导向模式，以企业"出题"、高校院所"答题"模式为基础，培养新型工业化的领军人才。通过数字化技术应用，构建专业技术知识库，促进科技人才之间的知识共享。

加强技术合作与交流，培育数字技术领域的高技能人才。举办学术研讨会，推动实施短期访学和联合研发项目。构建激励高技能人才的环境，完善知识和技术要素的参与分配制度。设立奖励机制，激活高素质技能人才的创新潜力。要加强企业内部人才培养机制，建立健全企业内部培训机制，通过导入先进的培训课程，提高员工的综合素质。

建立人才评价激励体系，设立与创新成果和技术突破相关的奖励机制。畅通技术技能人才的职业发展通道。鼓励人才提出创新建议，培养实践经验，激发创新潜力，营造创新氛围。

（五）地区协同发展是新型工业化的建设重点

地区协同发展有助于推动新型工业化，实现资源优势互补、产业链深度融合，提升整体竞争力。政策激励、产业合作、基础设施共建和人才流动，不仅有助于实现区域协同效益最大化，也有利于促进新型工业化的均衡可持续发展。

建立健全相关政策法规体系是地区协同发展的制度前提。应制定具体可行的政策措施，以激励和引导各地区形成合作共赢的发展格局。这包括建立和完善跨地区合作的政策法规体系，明确政府间协同发展的责任和权利。同时，要在税收、金融、财政等方面出台激励措施，吸引各地区积极参与协同发展，形成合力。

促进跨地区产业合作是实现地区协同发展的关键支撑。在产业层面，可以通过建设跨地区产业园区、合作共建研发中心等方式，推动产业链上下游的有机衔接。此外，要加大对产业转移和产业互补性的研究力度，为跨地区产业合作提供科学依据。在这一过程中，可以通过引导企业建立联盟，形成产业共同体，实现资源的共享和优势互补。

加强基础设施建设是推动地区协同发展的重要手段。在基础设施方面，要着力提升区域间的交通、能源、信息等基础设施水平，以实现各地区之间的紧密联系。在交通方面，可以加大对跨地区交通枢纽的投资，优化交通网络布局。在能源方面，要推动跨地区能源资源的共享与优化配置。在信息方面，要建设跨地区信息化平台，促进信息资源的共享和流通。

促进人才跨地区培养与交流是推动地区协同发展的持续动力。在人才培养层面，可以通过设立跨地区人才培训中心、共享优质教育资源等方式，促进各地区人才的共同成长。此外，要鼓励企业间的人才交流，形成跨地区的智力合力。通过建立健全人才互通和交流机制，可以实现地区间人才的共享与共赢，为新型工业化的协同发展提供坚实的人才支撑。

（六）四化同步是推进新型工业化的现实选择

推进新型工业化要注重把握战略协同性，同步推进新型工业化、信息

化、城镇化和农业现代化，推进物质文明和精神文明相协调、人与自然和谐共生的中国式现代化。

在新型工业化方面，首先，加强科技创新，提升制造业智能化水平。要推动新型工业化，需加大对研发的资金投入，支持科技创新，培育新兴产业。其次，优化产业结构，促进绿色发展。通过淘汰高污染、高能耗产业，推动传统产业升级，实现产业结构的绿色转型。最后，拓展对外开放，促进国际合作。通过积极参与国际合作，引入先进技术，提升我国产业化水平，实现新型工业化的跨步飞跃。

在信息化方面，首先，建设智慧城市，提升城市信息化水平。通过建设智慧城市，实现城市信息化的全面覆盖，推动城市管理、服务、交通等领域的智能化发展。其次，加强网络基础设施建设，提高信息互联互通水平。通过扩大宽带网络覆盖范围，提高网络带宽，加快信息传输速度，为信息化发展提供坚实基础。最后，加强信息安全保障，建立健全信息法律法规体系。通过完善信息法规体系，确保信息安全，防范信息泄露和网络攻击。

在城镇化方面，首先，优化城市规划，提高城市发展质量。通过科学规划城市布局，合理配置城市资源，提升城市发展的整体质量。其次，加强基础设施建设，完善城市配套设施。通过加大基础设施建设投入，提高城市配套设施的完备性，改善城市居住环境。最后，加强城市治理和管理，提高城市服务水平。通过强化城市治理，提高城市管理效能，提供更优质的公共服务。

在农业现代化方面，首先，推动农业科技创新，提高农业生产效益。通过加大对农业科技的支持力度，推广高效农业技术，提高农业生产现代化水平。其次，加强农业基础设施建设，通过改善农业灌溉、排水、输配电等基础设施，提高农业生产力水平。最后，实施乡村振兴战略，推动农村全面发展。通过振兴农村经济，改善农民收入，实现农业现代化和农村现代化的有机衔接。

综合来看，这种整体性发展战略旨在协同推动各个方面的进步，形成互为支撑的发展动力，实现全面现代化的目标。通过统筹"四化"协同推进，可以最大限度地发挥各个领域的优势，实现经济效率的全面提升。

参考文献

郭克莎、彭继宗：《制造业在中国新发展阶段的战略地位和作用》，《中国社会科学》2021年第5期。

洪银兴：《新型工业化道路的经济学分析》，《贵州财经学院学报》2003年第1期。

胡鞍钢：《中国迈入全面建设世界经济强国新征程》，《北京工业大学学报》（社会科学版）2023年第10期。

黄群慧：《2020年我国已经基本实现了工业化——中国共产党百年奋斗重大成就》，《经济学动态》2021年第11期。

黄群慧：《论新型工业化与中国式现代化》，《世界社会科学》2023年第2期。

刘文勇：《中国式现代化的遵循与创新》，《天津社会科学》2022年第6期。

叶坦：《中国式现代化考察的新视域——史实溯源与理论创新》，《河北经贸大学学报》2023年第6期。

习近平：《高举中国特色社会主义伟大旗帜　为全面建设社会主义现代化国家而团结奋斗：在中国共产党第二十次全国代表大会上的报告》，人民出版社，2022。

赵昌文、许召元、朱鸿鸣：《工业化后期的中国经济增长新动力》，《中国工业经济》2015年第6期。

中国经济增长前沿课题组：《中国经济增长的低效率冲击与减速治理》，《经济研究》2014年第12期。

中国社会科学院工业经济研究所课题组：《提升产业链供应链现代化水平路径研究》，《中国工业经济》2021年第2期。

中国社会科学院工业经济研究所课题组：《新型工业化内涵特征、体系构建与实施路径》，《中国工业经济》2023年第3期。

周子勋：《新型工业化"新"在三个方面》，《中国经济时报》2023年10月10日。

B.2
新型工业化评价理论逻辑、指标体系构建及结果评价

李芳芳 张 鹏 黄群慧*

摘　要： 新型工业化是建设社会主义现代化强国的物质基础，是建设现代化经济体系和实现中国式现代化目标的重要战略支撑。从时代内涵看，新型工业化立足于党领导人民所开创并不断完善的伟大工业化实践，新型工业化正是新时代建设社会主义现代化强国和实现第二个百年奋斗目标的关键一环。从机理内涵看，新型工业化顺应了第四次工业革命浪潮，特别是与数字化技术和人工智能的结合，使工业化突破规模经济和范围经济桎梏，加速产业升级迭代和再造。同时，新型工业化与城镇化、农业现代化深度融合，突出了新型工业化与"三农"及城镇化高质量发展的互动性、互补性，这也是新型工业化立足中国14亿人口大国国情和加快人口规模巨大现代化与人民共同富裕现代化的具体体现。在深刻机理分析的基础上，报告沿袭陈佳贵等工业化评价体系框架，丰富和扩充了经济增长、空间结构、就业结构、产业结构和工业结构五方面的评价指标，然后对各省（区、市）新型工业化发展情况进行了评价。总体而言，中国新型工业化仍然呈现"东高西低"格局，即东部地区处于领跑状态，中西部地区总体处于传统工业化深入发展与新型工业化并进阶段，符合中国区域和区

---

* 李芳芳，北京林业大学经济管理学院副教授、硕士生导师，主要研究方向为产业经济、国际贸易理论与政策；张鹏，中国社会科学院经济研究所副研究员，主要研究方向为经济增长；黄群慧，中国社会科学院经济研究所所长、研究员、博士生导师，主要研究方向为产业经济、企业管理。

域梯度转移、发展战略。

关键词： 新型工业化　评价指标　评价结果

一　新型工业化理论解释

中国真正意义上的工业化肇始于新中国成立后中国共产党带领中国人民所开启的波澜壮阔的社会主义现代化建设进程，从此中国发生的重大变革都与工业化推进紧密相连。时至今日，中国不仅改变了过去落后农业国的面貌，而且还成为工业规模稳居世界第一的制造大国，也正是大规模工业化的稳步推进使中国GDP超过除美国之外所有的工业化国家，实现了我国第一个百年奋斗目标。目前，中国是全世界唯一拥有联合国产业分类当中全部工业门类的国家，雄厚的工业实力和实体经济基础为我国建设现代化经济体系、实现经济高质量发展奠定了坚实基础。进入新时代，如何在新的起点更高谋划工业化总体发展思路，对促进工业化由"大"向"强"转变、实现工业化高质量发展具有重要的意义。党的十九届五中全会通过的《中共中央关于制定国民经济和社会发展第十四个五年规划和二〇三五年远景目标的建议》指出，保持制造业比重基本稳定，推动现代服务业同先进制造业、现代农业深度融合；促进农业、制造业、服务业、能源资源等产业门类关系协调。党的二十大报告进一步指出，坚持把发展经济的着力点放在实体经济上，推进新型工业化，加快建设制造强国、质量强国、航天强国、交通强国、网络强国、数字中国。因此，新型工业化是建设社会主义现代化强国的物质基础，是中国式现代化的必由之路，也是更高质量发展实体经济和新发展阶段统筹发展与安全的基础，这就要求我们要深入研究新型工业化的内核、内涵，并在此基础上构建新型工业化评价体系，深入摸底和探析中国新型工业化发展进程，为社会主义现代化强国建设以及实现中国式现代化提供理论与经验参考。

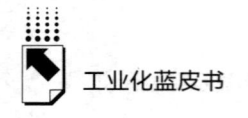

（一）新型工业化时代内涵

新型工业化这一概念，是党中央根据我国工业发展形势和世界科技革命浪潮作出的，并且随着我国经济结构转型升级不断加入新的内涵，有力地推动了工业化内涵升级、质量提高。新型工业化首次出现于 2002 年党的十六大报告，其最大亮点在于将信息化带入工业化发展全景，"以信息化带动工业化，以工业化促进信息化"，这一论断一方面回应了 20 世纪 90 年代在美国兴起的信息技术革命对世界经济的颠覆性影响，另一方面反映了党中央前瞻性将信息化作为带动工业化提质升效的重要手段，将以信息化和工业化深度绑定的"新型工业化"纳入顶层设计，明确新型工业化的内核就是信息化与工业化。此后，我国开启大规模工业化进程，2010 年我国制造业增加值第一次占据世界第一的位置，我国逐步演变为世界上工业体系最健全的国家。党的十八大以来，以习近平同志为核心的党中央依据我国工业发展新形势，特别是我国工业增加值持续占据世界第一、制造业大国地位奠定确立的总背景，首次提出"新四化"论断，即新型工业化、信息化、城镇化、农业现代化，推动信息化和工业化深度融合、工业化和城镇化良性互动、城镇化和农业现代化相互协调，促进工业化、信息化、城镇化、农业现代化同步发展，将新型工业化范畴拓展、使命衍生，与信息化进行了深度融合、与城镇化进行了深度互动、与农业现代化进行了深度协调，符合我国后工业化时期城市化提质和乡村振兴等民生需求，更契合以数字化为代表的信息化浪潮新趋势，党的十九届五中全会通过的《中华人民共和国国民经济和社会发展第十四个五年规划和 2035 年远景目标纲要》进一步对"新四化"目标进行了明确，指出到 2035 年我国要基本实现新型工业化、信息化、城镇化、农业现代化，同时与"建成现代化经济体系"并列，深刻阐明了以新型工业化为首的"新四化"是建设现代化经济体系的重要组成部分。党的二十大报告在"建设现代化产业体系"部分开篇便提出"坚持把发展经济的着力点放在实体经济上，推进新型工业化，加快建设制造强国、质量强国、航天强国、交通强国、网络强国、数字中国"，凸显了推进新型工业化在建设现代化产业体系中的首要位置，在产业结构层面突出新型工业化的重要性。因此，经过20年实践以及不断理论深化，新型工业化的内涵与外延不断丰富，战略地位不断提高，从某种意义上说，新型工业化推进关系着中国式现代化实现，决定着我国产业链竞争力、完整性、安全性。

除了将新型工业化作为重点论述外，"十四五"规划中最大亮点主要在于首次提及"保持制造业比重基本稳定"这一新论断，党的二十大报告进一步指出"坚持把发展经济的着力点放在实体经济上"（见表1），上述论断一方面反映了我国工业发展规模的壮大以及技术水平的不断提升，而且工业化发展超出自身视阈，其反哺现代农业、促进与现代服务业深度融合以及信息化等新科技革命成果应用都有了巨大进步，以工业和制造业为代表的实体部门发展在国民经济格局中居于核心地位。2012~2020年，我国工业增加值由20.9万亿元增长到31.3万亿元，其中制造业增加值由16.98万亿元增长到26.6万亿元，占全球比重由22.5%提高到近30%[①]。在500种主要工业品中，我国超过四成产品的产量位居世界第一，制造业大国地位更加坚实。但另外，随着中国大规模工业化结束，制造业规模必然出现一定程度下降，这种现象也符合主要发达国家历史发展经验。但近年来一个值得警惕的现象是，我国工业和制造业比重下降过快，"过早去工业化""过度去工业化"等现象引起了关注，过早和过快显然不能用正常产业结构调整来解释。图1中显示我国工业和制造业比重在2006年分别达到42.03%、32.45%顶峰后总体持续下降，特别是2011年后，工业和制造业比重下滑过快，十年间我国工业和制造业比重分别下降9个和近6个百分点，如果进一步下降势必造成产业"空心化"和产业链条出现"间断点"，对我国产业升级和安全、就业稳定以及经济高质量发展造成负面影响。显然，推进新型工业化是保持制造业稳定和把经济发展着力点放在实体经济上的关键举措，以新型工业化的"质变"换取传统工业化的"量变"，才能减轻传统工业化转型的阵

---

① 本章若无特殊说明，数据均来源于国家统计局。

痛，既能扩大传统工业化的规模经济和范围经济，也能延伸新型工业化的内涵，将新型工业化发展统筹于城市化、数字经济以及城乡协调发展等时代主题。

表1 新型工业化政策梳理

时间轴	新型工业化的论述演变
2002年中国共产党第十六次全国代表大会报告	坚持以信息化带动工业化，以工业化促进信息化，走出一条科技含量高、经济效益好、资源消耗低、环境污染少、人力资源优势得到充分发挥的新型工业化路子
2007年中国共产党第十七次全国代表大会报告	坚持走中国特色新型工业化道路。加快建立以企业为主体、市场为主导、产学研相结合的技术创新体系，大力推进信息化与工业化融合
2012年中国共产党第十八次全国代表大会报告	坚持走中国特色新型工业化、信息化、城镇化、农业现代化道路，推动信息化和工业化深度融合、工业化和城镇化良性互动、城镇化和农业现代化相互协调，促进工业化、信息化、城镇化、农业现代化同步发展
2017年中国共产党第十九次全国代表大会报告	推动新型工业化、信息化、城镇化、农业现代化同步发展，主动参与和推动经济全球化进程，发展更高层次的开放型经济，不断壮大我国经济实力和综合国力
2022年中国共产党第二十次全国代表大会报告	坚持把发展经济的着力点放在实体经济上，推进新型工业化，加快建设制造强国、质量强国、航天强国、交通强国、网络强国、数字中国

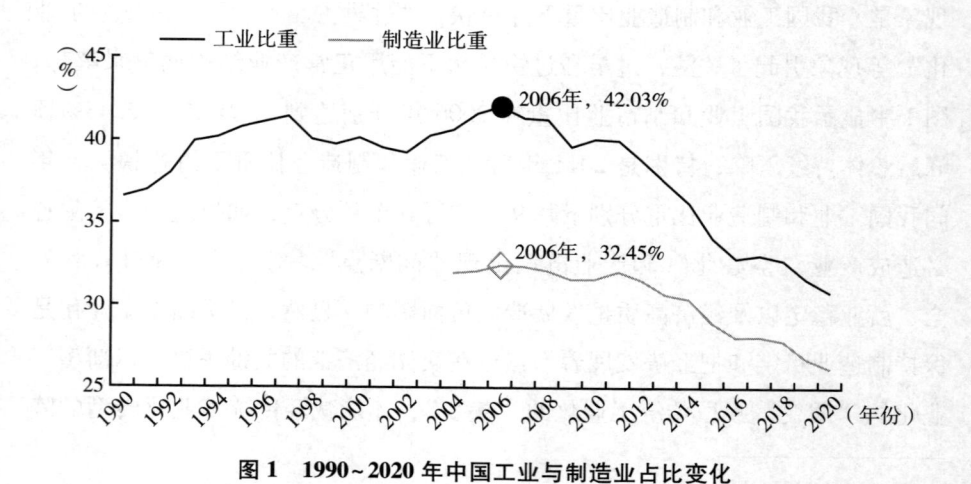

图1 1990~2020年中国工业与制造业占比变化

因此，大力推进新型工业化，保持实体经济稳定，绝不仅仅是工业化自身视域范围内的事，而是与新时代城市化质量、信息化发展以及城乡协调发展等经济高质量发展主题密切相关。换言之，新型工业化被赋予了鲜明的新时代主题、高质量发展内涵以及统筹发展与安全的时代要求。

（二）新型工业化机理内涵

从中国工业化演进实践来看，自 2002 年党的十六大报告提出工业化和信息化融合以来，信息化在工业化发展中的地位不断提高，信息化的大发展也使中国工业化水平不断提高，特别是近年来数字经济的发展和深度嵌入工业化进程也使中国从前三次产业革命跟跑者和模仿者角色转变为第四次产业革命的创新者和领跑者角色。因此，新一轮科技革命和产业变革引发的技术—经济范式转变，特别是数字经济领域大量颠覆性创新的涌现及其广泛应用，使新型工业化呈现一系列新特征。一方面，从生产要素构成和排列组合看，数据作为新的生产要素加入工业化，与其他要素的互动和联系更加紧密，推动了生产方式、组织形式甚至生活方式的重大变革。2020 年 4 月 9 日，《中共中央 国务院关于构建更加完善的要素市场化配置体制机制的意见》将数据作为一种新型生产要素，与土地、劳动力、资本等传统要素并列。数字经济以数据为生产要素，但数据产生以及由数据而决策却是土地、固定资本、劳动力等有形资本和技术、人力资本、企业管理等无形资本的复合体，企业组织方式将由过去更加强调物质资本投入转向更加强调数字资本，企业能够有效应用各种形式的数字化的信息来实现实时的、智能化的决策，实现生产与消费、物质资本与人力资本、内部生产与外部环境相结合，数字化赋能工业化的作用和意义更加明显。另一方面，从新型工业化组成与范围看，新型工业化与信息化、城镇化、农业现代化紧密相连，"新四化"为相互联系而又功能互补的有机统一体。在"新四化"中，无疑新型工业化处于核心位置，以数字经济浪潮为代表，以信息化为手段实现信息化与新型工业化深度融合，通过新型工业化推进统筹高质量城镇化和农业现代化，实现工业形态重塑、工业结构重组、就业结构调整，实现产业结构战略性调

整，在"新四化"实践中不断实现中国式现代化。

1. 新型工业化和数字化的关系

当前，中国工业化面临的内外部环境发生深刻变化，持续提高工业化质量压力与挑战并存。一方面，随着中国经济向高质量发展转型，经济增长更加强调由规模向质量、由要素向创新、由外延向内涵转变；另一方面，工业发展虽然紧随中国宏观经济转型步伐，但传统工业大而不强、创新驱动增长能力较弱等问题与建设现代化经济体系、推动经济高质量发展的要求还存在差距，持续通过规模经济提高、范围经济扩大来提高工业化质量还面临不少问题与挑战。以数字化为手段，加快新型工业化转型就是要让工业企业突破规模经济报酬递减桎梏，通过创新和颠覆性技术革命推动工业企业最终形成不断适应内外部环境变化并不断演绎和推陈出新的柔性、韧性、弹性、塑性的增长路径。

从工业化主体看，以数字化发展为代表的创新或技术变迁是不断重构工业企业内生增长动力的关键。回到企业生命周期，企业成长遵循线性增长模式，最显著的特征就是增长"斜率"将会逐步减小，无法摄取成长"波动"收益，但技术变迁却呈现指数形式，其明显特征是增长"斜率"将会逐步增大，可以获取技术变迁的"波动"收益。企业成长轨迹与技术变迁轨迹在生命周期早期较为一致，但技术变迁演化轨迹逐步与企业成长相脱离，朝着独立模式演进，最终带来企业成长周期与技术变迁周期差距扩大（见图2）。因此，工业企业只有持续不断地创新或通过并购重组等外源性方式获得前沿技术，才能将技术演化与企业成长共进，企业发展也才能"逃逸"生命周期束缚。当前，数字经济的深入发展是技术变迁的主要呈现形式，《"十四五"数字经济发展规划》提出到2025年数据要素市场体系初步建立，产业数字化转型迈上新台阶，数字产业化水平显著提升，数字化公共服务更加普惠均等，数字经济治理体系更加完善。中国工业企业需要紧跟数字经济演进变迁步伐，才能提高要素配置效率、充分发挥网络化效应、不断迭代新产品和新服务、提高全要素生产率。因此，数字化转型是提高工业企业的效率的重要手段，更是工业企业成功转型的重要衡量标志之一。

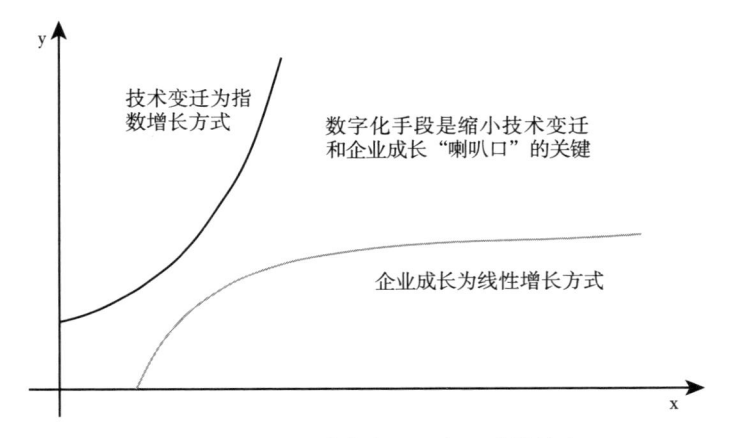

图 2　工业企业技术变迁和企业成长轨迹

从产业视角看，数字化转型从需求系统和生产系统两端对产业进行更新、重造（见图3），促进传统产业更新、新业态重造。首先，从存量上看，数字化加速了传统行业业务转型，使传统行业企业可以继续掘汲"人口红利"，促进要素配置效率提高、网络效应空间延展、纵向一体化效应和规模经济扩展。通过深度运用数字技术，推动传统产业全方位、全链条数字化转型，不仅实现了从需求端出发敏锐捕捉消费动态、消费场景和消费趋势，也通过生产端的数字化控制和流程再造，实现了产业链延长、产业之间互动和一体化联系增强，产业智能化、网络化和数字化特征显现。数字技术的深度应用，使传统行业企业在面临要素报酬递减困境后实现脱胎换骨和凤凰涅槃，促进传统部门提质增效。其次，从增量上看，新兴行业崛起，数字经济本身作为独立的部门构成新发展阶段知识生产和消费的主要载体，催生新产业、新业态、新模式，企业层面范围经济扩大导致产业生命周期迭代。数字经济的壮大有力地支撑了以数据生产、数据分析和数据服务为基础的新产业、新业态、新模式，促进消费端从普通耐用消费品向高档消费品以及教育、医疗、旅游、文化娱乐等个人发展型和享受型消费品升级，数字经济无论与传统部门结合还是作为独立的经济部门都发挥了巨大作用。可以预测，数字经济作为"第四产业"成为新发展阶段增量经济的重要组成部分，大

力发展数字经济必将是工业行业及早抓住新一轮世界科技革命和产业变革先机,并在新一轮国际竞争中拔得头筹、抢占未来发展制高点的重要方向。

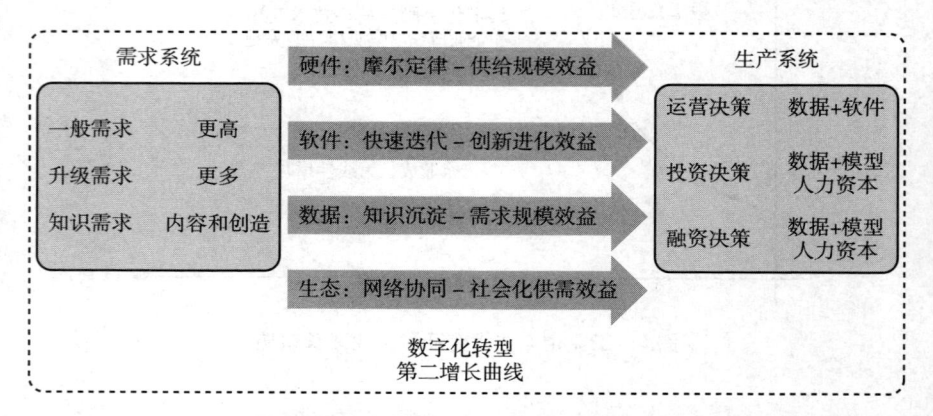

图3 数字化转型重构工业行业增长动力

2. 新型工业化与城镇化、农业现代化的关系

党的二十大报告指出:"中国式现代化是人口规模巨大的现代化。我国十四亿多人口整体迈进现代化社会,规模超过现有发达国家人口的总和,艰巨性和复杂性前所未有,发展途径和推进方式也必然具有自己的特点。"实现中国式现代化是几代中国共产党人持续奋斗的理想,也是党领导人民实现第一个百年奋斗目标之后,乘势而上开启全面建设社会主义现代化国家新征程、向第二个百年奋斗目标进军的总要求。在新征程中建设中国式现代化,我国已经具备了较好的物质基础,即雄厚的和完整的工业体系支撑。充分发挥工业化已有优势,实现人口规模巨大的现代化和全体人民共同富裕的现代化,不仅可以发扬中国工业化的优势,还可以规避发达国家工业化转型升级过程中所出现的劳资对立、两极分化以及产业"空心化"等问题,始终将新型工业化推进与提高人民生活水平相联系,将工业化质量提高与人的质量提高相联系,将新型工业化推进与中国式现代化任务相联系。

我国作为拥有14亿人口的大国,工业化推进与劳动力要素流动、转移紧密相关。改革开放后农业劳动力向城市流动不仅推动了大规模工业化发展，也使城市化进程加速推进，显然，新型工业化建设也会与城镇化、农业现代化高度相连。城镇化一边是庞大的产业人口的乡城转移，一边也与农业、农村和农民"三农"高质量发展挂钩。由于工业化是一系列基要生产函数连续发生的由低级向高级的突破性变革①，因此工业化的边界随着时代变化也在发生巨大变革，特别是上文提到的数字化革命浪潮影响下，传统意义上划分的农业、工业和服务业的边界正在模糊，新型工业化的真正价值在于为产业融合发展、高质量发展提供了基本的生产基础、空间基础，将新型工业化牢牢依托于城市化所提供的"空间"以及产业发展（包括农业现代化）所提供的要素、物质基础，这主要体现在：第一，新型工业化作为"新四化"的基础与核心，能够带来技术、人才等要素在空间的聚集和裂变，这也就是城镇化的基础和起源，因此，新型工业化只有立足于城镇化，只有与城镇化的空间基础紧密联系，才能带来人口聚集，将新型工业化与人的质量提高相联系；第二，新型工业化除了做到使人口、人才和劳动力向城市聚集外，还能为农业提供先进技术与生产资料，赋能农业现代化发展，将新型工业化与农业现代化紧密联系。在传统工业化发展之初，农业作为工业化的基础支撑，"三农"为我国工业化实现提供了巨大的支持，新型工业化必须也必然改变传统工业化之初的做法，通过反哺农业将农业改造成高效、规模化和绿色的生产资料体系，将农业发展整体纳入工业化发展全过程，以新型工业化带动农业现代化实现。总体来看，新型工业化和"新四化"的关系表现为以下几个方面。

第一，新型工业化在"新四化"中具有根本性和基础型作用，新型工业化将信息化作为工业化手段，新型城镇化是工业化的载体，农业现代化是工业化的基础和最终结果。从科技革命趋势看，工业化的形式、运维已经发生根本改变，传统定义中工业主要指社会物质生产部门，事实上随着信息化的发展，工业化"物质"含义在削弱而"无形"含义在增强，"物质"价值随着"无形"价值在不断增加和衍生，因此，以信息化为手段，工业的

---

① 黄群慧：《论新型工业化与中国式现代化》，《世界社会科学》2023 年第 2 期。

定义不断泛化、围廓更加宽彻、进阶更加突进,在这种情况下,传统工业非但没有被取代而是更加凸显,新型工业由此而生,新旧业态迭代加快。城镇化是工业化的重要载体,也是工业化的空间结构,更是工业化的根本要求,以工业化为基础衍生出的高质量城镇化,不仅可以保障工业化高质量发展,也能提高劳动者收入水平,实现工业化和城镇化的良性互动,防止城镇化中的"拉美弊病"。

第二,新型工业化能有效统合传统划分的第一、第二、第三产业和简单的上下、阶层关系,使传统第一、第二和第三产业实现升级和融合的目标。因此,工业化本质上对应第二产业,信息化和城镇化对应第三产业,而农业现代化则对应第一产业。按照发达国家实践,新型工业化或者说再工业化从实质上讲没有第一、第二和第三产业划分,产业边界逐渐模糊,产业融合逐渐加深,产业路径逐渐交互,制造其实就是农业和传统工业制造过程,而服务业为农业或传统工业衍生出来的服务或者独立的知识制造部门,但独立的知识制造部门与实体(农业和制造业)联系紧密,本质上也是为其服务的,这样最终的结果是能够实现工业化、信息化、城镇化和农业现代化"新四化"的目标,也就实现了中国式现代化目标。

第三,新型工业化融合于"新四化"体现了中国特色,反映了中国工业化的内在要求、本质特征。中国共产党以全心全意为人民服务为根本宗旨,党的十九大报告提出新时代我国社会主要矛盾是人民日益增长的美好生活需要和不平衡不充分的发展之间的矛盾。中国工业化发展始终与我国14亿人口的大国国情紧密联系,只有将新型工业化作为大国发展的根本立足点,以新型工业化顺利推进带动城镇化高质量发展和农业实现现代化,才能满足我国达到中等收入国家后人民群众日益增长的对美好生活需要的现实要求,以工带农、以工促城,城乡融合、工农融合,通过"新四化"高质量发展成果来解决新时代的主要矛盾,体现了党中央以人民为中心的发展思想,坚持一切为了人民、一切依靠人民,发展成果由人民共享,这样才能实现人口规模巨大和全体人民共同富裕的中国式现代化。

二 新型工业化指标体系构建

按照上文分析的新型工业化逻辑架构,且考虑到研究的一致性、数据可得性等方面,本报告在陈佳贵、黄群慧、钟宏武[1]工业化评价的基础上,以新型工业化的内涵出发,结合"新四化"宽口径和大范围,仍从经济增长、空间结构、就业结构、产业结构和工业结构5个方面构建起新型工业化的评价指标体系,总结而言,该指标体系沿袭了经典工业化理论所构建的指标体系,也从新型工业化推进的机理特别是与信息化、城镇化和农业现代化的勾稽关系出发,构建符合新时代中国新型工业化发展评价的框架。具体而言,有如下方面。

第一,经济增长指标沿袭陈佳贵等[2]的做法,本文仍然采用人均GDP水平作为经济增长的衡量。考虑到经济增长动力延续性以及保持必要的经济增长率仍是2035年基本实现现代化和21世纪中叶实现现代化的重要支撑,本文加入经济增长率作为衡量经济增长的重要补充指标(见表2)。

表2 经济增长指标

指标	指标衡量	意义
人均GDP	GDP/总人口	参考原文*
GDP增长率	本年现价GDP/上年现价GDP	经济增长率是衡量各地经济增长和工业化的重要变量

* 陈佳贵、黄群慧、王延中、刘刚等:《中国工业现代化问题研究》,中国社会科学出版社,2004。

[1] 陈佳贵、黄群慧、钟宏武:《中国地区工业化进程的综合评价和特征分析》,《经济研究》2006年第6期。
[2] 陈佳贵、黄群慧、王延中、刘刚等:《中国工业现代化问题研究》,中国社会科学出版社,2004。

第二，关于空间结构、就业结构、产业结构和工业结构，既沿袭了陈佳贵等[①]的传统工业化评价思路，例如，空间结构主要考虑工业化带来的城市人口聚集以及由此衍生的就业结构上一产人口比例持续下降，二、三产人口比例持续上升，工业结构上主要考虑制造业规模和比重演化以及由此衍生的产业结构中农业、工业和服务业的动态变化。依据上文提到的新型工业化内涵，新型工业化建设中所涉及的空间结构、就业结构、产业结构和工业结构必然视角更广、范围更阔（见图4），空间结构上强调产业高质量布局，高密度创新，精益、清洁和绿色生产，就业结构上追求产业空间集聚带来的劳动力集聚和劳动生产率提高，产业结构上更加强调国内产业链广度和深度以及国际价值链位置和节点（通过产业链和价值链能看出一个地方产业结构，即以什么产业为主导以及产业整体竞争力水平）；工业结构上跳出制造业产品总量视角，以制造业产品为核心向外围扩展，从制造业产品的全生命周期模式出发，换言之，原来的制造业产品仅仅涉及原料投入、生产和销售的环

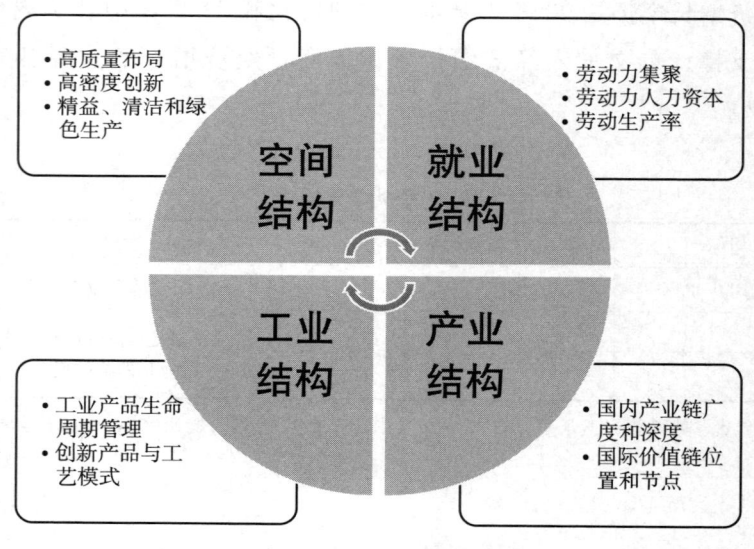

图4 新型工业化逻辑架构

① 陈佳贵、黄群慧、王延中、刘刚等：《中国工业现代化问题研究》，中国社会科学出版社，2004。

节，而现在是将工业产品作为整个生命周期看，包括售后以及相关服务甚至回收、绿色应用等，因此本文的工业结构跳出制造业制造过程，以制造业产品的增加值为基准衍生出其他"增加值"，只有这样才能实现工业结构优化、绿色生产和工业中"创新"成分增加。

第三，空间结构指标选择上除了城市化率外，主要从产业高质量布局、产业高密度创新以及产业绿色化生产三个视角展开，产业高质量布局考虑高新开发区数量、高新开发区产值占 GDP 比重、百亿元产业集群数量等；产业高密度创新使用了研发强度、研发产出、发明产出等指标；绿色生产为单位 GDP 中能源消耗和碳排放（见表3）。

表3 空间结构指标

指标	指标说明	意义
城市化率	与陈佳贵等*保持一致	参考原文
高新开发区	国家级高新开发区数量	国家级高新开发区设立门槛较高，省级设立较多，无法体现差异性
高技术工业产值	国家级高新开发区产值占 GDP 比重	高新开发区产值占 GDP 比重越高越能体现产业空间结构集聚程度
百亿元产业集群	百亿元产业集群数量	百亿元产业集群数量多寡也是产业空间聚集和凝核的重要考量
企业家精神	新设企业数量	反映地区产业发展活跃程度
研发强度	R&D 支出占 GDP 比重	反映地区产业研发强度
研发产出	申请和授权专利数量	反映地区产业研发产出程度
发明产出	专利中发明产出占比	反映地区研发质量
绿色生产	单位 GDP 中能源消耗和碳排放	反映地区绿色生产强度，注意该指标为负向指标

*陈佳贵、黄群慧、王延中、刘刚等：《中国工业现代化问题研究》，中国社会科学出版社，2004。

第四，新型工业化与传统工业化区别之一就是前者更加依赖人力资本，而后者主要依赖物质资本，因此，就业结构方面我们主要从新型工业化所带来的高质量人力资本培育和聚集视角展开，具体指标如表4所示。

表4 就业结构指标

指标	指标说明	意义
人力资本	人均受教育年限	人力资本一般衡量
外来人口	外来人口流入或数量（若人口流入数据不可得）	外来人口流入反映了地区产业发展成熟度和集聚度，是就业容量和活跃度的重要体现
二产劳动生产率	第二产业产值/第二产业就业人员	劳动生产率
三产劳动生产率	第三产业产值/第三产业就业人员	劳动生产率
高人力资本分布	以省委常委兼任市委书记的城市作为样本，这些城市高人力资本劳动力占全省劳动力比例	地区龙头城市人力资本分布情况

第五，产业结构方面，正如前文分析新型工业化将会导致产业边界模糊，产业间融合加强，因此，与陈佳贵等[①]传统工业化评价中将三大产业结构动态变化作为评价依据相比，这里我们更加强调产业结构的完整性、生态性和融合性，具体主要从工业产业门类齐全程度、现代服务业发展、产业融合（工业和服务业发展相配性）等方面出发，与传统工业化评价中产业间割裂甚至取代形成对比（见表5）。

表5 产业结构指标

指标	指标说明	意义
产业门类齐全程度	联合国产业门类分类中本地产业门类数量	产业链完整、互补程度
现代服务业发展	现代服务业*增加值占比	—
产业融合	工业和服务业发展相配性	采用专业化指数和多样化指数进行测算，反映产业间的差异、互补程度，专业化反映产业的规模经济水平，而多样化反映了产业间融合、熔铸过程

* 现代服务业包括基础服务（包括通信服务和信息服务）、生产和市场服务（包括金融、物流、批发、电子商务、农业支撑服务以及中介和咨询等专业服务）、个人消费服务（包括教育、医疗保健、住宿、餐饮、文化娱乐、旅游、房地产、商品零售等）、公共服务（包括政府的公共管理服务、基础教育、公共卫生、医疗以及公益性信息服务等）。

---

① 陈佳贵、黄群慧、王延中、刘刚等：《中国工业现代化问题研究》，中国社会科学出版社，2004。

第六，工业结构方面，不仅关注制造业增加值变化，突出保持制造业稳定和制造业作为所有产业基础的特征，还从制造业高质量发展出发，从工业生产智能化、工业生产柔性程度、工业绿色生产等角度出发选择指标，意在反映现代制造的"智造""绿色化"特征以及上下产业链中制造业的中心作用（见表6）。

表6 工业结构指标

指标	指标说明	意义
制造业增加值	与陈佳贵等*保持一致	参考原文
地区CR2（3）工业增加值	以省委常委兼任市委书记的城市作为样本，这些地区工业增加值占全省工业增加值占比	工业集聚程度
工业生产智能化/标准化程度	工业机器人使用数量	工业生产的智能化程度和自动化替代情况
工业生产柔性程度	近三年工业增加值波动情况	注意，该指标为负向指标，波动越大反映地区工业生产波动较大，越小才能说明地区工业生产在经历冲击情况仍然保持稳健（特别是疫情冲击期间）
工业绿色生产	能源消耗/工业增加值、碳排放/工业增加值	反映制造业绿色发展水平

* 陈佳贵、黄群慧、钟宏武：《中国地区工业化进程的综合评价和特征分析》，《经济研究》2006年第6期。

三 中国31个省（区、市）新型工业化发展情况评估

在表2到表6指标体系的基础上，本文使用2022年和2023年《中国统计年鉴》、31个省（区、市）统计年鉴、31个省（区、市）统计公报等公开数据，采用主成分分析法对31个省（区、市）新型工业化发展情况进行了评价，具体结果见表7。表7中不仅有新型工业化总得分，也有经济增长、空间结构、就业结构、工业结构和产业结构等具体子项得分，从而不仅可以横向比较各地区新型工业化发展情况，也能清楚地了解各地区新型工业化子项的发展情况。

表 7　2021 年中国 31 个省（区、市）新型工业化发展评价

省（区、市）	新型工业化总得分	经济增长	空间结构	就业结构	工业结构	产业结构
北　京	131.155	104.081	114.204	113.297	99.617	99.956
天　津	106.062	100.161	99.211	105.420	99.890	101.379
河　北	93.224	98.260	97.637	96.365	100.365	100.597
山　西	96.214	100.632	96.395	99.392	101.501	98.293
内蒙古	99.586	99.465	95.533	104.141	100.629	99.818
辽　宁	96.310	98.065	98.227	99.047	100.123	100.848
吉　林	94.293	98.290	96.887	99.045	99.225	100.845
黑龙江	89.201	97.725	96.953	97.235	98.719	98.569
上　海	121.855	103.343	105.589	109.325	101.118	102.479
江　苏	128.436	102.614	116.662	104.209	103.806	101.146
浙　江	113.478	101.707	108.079	100.710	102.021	100.960
安　徽	100.249	99.967	101.946	98.236	100.036	100.064
福　建	105.510	101.573	100.040	102.869	100.604	100.424
江　西	95.071	100.357	96.715	97.628	100.248	100.123
山　东	108.758	100.409	107.303	99.311	101.105	100.630
河　南	94.691	98.038	99.777	97.034	99.819	100.024
湖　北	105.530	103.841	101.692	99.785	100.054	100.157
湖　南	97.840	99.512	100.214	98.694	99.862	99.558
广　东	128.686	100.827	120.181	100.297	104.591	102.790
广　西	89.422	99.141	96.143	95.945	98.773	99.419
海　南	91.368	102.021	94.997	97.818	96.647	99.885
重　庆	98.829	100.667	98.239	100.962	99.254	99.707
四　川	95.100	99.809	98.601	97.633	99.571	99.487
贵　州	88.104	99.267	95.071	96.491	98.844	98.431
云　南	88.178	98.910	94.150	97.059	98.485	99.575
西　藏	82.418	98.479	92.041	97.843	96.382	97.674
陕　西	100.442	99.019	100.152	100.903	100.849	99.519
甘　肃	85.883	98.171	93.833	96.149	98.957	98.773
青　海	89.572	97.845	94.390	98.087	99.086	100.164
宁　夏	92.861	98.766	95.060	99.308	100.421	99.307
新　疆	91.676	99.039	94.078	99.763	99.399	99.398

从表7可以看出,新型工业化得分居于前十名的省(区、市)分别是北京、广东、江苏、上海、浙江、山东、天津、湖北、福建、陕西,排名靠后的分别为宁夏、新疆、海南、青海、广西、黑龙江、云南、贵州、甘肃、西藏等省(区)。总体来看,东部沿海发达地区仍然居于新型工业化发展的前沿,由于东部地区工业化发展较早,传统工业化已经实现,这就使新型工业化升级符合中国整体区域产业转型升级的总体布局安排。表8进一步报告了各地区新型工业化发展相对位置,更清晰地展现了中国各地区新型工业化发展全貌和差异对比。

表8　2021年中国31个省(区、市)新型工业化相对位置

省(区、市)	新型工业化总得分	经济增长	空间结构	就业结构	工业结构	产业结构
北京	1	1	3	1	19	16
天津	7	13	13	3	16	3
河北	21	26	17	29	11	9
山西	16	10	21	13	4	30
内蒙古	12	17	23	5	8	18
辽宁	15	28	16	16	13	6
吉林	20	25	19	17	23	7
黑龙江	27	31	18	25	28	28
上海	4	3	6	2	5	2
江苏	3	4	2	4	2	4
浙江	5	6	4	9	3	5
安徽	11	14	7	19	15	14
福建	9	7	11	6	9	10
江西	18	12	20	24	12	13
山东	6	11	5	14	6	8
河南	19	29	12	27	18	15
湖北	8	2	8	11	14	12
湖南	14	16	9	18	17	21
广东	2	8	1	10	1	1
广西	26	19	22	31	27	24

续表

省（区、市）	新型工业化总得分	经济增长	空间结构	就业结构	工业结构	产业结构
海南	24	5	26	22	30	17
重庆	13	9	15	7	22	19
四川	17	15	14	23	20	23
贵州	29	18	24	28	26	29
云南	28	22	28	26	29	20
西藏	31	24	31	21	31	31
陕西	10	21	10	8	7	22
甘肃	30	27	30	30	25	27
青海	25	30	27	20	24	11
宁夏	22	23	25	15	10	26
新疆	23	20	29	12	21	25

表9为2022年中国31个省（区、市）新型工业化发展评价结果。新型工业化得分居于前十名的省市分别是北京、广东、江苏、上海、浙江、山东、天津、福建、陕西、湖北，与2021年相比基本保持不变，主要差异在于湖北掉到第十位。表10进一步报告了2022年中国31个省（区、市）新型工业化发展的相对位置，总体来说，仍然呈现东部地区处于领跑状态、中西部地区总体处于传统工业化深入发展与新型工业化并进阶段，符合中国区域和区域梯度转移、发展战略。

比较2022年和2021年中国31个省（区、市）新型工业化得分情况，见表11。新型工业化排名保持不变的有北京、天津、内蒙古、上海、江苏、浙江、山东、广东、西藏等，排名上升的主要有西北省区、河北、黑龙江、福建、江西、湖南、四川、云南等省份，而排名出现下降的主要有山西、辽宁、吉林、安徽、河南、湖北、广西、海南、重庆和贵州等省（区、市），排名位置出现变化的主要原因可以从经济增长、空间结构、就业结构、工业结构和产业结构等子项相对位置变化中捕捉，在此不一一赘述。

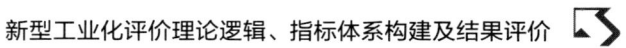

表9 2022年中国31个省（区、市）新型工业化发展评价

省（区、市）	新型工业化总得分	经济增长	空间结构	就业结构	工业结构	产业结构
北京	127.217	101.842	113.810	112.369	99.386	99.811
天津	106.184	99.856	99.724	105.279	99.869	101.455
河北	95.586	99.829	98.643	96.462	100.162	100.490
山西	95.910	100.748	95.508	99.802	101.697	98.156
内蒙古	100.927	101.315	94.756	104.157	100.676	100.023
辽宁	96.782	99.045	97.690	99.083	100.137	100.827
吉林	90.455	95.932	96.542	98.242	99.051	100.688
黑龙江	91.190	98.905	97.457	97.485	98.849	98.494
上海	119.204	100.914	106.019	108.835	101.026	102.411
江苏	124.528	101.845	113.942	104.051	103.683	101.007
浙江	112.301	101.250	107.460	100.582	101.935	101.074
安徽	100.188	100.138	101.754	98.078	99.997	100.220
福建	105.316	102.587	99.214	102.855	100.433	100.228
江西	97.801	100.865	98.846	97.750	100.110	100.229
山东	108.006	100.790	106.141	99.400	101.023	100.652
河南	94.334	99.514	97.899	97.182	99.792	99.947
湖北	103.198	101.246	102.132	99.756	100.004	100.060
湖南	101.219	100.813	102.490	98.557	99.789	99.570
广东	127.181	99.930	119.904	100.159	104.477	102.711
广西	88.528	99.073	95.081	95.857	98.733	99.784
海南	87.348	97.696	94.620	97.963	96.805	100.264
重庆	98.260	100.056	98.499	100.765	99.177	99.762
四川	99.577	99.554	103.490	97.489	99.495	99.550
贵州	87.085	97.931	95.524	96.288	98.809	98.533
云南	89.190	100.312	93.917	97.019	98.523	99.419
西藏	81.205	98.052	91.372	97.690	96.511	97.580
陕西	104.032	100.963	101.574	101.102	100.891	99.502
甘肃	87.792	99.931	93.871	96.151	99.085	98.754
青海	91.621	98.932	93.881	98.951	99.628	100.228
宁夏	94.413	100.358	94.290	99.638	100.596	99.532
新疆	93.423	99.780	93.949	101.007	99.651	99.036

表10　2022年中国31个省（区、市）新型工业化相对位置

省（区、市）	新型工业化总得分	经济增长	空间结构	就业结构	工业结构	产业结构
北　京	1	3	3	1	22	18
天　津	7	19	12	3	16	3
河　北	19	20	15	28	11	9
山　西	18	12	22	12	4	30
内蒙古	12	4	24	4	8	16
辽　宁	17	25	18	16	12	6
吉　林	25	31	20	19	25	7
黑龙江	24	27	19	25	26	29
上　海	4	8	6	2	5	2
江　苏	3	2	2	5	2	5
浙　江	5	5	4	10	3	4
安　徽	13	15	10	20	15	14
福　建	8	1	13	6	10	13
江　西	16	9	14	22	13	11
山　东	6	11	5	15	6	8
河　南	21	23	17	26	17	17
湖　北	10	6	9	13	14	15
湖　南	11	10	8	18	18	21
广　东	2	18	1	11	1	1
广　西	27	24	23	31	28	19
海　南	29	30	25	21	30	10
重　庆	15	16	16	9	23	20
四　川	14	22	7	24	21	22
贵　州	30	29	21	29	27	28
云　南	26	14	28	27	29	25
西　藏	31	28	31	23	31	31
陕　西	9	7	11	7	7	24
甘　肃	28	17	30	30	24	27
青　海	23	26	29	17	20	12
宁　夏	20	13	26	14	9	23
新　疆	22	21	27	8	19	26

表11　2022年与2021年相比中国31个省（区、市）新型工业化发展位置变化

省份	新型工业化总得分	经济增长	空间结构	就业结构	工业结构	产业结构
北京	不变	下降	不变	不变	下降	下降
天津	不变	下降	上升	不变	不变	不变
河北	上升	上升	上升	上升	不变	不变
山西	下降	下降	下降	上升	不变	不变
内蒙古	不变	上升	下降	上升	不变	上升
辽宁	下降	上升	下降	不变	上升	不变
吉林	下降	下降	下降	下降	下降	不变
黑龙江	上升	上升	下降	不变	上升	下降
上海	不变	下降	不变	不变	不变	不变
江苏	不变	上升	不变	下降	不变	下降
浙江	不变	上升	不变	下降	不变	上升
安徽	下降	下降	下降	下降	下降	不变
福建	上升	上升	下降	不变	下降	下降
江西	上升	上升	上升	上升	下降	上升
山东	不变	不变	不变	下降	不变	不变
河南	下降	上升	下降	上升	上升	下降
湖北	下降	下降	下降	下降	下降	下降
湖南	上升	上升	上升	不变	下降	不变
广东	不变	下降	不变	不变	不变	不变
广西	下降	下降	下降	不变	下降	上升
海南	下降	下降	上升	上升	不变	上升
重庆	下降	下降	下降	下降	下降	下降
四川	上升	下降	上升	下降	下降	不变
贵州	下降	下降	上升	下降	上升	上升
云南	上升	上升	不变	下降	不变	下降
西藏	不变	下降	不变	下降	不变	不变
陕西	上升	上升	下降	上升	不变	下降
甘肃	上升	上升	不变	不变	上升	不变
青海	上升	上升	下降	上升	上升	下降
宁夏	上升	上升	下降	上升	上升	上升
新疆	上升	下降	上升	上升	上升	下降

主要参考文献

黄群慧：《2020年我国已经基本实现了工业化——中国共产党百年奋斗重大成就》，《经济学动态》2021年第11期。

师博、方嘉辉：《数字经济赋能中国式新型工业化的理论内涵、实践取向与政策体系》，《人文杂志》2023年第1期。

魏后凯、王颂吉：《中国"过度去工业化"现象剖析与理论反思》，《中国工业经济》2019年第1期。

吴敬琏：《怎样走好新型工业化道路》，《山东经济战略研究》2005年第4期。

中国社会科学院工业经济研究所课题组：《新型工业化内涵特征、体系构建与实施路径》，《中国工业经济》2023年第3期。

中国社会科学院经济研究所课题组：《"五年规划"的历史经验与"十四五"规划的指导思想研究》，《经济学动态》2020年第4期。

周振华：《新型工业化道路：工业化与信息化的互动与融合》，《上海经济研究》2002年第12期。

分 报 告

B.3
以两化融合推进新型工业化发展

邵婧婷*

摘　要： 以两化融合推进新型工业化发展是实现中国式现代化的核心战略。自2002年党的十六大提出两化融合战略以来，我国两化协同步伐不断加快，以两化融合推进新型工业化发展取得了斐然的成绩。两化融合推进新型工业化发展立足于数字产业化为新型工业化提供了技术基础，产业数字化形成了新型工业化的鲜明特征，数字治理为新型工业化发展提供了支撑，以及数据要素市场建设畅通了新型工业化循环。然而，随着两化融合推进新型工业化发展历程不断走深向实，一些问题逐渐暴露，例如，宏观层面上"过早去工业化"削弱了两化融合的基础条件，中观层面上两化融合产业结构、区域发展不平衡的问题依然存在，微观层面上企业两化融合的深度还有待加强。为解决这些发展困境，本文在梳理了主要发达工业国家两化融合相关政策后，从企业和政府

---
* 邵婧婷，中国社会科学院工业经济研究所助理研究员，主要研究方向为跨国公司经营与管理。

两个维度对以两化融合推进新型工业化发展提出了相关的政策建议，即企业应努力发展自身的专业化能力，选择合适的两化融合切入点，以及在推进两化融合过程中保持一定的战略定力；政府则应为两化融合创造良好的政策环境，为中小企业两化融合的推进提供专项扶持政策，加快第三方科技咨询、中介等公共服务机构的建设，以及加强共性基础设施和数字平台建设。

关键词： 新型工业化 两化融合 数字产业化

随着以数字化、网络化、智能化为主要特征的新一轮全球科技和产业革命由导入期转入深化拓展期，以及我国工业化进程由工业化后期过渡到后工业化阶段，信息化和工业化的深度融合成为历史进程交汇的必然选择。党的二十大报告提出要"坚持把发展经济的着力点放在实体经济上，推进新型工业化""加快发展数字经济，促进数字经济和实体经济深度融合"，并指明了到2035年，建成现代化经济体系，形成新发展格局，基本实现新型工业化、信息化、城镇化、农业现代化，这些论述为我国新型工业化的发展指明了前进方向、提供了根本遵循，即我国新型工业化的发展必须以两化融合为抓手，走以两化融合赋能新型工业化发展的道路，以新一代信息技术推动实体经济在组织形态、生产方式、业务模式、产业生态等方面发生根本性变革，加速现代工业体系建设。

一 两化融合政策演进、实践发展与理论逻辑

（一）两化融合政策演进视角

两化融合概念的首次提出是在2002年党的十六大报告中，即"以信息化带动工业化，以工业化促进信息化"，随后，2007年党的十七大上正式提

出"大力推进信息化与工业化融合"。随着两化融合赋能新型工业化程度的不断加深，传统信息化对工业化的赋能逐渐升华为数字经济对实体经济的赋能，2022年党的二十大又提出"数字经济和实体经济深度融合"。两化融合逐渐发展演化为我国工业化进程中一个具有里程碑意义的重大战略，对我国新型工业化的推进产生了深远的影响，主要体现在它变革了我国工业发展的传统模式，实现了工业发展由要素和投资驱动向创新驱动转变、由数量规模增长向质量效益增长转变。

为促进两化融合战略的落实与推进，工业和信息化部出台了一系列相关的政策文件。2011年发布的《关于加快推进信息化与工业化深度融合的若干意见》，促使我国两化融合在更深程度、更广范围、更高水平上开展有益探索；2013年出台的《信息化和工业化深度融合专项行动计划（2013—2018年）》，标志着我国第一个两化融合行动方案的落地；2021年印发的《"十四五"信息化和工业化深度融合发展规划》，将推动新一代信息技术与制造业融合发展明显加快，推动我国新型工业化发展步入快车道。

（二）两化融合实践发展视角

两化融合战略提出并实施以来，我国数字经济发展迅速，数字产业化和产业数字化协同推进步伐加快。中国信息通信研究院数据显示，2022年我国数字经济规模首次突破50万亿元，达到50.2万亿元，同比名义增长10.3%。连续11年显著高于同期GDP名义增速，数字经济占GDP比重进一步提升，超过四成，达到41.5%，成为我国经济发展的"稳定器"和"加速器"。其中，数字产业化规模达到9.2万亿元，占数字经济比重为18.3%；产业数字化规模为41万亿元，占数字经济比重为81.7%[①]。根据工业和信息化部国家工业信息安全发展研究中心发布的《全国数字经济发展指数DEAI（2022）》测算数据，截至2022年12月，我国数字经济指数持续稳步提升，全国数字经济发展指数为145.8，同比增长13.6%。一级指标

---

① 中国信息通信研究院：《中国数字经济发展研究报告（2023年）》，2023。

数字产业化、产业数字化、数字化治理指数分别为61.8、70.2和13.8，对总指数的贡献度分别为42.4%、48.1%和9.5%，其中，产业数字化贡献了总指数的最大份额，而数字产业化中的数字基础设施成为拉动总指数提升的最大变量[1]。

进一步地，从两化融合协同推进来看，截至2022年底，全国具备区域和行业影响力的工业互联网平台超过240家，重点平台连接设备超过8000万台（套），服务工业企业超过160万家，覆盖45个国民经济大类和85%以上的工业大类，工业互联网平台应用普及率达到22.16%。企业关键工序数控化率和数字化研发设计工具普及率分别达到58.6%和77.0%[2]。开展网络化协同的制造企业和服务型制造企业比例分别达到39.8%和31.0%。

（三）两化融合理论逻辑视角

两化融合赋能新型工业化发展的理论基础主要由两方面构成，一方面是扎根于马克思工业革命理论[3]，另一方面是来源于我国产业发展和工业化进程中逐渐形成的"中国方案"中的逻辑和经验[4]。

首先，马克思认为工业革命的实质是以社会生产技术为代表的生产力和与之相应的以技术—经济范式为代表的生产关系所发生的重大变革。社会生产技术，特别是那些具有广泛应用空间和很大溢出效应的通用目的技术，会彻底改变生产要素、劳动资料和生产工具等的结构、功能和形态，带来社会生产力的跃迁，进而改变社会生产关系及作为其表征的技术—经济范式。比如，第一次工业革命最大的技术突破是蒸汽机的发明和广泛应用，催生了工

---

[1] 国家工业信息安全发展研究中心：《全国数字经济发展指数DEAI（2022）》，https://www.cics-cert.org.cn/web_root/webpage/articlecontent_101006_16859590711393386497.html。
[2] 国家互联网信息办公室：《数字中国发展报告（2022年）》，2023。
[3] 胡海波、毛纯兵、周洁：《中国工业数字化转型的演变逻辑与未来展望》，《管理学刊》2023年第4期。
[4] 黄群慧：《改革开放40年中国的产业发展与工业化进程》，《中国工业经济》2018年第9期。

厂这一生产组织形式，人类社会由手工生产进入机械化生产阶段；第二次工业革命代表性技术为发电机和电力，使大型企业与流水线生产方式迅速席卷全球，人类的社会生产从机械化进入电气化时代；第三次工业革命的代表性技术是计算机和互联网，生产方式由大规模生产向大规模定制转变，世界各国根据各自资源禀赋和比较优势的不同嵌入全球价值链各生产环节，全球化的生产分工体系得以形成。

目前正处于第三次工业革命向第四次工业革命的演化阶段，云计算、大数据、物联网、人工智能、区块链等新一代信息技术整体性地提升了社会生产和社会交往的内在质量，具有通用目的技术的特征[1]，并产生了海量的更为先进化、智能化、以数据形式为表征的新型生产要素——数据生产要素。2020年中共中央、国务院发布的《关于构建更加完善的要素市场化配置体制机制的意见》，将数据要素正式列为"土地、劳动力、资本、技术"后的第五种生产要素。数据要素的出现必然会带来新的技术—经济范式的改变。因为数字技术所带来的颠覆性创新会对实体经济，特别是制造业，从产品形态、产品功能、生产方式、经营管理、商业模式、组织形态以及产业生态等方方面面进行重塑，且这种重塑是渗透性的，贯穿创新链、价值链、供应链、顾客价值链等生产的全过程、产品的全周期，表现在要素融合、技术融合、设施融合、流程融合、产品融合等多个维度[2]。因此，两化融合战略实质上反映了数字经济时代社会经济运行的底层基本逻辑，是与创新生产力相匹配的生产关系形式。

其次，我国的工业化进程从初期阶段快速发展到后工业化阶段，其间积累了丰富的实践和经验，逐步形成具有中国特色的工业化"中国方案"，其基本内涵在于不断推进高质量工业化战略，实现从成本驱动、出口导向、高速度工业化向创新驱动、内需导向、高质量工业化转变。战略落脚点在于推进新型工业化、信息化、城镇化、农业现代化的"新四化"协同发展，其

---

[1] 金碚：《加快工业互联网主导的新型工业化》，《智慧中国》2023年第5期。
[2] 李晓华：《制造业的数实融合：表现、机制与对策》，《改革与战略》2022年第5期。

中又以工业化与信息化的深度融合为核心战略过程和战略路径[1]。可见，两化融合是实现新型工业化的本质要求。工业化进程的实质在于通过技术创新实现产业结构的持续高级化和产业效率的不断提升[2]。新一代信息技术作为本轮产业革命中研发投入强度最大、创新实践最活跃、应用范围最广、辐射带动作用最大的创新领域：一方面，它本身的发展意味着以数字产品、数字基础设施、数字服务等为代表的数字经济核心产业的增长，从而带来产业结构的变革；另一方面，其与制造业的融合能够显著提高一些价值链环节和生产工序的生产效率，数字化生产设备和生产系统的高精度还能显著提高产品质量性能，使以更低成本实现更高质量成为可能，进而提高制造业的增加值率和利润率，带来产业效率的提升和效益的改善[3]。因此，以两化融合实现国家自主创新能力的重构便构成了我国新型工业化的逻辑起点[4]。

二 两化融合推进新型工业化发展的工作机制

持续深化信息化与工业化融合发展，是新发展阶段制造业数字化、网络化、智能化发展的必由之路，是数字时代建设制造强国、网络强国和数字中国的扣合点[5]。当前，我国两化深度融合发展正处于走深向实的战略机遇期，大力推动数字产业化和产业数字化发展，努力提升数字化治理能力，加速构建数据基础制度和数据要素市场，对于实现中国特色新型工业化具有重要的战略意义。

---

[1] 黄群慧：《新发展格局的理论逻辑、战略内涵与政策体系——基于经济现代化的视角》，《经济研究》2021年第4期。
[2] 黄群慧：《改革开放40年中国的产业发展与工业化进程》，《中国工业经济》2018年第9期。
[3] 李晓华：《数字化是新型工业化的时代特征》，《新型工业化》2023年第5期。
[4] 程恩富、宋宪萍：《全球经济新格局与中国新型工业化》，《政治经济学评论》2023年第5期。
[5] 蒋艳：《以"十四五"规划为行动纲领 加快以新一代信息技术赋能新型工业化发展》，《新型工业化》2023年第3期。

（一）数字产业化为新型工业化提供技术基础

数字产业化是指以数据为核心，围绕数据采集、传输、开发、服务等方面开展的经济活动，包括数字基础设施、新兴数字产业、传统数字产业等[1]。数字产业化是两化融合的底座，为新型工业化提供技术基础。数字技术赋能实体经济特别是制造业的能力取决于数字技术的发展水平，以及数字产品的功能、性能和成本等因素。当前数字技术的颠覆性创新及其产业化的速度很快，一旦技术在功能、性能和成本等方面取得突破，就能够成为改变其他产业，进而改变这些产业国际格局的重要力量[2]。

数字产业化为新型工业化提供技术基础，包含技术和商业两个方面的内涵。从技术视角看，新一代信息技术从根本上改变了企业的生产过程和所生产产品的性质。其中，从企业的生产过程来看，新一代信息技术一方面可以使企业内部的生产过程更加智能、自主，比如3D打印等技术使产品原型的创造过程更加快速、低成本和定制化；企业外部的供应链又借助工业互联网的普及与应用颠覆了传统"供应商—生产商—批发商—零售商"的垂直供应链结构，取而代之的是跨界的"供应网"模式，提升了产业链、供应链的效率。另一方面，企业可以通过其智能化、互联化的产品获得消费者使用的实时数据和使用评价，通过大数据分析，既能刻画消费者整体消费行为的群像，也能精准描绘消费者的个性化需求，从而创造出更符合市场需求的产品[3]。从产品性质来看，新一代信息技术为产品赋予了新的性质，即智能性、互联性和价值形态改变。智能性体现在产品通过大量的传感器、处理器、存储器等电子元器件，实现了对使用数据的实时抓取、实时分析、深度学习和交互反馈，从而能够提供更有价值的使用体验。互联性体现在智能化

---

[1] 国家工业信息安全发展研究中心：《全国数字经济发展指数 DEAI (2022)》，https://www.cics-cert.org.cn/web_root/webpage/articlecontent_101006_1685959071393386497.html。
[2] 李晓华：《数字化是新型工业化的时代特征》，《新型工业化》2023年第5期。
[3] 陈剑、黄朔、刘运辉：《从赋能到使能——数字化环境下的企业运营管理》，《管理世界》2020年第2期。

产品通过万物互联构建起无缝连接的使用场景和体验，从而激发出更多的商业机会和运营模式。比如智能家居网络通过将音响、电视、照明、空调、家居软装等不同产品连接起来，提供更加舒适、更为个性化的家居生活环境，甚至构建起围绕消费者需求的家居网络平台等新型商业主体。产品价值形态改变体现在由过去的"产品—服务包"发展为"数据—服务—产品包"，即原来的价值形态体现为产品的使用价值和售后服务，现在的价值形态体现为通过分析相关数据，发现甚至创造需求，随后设计相应的服务满足需求，最后以智能化互联性产品为媒介，向消费者提供创新服务，创造价值[1]。

从商业视角来看，新一代信息技术改变了商业活动的环境和商业主体的行为。商业活动环境三要素由时间、空间和连接组成。新一代信息技术使商业活动虚拟化，商业活动环境三要素都发生了质的改变，用户的时间被解放出来，空间由线下搬到了线上，连接也远比过去丰富和频繁。商业主体主要包括生产者和消费者两大类。作为生产者的企业，其行为在数字化商业环境下已由竞争模式转为共生模式，即由聚焦于与竞争对手的竞争来获取商业利益的最大化转变为与其他企业合作共生、构筑生态系统，为消费者创造更大的价值。消费者行为的变化可以归纳为移动化、社会化和个性化。移动化是指消费者可通过手机、可穿戴设备等随时随地地接入网络；社会化是指消费者消费的不仅是产品，更是产品所带来的社交、沟通、互动与协作等社会化功能；个性化是指技术的进步使消费者的个性化需求更容易被识别、表达以及满足[2]。

（二）产业数字化成为新型工业化的鲜明特征

产业数字化是指传统产业应用数字技术所带来的生产质量和效率的提升，涵盖各行各业的数字化转型。由于其规模大，对数字经济增长的总体拉

---

[1] 陈剑、黄朔、刘运辉：《从赋能到使能——数字化环境下的企业运营管理》，《管理世界》2020年第2期。

[2] 陈剑、黄朔、刘运辉：《从赋能到使能——数字化环境下的企业运营管理》，《管理世界》2020年第2期。

动效应最大。产业数字化是数字经济发展的主战场，成为新型工业化的鲜明特征。

从宏观层面而言，产业数字化所构建起的数字化、智能化、网络化生产制造体系使中国工业整体上呈现更高的生产效率、具有更高的增加值率和经济效益，由此实现更大财富的创造，筑牢共同富裕的物质基础[1]。中国信息通信研究院数据显示，我国数字经济增速已连续 11 年远高于 GDP 增速，[2]同时，得益于两化融合的深入推进，我国的产业竞争力明显提升，国际市场份额不断扩大，在全球价值链中的地位进一步攀升。

从中观层面而言，一方面，产业数字化的推进有助于进一步完善区域产业结构，推动区域产业结构升级。我国东部地区产业数字化程度较高，是带动全国数字经济发展的中坚力量。通过发展和布局高端智能制造产业，将数字技术深度嵌入工业制造和服务环节，持续增加高端制造业附加值，并带动提升我国制造业整体数字化水平，实现从产品主导型传统制造模式向需求主导型服务制造模式转变[3]。中西部地区则要主动承接东部地区由产业结构调整而带来的产业转移，同时借助东部地区由数字经济快速增长所引起的数字技术溢出效应，再充分利用好"东数西算"等重大国家新型基础设施建设所带来的机遇，因地制宜、因时制宜地推动传统产业数字化转型[4]。另一方面，产业数字化的推进有利于进一步促进工业化发展，提高工业化水平。新一代信息技术与制造业的深度融合推动了数据要素资源向产业集群高效聚集，形成了龙头企业引领带动、专精特新等中小企业提供配套与协同的创新生态系统。5G+工业互联网加快发展，有力地促进了产品全生命周期、生产全流程、供应链上下游的数据互通、资源协同、产能有效利用，加速制造业

---

[1] 中国社会科学院工业经济研究所课题组：《新型工业化内涵特征、体系构建与实施路径》，《中国工业经济》2023 年第 3 期。
[2] 中国信息通信研究院：《中国数字经济发展研究报告（2023 年）》，2023。
[3] 许庆瑞、李杨、刘景江：《结合制造与服务逻辑发展企业创新能力——基于海尔集团的纵向案例研究》，《科研管理》2020 年第 1 期。
[4] 胡海波、毛纯兵、周洁：《中国工业数字化转型的演变逻辑与未来展望》，《管理学刊》2023 年第 4 期。

全产业数字化转型，提升产业链、创新链、供应链、价值链的质量与安全性。

从微观层面而言，产业数字化的应用场景主要集中在制造型企业的核心制造过程中。智能制造、人机协同成为企业实施产业数字化的主要方向。"无人车间""灯塔工厂"成为企业高度数字化、智能化的体现形式。据世界经济论坛（WEF）最新一期发布的全球制造业"灯塔工厂"名单，我国入选企业数量达到50家，占据全部132家灯塔工厂数量的37.9%。这些灯塔工厂所产出的产品多为智能产品，不仅包括物质结构，还能够通过传感器采集外部环境、工作状态、用户指令等信息调用云端算力和各种服务。此外，这些工厂的生产运营还依靠网络化系统将企业内部各个部门、供应链上的各个供应商连接在一起，并通过智能化系统对下单、排产等生产经营活动进行自动化控制①。

（三）数字化治理为新型工业化发展提供支撑

数字化治理是指建立健全行政管理制度体系，创新服务监管方式，通过加强数字政府建设提升治理效能，为产业数字化、数字产业化等的发展提供支撑，助推新型工业化的发展。

2022年4月，中央全面深化改革委员会第二十五次会议上审议通过的《关于加强数字政府建设的指导意见》中明确指出要把数字技术广泛应用于政府管理服务，推动政府数字化、智能化运行。通过创新性的"互联网+政务服务"模式，提高在线政务服务水平，确保数据平台开放共享，使企业、公众办事"只进一扇门，只跑一次腿"；通过精准化的智能用户画像，满足社会多元化、个性化、差异化的需求，提升公众的数字化服务体验；通过线下业务转线上、线上业务有效整合，挖掘数据要素的价值和生产力，创造惠民惠企应用场景；通过显化和硬化规则和标准，引导社会行为模式从"找关系办事"向"办事不求人"转变；通过"留痕主义"，将政民互动、政企

---

① 李晓华：《数字化是新型工业化的时代特征》，《新型工业化》2023年第5期。

互动暴露在聚光灯下,加强对政府权力的监督。

在产业数字化方面,已有研究表明企业的数字化转型会显著地受到"同群效应"的影响,即企业会观察和模仿所处区域或行业内其他企业数字化转型的实践和效果,以此来降低数字化转型的成本和风险。因此,政府可以有针对性地对区域或行业内的龙头企业通过定向补贴的方式鼓励它们先行先试,探索新一代数智制造的模式和经验教训,再通过同群外溢效应,带动辖区内企业整体数字化转型,达到以小资金撬动大杠杆的效果[1]。

在数字产业化方面,要加速推进数字技术本身以及衍生业态的发展。一方面,鼓励直播、电商、移动社交、网络视频等在线新经济形态的发展;另一方面,不断拓展数字技术应用的新场景,特别是加快数字技术与轻资产行业、服务业的融合,催生文旅、医疗、教培等行业领域不断涌现出新产品、新服务、新模式[2]。

在数字基础设施建设方面,无论是数字产业化,还是产业数字化,都需要以数字基础设施作为前置条件。政府要适度超前布局以"云—网—端"为代表的新型基础设施建设,在大数据中心、算力平台、东数西算等方面逐步发力,助力推进数据互联、数据共享和数据服务,形成以数字政府为核心的数据引力场。

在营商环境建设方面,数字经济时代,政府要以新一代信息技术赋能营商环境建设,不断优化数字营商环境。政府要利用互联网平台、大数据中心、移动终端等新一代信息基础设施,将数字化、智能化技术运用到行政审批、市场监管等政务服务场景中,利用数据将人、物、资本、信息等生产要素进行有效链接和跨时空协同,提高市场运行效率。信息化赋能营商环境建设具有信息交互即时化、政务服务精准化、数据运营无界化的特点。信息交互即时化是指建立在数字基础设施感知、连接、计算、沟通的功能基础上,信息能够突破物理空间的有形限制,形成泛在社会网络结构,实现即时

---

[1] 倪克金、刘修岩:《数字化转型与企业成长:理论逻辑与中国实践》,《经济管理》2021年第12期。

[2] 邵婧婷:《加强数字政府建设 提升政府治理效能》,《中国社会科学报》2022年8月3日。

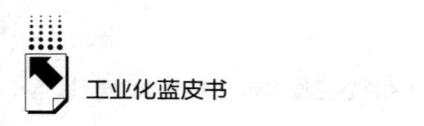

"云上"互动，群众足不出户便能解决问题，让"数据多跑路，群众少跑腿"。政务服务精准化的内涵在于为企业和公众提供线上线下整合式服务，有效克服政府各职能部门因职责不同而带来的服务碎片化问题。

在市场监管方面，政府要利用新一代信息技术实现对市场的有效监管。企业的利润驱动以及市场调节的自发性会使某些企业利用信息技术漏洞进行不当交易、侵犯公众隐私或形成市场垄断等，这不但会扰乱市场秩序，严重者还会危害国家和人民的利益和安全。政府需要利用新一代信息技术，对企业的信息技术和行为进行有效监管，一旦发现恶意的经济行为，能第一时间采取有效的干预措施，减少或规避损失。

（四）数据要素市场建设畅通新型工业化循环

数据资源已成为数字经济时代新型工业化建设所必需的核心生产要素。加快数据基础制度和数据要素市场建设，推动数据要素价值充分释放，对于畅通数字经济循环、助力新型工业化实现具有重大的战略意义。

2022年12月，中共中央、国务院印发《关于构建数据基础制度更好发挥数据要素作用的意见》，这是我国首部从生产要素高度系统部署数据要素价值释放的国家级专项政策文件，从数据产权、流通交易等方面提出了我国数据开发利用的基础制度框架。

数据要素这一概念不只是对各行业、各领域、各类型数据的指代，更是对数据所蕴含的巨大价值的强调。按照数据价值增值的阶段性目标，数据要素可分解为数据资源化、数据资产化、数据资本化等阶段[1]。首先，数据资源是释放数据要素价值的"原材料"。各类企业主体在生产、经营、管理、服务等环节中产生了大量数据，对于这些数据进行挖掘、采集、清洗、筛选和标注，便形成了数据资源，加强高质量数据要素供给将为数字经济增长提供充足的"养料"。需要指出的是，高质量数据要素供给并不是一件容易的事，以人工智能产业为例，在人工智能模型训练的过程中，80%的工作在数

---

[1] 中国信息通信研究院：《数据要素白皮书（2023年）》，2023。

据构建和准备高质量数据上，人工智能企业需要为此花费大量的人力、物力和成本。①

其次，数据资源只有被企业拥有或控制，并预期能为企业带来经济利益时，才能被称为数据资产。而数据资源成为数据资产又对数据的确权、流通提出了要求。不同类型企业的数据生产过程中，企业付出的资源和劳动有所不同，这为数据赋予了独特的业务价值，需要得到有效的评估与认定。2023年8月财政部发布了《企业数据资源相关会计处理暂行规定》，肯定了数据资源的资产属性，并提出了推动数据资产入表、将数据资产价值显性化的思路，有利于企业数据资产价值的确认，这为企业参与市场化的数据交易、流通奠定了基础。对于两化融合程度较深的企业来说，其丰富的数据资产有助于投资者更好地发现和理解企业整体价值，进而提升企业的融资机会，扩大企业的发展空间。

最后，建设高质量数据要素市场，满足数据资产在供给、流通、交易等方面的市场需求。就企业层面而言，对于专业数据能力突出的中小企业，可借助集聚优势寻找市场定位，塑造服务品牌。例如，人工智能大模型的发展催生了数据标注、清洗等基础数据服务需求，一批具有专业数据能力的中小企业迅速崛起。对于数据资源富集、数据综合能力强的大型企业，除供给数据资源外，还可以利用数据能力为市场提供综合性数据产品与解决方案，有效实现数据流通和交易所带来的价值倍增。例如，国家电网可以向银行出售电力大数据以助力银行金融风控业务，京东利用其丰富的用户数据和数据赋能的强大供应链管理能力，基于"你做工厂，我做市场"的分工定位与品牌方开展深度合作②。就政府层面而言，应加快探索推进数据交易机构建设，开展数据要素流通标准体系研究，促进数据要素价值释放。截至2022年底，全国已成立48家数据交易机构，在构建数商生态体系、建设数据交易平台和交易合作机制等方面进行积极探索③。

---

① 中国信息通信研究院：《数据要素白皮书（2023年）》，2023。
② 中国信息通信研究院：《数据要素白皮书（2023年）》，2023。
③ 国家互联网信息办公室：《数字中国发展报告（2022年）》，2023。

三 两化融合推进新型工业化发展过程中存在的问题

当前,全球经济处于下行调整期,大国之间产业、科技、金融等方面的竞争日趋激烈,给我国工业经济的增长带来一定的压力和挑战,加之我国正处于主动调整经济增长结构、推进工业结构转型的关键期,以两化融合推进新型工业化发展过程中还需要注重解决以下几方面的问题:一是宏观层面上过早开始的"去工业化"进程;二是中观层面上优化两化融合过程中产业结构、区域发展不平衡等方面的问题;三是微观层面上企业两化融合进一步走深向实的问题。

(一)宏观层面:过早"去工业化"削弱两化融合基础条件

新中国70多年的工业化历程取得了斐然的经济成就,自2002年党的十六大提出"以信息化带动工业化,以工业化促进信息化"的工业发展战略以来,我国的工业化进程便走上一条以自主创新为驱动力,高度重视城乡、区域、产业战略协同的新型工业化道路。相对于传统工业化道路,新型工业化更强调工业化与信息化的融合,注重科技含量和经济效率的提升。到2020年,我国已基本实现工业化,但尚未实现全面工业化,还面临着继续深化工业化进程、解决发展不平衡不充分的问题、推进全面实现工业化的重大任务[1]。

然而,在本该继续深入推进工业化和制造业发展的当下,我国却过早地出现了"去工业化"的现象。经过测算发现[2],中国制造业存在国内占比下降和国际占比上升并存的"内外差"现象,在对国内外制造业增加值统计方法和核算方法进行比对分析之后,认为中国真实的"去工业化"程度要

---

[1] 黄群慧:《2020年我国已经基本实现了工业化——中国共产党百年奋斗重大成就》,《经济学动态》2021年第11期。

[2] 黄群慧:《2020年我国已经基本实现了工业化——中国共产党百年奋斗重大成就》,《经济学动态》2021年第11期。

远远大于发达工业化国家,即中国存在过早"去工业化"的风险。根据欧美等发达工业化国家的经验,其在工业化后期阶段经过了较长时间的积累和沉淀,巩固了价值链的控制权,并逐步向高端生产性服务业自然过渡,使服务业能够自然地接替制造业成为经济增长新引擎。我国制造业刚刚进入工业化后期阶段,仍然处于相对"大而不强"的阶段,在本应继续夯实制造业基础,通过保持一定的实际制造能力、一定规模的制造业带动技术创新提升的时候,却出现了大量制造业外流到诸如越南、印度等东南亚国家的现象。造成这一问题的原因主要包括两个方面。一方面是主动为之,由于我国的工业企业大多处于全球价值链的中低端,出于防止在全球价值链中分工固化,并考虑到一直以来困扰我国工业发展的环境质量、资源约束等问题难以得到解决,一些地区、一些行业主动推动由工业主导向服务业主导的产业结构升级,从而造成制造业在国民经济中比重的下降。另一方面则是被动而为,随着我国劳动力、土地等生产要素成本的持续上涨,我国工业化的传统比较优势趋于弱化,越来越多的制造业企业为了获取更多的利润,开始拓展房地产、金融等非制造业活动,出现"脱实向虚"的趋势[①]。制造业是两化融合的基础和前提,过早"去工业化"只会削弱两化融合的基础条件,不利于新型工业化的推进。

(二)中观层面:两化融合产业结构、区域发展仍不平衡

虽然近些年来我国两化融合的规模和范围都在持续稳定扩大,但是两化融合在结构上仍存在一定程度的不平衡。

从产业视角来看,是数字产业化与产业数字化之间发展的不均衡。根据前文引用的中国信息通信研究院的数据,目前我国产业数字化规模约为数字产业化规模的 4 倍。数字产业化规模仍然偏低可能带来的主要问题是信息化软硬件设施(如工业软件、工业互联网)的不完善导致数字技术与实体经

---

① 程恩富、宋宪萍:《全球经济新格局与中国新型工业化》,《政治经济学评论》2023 年第 5 期。

济深度融合的不顺畅，或者说由数字技术的不足而导致数据流与业务流"两张皮"的现象。我国政府已经认识到这一问题，并通过适度超前布局数字基础设施建设来抢占数字经济时代的发展先机，这可以从前文提到的数字产业化指数增长率对于总指数增长率贡献最高而得以管中窥豹。

从区域视角来看，东部地区仍引领着全国数字经济发展的总体状况。根据《全国数字经济发展指数 DEAI（2022）》数据，截至 2022 年 12 月，东部地区省市贡献了全国数字经济发展指数的 72.7%，数字经济发展不平衡现象仍然存在。然而，这一区域发展不平衡的现象也在逐步得到缓解，比如，四川和重庆作为中西部地区省市，数字经济发展排名跻身全国前十，在中西部地区发挥了数字经济辐射带动作用。

（三）微观层面：企业两化融合仍需经进一步走深向实

企业两化融合深度在不同行业、不同企业是各不相同的。以数字化转型成功率作为衡量企业两化融合深度的指标，根据中国信息通信研究院的数据，在信息化程度较高的行业，如高科技、媒体和电信，数字化转型成功率不高于 26%，而在石油、天然气、汽车、基础设施和制药等较为传统的行业，数字化转型成功率仅在 4%~11%[①]。前文提到我国已有 50 家企业入选全球制造业"灯塔工厂"名单，但这些入选的灯塔工厂全部为行业头部企业，如三一重工、海尔、美的等；而中型企业则普遍尚未构建完整的 ERP 系统，更多企业的信息化建设仅聚焦在单一领域内部管理方面，车间级数字化信息系统尚处于起步阶段，仍未形成系统级集成，数据共享能力较弱；小微企业更是由于其业务相对不稳定，两化融合大多仅仅体现在以 SaaS 购买应用为主，初步实现内部管理信息化，信息化赋能生产业务的作用甚微。

由于企业两化融合涉及的情境复杂多样，因此，两化融合过程中常常出现的问题就涉及因未充分考虑企业自身各种异质性因素如行业、规模、

---

① 中国信息通信研究院云计算与大数据研究所：《企业数字化转型蓝皮报告——新 IT 赋能实体经济低碳绿色转型》，2021。

发展阶段、所有制结构等而导致的两化融合定位不明确、发展方向不清晰以及实践缺乏可操作性等情况。例如，在所属行业异质性方面，刘淑春等[1]发现不同的两化融合路径对应不同行业领域的产出效率也是不同的。对于装备制造等重工业领域，其资本密集型属性决定了其对生产设备的数字化转型升级有更高的要求，如投入大量资本购买传感器、工业相机、读码器等先进数字化设备，通过 MES/DCS 等信息技术实现智能排程、进度监控、物料预警、质量监控、数据分析等功能，对于实现生产能力的提升具有更加重要的意义。而对于加工类等轻工业领域，推进 ERP 项目促进企业管理效率的提升，提高生产到销售的供应链传递效率，缩短生产过程与销售流程的流通时间则具有更高的投入产出效率。因此，企业在进行两化融合设计时应结合自身所处行业特点进行合理的路径和项目选择。在企业规模异质性方面，ERP 项目在企业规模较小的时候，对企业两化融合投入产出效率具有较为显著的推动作用，随着企业规模的增加，对企业投入产出效率虽然仍具有显著的推动作用，但是效果逐步降低。而 MES/DCS 项目，在企业规模较小的时候，推动作用较小，随着企业规模逐步增加，回归系数显著提高[2]。因此，企业的两化融合规划应结合自身规模进行思考。在企业的发展阶段异质性方面，企业两化融合与其产出之间存在非线性关系，即并非加大资本投入就一定能够带来产出的增加。因为两化融合存在一个内化阶段，而这一阶段涉及对投入的软硬件和服务的学习适应过程，以及员工和企业组织消化适应能力的提高[3]，因此，两化融合的投入产出效率存在一个关键拐点，在这一拐点之前，企业要经历一个"阵痛期"，

---

[1] 刘淑春、闫津臣、张思雪、林汉川：《企业管理数字化变革能提升投入产出效率吗》，《管理世界》2021 年第 5 期。
[2] 刘淑春、闫津臣、张思雪、林汉川：《企业管理数字化变革能提升投入产出效率吗》，《管理世界》2021 年第 5 期。
[3] 肖静华、吴小龙、谢康、吴瑶：《信息技术驱动中国制造转型升级——美的智能制造跨越式战略变革纵向案例研究》，《管理世界》2021 年第 3 期。

而超过这一阈值后，企业两化融合的优势才能得到显著提升[1]。因此，企业实施两化融合要坚持长期主义原则，认识到两化融合是一个长期的过程，不能用短时的成败来定义。在企业的所有制性质异质性方面，倪克金、刘修岩[2]发现，在两化融合探索初期，两化融合在国有企业中的效果可能会优于非国有企业，因为国有企业相对而言具有更加雄厚的资金和技术实力，且由于承担两化融合的"政策性负担"和试错成本而得到政府方面的资源倾斜。当两化融合在行业或区域等同群中已产生一定的规模效应后，民营企业由于其经营的灵活性和效率优势，则会进一步提高两化融合的投入产出效率。因此，企业在进行两化融合探索时应结合自身所有制特点选择合适的转型时机。

四 两化融合推进新型工业化发展的政策建议

在当前全球经济格局急剧变化的形势下，主要工业国家也纷纷出台更加积极的科技和产业政策，推动新技术与产业的融合发展，抢占新一轮产业革命的先机和制高点。本节在回顾主要发达国家推动两化融合方面的政策经验和策略的基础上，对我国两化融合推进新型工业化发展实践从企业和政府两个方面提出了政策建议。

（一）主要发达国家两化融合相关政策

两化融合助力企业突破时空限制，颠覆传统生产运营、组织管理模式的同时，也在国家实现科技创新、转换经济发展动能、优化经济结构、促进高质量发展方面作出了巨大贡献。放眼全球，美国、欧盟和日本等主要国家和地区也对推进两化融合极为重视，结合本国（地区）的要素禀赋、产业特

---

[1] 刘淑春、闫津臣、张思雪、林汉川：《企业管理数字化变革能提升投入产出效率吗》，《管理世界》2021年第5期。
[2] 倪克金、刘修岩：《数字化转型与企业成长：理论逻辑与中国实践》，《经济管理》2021年第12期。

色和发展路径推出了一系列相关政策，促进两化融合的发展。表1总结了主要国家（地区）推进两化融合的政策。

表1 主要国家（地区）推进两化融合政策汇总

措施	含义	美国	欧盟	德国	日本
产业政策	调整产业政策，加大对数字化转型的支持力度	√	√		√
共性技术平台	构建核心关键共性技术平台或基础设施	√	√	√	
资金支持	为前沿技术研发提供多维度、长周期资金支持	√	√	√	
技术标准	对重点领域技术标准提供规范性指引	√			√
战略部署	细化数字化转型战略部署		√	√	
法律制度	完善数字化转型法律制度		√		√
要素保障	强化转型的要素保障水平				√

资料来源：中国信息通信研究院政策与经济研究所《主要国家和地区推动制造业数字化转型的政策研究报告（2022年）》，2022。

可见，发达国家（地区）在推进两化融合过程中使用最多的措施主要集中在产业政策、资金支持和共性技术平台或基础设施建设方面。以美国的产业政策为例，由于美国的制造业多处于产业链上游，且多为巨头企业，因此产业政策设计时采用的是"政府+企业"的二元路径，通过调整政府采购规则持续加大对本国制造业企业及其数字化转型的扶持力度。从资金支持方面看，各国普遍为两化融合投入长期、连续、大规模的资金支持。比如，美国为前沿基础技术研发提供了超过十年的财政资金支持，还通过专项贷款、国家基金等市场化运作方式为创业创新提供支持。欧盟募集大量资金支持"地平线2020"的技术研发项目，并由政策性银行、国家引导基金等创新金融工具为企业两化融合提供资金支持。德国政府也为技术研发提供大量财政资金支持，并通过举办技能大赛吸引和发现人才投入两化融合领域。从共性平台或基础设施建设方面看，美国通过构建制造业创新网络，帮助中小企业跨越

两化融合过程中的数字化转型"死亡山谷"。德国国家工程院等第三方非营利机构全面参与工业4.0计划，形成支持中小企业两化融合的整体网络。新加坡设立中小企业数字技术中心，为中小企业的两化融合提供"一站式"服务。

（二）我国两化融合推进新型工业化发展的政策建议

与发达国家在完成工业化的基础上再推进数字化转型的两化融合路径相比，我国正处于兼顾工业化与信息化的两化融合历史进程中，时间紧迫，任务艰巨，需要企业和政府两个方面共同发力，才能在两化融合过程中实现良好的绩效。

1. 企业加快两化融合的建议

加快推进企业两化融合，需要从明确定位、选择转型切入点和保持战略定力三个方面予以着手。

首先，企业应明确自身在数字经济生态系统中的定位，努力发展专业化能力。在数字经济生态系统中，成员在不同的供应链中可能同时扮演着不同的角色，并不一定是传统工业化体系中相对稳定的角色。因此，企业需要做的就是强化自身的专用知识、发展专业化能力，从而动态地适应不同生态系统的要求，维持自身的稳定发展。

其次，企业应该结合自身的资源禀赋、发展路径和行业特点，选择合适的两化融合切入点。比如，是从提升运营管理流程效率角度出发选择工业软件类升级作为两化融合切入点，还是从企业生产能力提升角度出发选择生产设备升级等硬件类升级作为切入点，都需要企业结合自身特点予以思考。

最后，企业在推进两化融合过程中应保持一定的战略定力。两化融合是一个极为艰巨和高风险的过程。两化融合项目投资和产出效率之间并不是线性关系，而是一种先下降再加速下降直至拐点后上升，且在拐点后呈倒U形的非线性关系[1]。这就暗示了企业的两化融合必然会经历一个"阵痛期"，

---

[1] 刘淑春、闫津臣、张思雪、林汉川：《企业管理数字化变革能提升投入产出效率吗》，《管理世界》2021年第5期。

因此，企业在两化融合推进过程中需要保持一定的战略定力。

2. 政府加快两化融合的政策建议

政府在制定促进两化融合的政策时，既要借鉴发达国家的先行发展经验，也要充分考虑我国当下发展阶段的现实问题，使产业政策有的放矢且有持续性，为全社会的两化融合创造良好的政策环境。

首先，基于两化融合具有显著的"同群效应"，政府在制定两化融合定向补贴政策时可以有针对性地优先扶持一批行业或区域内基础好、实力强的龙头企业，探索两化融合先进模式和经验，为其他企业提供参考和模板，从而带动辖区内企业两化融合的整体进程[①]。

其次，对于中小企业两化融合的推进，政府应出台专项扶持政策。研究发现，企业两化融合投入与效率产出之间非线性关系的临界点在100万～200万元[②]，这超出大部分中小企业的承受能力。而中小企业占我国企业总数的九成以上，且经营机制灵活，是两化融合推进过程中不可或缺的有生力量，因此，政府应针对中小企业制定符合其两化融合需求的财税金融政策，探索适合中小企业两化融合实践的模式并进行政策推广。

再次，政府应加快第三方科技咨询、中介等公共服务机构的建设，通过这些机构精准对接全社会两化融合落地的需求，加快两化融合进程。

最后，政府应加强共性基础设施和数字平台建设，为全社会两化融合提供底层支持。政府应在网络建设、数据设施建设、共性标准提供等方面为两化融合提供技术支持、信息协调等软硬件服务，推进新型工业化的发展。

[①] 倪克金、刘修岩：《数字化转型与企业成长：理论逻辑与中国实践》，《经济管理》2021年第12期。

[②] 刘淑春、闫津臣、张思雪、林汉川：《企业管理数字化变革能提升投入产出效率吗》，《管理世界》2021年第5期。

B.4 推进中国新型工业化与城镇化协调发展

石 颖 李宛华 张露月*

摘 要: 推进新型工业化与城镇化良性互动、协调发展是党的二十大提出的"新四化"同步发展的重要思想之一,这不仅是新阶段发展的需要,也是实现新型工业化、信息化、城镇化、农业现代化的现实任务,更是实现中国式现代化的必经之路。从理论角度看,新型工业化与城镇化之间存在内在相互关系,这一关系也在不断地演进与调整中。新中国成立后,特别是改革开放以来,我国的工业化与城镇化经过了长期的发展历程,取得了举世瞩目的巨大成就;然而,在快速发展的同时,也面临资源环境压力、空间布局失衡、城乡收入差距扩大、良性互动不足以及要素分布不均衡等多方面的问题。新时代新征程,亟须从减缓资源环境压力、优化空间布局和区域发展、缩小城乡收入差距、选择科学的互动发展模式、努力实现要素均衡分布等方面着手推进新型工业化与城镇化的协调发展,从而推动我国经济社会的健康可持续发展。

关键词: 新型工业化 城镇化 协调发展

新型工业化和城镇化作为经济持续稳定增长的两大动力,助推中国区域

---

* 石颖,国家发展和改革委员会经济体制与管理研究所副研究员,主要研究方向为企业经济、产业经济、体制改革;李宛华,水利部发展研究中心工程师,主要研究方向为产业经济、环境经济、公共产品;张露月,北京大学光华管理学院博士研究生,主要研究方向为企业经济、公司治理。

经济的高质量发展。新型工业化为城镇化发展提供动力和支撑，城镇化在发展的同时也为新型工业化发展提供优良的空间载体。推动两者协调发展是实现经济持续、稳定、健康发展的重要支撑和保障。"十四五"规划纲要提出，"到2035年基本实现新型工业化、信息化、城镇化、农业现代化，建成现代化经济体系"。党的二十大报告明确，我国到2035年的总体目标之一是"建成现代化经济体系，形成新发展格局，基本实现新型工业化、信息化、城镇化、农业现代化"。全面小康社会建成以后，我国开启了现代化新征程。正如习近平总书记指出的，"推进中国式现代化是一个探索性事业，还有许多未知领域，需要我们在实践中去大胆探索"，其中就包括对新型工业化和城镇化在中国式现代化中作用发挥问题的探索。

一 推进新型工业化与城镇化协调发展的重大意义

新经济地理学和新增长理论把城镇化看作工业经济发展的重要引擎。工业化需要生产要素快速流动、集聚和迁移，城镇化促进了资本和劳动力等生产要素的区域集聚。数据显示，2021年我国的工业总产值约为37万亿元，占GDP的比重约为33.58%。截至2022年底，我国城镇化率已经达到65.22%，超过世界平均水平。在工业化和城镇化带动产业和人口快速集聚的背景下，经济得以不断增长，能源结构得到持续优化，交通、邮电、供水供电等基础设施不断改善。但与此同时，我国城镇化率的增速也在逐年放缓，从2012年的3.8%下降到2022年的0.5%，表明我国的城镇化进程已经进入一个相对稳定的阶段，由之前的快速扩张，逐渐转向平稳发展。

进入新时期，经济社会的不断发展以及技术水平的逐渐提高，带来了新型工业化和城镇化。新型工业化不仅可以推动产业升级和技术创新、提高生产效率、减少资源浪费、实现经济可持续增长，而且也能进一步提高居民生活质量、加快工业发展步伐、改善资源环境。在新型工业化发展的同时，城镇化为我国提供了更广阔的市场和消费机会，拉动内需，促进国内大循环。

新型工业化成为城市建设的经济源泉,而城镇化建设是工业发展的基础条件,两者良好的互动关系也是经济高质量发展的持续动力。

(一)新型工业化与城镇化协调发展是新阶段的发展需要

我国的工业化和城镇化发展有着深厚的历史背景。20世纪70年代末,我国开始实施改革开放政策,启动了农村改革和城市化进程,鼓励农民进城务工和发展农业产业。随着改革的深化,人口流动催生了城市化浪潮。另外,我国的工业化也在这一时期得以发展。改革开放政策吸引了大量国际投资和技术,促进了工业化和制造业的发展,特别是出口导向型经济模式的建立,使我国成为全球工业生产和制造业的重要基地。

推进工业化与城镇化协调发展,能够促进经济增长、提高人民生活水平、改善环境质量,同时还有助于提升国家综合竞争力。随着我国经济发展进入新常态,经济增长质量和效益要求不断提升。传统的工业化发展模式已难以满足人民日益增长的美好生活需要,需要转向新型工业化,即依靠科技创新和产业升级,推动经济结构优化升级,实现经济高质量发展。城镇发展也逐渐由量的增长向质的提高转变,需要为社会提供更多的就业机会和社会服务,提升收入水平和生活品质。

工业化和城镇化协调发展带动了经济快速发展。自改革开放以来,我国的经济增长取得了惊人的成就。然而,这种增长模式长期以来主要依赖低成本制造和资源密集型产业,经济发展的可持续性不足。城镇化的迅猛发展也带来了一系列问题,需要更加注重协调发展。

新型工业化和城镇化协调发展为这些问题的解决找到突破口。新型工业化重视发挥人力资源优势和信息技术的带动作用,采用低消耗、低污染的生产方式,为城镇基础设施建设、城镇规模的不断扩大、科教文卫事业的发展、城镇服务功能的不断完善、人居环境的不断优化提供强大的物质保障,推动新型城镇化的发展。新型城镇化发展所引发的集聚效应的发挥、辐射能力的增强以及公共服务功能的完善,不仅能为新型工业化提供充分的生产要素支持,还会吸引人、财、物和信息等要素汇集于此,使之成为新型工业化发展的重要空间载体以及人力资本提高和知识积累的聚集地。新型城镇化规模的扩大和层次的提升将形成一个巨大的潜在消费市场，从而拉动对工业产品的巨大需求，有效促进产业结构优化升级，推动新型工业化发展。

新型工业化和城镇化协调发展，有助于推动经济结构升级、扩大消费需求、促进更为可持续的增长。新型工业化和城镇化协调发展也将在我国的现代化进程中发挥关键作用，影响国家未来的社会经济格局。

（二）新型工业化和城镇化协调发展是实现"新四化"的现实任务

世界正处于百年未有之大变局，我国工业发展机遇与挑战并存。制造业从劳动密集型和资源密集型向技术密集型转型，同时城镇化发展的动力逐步由工业向服务业转变，带动城市地区人口结构发生变化，人口流入与城镇建设的矛盾逐渐凸显。因此，实现新型工业化和城镇化协调发展显得尤为必要。

我国政府高度重视新型工业化和城镇化的协调发展，已制定了一系列战略性规划和政策文件，如《国家新型城镇化规划（2021—2035年）》等，明确了发展方向和目标，为协调发展提供了指导。《中华人民共和国国民经济和社会发展第十四个五年规划和2035年远景目标纲要》提出，到2035年基本实现新型工业化、信息化、城镇化、农业现代化，建成现代化经济体系。"新四化"的提出，进一步确立了新型工业化和城镇化在我国发展过程中的两个关键方面，明确新型工业化和城镇化协调发展的任务，它们相互交织，共同推动着我国迅速崛起为全球经济的重要力量。新型工业化和城镇化已经成为我国发展战略的核心，并且在促进经济增长、提高生活质量以及推动社会变革方面发挥了关键作用。

实现新型工业化和城镇化协调发展是实现"新四化"的现实任务。工业化是实现"新四化"的前提，加快推进"新四化"必须走新型工业化道路。新型工业化也兼具信息化的生产方式和技术水平。城镇化是实现"新四化"和增进人民福祉的必由之路，新型工业化是城镇化的支撑，新型工业化和城镇化的良性互动和协调发展，就是促进产业发展、就业吸纳和人口集聚相统一。

（三）新型工业化与城镇化协调发展是实现中国式现代化的必经之路

推进新型工业化与城镇化协调发展不仅是新阶段的发展需要和实现"新四化"的现实任务，更是实现中国式现代化的内在要求，是适应时代发展趋势、实现社会主义现代化的必经之路。党的十九大报告明确提出，要坚持新发展理念，发挥政府职能，推动新型工业化、城镇化和农业现代化的协同发展，向更高层次的开放型经济迈进，其后习近平总书记在多个场合强调要"同步推进新型工业化、城镇化"，同时要求"坚定不移提高开放型经济水平"。新型工业化、城镇化两者的协同是践行新发展理念的重要内生动力，并与中国式现代化具有特殊的经济关联和价值对应。2022年4月，国务院发布《关于加快建设全国统一大市场的意见》，要求建设与全国社会化大生产的再生产所配套的国内统一市场。在这样的经济背景下，推动新型工业化、城镇化"两轮齐转"，突破产业之间、行业之间的有形与无形的壁垒，提升不同经济形态的耦合协调程度，可以被视为加快建设全国统一大市场的重要抓手和关键路径。与此同时，当前我国正大力"推动形成以国内大循环为主体、国内国际双循环相互促进的新发展格局"，从这个视角来看，促进新型工业化、城镇化等主要经济体系的耦合协调，加大不同区域社会经济的开放力度，可以分别被视为推动国内循环及国际循环的工具手段。

二 新型工业化与城镇化关系的理论阐释

（一）新型工业化与城镇化的内涵

1.新型工业化的内涵

工业化是指在一个国家或地区国民经济中工业生产活动逐步取得主导地位的发展过程。我国工业化在短短几十年内取得了举世瞩目的成就，我国成为全球最大的制造业出口国，制造业产值占全球总产值的比重持续增长。我国制造业产值在 2021 年约为 4.86 万亿美元，占全球制造业产值的 27%。[①]

信息技术、人工智能、物联网的发展，赋予了工业化新的内涵，新型工业化应运而生。新型工业化是工业化发展的升级和演进阶段，强调技术创新、绿色发展、智能化等特点，坚持以信息化带动工业化、以工业化促进信息化，是科技含量高、经济效益好、资源消耗低、环境污染少、人力资源优势得到充分发挥的工业化道路。与传统的工业化相比，新型工业化有三个突出的特点。第一，以信息化带动的、能够实现跨越式发展的工业化。以科技进步和创新为动力，注重科技进步和劳动者素质的提高，在激烈的市场竞争中以质优价廉的商品争取更大的市场份额。第二，能够增强可持续发展能力的工业化。强调生态建设和环境保护，强调处理好经济发展与人口、资源、环境之间的关系，降低资源消耗，减少环境污染，提供强大的技术支撑，从而大大增强中国的可持续发展能力和经济后劲。第三，能够充分发挥人力资源优势的工业化。

2. 新型城镇化的内涵

城镇化是由以农业为主的传统乡村社会向以工业和服务业为主的现代城市社会逐渐转变的历史过程。生产的规模化需求，资源的集中和生产的统一调配，驱动着城镇化的不断形成。城镇化可以为农村劳动力提供更多的就业机会，缓解农村的人口压力，减少城乡差距。城镇化改善了人民的生活条件，能够更好地实现资源的优化配置和环境的可持续保护。城镇化提供了创新和创业的土壤，吸引了创新人才和创业资本，促进了经济的增长和创新发展。城镇化提供了更完善的基础设施和市场体系，吸引了国际投资和合作。

[①] 根据 shiphub 数据，2021 年中国、美国、日本、德国、韩国、印度、意大利、英国、法国、俄罗斯制造业产值分别为 4.86 万亿美元、2.49 万亿美元、0.99 万亿美元、0.8 万亿美元、0.46 万亿美元、0.44 万亿美元、0.31 万亿美元、0.27 万亿美元、0.26 万亿美元、0.25 万亿美元，占全球制造业产值的 27%、15%、6.1%、4.9%、2.8%、2.7%、1.9%、1.6%、1.6%、1.5%。

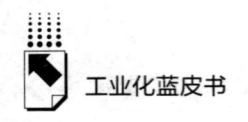

新型城镇化是我国经济社会发展的重要战略,是随着工业化、信息化和农业现代化发展而不断发展而来的,涵盖了城市发展的多个方面,强调人民生活质量、城市可持续发展和社会公平等方面的问题。它不仅注重城市规模的扩大,还强调城市内部的功能完善、环境保护和社会服务水平的提升。新型城镇化的核心是人口迁移和城镇化率提升。通过合理的人口迁移,新型城镇化将农村劳动力有序引入城市,以满足城市发展的可持续性。新型城镇化强调扩大基本公共服务供给,包括教育、医疗、养老等领域,以确保城乡居民能够享有平等的服务和权益。新型城镇化倡导绿色、可持续的发展。通过改善环境质量、减少污染、推广节能减排等措施,实现城镇化与环境保护的平衡。

现代服务业、高技术产业、创新型产业、信息技术和数字化应用的发展,也进一步提升了城镇化的竞争力和创新能力,推动城市产业的升级转型。新型城镇化的实施有助于推动与新型工业化的协同发展,提高发展的可持续性和居民的生活质量,以适应不断变化的国内外环境,实现更可持续的发展模式。

(二)新型工业化与城镇化的一般关系

工业化和城镇化是推动现代经济发展的基本动力和主导力量,二者之间有着密切关系。对工业化与城镇化关系展开深入分析可以发现,世界各国工业化与城镇化关系大体上有以下三种模式。一是城镇化、工业化、经济发展基本协调同步,大部分发达国家的城镇化属于这种模式。工业化带来的经济增长和产业升级吸引了农村人口进入城市,促进城镇化。同时,城镇化也为工业化提供了更多的劳动力和市场。二是城镇化水平超过工业化和经济发展水平的过度城镇化,相当数量发展中国家的城镇化是这种模式。城镇化过程受到政府政策的推动,城镇化的速度相对较快,城市人口不断增加,但工业化的发展受到技术、资金等因素的制约,工业化的发展相对较慢。三是城镇化水平落后于工业化和经济发展水平的滞后城镇化,某些发展中国家是这种模式。这意味着工业化的进程相对较快,但城镇化的发展滞后。工业化的推进可能由于出口导向型产业的发展而较快，但城市基础设施和社会服务相对滞后，导致城镇化的发展稍显缓慢。

在发展进程上，取决于不同国家或地区的发展路径、政策导向以及经济社会条件等因素，工业化和城镇化可以表现出同步、超前和滞后的关系。这种同步、超前和滞后关系的不同可能还会随着时间的推移而发生变化。初期阶段，工业化和城镇化的发展可能会相对滞后或超前，但随着发展的深入，它们可能会趋于同步。政府政策、市场需求、国际环境等因素都会影响工业化和城镇化之间的关系。

（三）新型工业化与城镇化关系的理论阐释

传统的工业化—城镇化关系理论强调工业化的主导地位。大规模工业生产必然会产生规模优势和集聚效应，推动并吸引人口和资源向特定地区涌入，从而形成人口聚集，进而产生城镇化。而城镇化发展形成的人口和资源汇集又能够反过来促进工业化的发展，带动工业技术水平的提高和资源的合理分配。可以说，工业化水平决定了城镇化的发展速度，驱动着城镇化的不断延伸，城镇化为工业化发展提供了良好的环境载体和发展动力。进入新型工业化时期，产业链的发展导致工业生产不再局限于某一特定地区，现代交通、信息技术、物联网和人工智能的发展压缩了生产的时空距离，使产品的生产、加工和销售不需要再局限于某一特定区域。先进的工业技术、优秀的管理人才以及科学的管理模式提高了工业产业整体的经济效益，从而创造出更多就业岗位，城镇失业率降低，有利于解决剩余劳动力问题，促进社会经济的可持续健康发展，同时为新型城镇化基础建设提供支持。城镇化的发展引导工业化关注、重点倾向以信息技术为主的产业，农村人口逐步开始向产业集群区域汇集，为工业企业带来丰富的劳动力资源，加快了新型城镇化建设。同时，在工业化的发展中，还需要技术和人力资本支撑，这也促使城镇教育事业的快速发展，为培养专业型人才和优化就业系统打下基础。

另一种理论观点认为，城镇化可以引领工业化的发展。城市作为创新和人才集聚的中心，为新型工业化提供了人才和市场。[①] 城市的多元化经济活动和创新氛围有助于新型产业的兴起。城镇化可以提供更为便利的市场和消费环境，有利于新型工业产品的推广和营销。同时，城镇化还为新型工业的研发提供了广泛的合作和交流平台，有助于技术创新的加速。新型城镇化促进了技术层面、文化层面、教育层面和思想层面的全面发展，使城镇人口的综合素质不断提升，为新型工业化培养了具有专业知识的人才。同时，新型城镇化建设带来富饶的物产资源、先进的技术资源以及丰富的人力资源，而这些资源助力工业产业技术的革新、人才要素的聚集以及综合成本的降低，不仅能促进新型工业化的发展进程，也会提升城市整体的经济效益。经济的快速发展使居民生活品质得到提高、教育事业蒸蒸日上、思想觉悟逐渐提升，人们越来越注重生活环境质量，也更加关注人与自然的和谐发展，促使工业企业不断重视环境污染治理问题，加快优化其产业结构。

第三种观点认为工业化过程也就是城镇化过程，而城镇化过程又推动了工业化的过程，两者是互为因果的关系。经济学家刘易斯提出的双重剩余理论认为，在工业化初期，农村存在大量的农业劳动力，这些劳动力是农业产出的剩余。工业化会吸纳这些富余劳动力，使城市工业部门的劳动力成本相对较低，从而推动城镇化的加速。只要不断扩大城市工业生产，就可以源源不断地吸收农村富余劳动力，达到工业与农业、乡村与城市劳动力转换与转移的均衡，在实现劳动力完成产业转移的同时，也完成了地域上的转移，即工业化与城镇化是同步的。钱纳里通过对大量统计数据的观察发现，就业结构与城镇化表现出惊人的相似性，同时他还指出某些国家或者地区工业化的超前和滞后在很大程度上与生产及贸易格局有关。

还有一种观点认为工业化与城镇化变动关系在工业化的不同阶段存在较大差别，不同收入水平、不同类型国家工业化与城镇化变动关系表现出不同的特点。托达罗建立人口流动模型认为，向城市流动劳动力的决定因素是预期收入，而不是实际收入。因此即使城市当中存在失业，只要迁移者的预期

---

① 李余、詹懿：《我国工业化与城镇化互动发展研究》，《求索》2013年第10期。

收入大于农村收入，他依然会迁移，在一定程度上解释了不同阶段工业化与城镇化的变动关系，在某种程度上可以说城市的高失业率是城乡经济机会严重不平衡的必然结果。

从经济理论角度来看，工业化与城镇化之间存在密切的相互作用与影响。资本积累、劳动力迁移、市场需求、创新与技术进步、投资与产业结构等方面都构成了它们之间复杂的关系。这种相互影响促使工业化与城镇化的交错发展，也促进工业化与城镇化共同推进，进而促进经济的发展。

三 我国新型工业化与城镇化互动发展的现状分析

（一）工业化、城镇化相互关系判定

城镇化与工业化的协调发展，其中一个至关重要的问题就是如何测度和评价城镇化与工业化的协调关系。在判定工业化与城镇化的关系时，实践中有多种方法，本文采用钱纳里—赛尔昆奎因模型来判定工业化与城镇化的互动关系，通过城镇化率和就业结构的变化来诠释城镇化与工业化协调关系的变化趋势。工业化率以从事工业的劳动者占全社会劳动者的比重来反映，用 IR 表示；非农化率以从事非农产业的劳动者占全社会劳动者的比重来反映，用 NR 表示；城镇化率以城镇常住人口占总人口的比重来反映，用 UR 表示。

就世界经济与城镇化的发展过程和经验而言，在工业化和城镇化相互作用关系比较协调、呈同向联动发展时，IR/UR 大致为 0.5，NR/UR 大致为 1.2。如果 IR/UR 明显小于 0.5、NR/UR 明显小于 1.2，说明城镇化与工业化的相互作用关系不协调，相对于工业化，城镇化发展较为超前，呈过度城镇化状态。如果 IR/UR 明显大于 0.5、NR/UR 明显大于 1.2，同样说明城镇化与工业化的相互作用关系不协调，但相对于工业化，城镇化发展相对滞后。IR/UR、NR/UR 越大说明其关系越不协调，相对于工业化和非农化，

城镇化滞后程度越明显。因此，根据 IR/UR、NR/UR 大小的比较分析就可以考察城镇化与工业化、非农化之间的相互作用，联动发展的协调、适度关系以及超前、滞后程度。

（二）我国工业化与城镇化互动发展的纵向分析

我国的城镇化和工业化发展已取得一定成效。1978~2022 年，我国第一产业增加值占比总体持续下降，第三产业增加值占比总体不断增加，非农产业的增加值占比已超过 92%（见图 1）。第一产业增加值占比和从业人员占比持续下降，非农就业人员占比也超过 75%。2022 年，第一产业增加值占比约 7.3%，第三产业增加值占比 52.8%，第二产业增加值占比 39.9%。经济结构从改革开放初期的以工业为主、三足鼎立转变为以第三产业为主、第二产业为支撑的格局。第一产业增加值占比下降到不足 8%，且第三产业增加值占比超过第二产业增加值占比接近 13 个百分点，这意味着我国整体已进入工业化中后期阶段。

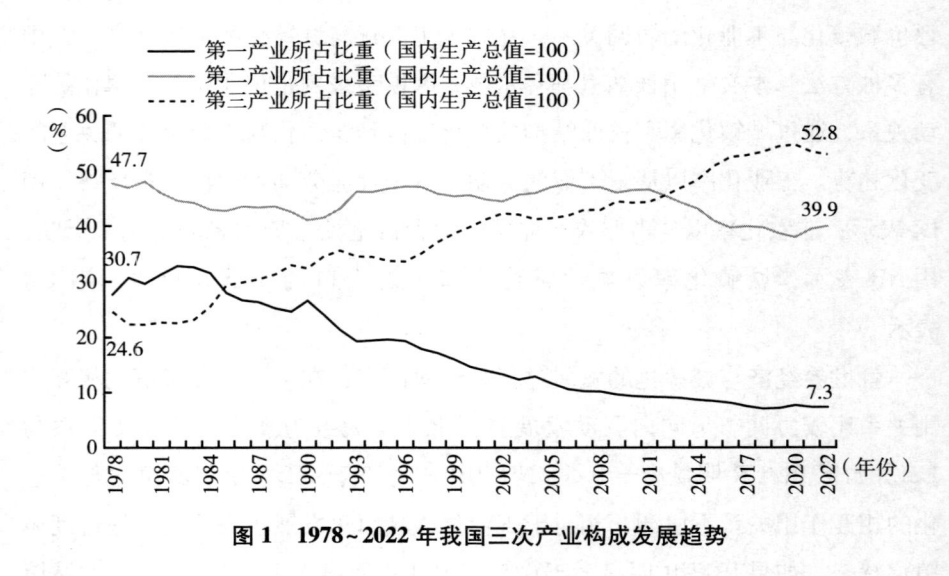

图 1　1978~2022 年我国三次产业构成发展趋势

改革开放以来，我国城镇化经历了快速的发展，城镇人口占比持续上升。1978~2022 年，我国城镇常住人口从 1.7 亿人提高至 7.5 亿人，城镇化率从17.92%提高至65.22%（见图2）。2011年，我国城镇人口占比首次超过农村人口占比。

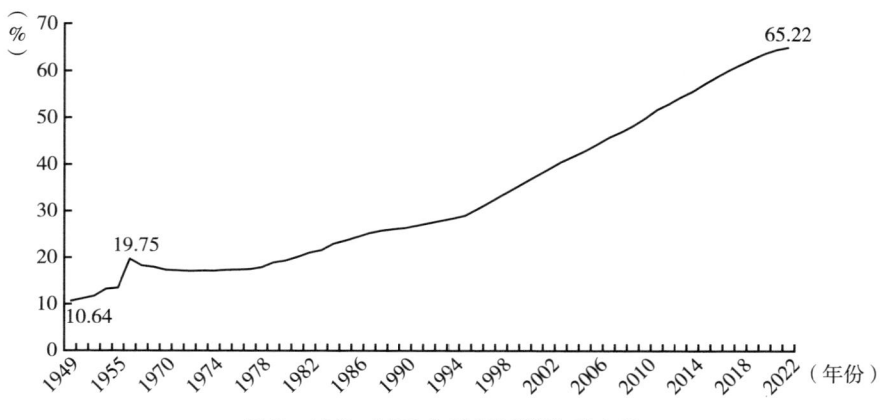

图2 1949~2022年我国城镇化率走势

我国的工业化和城镇化发展在时间上大致经历三个阶段（见图3），它们之间的关系也在这些阶段中逐渐发生变化。第一个阶段是在改革开放初期至21世纪初，我国进行了快速的工业化，主要侧重于建立基础工业体系。这个阶段的城镇化程度相对较低，大部分人口仍居住在农村地区。城镇化的推动力较小，工业化主要依赖农村地区的农民转为工人，但城市人口增长相对较慢。这一阶段非农产业就业人口占全部就业人员比重与城镇化率的比值一直高于1.4，城镇化水平滞后于工业化发展水平。进入第二个阶段，一系列开放政策的实施，促使我国的工业化和城镇化获得了快速发展。外部投资、技术引进和市场开放进一步推动了工业化。城镇化率迅速上升，城市建设迅速扩张，吸引了大量农村人口进入城市。工业化和城镇化相互促进，工业化提供了城市就业机会，城镇化带来更多的劳动力和市场。这一时期非农产业就业人口占全部就业人员比重与城镇化率的比值在1.2~1.3，工业就业人口占全部就业人员比重与城镇化率的比值约为0.5，工业化和城镇化呈现良好的协同发展局面，一直持续到2018年前后。第三个阶段为进入新型工业化和城镇化发展时期，我国继续强调工业升级和可持续发展，更加注重高质量的工业化和城镇化。技术创新和新兴产业的发展成为工业化的重要驱动力。我国加速发展高科技和绿色产业，以提高工业化的质量。2018年以来，我国非农产业就业人口占全部就业人员比重与城镇化率的比值下降到1.2以下，工业就业人口占全部就业人员比重与城镇化率的比值也下降到0.5以下。可以看到，我国城镇化水平相对于工业化，发展较为超前，呈现一定的过度城镇化趋势。

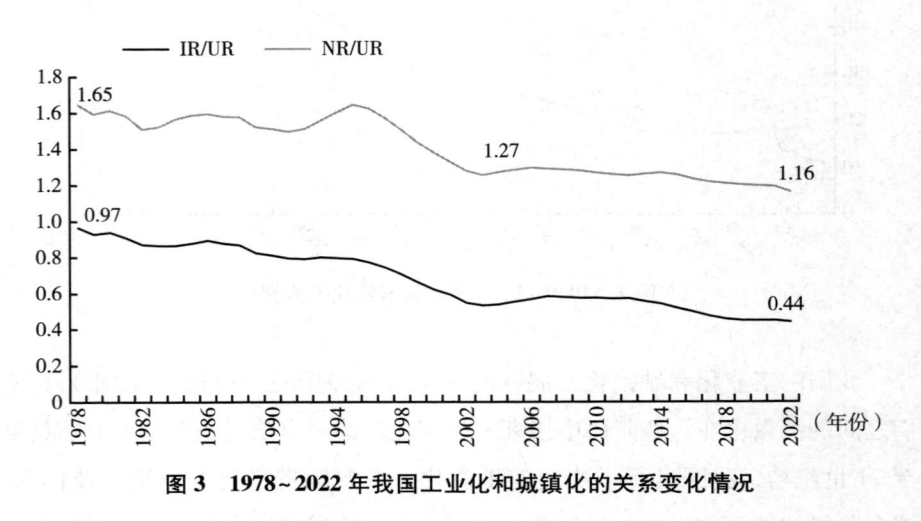

图3　1978~2022年我国工业化和城镇化的关系变化情况

总体来说，我国的工业化和城镇化在不同时期经历了不同的发展趋势和特点。改革开放以来，城镇化和工业化获得了迅速的发展，两者之间相互促进，成为我国现代化建设的关键驱动力。在新型工业化和城镇化时代，我国应巩固工业的发展地位，进行城镇化的高质量发展，以确保工业化和城镇化的协调发展。

（三）我国工业化与城镇化互动发展的截面分析

大量研究表明，我国区域城镇化与工业化发展不平衡，不同自然环境和区位条件下，其发展又具有一定的地域性和时序性。如图4所示，我国的工业化和城镇化发展具有截面分析的复杂性，由于我国是一个地域广泛、地区经济发展差异较大的国家，不同地区的工业化和城镇化水平以及二者的发展关系存在明显差异。

从图 4 可以看到，截至 2021 年底，沿海地区如广东、江苏、山东、福建等地区的 IR/UR 值在 0.5 左右，且 NR/UR 值在 1.2 左右，处于工业化与城镇化良好的协调发展阶段。这些地区作为我国工业化和城镇化的先行者，在改革开放初期就引入外资和技术，建立了先进的制造业和服务业。高度发达的工业基础和先进的城市基础设施吸引了大量的农村人口迁入城市，推动了城镇化的迅速增长。这些地区的城镇化程度相对较高，同时也是创新和创业的热点区域。

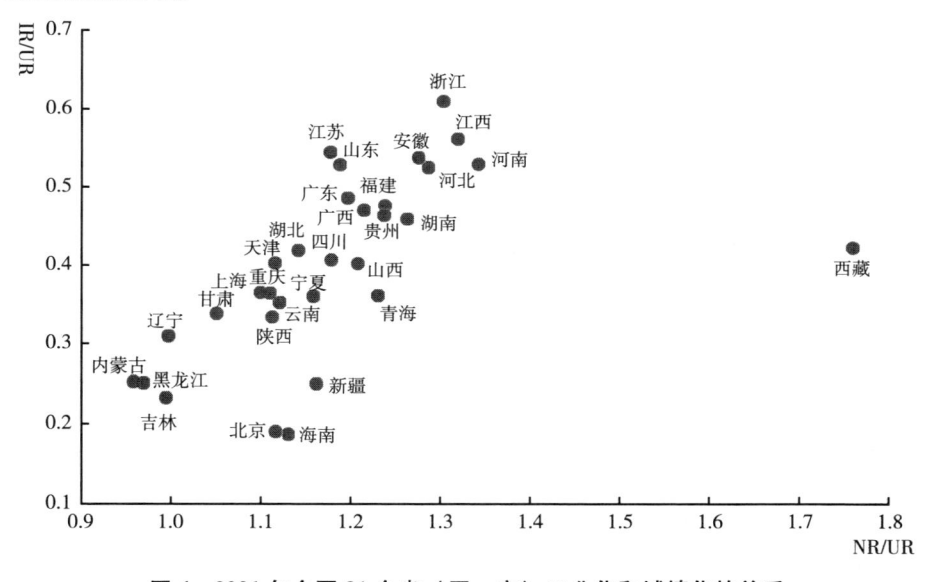

图 4 2021 年全国 31 个省（区、市）工业化和城镇化的关系

河南、河北、安徽、江西等中部地区的 IR/UR 值均高于 0.5，且 NR/UR 值高于 1.2。这些地区中部分地区以农业为主导，拥有一定的工业基础，但城镇化水平相对不足，城市建设和基础设施改善也在进行中，城镇化相较于工业化程度呈现了一定的滞后态势，应当采取一系列政策来进一步加速提升城镇化水平以适应工业化能力。

内蒙古、黑龙江、吉林、辽宁、甘肃等地 IR/UR 值均小于 0.5，且 NR/UR 值小于 1.2，这些地区由于政策措施或过往发展经历的积累，城镇化发展有了较高的水平，但受限于当前国家整体产业布局和发展现状，工业化能

力相对不足,且主要以传统重工业发展为主,欠缺以信息化、智能化为主要发展方向的新型工业化能力。因此相对于工业化和非农化,城镇化超前发展,呈过度城镇化状态。

总体来说,我国的新型工业化和城镇化的协调发展在不同地区存在明显差异,这些差异受到地理、经济、政策和社会因素的影响。一些特殊经济区如长三角、珠三角等地区具有强大的产业吸引力,引领了工业化和城镇化的快速发展。这些地区吸引了国内外的投资,发展了高科技产业和制造业,吸引了大量农村人口进入城市,其工业化和城镇化协调发展趋势良好。在推动新型工业化与城镇化协调发展的政策导向下,应更充分地考虑各地区的发展现状,进一步促进各地区新型工业化和城镇化的平衡发展,以确保工业化和城镇化的互动能够为整体经济增长和社会进步作出积极贡献。

(四)我国工业化与城镇化互动发展的空间分析

进一步地,将全国31个省(区、市)划分为东部、中部、西部、东北4个地区,进行新型工业化和城镇化区域协调发展情况分析(见图5)。

2021年,东部地区IR/UR平均值小于0.5,而NR/UR值接近于1.2,说明东部地区的新型工业化和城镇化协调发展水平相对较高。东部的大城市如北京、上海、广州等,拥有发达的制造业、高科技产业和金融业等高附加值产业,吸引了大量的人口和资金流入,推动了城镇化和工业化的快速发展。工业化和城镇化在东部地区相互促进,城市提供了就业机会,吸引了农村劳动力进入制造业和服务业。

中部地区IR/UR平均值小于0.5,而NR/UR值大于1.2,在工业化和城镇化协调发展方面也取得了显著进展,但相对于东部地区城镇化发展水平相对滞后。中部地区普遍有一些工业基地和中小城市,拥有大量的人口和较好的交通、政策等产业条件,能够吸引外部投资、工业转移和发展现代制造业。

东北地区IR/UR平均值小于0.3,NR/UR值小于1。作为我国曾经的工业中心,东北地区近年来面临着产业结构调整和城市萎缩的挑战。东北地区的城镇化程度相对较高,但工业化面临转型和升级的挑战。

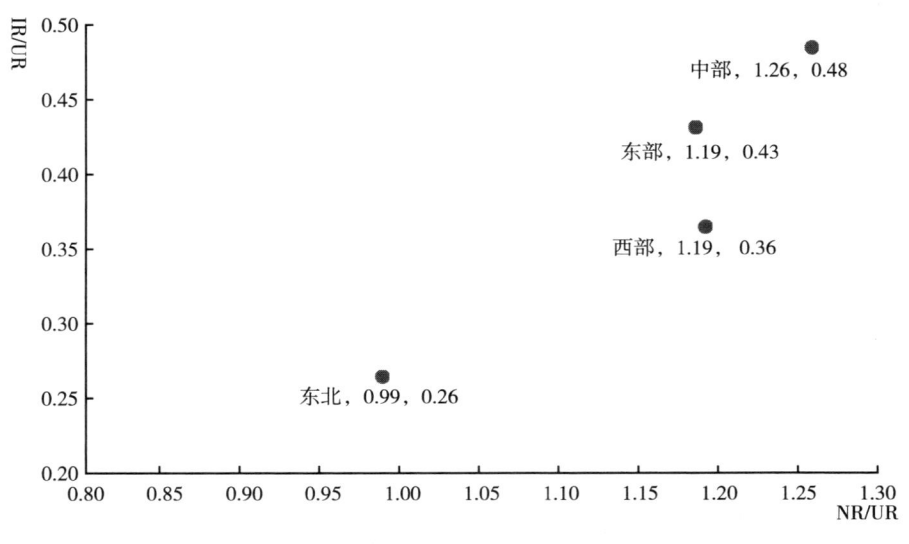

图 5　2021 年全国四大地区工业化和城镇化的关系

进一步地，对长三角、珠三角和京津冀等城市群的新型工业化和城镇化情况进行测算，以进一步分析我国工业化与城镇化互动发展的空间现状。如表 1 所示，2021 年，长三角、珠三角等地新型工业化和城镇化协调发展现状良好，长三角 IR/UR 平均值为 0.51，而 NR/UR 平均值为 1.21，珠三角（广东）IR/UR 值为 0.49，而 NR/UR 平均值为 1.20。作为我国工业化和城镇化的先行者，长三角和珠三角吸引了大量国内外投资。这些地区的高度工业化和城镇化程度带动了周边地区的发展，形成了经济的辐射效应。而京津冀城市群出现过度城镇化现象，地区内城镇化水平相对工业化水平出现一定的超前发展，应增加工业在经济结构中的比重，加快工业的高质量发展。

表 1　2021 年城市群协调发展情况

城市群	NR/UR	IR/UR
长三角	1.21	0.51
珠三角	1.20	0.49
京津冀	1.17	0.37

工业化蓝皮书

四 我国新型工业化与城镇化协调发展面临的问题及原因

（一）资源环境的承载压力逐渐增大

随着新型工业化与城镇化的快速推进，资源和环境压力显著增大。这种压力表现为对水、土地、能源等资源的巨大需求，以及由大规模城市建设和工业生产引起的环境污染问题，由此导致的直接后果主要是资源价格上涨、供应紧张和生态环境恶化。一是对水资源的过度依赖变得越来越明显。城市化带来的人口增长导致城市的用水量大幅度上升。一些大城市的地下水位不断下降，甚至出现了地面沉降的现象。这不仅仅是水资源短缺的问题，更与水资源的管理、分配和使用效率有关。二是土地资源也面临着巨大的压力。为了满足日益增长的居住和工业用地需求，大量的农田被征用，这不仅导致农田面积的减少，也带来了一系列的生态环境问题，比如土地沙化、土地盐碱化等。三是能源消耗的增加成为一个不可回避的问题。随着工业化的深入和城市生活水平的不断提高，能源需求量急剧增长。而过度依赖化石能源导致严重的环境污染问题。

造成资源环境承载压力逐渐增大的主要原因在于如下几个方面。一是人口集中。大量人口流入城市，使城市在短时间内承受巨大的人口压力，导致城市基础设施压力增大，对资源的消耗也随之加速。二是不可持续的生产方式。尽管新型工业化提倡绿色、可持续的发展，但实际上，部分工业生产仍然采用高能耗、高污染的方式，忽视了环境保护的重要性。三是管理与监管不足。环境保护政策的执行力度不足，导致部分企业为了追求利润而忽视环保，导致环境污染问题严重。

（二）空间布局呈现一定程度的失衡

在新型工业化与城镇化的演进过程中，空间布局与区域发展失衡是一个突出的问题。这种失衡表现为一些地区经济发展迅猛,吸纳了大量的人口、资金和技术资源,而另一些地区则仍显滞后,资源稀缺,人口外流。一方面,一些经济发展较为先进的地区,如沿海大中城市,已经成为国内外投资的热门之地。这些地区拥有良好的基础设施、成熟的市场和优质的劳动力,吸引了大量企业和投资。与此同时,内地的一些中小城市和偏远地区,由于各种限制条件,难以获得足够的投资和技术支持,导致其发展速度远低于国家平均水平。另一方面,这种区域发展的不均衡还表现为人才和技术的流失。许多受过高等教育和技术培训的人员,选择流向更有发展前景的城市,而那些滞后的地区则面临人才短缺的问题。

空间布局与区域发展失衡的主要原因在于如下方面。一是资金集中。投资者通常追求最大的经济回报。那些经济发展较好的地区,自然能吸引更多的资本。而经济发展滞后地区的风险更高,投资的吸引力相对较弱。二是政策偏好。在过去的一段时间里,一些政策更倾向于支持已经发展较好的地区,这导致资源进一步集中。三是地理和自然条件。一些地区由于其独特的地理位置和资源禀赋,具有自然发展优势。例如,沿海地区便于开展国际贸易、与外界进行沟通,而内陆地区则可能由于地理、交通等原因,与外界的连接不如沿海地区便捷。

(三)新型工业化与城镇化良性互动不足

在我国新型工业化与城镇化的协调发展进程中,工业化与城镇化之间的良性互动不足。具体表现在:工业化发展明显领先于城市化进程,工业产出快速增长,工业技术快速发展,而与之相应的城市基础设施、社会服务等方面的发展则相对滞后,产业和城市发展之间存在"时间上不同步"和"空间上无互动"的问题。这种不平衡的发展态势导致一系列问题,如城市拥挤、交通压力增大、环境负荷加重等。

这种现象背后的原因较为复杂。一是土地政策限制。在我国的土地使用制度背景下,工业用地通常相对容易获批,而用于居民居住、公共服务设施建设的土地则相对匮乏。这直接导致工业迅速扩张,而城市建设则受到限制。二是人口流动限制。由于户籍制度和其他社会保障机制的限制，很多人难以迁移到城市或在城市长期居住，这自然限制了城市化进程。即便有大量农民工进城，他们往往面临各种不平等待遇，包括但不限于住房、教育、医疗等，这都阻碍了城市化的健康发展。三是资金和技术流动也存在阻碍。在工业化进程中，资金和技术主要集中在生产环节，而相对忽视了与之配套的城市基础设施和社会服务的投资。这是因为前者通常更容易获得明显和短期的经济回报，而后者的回报则更为长期且不容易量化。

五　推进我国新型工业化与城镇化协调发展的对策建议

（一）积极缓解资源环境承载压力

一是推动绿色工业化。在工业生产中，应着重推行清洁生产技术和流程，提高能源使用效率，并在可能的情况下，使用可再生能源替代传统化石能源。在现代化治理体系下，政府应推动相关政策实施，鼓励企业改进生产流程，提高资源使用效率，减少废物排放。政府可以通过财政补贴、税收优惠等手段，激励企业采取更环保的生产方式。二是加强环境监管。环境保护不仅需要先进的技术，还需要强有力的法律支持和监管。应加强对企业排放的监测和管理，对不符合环境标准的企业要给予严格处罚，以达到威慑效果。同时，信息公开透明和社会监督也是环境保护的重要手段。三是资源循环利用。废弃物的回收和再利用是一种有效的资源管理策略，它可以减少对新资源的需求，降低生产成本，并减轻环境压力。例如，废水处理和再利用、废弃物分类和回收等都是非常有益的做法。四是综合规划和管理。资源和环境问题常常涉及多个部门和多种利益关系，因此，需要综合规划和协调管理。一方面，应根据各地的资源禀赋，有针对性地制定适宜的工业化和城镇化方案；另一方面，需要加强跨部门、跨地区的信息共享和政策协调。五是鼓励社会参与和教育。普及环境教育，提高公众环保意识，是实现资源和环境目标的长远之计。加强环保知识的普及,可以增强社会对环境问题的关注和解决能力。

(二)调整空间布局,协调区域发展

一是制定更为均衡的发展策略,确保资源在各地区之间的均匀分配,发挥地区特色作用。对于长期处于发展劣势的地区,单纯依靠市场机制是远远不够的,还需要政府的积极参与和支持。这包括但不限于优化土地使用政策,提供基础设施建设支持,甚至还可能涉及人才培养和引进。同时,政府应该为这些地区的特色产业提供更多的政策支持,包括研发资助、市场推广等。不同的地区有各自的资源和文化优势,应充分挖掘这些优势,发展具有地方特色的产业。这样做可以有效避免不同地区间的功能重叠和低效竞争,而且也更有利于吸引特定领域的资本和人才。二是加大对滞后地区的投资,特别是在基础设施和教育上。基础设施的完善不仅能促进当地经济的快速发展,还能为其他社会公共服务提供基础支撑。教育投资则更为关键,它直接关系到一个地区未来几代人的素质和竞争力。提供优质的教育资源,可以使当地人才不流失,还能吸引外来人才。三是利用技术,特别是数字技术,解决一些偏远地区的信息不对称问题,促进其与外部世界的连接。数字技术在现代社会中的作用日益凸显,特别是在解决信息不对称问题方面有着巨大潜力。对于那些偏远或者相对落后的地区,可以通过建设更好的网络基础设施,提供便捷的在线服务,从而缩小它们与外部世界的信息差距。四是鼓励企业和社会组织参与,形成政府、企业和社会的合力,推动区域均衡发展。除了政府和企业,普通民众也应参与到区域发展的讨论和决策中。通过教育和宣传,提高人们对区域均衡发展重要性的认识,可以有效促进社会各界对此问题的关注和解决。

(三)科学选择两者互动发展模式

一是健全、完善推进工业化与城镇化协调发展的体制机制。这包括制定有利于将工业化与城市化结合起来的政策和战略。例如,可以通过财政激励、税收减免或土地供应政策来吸引工业企业落户于特定的城市或区域。同时，推动市场化进程，包括完善要素市场的成熟度，例如劳动力市场、资本市场等，使之更为灵活和高效。二是优化产业结构、承接产业转移升级至关重要。这意味着不仅要发展高附加值的制造业，还要逐步淘汰或改造低端、高污染的产业。同时，农村工业化也应逐步转变为城市工业化。这需要各级政府在政策、资金和技术支持上给予优先考虑，确保产业和人口能够更加有序地流向城市。三是在城镇化方面，应坚持大中小并举、数量和质量并重的发展道路。政府可以通过区域性规划，培育区域性中心城市，以吸引更多的人口和资本。同时，注重城市的可持续发展，确保在迅速发展的同时，能够提供高质量的公共服务。四是加快发展和优化城市服务业是保证工业化良性发展的一方面，同时也是吸纳非农就业、推进城镇化的重要途径。这包括但不限于金融、教育、医疗和信息技术等领域。发达的服务业不仅能提供大量就业机会，还可以提升城市的整体竞争力。五是引导企业在空间地理上相对集聚，以发挥集聚效应。通过产业园区、高新区或特定的经济区域，企业可以更容易获取资源，降低生产成本，并通过相互合作实现技术和知识的快速传播。

（四）全方位均衡区域间要素分布

一是建设信息交流平台。要素分布不均主要是因为信息不对称和资源配置效率不高，因此，首先需要建立一个全面、准确、实时的信息交流平台。这样的平台不仅能提供各地区的经济、文化、教育、医疗等方面的详细信息，还能促进资本、技术和人才更有效地流动。具体措施包括搭建全国性、区域性和行业性的信息数据库，并通过互联网和其他媒体进行广泛传播。二是针对不同地区、不同行业的特点，需要有针对性地制定各种扶持政策。可以为经济落后地区提供税收优惠、低息贷款等条件。此外，对于高新技术企业和创新型企业，也需要给予特别的支持，以促进其快速发展。三是开展区域间合作与跨部门协调。通过合作，区域间可以实现资源和优势的共享，减少重复建设和浪费。例如，一个地区如果在某一特定产业方面有明显优势，那么可以考虑与其他地区建立合作关系，共同推动这一产业的发展。新型工业化与城镇化是一个系统工程，涉及多个部门和领域。因此，需要建立一个有效的跨部门协调机制，以确保各方面的政策和行动能够有机地结合在一起，共同推动要素的均衡分布。四是鼓励社会参与。除了政府和企业外，普通民众和社会组织也应当参与到新型工业化与城镇化的推进中来。例如，通过社会调查和公众参与，可以更准确地了解各地区的实际需求和优势，从而有针对性地进行资源分配。

主要参考文献

李余、詹懿：《我国工业化与城镇化互动发展研究》，《求索》2013年第10期。

宋加山、张鹏飞、邢娇娇等：《产城融合视角下我国新型城镇化与新型工业化互动发展研究》，《科技进步与对策》2016年第17期。

刘海龙：《促进我国工业化与城镇化互动发展》，《宏观经济管理》2016年第6期。

蒋永穆、李善越：《新中国70年工业化城镇化互动发展思想演进：历程、主线及动力》，《政治经济学报》2019年第3期。

廖茂林、李芳：《我国城镇化、工业化协同发展的金融支持路径研究》，《福建论坛》（人文社会科学版）2019年第2期。

李苏、董国玲：《新型工业化与新型城镇化发展的互动关系研究——基于宁夏2005~2019年数据的实证分析》，《价格理论与实践》2021年第4期。

赖永剑、潘素晶、熊淼：《新型城镇化与工业化耦合对江西地区工业环境效率的影响——基于空间动态面板数据模型的实证检验》，《南昌工程学院学报》2022年第2期。

李国平：《我国工业化与城镇化的协调关系分析与评估》，《地域研究与开发》2008年第5期。

邵明伟：《工业化与城市化关系：一个全面述评》，《区域经济评论》2015年第4期。

黄群慧：《2020年我国已经基本实现了工业化——中国共产党百年奋斗重大成就》，《经济学动态》2021年第11期。

伍长南：《"晋江经验"：新型工业化与城镇化融合发展探索》，《福建论坛》（人文社会科学版）2022年第10期。

王钲浩、李政：《开放经济背景下农业现代化-新型城镇化-新型工业化耦合协调发展的时空演化研究》，《生产力研究》2022年第11期。

Murata Y. , "Rural-urban interdependence and industrialization," *Journal of Development Economics*, 2002, 1.

Gollin D. , Jedwab R. , Vollrath D. , "Urbanization with and without industrialization," *Working Papers*, 2013.

Peng L. , Liu S. , Sun L. , "Spatial-temporal changes of rurality driven by urbanization and industrialization: A case study of the Three Gorges Reservoir Area in Chongqing, China," *Habitat International*, 2016, 51.

B.5
新型工业化与农业现代化融合发展研究

周灵灵*

摘 要： 随着新一轮科技革命和产业变革深入推进，新型工业化与农业现代化之间以产业链为纽带的联动性日益增强，二者融合发展的特征日益彰显，农业现代化赋予了新型工业化新的使命和意义，新型工业化则给农业现代化的生产方式和组织形态带来深刻变革。"大国小农"的基本国情农情，是农业现代化需长期面对的现实挑战，农业劳动力素质下降和农民老龄化、农业兼业化、农村空心化等，正对农业生产经营和农业技术进步路径产生深远影响，而乡村产业发展层次不高，新型工业化对农业现代化的战略牵引作用发挥得不充分，城乡二元结构尚未完全破除等因素，不利于新型工业化与农业现代化的融合发展。对此，需围绕建设现代化产业体系和推进乡村振兴，从产业体系、生产体系、经营体系等方面综合施策，促进新型工业化与农业现代化深入融合、高质量发展。

关键词： 新型工业化　农业现代化　融合发展

党的二十大在擘画全面建成社会主义现代化强国宏伟蓝图时，对新型工业化、信息化、城镇化、农业现代化进行了总体部署，提出到2035年建成现代化经济体系，形成新发展格局，基本实现新型工业化、信息化、城镇化、农业现代化。这为新时代推进"四化"同步发展指明了前进方向、提

---

* 周灵灵，国务院发展研究中心副研究员，主要研究方向为劳动经济学、发展经济学等。

供了根本遵循。需要重视的是，同新型工业化、信息化、城镇化相比，受制于资源禀赋、农业技术、生产方式、历史欠账等因素，我国农业现代化相对滞后。这也正如习近平总书记指出的，同步推进新型工业化、信息化、城镇化、农业现代化，薄弱环节是农业现代化[①]。在此背景下，本文着眼"四化"中的新型工业化和农业现代化，探讨新型工业化与农业现代化的融合发展特征，分析当前和今后一个时期推进新型工业化与农业现代化融合发展面临的主要问题及挑战，在此基础上提出相关建议。

一 新型工业化与农业现代化的融合发展特征

新型工业化作为正式概念被明确提出，是在党的十六大报告中，即坚持以信息化带动工业化，以工业化促进信息化，走出一条科技含量高、经济效益好、资源消耗低、环境污染少、人力资源优势得到充分发挥的新型工业化路子。党的十六大报告其实高度概括了新型工业化的基本内涵，也就是"科技含量高、经济效益好、资源消耗低、环境污染少、人力资源优势得到充分发挥"。此后，历次党的全国代表大会均对新型工业化有进一步的阐述和部署。比如，党的十八大提出，推动信息化和工业化深度融合、工业化和城镇化良性互动、城镇化和农业现代化相互协调，促进工业化、信息化、城镇化、农业现代化同步发展；党的十九大进一步强调，更好发挥政府作用，推动新型工业化、信息化、城镇化、农业现代化同步发展。

与过去相比，新型工业化呈现新的效率源泉、新的生产要素、新的组织形态、新的约束条件等一般性的新特征，同时中国式现代化也对新型工业化赋予了自身的特殊性[②]。对此，研究者纷纷发表了相关看法。有代表性的如下。刘世锦[③]认为，与传统工业化相比较，新型工业化具有一些重要特点，

[①] 习近平：《论"三农"工作》，中央文献出版社，2022。
[②] 中国社会科学院工业经济研究所课题组：《新型工业化内涵特征、体系构建与实施路径》，《中国工业经济》2023年第3期。
[③] 刘世锦：《正确理解"新型工业化"》，《中国工业经济》2005年第11期。

比如高新技术对传统产业的渗入或改造，产业结构和资源配置的国际化程度显著提高，发展理念和发展战略的转变，大体相同工业化阶段完成时间的缩短等；黄群慧[1]则指出，新型工业化道路的"新型"具有两方面基本含义，一方面，相对于发达国家已经走过的工业化道路而言，新型工业化道路融合了信息化（数字化、网络化、智能化）、绿色化的现代化科技革命和产业变革，这是新型工业化的"时代特质"，另一方面，新型的含义也是基于中国国情和发展阶段的"国情特质"考虑的工业化战略。

笔者认为，新型工业化还有一个非常重要的特征，即融合性。这也可以从两个方面来理解。一方面，新型工业化并非完全抛弃传统产业，而是要走一条传统产业不断转型升级、新产业不断发展壮大、新旧产业融合发展、大中小企业融通创新的工业化道路；另一方面，则体现在新型工业化与信息化、城镇化、农业现代化的融合关系上。可以说，新型工业化是"四化"同步发展的核心动力源泉，可以为信息化、城镇化、农业现代化提供先进技术、生产资料和消费资料。当然，高水平的信息化、城镇化、农业现代化也会为新型工业化提供高水平的生产要素、生活物资、生产工具和市场需求，是新型工业化的重要支撑[2]。

为了便于理解，我们给农业现代化下个简洁的定义，农业现代化可以理解为运用现代科学技术、先进生产资料和先进管理方法等装备农业、提升农业，使农业形成高产、优质、高效、生态、安全的生产体系。当然，农业现代化只是建设农业强国的基本要求。因为从世界范围看，在已经实现现代化的38个国家中，实现了农业农村现代化的国家不到20个，能称得上是农业强国的更寥寥无几[3]。为更好地聚焦本文议题，我们将重点放在农业现代化上。

需要说明的是，本文所称的农业并不局限于种植业本身，而是包括了农

---

[1] 黄群慧：《论新型工业化与中国式现代化》，《世界社会科学》2023年第2期。
[2] 中国社会科学院工业经济研究所课题组：《新型工业化内涵特征、体系构建与实施路径》，《中国工业经济》2023年第3期。
[3] 陈锡文：《当前农业农村的若干重要问题》，《中国农村经济》2023年第8期。

林牧渔业以及与之紧密关联的相关产业，是广义的、融合了产业边界的"大农业"。从新型工业化与农业现代化的融合发展特征看，本文认为主要有以下三个方面。

一是农业现代化赋予了新型工业化新的使命和意义。习近平总书记强调，农业强国是社会主义现代化强国的根基。农业是基础，基础不牢，大厦不稳。实现高质量发展，也离不开农业发展。只有农业强了，农产品供给有保障，物价稳定、人心安定，经济大局才能稳住。畅通工农城乡循环，是畅通国内经济大循环、增强我国经济韧性和战略纵深的重要方面。[①] 习近平总书记的这些重要论述，不仅深刻阐明了建设农业强国的重要意义，也赋予了新型工业化新的使命和意义。具体来说，在推进农业现代化、建设农业强国的历史进程中，新型工业化应该而且能够发挥重要作用，因为建设供给保障强、科技装备强、经营体系强、产业韧性强、竞争能力强的农业强国，需要新型工业化提供坚实的科技支撑、产业支撑和市场支撑。毋庸置疑，农业现代化也是新型工业化的重要基础，并为新型工业化提供广阔的应用场景。

二是新型工业化与农业现代化之间以产业链为纽带的联动性日益增强。从历史来看，我国农业发展落后的重要原因在于城乡要素流动的不顺畅和交换的不平等，以及工业化与农业现代化之间未能形成良好的联动关系。随着新一轮科技革命和产业变革的深入推进，农业产业不断由传统生产环节向加工、流通、服务、生态等纵向链条延伸，新型工业化可以通过先进工业装备、科学技术更好地嵌入农业发展，有效引导农业生产经营主体按照市场需求组织生产，实现生产、加工、销售一体化经营，推进农业生产经营的专业化、标准化、规模化、绿色化、集约化。更为重要的是，新型工业化把产业链、价值链等现代产业组织方式引入农业，无疑会极大地增强农业经济的韧性和竞争力。

三是新型工业化给农业现代化的生产方式和组织形态带来深刻变革。可以说，现在的农业已经不是传统意义上的小农生产，而是有着越来越多工业化影子的"大农业"，是综合性农业产业链的发展，包括粮食生产、农产品

---

① 习近平：《加快建设农业强国　推进农业农村现代化》，《求是》2023年第6期。

加工、畜牧养殖等多个产业。同时，农业机械化发展水平不断提升，加工聚集型、龙头企业带动型、股份合作型、合作社引领型等新型农业经营主体不断涌现，农业的组织形态和生产方式发生深刻变革。截至2022年5月底，全国登记在册的农民合作社数量已达222.7万个[①]，是2012年的3.23倍。农业农村部的数据显示，2021年全国农作物耕种收综合机械化率已达72.03%，较2020年提高0.78个百分点，其中，机耕率、机播率、机收率分别达到86.42%、60.22%、64.66%。表1列示了我国8种主要农作物的耕种收综合机械化率。可见，主要农作物的耕种收综合机械化率普遍较高，2021年小麦和玉米的耕种收综合机械化率已分别达到97.29%和90.00%，提升幅度较大的是大豆和棉花，其耕种收综合机械化率分别从2015年的65.85%和66.81%，提高到2021年的87.04%和87.25%。这与农业机械快速发展、新型工业化深入推进紧密关联，毕竟我国农业机械总动力已从1978年的1.17亿千瓦增加到2021年的10.78亿千瓦，以北斗、5G等信息技术为支撑的智能农机装备也在快速进军农业生产一线，2021年加装北斗卫星导航的拖拉机、联合收割机已超过60万台，智能猪场、智能渔场、智慧牧场等则标志着农业生产信息化、智能化程度达到新的高度。

表1　我国主要农作物耕种收综合机械化率

单位：%

农作物	2021年	2020年	2015年
小　麦	97.29	97.19	93.66
水　稻	85.59	84.35	78.12
玉　米	90.00	89.76	81.21
大　豆	87.04	86.70	65.85
油　菜	61.92	59.91	46.85
马铃薯	50.76	48.07	39.96
花　生	65.65	63.96	51.22
棉　花	87.25	83.98	66.81

资料来源：根据农业农村部全国农业机械化发展统计公报数据整理。

---

① 高杨、关仕新、王军等：《2022中国新型农业经营主体发展分析报告（二）》，《农民日报》2022年12月29日。

二 新型工业化与农业现代化融合发展面临的问题和挑战

习近平总书记指出，全面建设社会主义现代化国家，实现中华民族伟大复兴，最艰巨最繁重的任务依然在农村，最广泛最深厚的基础依然在农村①。尽管新型工业化、信息化、城镇化和农业现代化同步发展在不断推进，但当前新型工业化与农业现代化融合发展还面临一些问题和挑战。归根溯源，这些问题和挑战，既有农业本身的因素，也有新型工业化战略牵引作用发挥不充分的问题，同时也有城乡二元结构尚未完全破除等历史累积性因素。

第一，"大国小农"的基本国情农情，是农业现代化需要长期面对的现实挑战。习近平总书记指出，我国小农生产有几千年的历史，"大国小农"是我国的基本国情农情，小规模家庭经营是农业的本源性制度。人均一亩三分地、户均不过十亩田的小农生产方式，是我国农业发展需要长期面对的现实②。这样的国情农情，决定了发展现代农业不能照搬美国等国家大规模经营、大机械作业的模式。美国人口普查局数据显示，2017年美国有320万名农民，约占美国人口的1%，经营着大约200万个农场。近年来，美国农业增加值约占美国GDP的1%，跟美国农民占美国人口的比重大致相当。显然，美国农业是大规模经营、高效益的典型代表。从我国情况看，虽然近70年来第一产业增加值占GDP比重和第一产业就业人员占总就业人员比重总体上处于下降趋势，但第一产业就业人员比重一直高于第一产业增加值比重（见图1），比如2022年第一产业就业人员比重高出其增加值比重16.8个百分点。这既是"大国小农"基本国情农情的具体体现，也是其必然结果。因为即便未来我国城镇化水平进一步提高了，也还将有数亿

---

① 习近平：《论"三农"工作》，中央文献出版社，2022。
② 习近平：《论"三农"工作》，中央文献出版社，2022。

人在农村生活就业,第一产业就业人员比重不可能降到美国那么低。需要说明的是,虽然随着工业化的推进,农业增加值在国内生产总值中所占的比重在下降,但"这并不是说农业在国民经济中的重要性有所减少,而只是表明在工业化的进程中,农业的扩张率,比起别的生产部门,特别是制造工业的部门,要相对地较低而已"[①]。

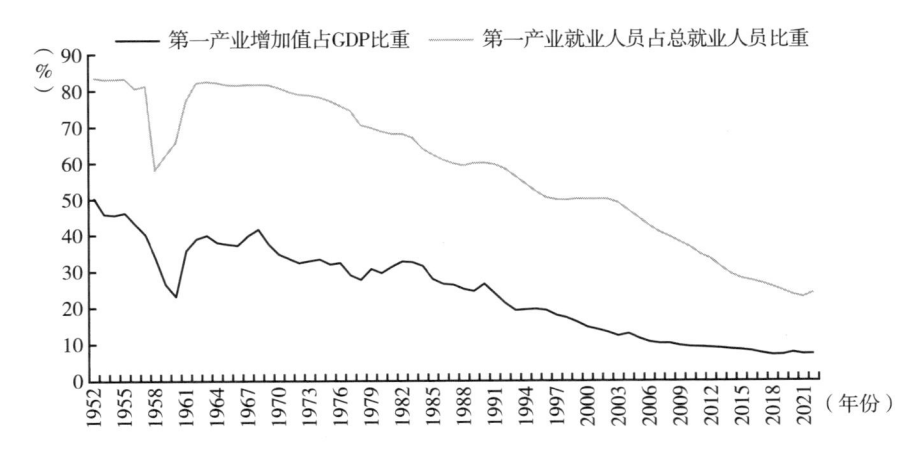

图 1 我国第一产业增加值占 GDP 比重和第一产业就业人员占总就业人员比重演变情况

资料来源:根据《中国统计年鉴》相关年份数据测算。

第二,农业兼业化、农村空心化等因素,正对农业生产经营和农业技术进步路径产生深远影响。近年来,我国常住人口分布的重心向东南方向移动了近13公里,说明劳动力和人才往东部集聚、从落后地区向发达地区流动是其跨区域流动集聚的主要特征。而且,随着城镇化的推进、乡村人口向城镇转移,农村空心化问题可能会日趋严重。[②]从高学历人才城乡分布看,2020年人口普查数据显示,城市大专及以上学历人员已达1.52亿人,占到城市常住人口的26.36%,而乡村大专及以上学历人员仅为2352万人,只占乡村常住人口的4.61%。可见,高素质专业化人才主要集聚在城市地区。第三

---

① 张培刚:《农业与工业化》,中国人民大学出版社,2014。
② 周灵灵:《我国人口流动的核心特质及政策启示》,《开发研究》2019年第4期。

次全国农业普查数据显示，2016年，我国农业生产经营人员中，年龄在55岁及以上的已经占到33.6%（见表2），农业劳动力老龄化特征越发明显。分地区看，西部地区农业生产经营人员中35岁及以下年龄段的比重是各区域中最高的，55岁及以上年龄段的比重则是各区域中最低的，西部地区乡村劳动力有相对年轻的优势。但总体而言，我国农业大龄从业者的比重比第二次全国农业普查时高出了不少，农业劳动力老化几乎已是不可逆转的趋势。

表2　2016年我国农业生产经营人员年龄构成

单位：%

年龄段	全国	东部地区	中部地区	西部地区
35岁及以下	19.2	17.6	18.0	21.9
36~54岁	47.3	44.5	47.7	48.6
55岁及以上	33.6	37.9	34.4	29.5

资料来源：第三次全国农业普查主要数据公报（第五号）。

从调研情况看，农村面临着找不到、招不来、留不住农业科技人才等乡村振兴急需人才问题或乡村振兴急需人才、结构老化、知识陈旧等突出问题。以农业科技人才为例，不少乡镇农技站、畜牧站等农业科技推广部门，具有大专及以上学历的农业科技推广人员还比较少，部分乡镇主要还是中专和高中文化程度的人员在从事农业科技推广工作。基层农技人员的年龄也偏大，35岁及以下的工作人员较少，存在年龄断层现象。不少农业科技工作人员是20世纪八九十年代从中等农业学校或职业院校毕业后，分配到乡镇农技站、畜牧站工作，现已临近退休或已经退休，亟须填补新生力量。

农业劳动力结构变化显然会改变生产要素禀赋结构，对农业生产经营和农业技术进步路径产生影响。一般而言，农业生产技术根据其功能特点可以分为土地节约型的生物化学技术和劳动节约型的机械技术，前者可以突破土地供给缺乏弹性所产生的限制，后者则可以突破劳动力供给缺乏弹性所产生的限制，两者之间的选择和转换即为农业技术进步的方向和路径。基于我国2003~2019年省际面板数据的研究显示，农村劳动力年龄结构、就业结构和高等教育层次人口比重会促进农业技术创新路径偏向机械型技术进步模式，也即，以节约劳动力的机械技术创新和应用为主。从脉冲函数响应的强度看，农业技术进步路径偏向对农村劳动力年龄结构、性别结构变化的反应程度更为强烈。方差分解显示，农村劳动力年龄结构、性别结构变化对农业技术进步偏向的贡献程度较大[①]。

总之，由农业劳动力素质下降和农村劳动力老龄化、女性化、兼业化等带来的劳动供给结构性变化，是影响我国农业技术进步路径的重要因素。这些因素及其变化带来的相关问题和挑战，在推进农业现代化过程中需予以重视。

第三，乡村产业发展层次不高，难以获得上下游相关产业和现代服务业的支持，不利于新型工业化与农业现代化的渗透融合。习近平总书记指出，从全国面上看，乡村产业发展还处于初级阶段，主要问题是规模小、布局散、链条短，品种、品质、品牌水平都还比较低，一些地方产业同质化比较突出[②]。我们的调研也表明了相关情况，比如对山东省宁阳县的调研显示，宁阳县第一产业链条短、附加值低，特色农产品市场占有量小、规模化优势尚未显现，现代农业企业数量少、规模小、层次低、带动能力弱，农业现代化水平总体偏低；第二产业长期依赖当地资源，工业内部结构失衡、关联度不高，先进制造业、战略性新兴产业和高新技术产业比重低；第三产业配套能力低，现代服务业刚起步，公共服务设施不足，生活性服务业质量不高，生产性服务业层次低。特别是，工农业关联不紧密，以资源型产业为主导的产业结构难以支撑传统农业大县向产业强县转型升级。这些问题在中西部地区不少县域也有不同程度地体现，具有一定的普遍性。乡村产业的这一发展状况，不仅使其在高度竞争的市场环境中难以获得规模经济优势，也不利于新型工业化与农业现代化的渗透融合。

第四，新型工业化对农业现代化的战略牵引作用发挥得还不充分。随着新一轮科技革命和产业变革的深入推进，新型工业化对农业现代化的战略牵

---

① 刘晗、周灵灵：《农村劳动力结构变化与农业技术进步路径》，《西南民族大学学报》（人文社会科学版）2022年第1期。
② 习近平：《论"三农"工作》，中央文献出版社，2022。

引作用越来越重要。新型工业化带来的科技创新与涉农设备改良是推动农业现代化的重要动力,尤其是互联网、物联网、大数据、人工智能和智能装备等现代信息技术与种植业、畜牧业、渔业、农机装备等深度融合,有助于农业进行全方位、全链条改造,实现农业生产全过程的信息感知、智能控制、精准投入和个性化服务。近年来,国家出台了体制改革、机制创新等一系列重大政策举措,农业领域取得了不少积极进展,但与农业现代化的目标和要求相比还有较大提升空间。比如,现代种业、智能装备、绿色低碳等农业科技的转化运用还不够顺畅,由于缺乏商业应用场景,不少企业在人才储备、市场空间、投入产出、市场配套等方面仍会遇到各种各样的问题,还需打通农业科技成果从技术创新场景到产业应用场景再到商业应用场景转化的堵点、难点。当然,这已经不只是新型工业化本身的问题,还涉及相关体制机制的健全完善。

第五,城乡二元结构尚未完全破除等历史累积性因素,也会影响新型工业化与农业现代化的融合发展成效。习近平总书记指出,尽管我们的"三农"工作取得了显著成就,但农业基础还不稳固,城乡区域发展和居民收入差距仍然较大,城乡发展不平衡、农村发展不充分仍是社会主要矛盾的集中体现[1]。我国城乡二元结构的形成,不仅存在西方二元经济理论阐述的普遍性原因,也有历史和制度原因导致的特异性,还包括除分工深化、市场成长以外的制度性因素,比如城乡要素交换不平等、城乡公共资源配置不均衡[2]。随着改革开放的深入推进,城乡二元结构虽然在持续转化,但要将其完全破除和消解,还需付出巨大的努力,需要保持历史耐心。城乡二元结构在很大程度上体现在经济层面,其表征是城乡产业形态差异和部门间的生产率差距,以及由此带来的城乡收入差距。典型的如,不少县域既有先进的现代工业和服务业部门,也有相对落后的农业产业形态,县域发展二元结构依

---

[1] 习近平:《论"三农"工作》,中央文献出版社,2022年。
[2] 谢冬水、周灵灵:《农地转让权权能与城乡居民收入差距——基于劳动力转移中介机制的经验研究》,《上海经济研究》2016年第6期;涂圣伟:《县域内率先破除城乡二元结构:现实价值与实现路径》,《山东社会科学》2023年第7期。

然较为明显。尽管近年来我国城乡居民人均可支配收入的相对差距呈现下降态势，城乡居民收入比从 2009 年 3.33 的峰值下降到 2022 年的 2.45（见图2），但绝对差距在扩大，其绝对差额从 2009 年的 12021 元扩大到 2022 年的 29150 元。农村居民由于家庭规模大、家庭抚养负担重、劳动力受教育水平较低、财产性收入明显不足等因素[①]，未来提升其收入水平的任务依然艰巨。总之，城乡二元结构等历史累积性因素引致的发展不平衡不充分，对提升新型工业化与农业现代化的融合发展成效，无疑会产生一定的消极影响，需加强研判并高度重视。

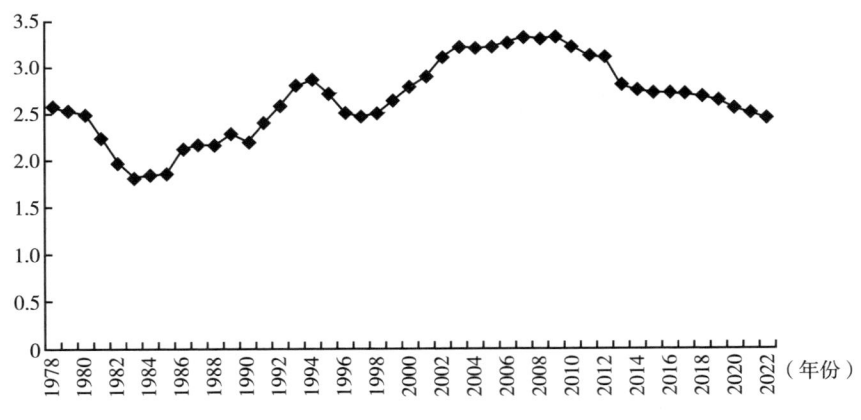

图 2　1978~2022 年我国城乡居民收入比变化情况

注：城乡居民收入比＝城镇居民人均可支配收入/农村居民人均可支配收入。
资料来源：根据《中国统计年鉴》相关年份数据测算。

三　推进新型工业化与农业现代化融合发展的政策取向

习近平总书记强调，我们全面建设社会主义现代化国家，既要建设繁华

[①] 从家庭负担看，2020 年人口普查数据显示，农村总抚养比为 58.71%（其中，少儿抚养比为 30.58%，老年抚养比为 28.13%），城市总抚养比为 35.97%（其中，少儿抚养比为 21.32%，老年抚养比为 14.65%）。从财产性收入看，2022 年农村居民人均可支配财产净收入仅 509 元，只占农村居民人均可支配收入的 2.53%，而 2022 年城镇居民人均可支配财产净收入为 5238 元、占城镇居民人均可支配收入的 10.63%。

的城市，也要建设繁荣的农村，推动形成工农互促、城乡互补、协调发展、共同繁荣的新型工农城乡关系。发展现代农业，关键是要构建三个体系，即现代农业产业体系、生产体系、经营体系①。习近平总书记的这些重要论述，为推进新型工业化与农业现代化融合发展指明了方向。接下来，本文结合新型工业化与农业现代化融合发展的特征及面临的问题和挑战，围绕建设现代化产业体系和推进乡村振兴，从产业体系、生产体系、经营体系等方面提出促进新型工业化与农业现代化渗透融合的具体建议。

第一，围绕产业融合高质量建设乡村产业体系，着力调整优化农业产业结构，提高农业整体素质。相比城市工业企业，农村工业企业的比较优势在于发展农业以及相关的行业，因为它们接近原料基地，也更熟悉气候等因素对于原料供给的影响②。要立足农村资源禀赋，以农业工业化思维构建现代农业系统生态和价值链，发展规模化、组织化、专业化、生态化、智能化农业，打造集研发、种植、加工、营销、文化、生态于一体的现代农业全产业链。突出农村电商和乡村旅游作用，引导农业产业由传统生产环节向加工、流通、服务、生态等纵向延伸，农业功能由单一生产向休闲观光、农事体验、文化传承、健康养生等横向拓展，形成全环节提升、全链条增值、全产业融合的乡村产业发展格局。

第二，以提高农业生产效率和产品品质为核心，持续推动新型工业化对农业生产体系的改造升级。盖尔·约翰逊③认为，高效农业的标准有以下几个方面：农村人口的收入水平与国民经济其他部门的劳动者收入大致相当；农业资源的生产率不断提高，从而在能够保证劳动力向国民经济其他部门转移的同时，农业产品的实际价格保持不变或趋于下降。农业机械化和农业科技是转变农业生产方式、提高农业生产力的重要基础，要大力推动机械化与农艺制度、智能信息技术、农业生产方式、农田水利建设等相融合相适应，

---

① 习近平：《论"三农"工作》，中央文献出版社，2022。
② 钟宁桦：《农村工业化还能走多远?》，《经济研究》2011年第1期。
③ 盖尔·约翰逊：《经济发展中的农业、农村、农民问题》，林毅夫、赵耀辉编译，商务印书馆，2004。

做大做强农业机械化产业群产业链，加快推进农业机械化向全程全面高质高效发展。充分发挥现代农业产业园引领作用，推进数字农业建设，开展数据驱动的智能农机作业和社会化服务示范工程。加快物联网、大数据、人工智能、云计算等新一代信息技术与农业生产的融合，建设一批智慧农场、智慧牧场、智慧渔场，推动智能感知、智能分析、智能控制技术与装备在农业生产中的集成应用。加强农产品质量安全监管体系建设，支持发展蔬菜、林果产品、畜禽深加工和农村特色加工业，不断提升农产品品质和市场竞争力。总之，通过新型工业化的全面"武装"，着力将农业从传统劳动密集型产业向资本和技术密集型产业推进。

第三，着力建设现代农业经营体系，不断增强农业经营活力。大力培育加工聚集型、龙头企业带动型、股份合作型、合作社引领型的新型农业经营主体，提高农业生产经营集约化、专业化、组织化、社会化程度。引导农业产业化龙头企业通过品牌嫁接、资本运作、产业延伸等方式联合重组，培育一批产业关联度大、带动能力强的企业。开展以"运行规范化、生产标准化、经营品牌化、社员技能化、产品安全化"为主要内容的农民专业合作社"五化"创建活动。支持发展家庭农场，培育专业种植型、专业养殖型、种养结合型、产销结合型等不同类型专业种养大户。鼓励新型农业服务主体开展资金互助、信用担保、互助保险、供应链融资等服务，引导新型农业服务主体由提供关键环节服务向提供全程服务转变。提升特色农产品知名度，培育一批农产品区域公用品牌、企业品牌、产品品牌。

第四，畅通科技成果入乡转化渠道，不断提升农业现代化的科技成色。习近平总书记指出，农业现代化的关键在科技进步和创新，要"给农业插上科技的翅膀"[①]。要坚持科技兴农富农，积极引进农业科技项目和农业农村急需紧缺人才，支持创新平台探索联合攻关、利益共享、知识产权运营的有效机制，促进农业科技成果与市场需求对接。瞄准良种培育、新型肥药、加工储存、疫病防控、设施农业、农业物联网和装备智能化、土壤改良、旱

---

① 习近平：《论"三农"工作》，中央文献出版社，2022。

作节水、节粮减损、食品安全以及农村民生等领域，高质量建设农业科技成果产业化基地。健全完善科技特派员制度，鼓励高校、科研院所和科研人员以技术入股的方式参与技术转移项目，推动科研院所、高等院校、农技推广部门、行业协会、企业、专业合作社、科研人员、农户等主体建立互利共赢的利益分享机制，不断提高科技成果入乡转化效能。

第五，深入推进以人为核心的新型城镇化，不断缩小城乡发展差距。这对促进人才、资本、技术、信息等生产要素向农村流动汇聚，促进城乡生产、流通、分配、消费良性循环，具有十分重要的意义。同时，新型城镇化推进也是新型工业化与农业现代化渗透融合的必要保障。这方面要做的具体工作很多，且大多关乎民生，比如深化户籍制度改革，优化城乡教育资源布局，健全城乡医疗卫生服务体系，提高就业创业服务能力和社会治理水平，扎实推进城乡公共文化服务体系建设，不断完善城乡基本公共服务均等化发展体制机制，提高普惠共享水平。这些工作做好了，有利于进一步夯实新型工业化与农业现代化融合发展的社会基础。

B.6 用绿色发展夯实新型工业化的生态底色

王 龙*

摘 要： 党的二十大报告指出，坚持把发展经济的着力点放在实体经济上，推进新型工业化。然而，我国新型工业化发展面临着来自国内和国外的双重环境约束。绿色发展是我国新型工业化发展的内在动力，也有助于我国应对国际环保运动发展的外在压力。近年来，绿色化发展不断推动产业结构高端化、能源消费低碳化和资源利用循环化，推动我国的新型工业化进程。同时，以绿色发展推动新型工业化离不开绿色创新。

关键词： 新型工业化　绿色发展　绿色创新

一　引言

党的二十大报告指出，要"坚持把发展经济的着力点放在实体经济上，推进新型工业化，加快建设制造强国、质量强国、航天强国、交通强国、网络强国、数字中国"。在全面建成社会主义现代化强国、实现第二个百年奋斗目标的关键时期，中国必须紧密结合制造强国、网络强国和数字中国的战略目标，推动高质量发展，推进中国式现代化。中国式现代化是以新型工业化为核心，以农业社会向工业社会和信息社会转型升级为内在逻辑，循序渐进地驱动中国社会由传统的农业社会向工业社会乃至后工业社会跃迁的过

---

* 王龙，北京大学中国教育财政科学研究所博士后，主要研究方向为公共财政、环境经济学等。

程。新型工业化是工业现代化发展的方向，2002年由党的十六大首次提出。党的十九届五中全会提出基本实现新型工业化、信息化、城镇化、农业现代化，党的二十大报告又进一步强调了新型工业化。根据世界银行数据，2021年中国人均GDP达1.26万美元，中国制造业增加值占全球的30.3%，制成品出口占全球的20.3%，GDP占全球的18.4%。从工业化水平看，2011年以后中国工业化就进入工业化后期，2015年工业化进入工业化后期的后半阶段，2020年我国已经基本实现工业化[1]。

然而，在取得巨大成就的同时，我国新型工业化发展面临着多方面的环境约束。一是新型工业化需要大量的资源供应，包括能源、水资源、原材料等。然而，这些资源都是有限的，特别是一些非可再生资源。二是传统工业化模式通常伴随着大量的环境污染物排放。三是新型工业化的发展可能伴随着土地开发和生态系统破坏。例如，大规模的基础设施建设、工业用地扩张等可能导致生态系统的破坏和生物多样性的丧失。四是工业活动通常伴随着大量的温室气体排放，加剧了全球变暖和气候变化的问题。从全球碳排放情况来看，中国是全世界碳排放量最多的国家，2009~2022年，我国碳排放量由77.1亿吨提升至114.77亿吨，稳居世界第一。其中能源领域碳排放最多，碳排放占全国碳排放总量的77%[2]。同时，绿色发展已成为全球的潮流趋势，在面对日益严峻的环境问题和气候变化挑战时，各国普遍认识到经济发展和环境保护之间的密切关系。例如，巴黎协定的签署和执行旨在应对气候变化，可持续发展议程2030的确立为可持续发展提供了框架和指导。在国际层面，绿色发展已经成为各国合作和交流的重要议题，促进了环境技术的转移和合作，推动了全球的绿色转型。绿色转型就是要避免或跨越"高消耗、高污染"的传统工业化模式，避免或摆脱"先污染、后治理""先破

---

[1] 黄群慧、李芳芳：《中国工业化进程报告（1995~2020）》，社会科学文献出版社，2020；黄群慧：《2020年我国已经基本实现了工业化——中国共产党百年奋斗重大成就》，《经济学动态》2021年第11期。

[2] 张卓群、张涛、冯冬发：《中国碳排放强度的区域差异、动态演进及收敛性研究》，《数量经济技术经济研究》2022年第4期。

坏、后恢复"的传统经济发展模式,走可持续发展之路。因此,新型工业化道路既立足于我国基本国情,又面向未来发展,其区别于传统工业化道路的一个核心特征便是坚持可持续发展理念,坚持以绿色化推进新型工业化。

二 绿色化推进新型工业化发展的理论内涵

新型工业化是在社会主义工业化理论体系的框架下进行的一项创新与实践。它具有与传统工业化和发达国家工业化不同的特征[①]。首先,新型工业化与我国计划经济时期的传统工业化有所区别。传统工业化采用了资本、劳动力和自然资源等生产要素的粗放型投入,以外延式增长为特征。然而,这种模式导致产业链条长期停留在低附加值、低科技含量的低端产业环节,缺乏国际竞争力,并引发工业化与生态环境之间的矛盾。其次,新型工业化与发达国家的传统工业化也存在差异。发达国家的传统工业化倚赖自由市场经济体制推动工业化,并在工业化基本成形后迈向信息化。然而,发达国家在未完成深度集约型工业化的前提下选择过度去工业化,导致失业增加、贫困加剧以及社会动荡等。新型工业化的出现意味着对传统工业化模式进行创新和改革。它致力于探索可持续发展的工业化路径,解决传统工业化模式所面临的问题。新型工业化注重科技创新、提高产业附加值和加强环境保护,以实现经济发展与生态环境的协调发展[②]。党的十六大首次提出新型工业化概念,"坚持以信息化带动工业化,以工业化促进信息化,走出一条科技含量高、经济效益好、资源消耗低、环境污染少、人力资源优势得到充分发挥的新型工业化路子"。党的二十大进一步强调,发展经济需要把着力点放在实体经济上,推进新型工业化,加快建设制造强国,并提出到 2035 年基本实

[①] 史丹、李鹏:《中国工业 70 年发展质量演进及其现状评价》,《中国工业经济》2019 年第 9 期;黄群慧:《中国共产党领导社会主义工业化建设及其历史经验》,《中国社会科学》2021 年第 7 期。

[②] 史丹:《绿色发展与全球工业化的新阶段:中国的进展与比较》,《中国工业经济》2018 年第 10 期。

现新型工业化的现代化目标。现阶段以绿色化推进新型工业化快速发展具有深刻的理论内涵。

随着经济发展进入工业化后期，我国产业经济可持续发展面临诸多挑战。一是持续且大量的过剩产能因产业发展惯性、企业过度投资以及地方保护主义等原因迟迟无法退出市场；二是旧有产业转型压力巨大，新兴产业发展方兴未艾，造成"旧虑"与"新忧"并存；三是在新技术革命背景下，绿色发展尤其是制造业绿色化作为新时期产业发展的新特点，其发展趋势日益明显。绿色发展在中国新型工业化进程中扮演着重要角色，作为内在动力，绿色发展已经成为推动工业结构转型、优化生产方式和生活方式的关键方向。中国面临着经济增长与环境保护的双重挑战。为了实现经济可持续增长并减轻对环境的压力，绿色发展理念被引入并渗透到各行各业。这种转变不仅仅是对环境保护的追求，更是新型工业化道路上的必然选择。

首先，绿色发展注重资源的高效利用和循环利用，缓解我国面临的能源和资源约束。通过技术创新和生产方式的优化，中国企业正在积极探索资源节约、能源利用效率提高的途径。清洁能源的推广、循环经济模式的建设，都成为推动工业可持续发展的重要手段。例如，化石燃料是碳排放的主要来源，中国长期依赖煤炭、石油等化石燃料，对碳排放格局产生了显著的影响。当前，中国能源结构以化石能源为主，化石能源占据了能源总量的85.1%，其中煤炭占据了化石能源的57%。化石燃料燃烧排放的二氧化碳约占全部二氧化碳排放量的88%。在具体的排放过程中，全球发电和供热行业的排放量占比最高，约为30.4%；交通运输排放量占比16.2%，其中道路交通是主要的排放来源；制造业和建筑业排放占比12.4%，其中建筑业的排放占比为5.6%。一般而言，1千瓦时电约等于消耗0.328千克的标准煤，同时会排放出0.997千克的二氧化碳，而1兆瓦的光伏电站每年的发电量约120万千瓦时，那么也就是说，1兆瓦的光伏电站一年能节约393.6吨标准煤，等同于减少约1196.4吨的二氧化碳排放。因此，降低对化石燃料的依赖是减少碳排放和实现碳中和的关键。为了有效降低碳排放量，需要采取一系列措施，大力推动清洁能源的发展是关键，例如加大风能和太阳能等可再生能源的利用。其次，应推广电动交通工具，减少传统燃油车辆的使用。根据最新数据统计，近年来，我国风电和光电建设换挡提速，新增装机比重较高。2021年，全国基建新增发电设备容量17629万千瓦。其中，光伏、风电、火电、水电、核电的装机容量占全部新增装机容量的31.27%、27.08%、26.34%、13.37%和1.94%。通过减少化石燃料的使用，促进清洁能源的发展，我们能够推动经济的可持续发展，改善环境质量，实现低碳和可持续的未来。

其次，绿色发展强调了环境友好型生产方式，有力地推动了环境和生态保护。工业企业从传统的高能耗、高排放的模式转向了更为清洁和环保的生产方式。减少污染物排放、提高产品的环保性，已成为企业增强竞争力和可持续发展的重要保障。以钢铁行业为例，中国的钢铁工业在全球范围内以庞大的规模和高产量著称。数据显示，2020年中国粗钢产量占全球总产量的56.49%。然而，中国的钢铁工业主要采用高炉—转炉长流程工艺，这导致巨大的能源和资源消耗，尤其是对煤炭的需求较大。这种生产方式使中国钢铁企业成为主要的空气污染物排放源，排放环节众多，污染物的成分复杂多样，对大气环境造成严重影响。中国钢铁工业面临多种空气污染物问题，包括二氧化硫（SO_2）、氮氧化物（NO_x）、细颗粒物（PM2.5）和挥发性有机物（VOCs）等。特别是自2017年中国完成对火电行业的超低排放改造以来，钢铁工业成为中国工业部门中主要的空气污染物排放源。具体而言，SO_2、NO_x和细颗粒物的排放量在中国工业总排放量中分别位居第三、第一和第三。据2018年统计数据，中国钢铁工业的SO_2、NO_x和细颗粒物排放量分别达到105万吨、163万吨和273万吨，分别占中国总排放量的6%、9%和19%。2005年以来，中国政府陆续颁布了系列钢铁工业绿色发展的政策法规，中国钢铁工业逐步推进淘汰落后产能、尾气末端治理以及使用节能环保先进技术等，钢铁工业污染物排放量在逐年下降。这些措施对于实现中国钢铁工业的可持续发展、改善环境质量以及应对气候变化具有重要意义。通过减少污染物排放、提高资源利用效率和推动绿色转型，我们可以实现钢铁工业的可持续发展与环境保护的良性循环。

最后，绿色发展也催生了新的产业形态和商业模式。以环保、清洁能源为核心的新兴产业逐渐壮大，为就业创造了机会，促进了经济的结构优化和产业升级。目前，我国新能源产业正处于快速发展阶段。随着对可再生能源需求的增加和环境保护意识的提高，中国积极推动新能源产业的发展，旨在实现能源结构的转型升级，减少对传统能源的依赖，并推动经济的可持续发展。在太阳能领域，中国是全球最大的太阳能发电国家和光伏产能大国。通过政府支持政策、技术创新和市场推动，光伏发电已成为我国新能源领域的重要组成部分，为可再生能源供应作出了巨大贡献。此外，风能也是中国新能源产业的重要组成部分。中国在风力发电领域取得了显著的成就，拥有世界上最大的风力发电装机容量。通过发展海上风电和大型风电场项目，中国不断提高风能的利用效率和可再生能源的供应能力。除了太阳能和风能，我国还在生物质能源、地热能和潮汐能等领域积极开展研究和应用。政府出台了一系列支持政策，鼓励新能源技术的创新和产业化，促进新能源产业链的发展。根据国家能源局数据，2022年，全国可再生能源新增装机1.52亿千瓦，占全国新增发电装机的76.2%，新能源已成为我国电力新增装机的主体。其中风电新增3763万千瓦，太阳能发电新增8741万千瓦，生物质发电新增334万千瓦，常规水电新增1507万千瓦，抽水蓄能新增880万千瓦。截至2022年底，我国可再生能源装机突破12亿千瓦，达到12.13亿千瓦，占全国发电总装机的47.3%，较2021年提高2.5个百分点。其中，风电3.65亿千瓦、太阳能发电3.93亿千瓦、生物质发电0.41亿千瓦、常规水电3.68亿千瓦、抽水蓄能0.45亿千瓦。新能源产业的发展不仅有助于减少对传统化石能源的依赖，还为经济增长提供了新的动力源。新能源产业的蓬勃发展促进了相关产业链的形成和完善，带动了就业增长和技术进步。

最重要的是，绿色发展理念深深扎根于社会各个层面。政府出台了一系列鼓励环保、支持绿色发展的政策法规，企业也积极响应，纷纷将绿色发展理念融入企业发展战略和日常经营管理中。总之，绿色发展已经成为我国新型工业化发展的内在动力。它不仅是对环境质量和资源利用的关注，更是对经济发展方式转型升级的体现。在绿色发展理念的引领下,中国工业化进程将更加可持续、高效和环保,走向更加繁荣与健康的未来。

三 绿色化赋能新型工业化发展的实践演进

在"双碳"目标下,我国制造业积极进行绿色转型。近年来,我国坚持绿色化发展推进工业化进程取得了显著成效。

(一)绿色化积极推动产业结构高端化

产业结构的高端化是新型工业化的应有之义。推动产业结构高端化,关键是做好一"新"一"旧"的立和破。所谓"立",就是要加快发展以新能源、新材料、新能源汽车等为代表的战略性新兴产业,着力打造能源资源消耗低、环境污染少、附加值高、市场需求旺盛的产业体系,带动整个经济社会的绿色低碳发展。所谓"破",就是要贯彻"底线"思维,强化环保约束,落实能耗和碳排放"双控"要求,严格执行钢铁、水泥、平板玻璃等行业产能置换政策,严控尿素、磷铵、电石等行业新增产能,加快钢铁、有色金属、石化化工等行业绿色化升级改造,坚决遏制"两高"项目盲目发展和低水平重复建设。绿色发展作为推动产业升级的关键因素,为产业结构的高端化提供了新的动力和方向。因此,绿色发展作为推动产业升级和新兴产业化发展的关键因素,为产业结构的高端化提供了新的动力和方向。

长期以来,中国政府在政策层面出台了一系列支持绿色产业发展的政策,提出了加快发展节能环保产业、推进清洁生产、加大环保投入等目标,为绿色产业的快速发展提供了政策支持和引导,中国绿色产业链得以在技术创新方面取得巨大进步。清洁能源、节能环保、循环经济等领域不断涌现出具有自主知识产权的创新技术和产品。例如,太阳能、风能等新能源技术不断成熟,绿色建筑技术逐步普及,环保装备和环保材料等产品市场需求逐渐增加。电动汽车、混合动力汽车等成为发展焦点,涵盖了电池生产、电动机、充电设施建设等多个领域。例如，当前新能源汽车是推动汽车出口高速增长的重要力量。中国汽车工业协会数据显示，2023年前三季度，我国新能源汽车产量和销量同比增速高达33.8%和37.5%。其中，新能源汽车出口表现尤为突出。在整体出口下滑的背景下，2023年前三季度电动载人汽车出口金额接近300亿美元，同比增速高达106.4%。受此带动，2023年前三季度，我国"新三样"——电动载人汽车、锂电池、太阳能电池产品出口金额同比增长41.7%，占我国出口比重提升至4.5%。

与此同时，中国加大了淘汰污染落后产能的政策和措施力度。首先，政府加大了环境监管和执法力度，对污染严重的企业进行了整治和取缔。其次，政府提供了经济激励措施，如给予补偿资金、贷款支持和税收优惠等，鼓励企业主动淘汰落后产能。此外，政府还推动了技术创新和产业升级，引导企业转向清洁生产和环保技术应用，推动绿色发展。通过淘汰污染落后产能，中国取得了显著的成效。大量高污染、高能耗的企业被关闭或转型，过时的生产设备得到更新，环境质量得到改善。总体而言，在应对气候变化和能源危机的背景下，绿色产业得到了前所未有的重视和发展，推动了传统产业向高科技、高附加值领域转型。这些新兴产业的崛起不仅提升了产业价值链，更推动了产业结构向高端化、智能化方向发展，为实现新型工业化奠定了基础。

（二）绿色化倾力推动能源消费低碳化

我国工业发展面临的主要生态环境约束包括：能源结构偏煤、能源效率偏低的状况有待改变，重点区域、重点行业污染问题亟待解决，碳达峰、碳中和时间窗口偏紧。这些生态环境约束降低了经济增长的活力和持续发展的潜力，破解之道在于促进能源消费向低碳化转型。中国政府一直在积极推动企业能源消费低碳化，以应对气候变化和实现可持续发展。一是制定政策和法规，中国政府出台了一系列政策和法规，鼓励企业采取低碳能源消费措施。例如，实施能源消费总量控制目标，推行能源消费强度减量指标，以及建立碳排放交易市场等。这些政策和法规为企业提供了明确的指导和激励，促使其采取低碳化措施。二是能源审计和管理体系，中国鼓励企业建立能源管理体系，并开展能源审计。通过能源审计，企业可以识别能源消耗的关键领域和高耗能环节，并制定相应的节能减排措施。政府还鼓励企业参与能源管理与优化的评价和认证体系制定，如 ISO 50001 能源管理体系认证。三是资金支持和激励措施，中国政府为低碳能源消费提供资金支持和激励措施。通过财政补贴、利息补贴、税收减免等方式，鼓励企业投资和采用低碳技术、设备和产品。此外，政府还设立了绿色信贷和绿色债券等金融工具，以支持低碳能源消费项目。四是技术创新和示范项目，中国政府鼓励企业进行技术创新，推动低碳能源消费的发展。政府资助和支持一批低碳技术研发和示范项目，促进新技术、新设备和新材料的应用。这些示范项目为企业提供了经验交流和学习的平台，激发了低碳能源消费的创新动力。这些措施，一方面，要调活"一煤独大"的能源投入系统，通过能源减量替代和多能高效互补利用，提供更加清洁低碳的能源。这包括控制煤炭使用，推广氢能、生物燃料和垃圾衍生燃料等替代能源，提高工业终端用能的电气化水平等。另一方面，通过重点用能行业节能技术改造、数字技术与用能系统深度融合等措施，不断提高能源利用效率。

（三）绿色化协同推动资源利用循环化

在经济增长过程中，许多资源都是不可再生的，掠夺式开发和无节制地利用就会使经济遭遇"增长的极限"，中国作为全球第二大经济体，在经济发展过程中面临着能源与资源约束的挑战。这主要表现在如下方面。一是能源供应压力巨大，中国的快速经济增长和城镇化进程导致能源需求的快速增长。传统的化石燃料能源如煤炭、石油和天然气等仍是主要能源，但其供应面临限制。二是资源利用效率低下，中国经济的高能耗和高资源消耗是能源与资源约束的一个重要方面。在过去的发展过程中，由于资源价格相对较低和环境成本不充分内化，我国长期以来存在资源浪费和低效利用的问题。三是能源安全风险较高，中国对外能源依存度较高，大量能源进口使其面临着能源安全风险。国际能源市场波动、地缘政治因素和能源价格的不确定性都可能对中国的能源供应造成不利影响。因此，中国需要加强资源节约和循环利用，推动绿色、低碳、可持续的发展模式，在资源供给环节，应加强钢铁、有色金属、建材、化工企业间原材料供需结构匹配，促进有效、协同供给，强化企业、园区、产业集群之间的循环链接，确保资源集约高效利用。近些年来，我国资源循环利用产业发展迅速，年增速高于同期GDP增速3~4个百分点，包括再制造产业、废弃电器电子产品再利用、报废汽车资源化利用产业在内的传统资源循环利用产业已形成规模。建筑垃圾、餐厨废弃物资源化利用等新兴产业技术和管理水平不断提高、商业化模式不断创新，同时有力带动了技术装备制造、物流等相关产业发展，在减污降碳的同时打通经济高质量发展中的难点、痛点和堵点。截至2019年底，我国十大主要类别再生资源（废钢铁、废有色金属、废塑料、废轮胎、废纸、废弃电器电子产品、报废机动车、废旧纺织品、废玻璃、废电池）回收总量为3.54亿吨，同比增长10.2%。2018年我国主要资源产量中，再生资源的贡献度为20%~44%，其中10种主要有色金属产量为5702.7万吨，再生资源贡献占比约为24.7%。同时，传统工业化模式导致生产过程污染和碳排放量过高，正面临日益严峻的挑战。长期以来，中国一直在努力采取碳减排措施和政策，以应对气候变化和推动可持续发展。例如，中国设定了一系列节能减排目标，包括能源消费强度和碳排放强度的降低目标。通过提高能源利用效率、推广节能技术和措施，中国致力于降低碳排放强度，实现经济增长与碳排放的脱钩。从2005年开始，我国碳排放强度一直呈现不断走低的趋势。我国碳排放强度从2005年的2.63万吨/亿元降至2019年的1.76万吨/亿元，15年来降低了0.87万吨/亿元，表明我国虽然在碳排放总量和人均碳排放量依旧维持较强的增长势头，但在经济发展上正在逐步降低不合理使用、滥用化石能源的情况，也表明我国长期内一直坚持发展低碳经济、落实节能减排的政策有效。因此，从我国碳排放强度的下降趋势也可以看出，我国在2030年可以实现比2005年碳排放强度降低60%~65%碳减排的目标。

四 绿色化推动新型工业化发展的绿色创新基础

绿色创新在推动新型工业化发展中扮演着重要角色。绿色创新通过引入环保技术、改进生产工艺和创造环保产品等手段，实现资源高效利用、减少污染排放和推动可持续发展的目标。传统工业化模式下的资源浪费和环境破坏使绿色创新尤为重要。绿色创新是指企业在产品、技术、流程或管理方面采取环境友好型创新的行为。绿色创新对企业的可持续发展和环境保护至关重要。根据世界知识产权组织（WIPO）数据，2016~2022年，全球绿色低碳专利授权量累计55.8万件，其中，CNIPA授权20.6万件，占36.8%。2016~2022年，中国绿色低碳专利授权量年均增长9.3%，除中国以外，全球其他国家（地区）呈现负增长（-1.9%）。2016~2022年，中国（39.8万件，占比58.2%）、日本、美国、韩国和德国的首次申请并公开的绿色低碳专利数量排名前五，数量合计占全球总量的89.3%。全球绿色低碳专利授权量排名前50的专利权人中，来自日本（15家）的最多，中国（13家）位居第二，德国7家，美国6家，法国4家，韩国3家，沙特和丹麦各1家。快速增长的绿色创新为我国以绿色化推动新型工业化发展奠定了坚实的基础。

首先，绿色创新关注资源高效利用。绿色创新通过引入先进的环保技术和改进生产工艺，以及推动循环经济模式的实施，以最大限度地提高资源的利用效率。这种高效利用资源的方法对于推动可持续发展至关重要。在传统工业化模式下，资源的浪费和过度消耗导致环境破坏和可持续性问题的加剧。绿色创新通过创造更加节约和高效的生产方式，实现资源的循环利用，有助于推动新型工业化朝着更加可持续和环保的方向发展。这样的转变不仅可以减少资源的消耗，还能降低生产成本，提高企业的竞争力。2016~2022年，全球绿色低碳二级技术分支中，电化学储能专利授权量规模最大（13.1万件）、增速最快（年均增长15.3%）。在清洁能源领域中，太阳能（5.3万件）、氢能（2.7万件）授权量规模排前两位，氢能增速最快（年均增长7.7%）。绿色能源创新实力的快速增长促进我国能源结构调整、单位

产值能耗降低，进而推动新兴工业化的"高质高效"的快速实现。

其次，绿色创新致力于减少污染排放。通过引入环保技术、改进生产工艺和采用清洁能源等措施，绿色创新可以有效减少废弃物和污染物的产生和排放。传统工业化模式下，大量的工业活动和能源消耗导致大气污染、水体污染和土壤污染等环境问题的加剧。绿色创新通过引入先进的排放控制技术，推动清洁生产工艺的应用。采用可再生能源和低碳技术，有助于减少污染物的排放。例如，采用先进的废水处理技术可以有效去除污染物，减少对水资源的污染；引入颗粒捕集器和烟气脱硫装置可以减少工业废气中的颗粒物和有害气体排放；推广电动车辆和可再生能源的利用可以降低交通尾气和碳排放。党的十八大以来，我国污染减排方面取得前所未有的成就，为全球应对气候变化和可持续发展作出了重大贡献。而在污染减排创新方面，最新统计数据显示，我国是全球绿色低碳技术创新的重要贡献者。中国专利权人在煤炭清洁高效利用、石油及天然气清洁化领域专利授权的年均增速分别为9.0%、4.6%，分别高于全球平均水平8.5个和6.5个百分点。绿色创新可以减少废弃物和污染物的产生，降低对环境的负面影响，是实现低碳和零排放目标的重要途径。

最后，绿色创新是推动可持续发展的关键手段。绿色创新在推动绿色产业发展方面发挥着重要作用。它通过引入环保技术、改进生产工艺和创造绿色产品等手段，促进了绿色产业的兴起和壮大。通过绿色创新，企业可以开发和应用环保技术，推动清洁生产工艺的应用，生产出符合环保标准的产品。这些环保产品在市场上具有竞争力，能够满足消费者对环保和可持续产品的需求。例如，开发清洁能源技术、利用可再生能源、推动环保型交通工具的发展等绿色创新实践，都有助于推动绿色产业的发展和壮大。例如，2023年以来，我国能源绿色化发展步伐加快，绿色生产生活方式加快形成，绿色转型和经济增长的协同发展成效不断显现。上半年，以锂电池、太阳能电池、电动载人汽车为代表的"新三样"产品出口增长61.6%。2023年初，工信部电子信息司发布《2022年全国锂离子电池行业运行情况》显示，2022年全国锂离子电池产量达750GWh，同比增长超过130%，行业总产值突破1.2万亿元，约是上一年行业总产值6000亿元的两倍。

综上所述，绿色创新在推动新型工业化发展中具有重要作用。通过引入环保技术、改进生产工艺和创造环保产品等手段，绿色创新实现资源高效利用、减少污染排放和推动可持续发展。政府、企业和社会各界应加大对绿色创新的支持和投入力度，鼓励创新活动，培育绿色创新企业，共同推动新型工业化的绿色发展。

五 绿色化推动新型工业化发展的政策建议

改革开放以来，中国工业化水平迅速提升，然而工业化进程尚未完成，工业在国民经济中仍占据主导地位。在劳动力成本优势下降、环境管制日益严格以及新一轮工业革命兴起的背景下，中国亟须超越传统工业化方式，朝着新一轮工业革命的方向转型，实现绿色低碳新型工业化的突破。改革开放40多年来，中国一直注重能源和资源的节约利用，积极追求新型工业化道路。特别是生态文明理念的引入，进一步明确了中国工业绿色发展的方向。新一轮绿色低碳工业革命的加速推动着技术进步，重塑了各国工业竞争力。中国应抓住新一轮工业革命的机遇，加快工业绿色发展步伐，争取在低碳工业化进程中获得领先地位。这意味着要加强绿色技术的研发和应用，提升绿色产业的创新能力，并积极参与国际合作，推动全球绿色工业的共同发展。基于此，本文提出如下政策建议。

（一）制定并执行绿色产业政策

为推动新型工业化的绿色化发展，政府应该制定并执行明确的绿色产业政策。这些政策应该包括财政支持、减税和补贴等经济激励措施，以及建立创新基金和研发补贴机制等支持绿色技术创新的措施。通过这些政策，政府可以鼓励企业采用环保技术、改进生产工艺，推动绿色产品和服务的创新与应用。此外，政府还可以通过设立绿色产业示范区和专项基金等措施，为绿色产业的发展提供有力支持。

（二）大力发展绿色创新

为促进绿色创新和技术转移，政府应该建立绿色技术研发和转移平台。这些平台可以为企业提供技术咨询、培训和资金支持，帮助企业采用和推广绿色技术和解决方案。同时，政府可以加强与高等院校、科研机构和企业的合作，促进绿色技术的研发和转化。通过建立这样的平台，政府可以促进绿色创新和知识共享，加速绿色产业的发展。

（三）加大环境监管和执法力度

为确保绿色产业发展的可持续性，政府应加大环境监管和执法力度。政府部门应加大对企业环境管理的监督和检查力度，确保企业遵守环境法规和标准。同时，政府还应定期进行环境审计和评估，加强对污染物排放和废物处理的监测，对违规行为进行严厉处罚。通过这些措施，政府可以保护生态环境，促进绿色产业的健康发展。

（四）建立绿色金融体系

为支持绿色产业发展，政府应该建立绿色金融体系。政府可以通过设立绿色基金、提供绿色贷款和风险投资等金融工具，鼓励企业进行绿色投资和创新。同时，政府还可以建立绿色评级和信息披露机制，提高绿色产业的融资透明度和可持续性。通过建立这样的金融体系，政府可以为绿色产业提供稳定的金融支持，促进其健康发展。

参考文献

黄群慧、李芳芳：《中国工业化进程报告（1995~2020）》，社会科学文献出版社，2020。

黄群慧：《2020年我国已经基本实现了工业化——中国共产党百年奋斗重大成就》，

《经济学动态》2021年第11期。

解学梅、朱琪玮：《企业绿色创新实践如何破解"和谐共生"难题?》，《管理世界》2021年第1期。

李青原、肖泽华：《异质性环境规制工具与企业绿色创新激励——来自上市企业绿色专利的证据》，《经济研究》2020年第9期。

齐绍洲、林屾、崔静波：《环境权益交易市场能否诱发绿色创新？——基于我国上市公司绿色专利数据的证据》，《经济研究》2018年第12期。

史丹：《绿色发展与全球工业化的新阶段：中国的进展与比较》，《中国工业经济》2018年第10期。

史丹、李鹏：《中国工业70年发展质量演进及其现状评价》，《中国工业经济》2019年第9期。

黄群慧：《中国共产党领导社会主义工业化建设及其历史经验》，《中国社会科学》2021年第7期。

张卓群、张涛、冯冬发：《中国碳排放强度的区域差异、动态演进及收敛性研究》，《数量经济技术经济研究》2022年第4期。

专题一 信息化：新型工业化的时代特征

B.7
人工智能对全要素生产率的影响研究
——基于城市-企业层面的经验证据

余泳泽 胡 俊*

摘 要： 新一轮科技革命背景下人工智能在实体经济的渗透和应用，正在加速推动生产生活方式的数字化智能化变革，对经济社会产生了广泛深远的影响。本文分析了人工智能影响全要素生产率的理论机制，并构建了人工智能指标体系，基于城市-企业层面的面板数据，实证检验了人工智能对企业全要素生产率的影响。研究结果表明，人工智能显著促进企业全要素生产率提升，并且在稳健性检验和考虑工具变量的因果识别后仍然显著。机制研究表明，人工智能可以通过促进技术创新、提升劳动投资效率、推动产业结构优化等途径，提升企业全要素生产率，且在不同地区、不同

---

* 余泳泽，南京财经大学国际经贸学院副院长，教授，研究方向为技术创新与产业升级；胡俊，南京财经大学国际经贸学院讲师，研究方向为产业融合发展。

空间距离、不同企业规模、不同劳动力成本的情况下,人工智能对企业全要素生产率存在异质性影响。基于此,建议政府应积极推动人工智能发展和应用,助力企业生产技术革新和全要素生产率提升,进而加快推动现代化产业体系建设以及实现经济社会高质量发展目标。

关键词: 人工智能 技术创新 全要素生产率

一 引言

新一轮科技革命和产业变革方兴未艾,大量新技术不断涌现,以人工智能(Artificial Intelligence)为代表的技术创新正推动"智能"化通用技术和技术经济范式的形成,将对经济产生深刻影响。值得注意的是,人工智能也构成了新时代新征程推进新型工业化的重要动力,推广应用人工智能,有利于把建设制造强国同发展数字经济、产业信息化等有机结合,为中国式现代化以及经济社会高质量发展夯实物质技术基础。

作为重大技术创新,人工智能引起了社会广泛关注。鉴于人工智能的重要性,2017年7月我国出台的《新一代人工智能发展规划》中提出要"促进人工智能与各产业领域深度融合,有力支撑实体经济发展,引领产业向价值链高端迈进",人工智能国家战略出台进一步加速了其在各行业中的扩散应用。学术界较多学者也积极开展了对人工智能的研究。人工智能是一种颠覆性、突破性的技术创新。麦肯锡在2017年指出,人工智能是"革命性进步",具有"历史性意义","有着改变全球社会的巨大潜力"。从工业发展史看,以往的机器应用都是对人类体力的替代或延伸,而随着人工智能赋予机器"智能"功能,机器逐渐可以对人类"脑力"劳动进行替代,其具备的人类判断和处理能力在某些具体的领域已经远远超过人类。因此,人工智能带来的是一种突变,是一种带动生产方式重大变革的颠覆性技术创新。

二　机理分析

（一）自动化水平提升效应

人工智能是在大数据、云计算和物联网等新一代信息通信技术（ICT）基础上实现的重大、颠覆性技术突破。作为一种通用技术（General purpose technologies，GPTs），人工智能具有广泛渗透性的技术特征，其在产业部门的扩散、渗透和融合能够大幅提升自动化程度，通过替代和辅助劳动力更加高效地完成工作，提升产业部门的生产率。虽然当下还处于弱人工智能阶段，人工智能不能完全替代人类的劳动，但在某些具体的行业中，智能机器已经超越人类。一方面，在流程化与标准化的工作岗位中，如加工制造、纺织业等领域，人工智能具有非常广阔的应用空间。人工智能通过使大量工作岗位"自动化"实现劳动力替代，进而推动生产更加高效，降低人为错误，保障产品质量。人工智能通过自动化产生的替代效应，将推动劳动力在产业部门的转移和流动。在三大产业结构层面，大量制造业劳动力持续向服务业领域转移。比如，在以人工智能为代表的自动化、数字化和智能化技术迭代的浪潮下，新模式新业态新产业不断兴起，制造业企业流水线工人加速进入服务业领域。

另一方面，人工智能技术具备的"智能"使其能够在一些复杂的应用场景中替代或辅助人类工作，通过提供更加智能的工具（工业机器人或算法程序）来提升产业部门生产力水平。甚至在某些非标准化行业中，人工智能已经拥有远远超越人类的作业速度。比如，在制造业的质量检测环节，人工存在速度慢、误差多、成本高等问题；运用人工智能进行质量检测，工业机器人可以通过不断识别合格和异常产品图像差异来建模，进而实现快速质检，大幅提高质检准确性，减少产品质量缺陷以及节约重复性人工成本。在自动化程度不高、以传统的劳动力为生产要素的情况下，生产活动的技术效率受到劳动力素质等因素的影响。但随着人工智能这一先进的生产技术

"物化"在生产设备中,生产过程逐渐转化为计算机控制下的自动化运行,减少了不同水平的劳动力造成的生产效率波动,进而可以大幅提升生产活动的技术效率。

(二)人机协同效应

在微观层面,劳动力或者人力资本是厂商生产运营的重要投入要素。人工智能在产业部门的渗透、应用及融合将产生"人机协同效应",为全要素生产率提升提供支撑。一方面,人工智能在制造、金融、安防和管理运营等产业部门和生产环节的渗透和应用,将显著提升生产运营过程的智能化水平,进而将劳动力从重复性高、规则标准化的工作中解放出来。值得注意的是,虽然人工智能将减少众多重复性高以及规则标准化工作岗位中的劳动力需求,"倒逼"劳动力配置效率提升,但智能机器设备的运作离不开人的参与,仍需少量的劳动力参与,与智能机器设备进行配合协同。基于智能化改造的机器设备,在同等的生产时间里,少量的劳动力与智能机器设备的结合将创造更多的价值,最终实现生产效率的大幅提升。另一方面,人工智能与高技能劳动力存在更强的互补性关系。人工智能作为技能偏向型技术进步,将催生大量"更具创造性"的高技能劳动力需求,类似于电子商务的发展催生了金融科技、物流、网店运营等新业态。在此背景下,产业部门对人力资本需求将大幅提升,通过对生产、运营等环节的数字化、智能化改造,以及新技术与人力资本的结合,促使厂商在新技术视角有效配置劳动力资源,从而将实现更高水平的人机协同。总之,产业部门在对人工智能这一新技术的物质资本投资的同时,将强化对人力资本的投资,推动劳动投资效率提升,进而提升整体生产效率。

(三)产业融合效应

作为一项广泛应用的通用技术,人工智能在产业部门中扩散加速了产业部门的相互融合。人工智能带来的融合机制主要在于其是一项重大技术创新以及一项通用技术或"共性技术"。技术融合构成了产业融合的重要基础,

并且人工智能技术的通用性越强,越有利于推动产业融合。人工智能带来的产业融合主要存在两种表现形式:一是围绕人工智能发展起来的新兴产业与其他传统产业的相互融合;二是传统产业之间的相互融合。正是人工智能这一"共性技术"进入传统产业,打破了不同产业部门间的边界,导致原本独立的不同产业部门可以进行整合,进而实现产业融合发展。而产业融合具有生产力提升效应,将通过更好的生产手段对生产资源进行整合,进而提升资源配置效率。产业相互融合将推动产业价值链的重构,进而形成全新的产业链价值链。新价值链将会在审视、识别、整合不同产业价值链的核心价值活动后进行重塑,进而通过综合原来不同产业价值链的优势而产生放大的融合效果。

(四)技术创新效应

作为一项重大技术创新,人工智能在产业部门中的渗透及应用具有显著的技术创新作用。人工智能技术应用是一个知识整合过程,伴随着异质性知识的整合与集成并形成新知识,能够创新生产模式,推动企业生产流程变革以及与新技术路线相适应的资源组织方式、商业模式等管理创新。此外,这一新兴的先进技术引入也将提高生产技术水平、降低生产成本,为厂商增加研发投入提供了可能,有利于厂商技术进步和 TFP 提升。更为重要的是,人工智能技术在应用过程中,将推动采用新技术的企业开展互补式技术创新活动,引发大量的与其互补性的技术创新,包括产品创新(Product Innovation)、工艺创新(Process Innovation,也称为过程创新)等,从而开启一个广阔的技术创新空间。企业一系列互补及相互依赖的技术创新将逐渐向一个新的技术系统收敛,由此形成一个具有更高生产率水平的技术体系。根据演化经济学理论,在产业部门吸收人工智能这一新通用技术并推进互补性技术创新活动过程中将逐步形成可称为"智能化"的技术经济范式,类似在第三次工业革命中信息技术推动形成的"信息化"技术经济范式。总之,企业将围绕人工智能这一新兴技术进行互补式技术开发和应用,引发"技术创新效应",逐渐形成密集的技术创新"簇群"现象,从而推进产业技术进步。基于上文分析，本文提出以下研究假说。

假说1：人工智能应用将引致生产方式变化和运营模式革新，激发企业开展原创性和互补性技术研发活动，加大技术研发投入，促进产业技术创新，进而推动全要素生产率提升。

假说2：人力资本通过与具有更高技术含量的生产设备相结合，形成人机协同互补效应，将有效提升劳动投资效率、提高整体产出效能，最终提高全要素生产率。

假说3：作为新一代信息通信技术，人工智能应用将引致新技术的资本深化，新技术的商业化和产业化将加快产业结构调整优化，产业结构优化提升带来的"结构红利"，将有效提升全要素生产率。

三　模型构建与变量选择

（一）模型构建

为了检验人工智能发展水平对全要素生产率的影响，本文构建如下基准计量面板模型。

$$tfp = \alpha + \beta ai + \theta cv + c + \delta + v + \mu \tag{1}$$

其中，样本年份区间为2011~2018年。tfp是被解释变量，表示企业全要素生产率。ai是核心解释变量，代表地区层面的人工智能发展水平。除核心解释变量外，还有一些其他因素同样对企业全要素生产率产生重要影响，为此模型中还加入城市和企业层面的控制变量。模型中cv表示控制变量，c为城市层面因素，δ为企业层面因素，v为时间因素，μ为残差项，表示随机误差。

（二）变量选择

1. 核心解释变量：人工智能

在人工智能的实证相关文献中，对于人工智能指标的选取和测度，目前较多采用工业机器人或者企业年报出现人工智能相关词频的次数进行表征。但人工智能发展是一个较为复杂的技术体系和系统工程，虽然既有研究中采用的单一指标可能均是人工智能发展水平高或低的重要体现，但尚不够全面。实际上，采用工业机器人等指标主要是体现了人工智能发展的硬件层面，而忽略了信息通信技术（ICT）是作为人工智能获得突破性进展的核心要素。综合既有文献，人工智能既包括信息通信技术等软件层面，也包括工业机器人等硬件层面。基于此，综合考虑人工智能发展水平的影响因素和数据可得性等，本文构建了一个衡量我国区域人工智能发展水平的评价指标体系，具体如表1所示。

表1　人工智能发展水平评价指标体系

一级指标	二级指标	指标说明
软件系统层面	互联网普及率	网民数量占总人数的比重
	移动互联网	每百人移动用户数
	人均电信业务量	电信业务收入/年末人口总数
	数字经济相关从业人数	计算机服务和软件从业人员占比
	普惠金融	北京大学数字普惠金融指数
硬件设备层面	工业机器人	参考Acemoglu和Restrepo（2017）方法，使用工业机器人安装密度，即每万人拥有的工业机器人数量，反映产业自动化和智能化水平
	数字化设备	电子及通信设备制造业营业收入+计算机及办公设备制造业营业收入

资料来源：作者整理得到。

2. 被解释变量：全要素生产率（TFP）

针对上市公司企业层面数据，采用LP、OP方法测算企业全要素生产率（TFP）。

3. 机制变量

根据机理分析，本文选取以下中介变量，检验人工智能对企业全要素生产率的作用机制。

（1）技术创新（patent）：采用地级市专利产出数据进行衡量，这里采用地级市发明专利授权量进行表征。由于部分样本存在专利授权数为0的情况，对全部样本采取加1后进行对数化处理。

（2）劳动投资效率（labpz）：采用劳动投资效率表征人工智能技术下人机协同带来的人力资本配置效率提升。采用厂商的雇佣员工数量变动百分比来表征厂商的净雇佣量，按照雇佣员工变动率对其他相关的经济变量在固定行业效应后进行回归，进而获得残差项。该残差项就是表征劳动投资效率的负向指标。本文对测算出的残差项进行分组，具体利用均值进行划分，分为高劳动力投资效率和低劳动力投资效率两组。

（3）产业结构（hmanuf）：采用制造业产业结构进行表征，借鉴原磊和邹宗森的分类方法，按照制造业行业的不同技术密集度，在《国际标准产业分类（第三版）》（ISICRev.3）中按照技术密集度将制造业划分为四类。具体过程是：根据国家企业信用信息公示系统，获得工商企业注册统计信息后，用中高技术和高技术制造业企业进入数量在制造业企业总进入数量中的占比表示。

4.控制变量

为了得到无偏的估计结果，减少遗漏变量产生的估计偏误，从城市和企业层面对影响企业全要素生产率的其他变量加以控制。

城市控制变量如下。地区经济发展水平：人均GDP、人均GDP的平方，选取地级市人均地区生产总值控制地区经济发展水平，并经GDP平减指数折算。财政自主权（fd）：用地方财政预算内收入与地方财政预算内支出的比值来衡量财政自主权。对外开放水平（fdi）：采用地级市实际利用外资额作为刻画指标。

企业控制变量：企业规模（$Size$）：从业人员对数。资产负债率（Lev）：负债总计与总资产的比值。净资产收益率（roe）：营业利润与总资产的比值。企业年龄（$Firmage$）：企业成立的时间。

（三）数据来源

本文采用的样本为2011~2018年城市和企业层面的匹配数据，样本剔除了地级市层面上发生了行政区划调整的城市,如巢湖市、三沙市等。工业机器人数据来源于 IFR。数据主要来自《中国城市统计年鉴》、《中国高技术产业统计年鉴》、《中国统计年鉴》以及中国沪深 A 股制造业上市公司数据。一些数值缺失部分主要通过以插值法填补。

表2 模型变量统计性描述

变量		变量名称	Max	Min	Mean
被解释变量	TFP_LP	全要素生产率	13	4.493	8.359
解释变量	sc_ai	人工智能	3.776	-0.919	0.624
城市变量	patent	技术创新	46978	2	7864
	hmanuf	产业结构	1	0	0.568
	agdp	人均 GDP	17.048	5.330	12.182
	fd	财政自主权	1.541	0.0860	0.516
	fdi	对外开放水平	0.775	0	0.0240
企业变量	Size	企业规模	26.25	19.59	22.14
	Lev	资产负债率	0.908	0.0320	0.421
	roe	净资产收益率	1.610	-4.320	0.0670
	FirmAge	企业年龄	3.526	1.386	2.806
	labpz	劳动投资效率	1	0	0.554

四 实证结果及分析

(一)基本估计结果

根据前文设定的回归模型,得到回归模型的基本估计结果,具体见表3。

表3 基本回归结果

	（1）TFP_LP	（2）TFP_LP	（3）TFP_LP	（4）TFP_LP	（5）TFP_LP
sc_ai	0.0633*** (0.0094)	0.0278** (0.0130)	0.0560*** (0.0057)	0.0281** (0.0131)	0.0281* (0.0152)
$\ln agdp$			-0.2427 (0.2055)	0.1455 (0.1107)	0.1455* (0.0791)
$\ln agdpsq$			0.0513 (0.0374)	-0.0250 (0.0201)	-0.0250* (0.0136)
$\ln fd$			-0.0221* (0.0128)	-0.0143* (0.0077)	-0.0143 (0.0114)
$\ln fdi$			0.0118** (0.0048)	0.0054* (0.0030)	0.0054 (0.0036)
roe		0.4637*** (0.0204)	0.9012*** (0.0359)	0.4622*** (0.0207)	0.4622*** (0.0567)
$Size$		0.5692*** (0.0079)	0.5864*** (0.0050)	0.5647*** (0.0080)	0.5647*** (0.0222)
Lev		0.2452*** (0.0312)	0.7985*** (0.0310)	0.2550*** (0.0317)	0.2550*** (0.0743)
$FirmAge$		0.1538*** (0.0484)	-0.0234 (0.0155)	0.1576*** (0.0493)	0.1576 (0.1045)
$Constant$	8.3221*** (0.0104)	-4.8249*** (0.2130)	-4.6684*** (0.3042)	-4.9306*** (0.2607)	-4.9306*** (0.5853)
时间固定	否	是	否	是	是
城市固定	否	是	否	是	是
企业固定	否	是	否	是	是
聚类城市	否	否	否	否	是
N	15160	14788	14811	14438	14438
R^2	0.003	0.937	0.648	0.937	0.937

注：***、**、*分别代表在1%、5%和10%的显著性水平下通过了系数显著性检验。括号内为z值或t值。下同。

本文首先使用普通最小二乘法（OLS）对模型进行估计，人工智能的系数显著为正，表明促进了企业全要素生产率提升，且系数通过了1%的显著性检验。其后,在模型中逐步加入城市和企业层面的控制变量,且同时在时间、城市和企业层面采用固定效应,人工智能系数均表现为显著地促进了企业全要素生产率提升,且在10%显著性水平下为正,加入控制变量后,核心解释变量的系数有所下降,但并不影响回归结果,估计结果基本符合理论假设。以上回归结果表明,我国人工智能发展对企业全要素生产率提升存在较为明显的促进作用。

(二)稳健性检验

为了进一步检验模型实证结果的稳定性,用OP法测度的企业全要素生产率进行替换,同时,对基准回归的核心解释变量和被解释变量的初始数据进行2.5%的缩尾处理,去除首尾离群值,将超出指定范围的数据替换成该百分位上的数值,使数据更加平稳,利用处理后的数据进行回归,回归结果见表4。

表4 稳健性检验回归结果

	(1) TFP_OP	(2) TFP_LP	(3) TFP_LP_w	(4) TFP_LP_w
sc_ai	0.0234* (0.0141)		0.0281* (0.0144)	
sc_ai_w		0.0324* (0.0164)		0.0326** (0.0156)
控制变量	是	是	是	是
时间固定	是	是	是	是
城市固定	是	是	是	是
企业固定	是	是	是	是
聚类城市	是	是	是	是
Observations	14438	14438	14438	14438
R^2	0.914	0.937	0.938	0.938

估计结果表明,在用OP法测度全要素生产率时,人工智能的系数为0.0234,且通过10%的检验,与LP法的结果相近,不论是LP法还是OP法

测度的企业全要素生产率，人工智能均具有显著的促进作用。对核心解释变量和被解释变量的 2.5% 缩尾数据估计结果显示，人工智能对全要素生产率提升仍具有显著的促进作用。本文基准回归结果具有稳健性。

（三）内生性处理

人工智能应用对企业全要素生产率的影响可能存在内生性问题。全要素生产率水平越高的地区越容易推动人工智能这一新技术开发应用，二者可能存在双向因果关系；尽管尽可能控制对全要素生产率存在重要影响的变量，但仍难以完全解决遗漏变量问题。为此，本文采用工具变量回归方法，选择合适的工具变量，以尽可能减少因内生性问题而引起的估计偏误。

基于既有文献，本文工具变量的设计如下：考虑到人工智能发展是建立在数字技术和自动化设备基础之上的，尤其是在信息化以及现代数字技术基础上实现的有效突破，因此，人工智能发展与数字技术发展有一定的关联性。因此，本文选取 1984 年城市每百万人邮局的数量作为工具变量，但其不随时间变化，这里将其与上一年机器人应用数量（与时间有关）进行交互，由于上一期机器人应用数量仅能通过机器人这一途径实现影响，因此满足外生性假设，为此，将 1984 年城市每百万人邮局的数量与上一年机器人应用数量的交互项作为人工智能的工具变量。

此外，借鉴王林辉等的做法，采用同期美国机器人应用数据（与时间有关）作为工具变量，美国与中国人工智能发展存在一定关联性；同时，没有证据表明美国机器人应用与我国企业之间有直接关系，机器人应用受发展中国家影响较低，故满足工具变量的外生性假定。为了使工具变量体现个体差异性，将美国机器人数据与各城市到杭州球面距离的倒数进行交互。

表 5 中报告了 2SLS 工具变量法回归结果，主要解释变量影响系数符号均与基本回归一致。在第一阶段的 Kleibergen-Paap rk Wald F （RKF 检验）统计量分别为 95.43、56.97，明显大于 Stock 和 Yogo （2002） 审定的 F 值在 10% 偏误水平下的 16.39 的临界值，说明不存在弱工具变量问题，即第一阶段的回归结果满足工具变量的相关性假设。2SLS 工具变量法估计结果进

一步地验证了本文的研究假说，即人工智能对企业全要素生产率提升存在明显的促进作用。

表5　2SLS 工具变量回归结果

	（1） IV1 TFP_LP	（2） IV2 TFP_LP
sc_ai	0.075** （0.029）	0.236*** （0.072）
控制变量	是	是
时间固定	是	是
城市固定	是	是
企业固定	是	是
聚类城市	是	是
第一阶段系数	0.00002826*** （9.77）	4.62e-07*** （7.55）
RKF 检验	95.43	56.97
N	12317	14438
R^2	0.352	0.347

（四）异质性检验

1. 不同区域的检验

人工智能是在工业化、数字化基础上实现的，我国经济发展存在明显的经济梯度，改革开放后，东部地区率先进入工业化进程，东部地区在工业化和数字化进程上领先其他地区，基于此，本文将样本分为东、中、西部三个区域，针对不同区域进行检验。回归结果如表6所示。估计结果显示，在东部地区，人工智能对企业全要素生产率提升存在显著的促进作用，中部地区系数为正值但不显著，可能的原因在于，东部较西部地区的产业基础较好，且人工智能技术资本在产业部门的渗透、应用水平更高，相关的人工智能技术配套技术更加完善，故此，东部地区获得明显的促进作用。在西部地区，人工智能对企业全要素生产率提升的影响系数为负，且通过1%的显著性检验，可能的原因在于，西部地区要素禀赋结构中劳动力要素仍具有明显的比较优势，过早过快地推动人工智能应用，放弃了劳动力这一具有比较优势的投入要素，产业发展不符合当地比较优势，企业在新技术开发应用过程中面临更大的成本，反而造成了资源配置扭曲，进而降低了企业全要素生产率。

2. 不同空间距离的检验

地理空间是影响交通成本的重要因素，在出口导向战略下和国际贸易过程中，一个地区与海岸线的距离越近，则交通成本越低，越具有成本优势。从承接全球产业投资看，全球产业转移也最早在东部地区进行布局。因此，离海岸线较近的地区可能越早获取新技术、新知识。中国独特的地理特征导致地区在获取新技术时受到不同地理空间位置的影响，离海岸线远近不同的地区，人工智能的应用程度可能存在一定差异。回归结果见表6。估计结果表明，离海岸线较近的地区的系数为正，且通过1%的显著性检验，表明离海岸线远近不同的区域，人工智能对企业全要素生产率存在一定差异，可能原因在于，东部地区工业化、信息化和数字化基础较好，并且更接近全球产业发展前沿，新技术的传播最早从东部沿海进入国内，因此，东部地区人工智能发展水平更高，进而对企业全要素生产率提升存在明显的促进作用。

表6 不同区域和空间距离的回归结果

	（1）东部 TFP_LP	（2）中部 TFP_LP	（3）西部 TFP_LP	（4）距离近 TFP_LP	（5）距离中 TFP_LP	（6）距离远 TFP_LP
sc_ai	0.0263* (0.0154)	0.0352 (0.1108)	−0.4081*** (0.1398)	0.0357*** (0.0109)	0.0364 (0.0370)	−0.0167 (0.0523)
控制变量	是	是	是	是	是	是
时间固定	是	是	是	是	是	是
城市固定	是	是	是	是	是	是
企业固定	是	是	是	是	是	是
聚类城市	是	是	是	是	是	是
N	10691	2604	1143	4735	4758	4945
R^2	0.940	0.925	0.934	0.931	0.949	0.933

3. 不同规模企业的检验

不同规模企业在对待新技术时具有不同的策略。一般来说，新技术的推广是存在成本的，企业需要采购新设备，根据新技术特征适当调整生产管理流程等。因此，在新技术的推广过程中，大企业具有资本优势、技术优势以及更强的风险承担能力。本文根据企业平均规模将样本企业分为两组，考察人工智能对不同规模企业的影响。回归结果见表7。估计结果表明，对不同规模企业，人工智能对企业全要素生产率提升均具有显著的促进作用，但对较大规模的企业，人工智能的系数要大于较小规模的企业，并且较大规模的企业的显著性更高，人工智能的促进作用更加明显。

4. 不同劳动力成本的检验

企业进行生产管理技术更新时，会受到劳动力成本的影响。人工智能应用将推动机器对劳动力的替代，在劳动力成本偏高时，企业具有采用人工智能技术的激励。在劳动力资源较为丰富时，企业没有较强的动机进行人工智能技术应用。因此，在不同劳动力成本的情况下，人工智能对企业全要素生产率的影响可能存在差异。借鉴已有文献做法，采用"支付给职工以及为职工支付现金"表征劳动力成本，并且对其进行三等分划分，即低劳动力成本（laborl）、中劳动力成本（laborm）和高劳动力成本（laborh）。考察人工智能在不同劳动力成本情况下对全要素生产率的影响。回归结果见表7。

表7 不同企业规模、劳动力成本的检验

	（1）企业规模大 TFP_LP	（2）企业规模小 TFP_LP	（3）低劳动力成本 TFP_LP	（4）中劳动力成本 TFP_LP	（5）高劳动力成本 TFP_LP
sc_ai	0.0491** (0.0248)	0.0328* (0.0177)	0.0007 (0.0359)	0.0568*** (0.0188)	0.0431** (0.0184)
控制变量	是	是	是	是	是
时间固定	是	是	是	是	是
城市固定	是	是	是	是	是
企业固定	是	是	是	是	是
聚类城市	是	是	是	是	是
N	6263	7950	4559	4632	4809
R^2	0.937	0.872	0.882	0.914	0.953

估计结果表明，在劳动力成本较低时，人工智能对企业全要素生产率提升的影响不显著，在劳动力成本偏高时，人工智能对企业全要素生产率提升的影响存在显著的促进作用，且系数明显增大，反映了在较高劳动力成本下人工智能技术的应用，有利于降低企业成本、提高生产效率。

（五）机制检验

基于前文的理论分析，人工智能主要通过技术创新、提升劳动投资效率和推动产业结构优化等途径影响企业全要素生产率，因此，借鉴余泳泽和段胜岚等既有文献的做法，本文将在这一部分重点验证人工智能对企业全要素生产率提升影响的三个机制进行检验。模型机制检验回归结果如表8所示。

表 8　机制检验回归结果

	（1）技术创新	（2）技术创新	（3）产业结构	（4）产业结构	（5）劳动投资效率	（6）劳动投资效率
sc_ai	0.1723*** (0.0620)	0.1762*** (0.0607)	1.5935** (0.7826)	1.5190* (0.8072)		
lag_sc_ai					−0.0505 (0.0358)	−0.0573* (0.0326)
控制变量	否	是	否	是	否	是
时间固定	是	是	是	是	是	是
城市固定	是	是	是	是	是	是
企业固定	是	是	是	是	是	是
聚类城市	是	是	是	是	是	是
N	14790	14438	14790	14438	13129	12834
R^2	0.991	0.991	0.172	0.182	0.239	0.242

估计结果表明，其一，人工智能存在明显的技术创新效应，对技术创新的影响系数为正，且通过1%的显著性检验，故此，人工智能可以通过促进技术创新活动，加快技术进步，进而促进企业全要素生产率提高。其二，人工智能具备产业结构优化效应，对制造业产业结构升级具有明显的促进作用，故其将通过"结构优化红利"，促进企业全要素生产率提高。其三，人

工智能在产业、企业的推广应用，进而对劳动投资效率产生影响存在一定滞后性，因此，这里采用人工智能的滞后一期进行回归，估计结果显示，加入控制变量并对时间、城市和企业进行固定，人工智能对劳动投资效率提升具有促进作用。故此，人工智能可以通过提高劳动力配置效率，进而提升企业全要素生产率。

五 结论与启示

本文剖析了人工智能对全要素生产率的影响机制，并通过构建人工智能发展水平指标体系，采用中国城市-企业层面匹配形成的面板数据，实证检验了人工智能对企业全要素生产率的影响。本文的主要研究结论：一是大力发展人工智能有利于推动企业全要素生产率提升；二是人工智能对企业全要素生产率的积极影响，可以通过促进技术创新、提升劳动投资效率、推动产业结构优化等途径来实现；三是异质性检验发现，在不同地区、不同空间距离、不同企业规模、不同劳动力成本情况下，人工智能对企业全要素生产率存在异质性影响。

本文的研究结论对进一步发挥人工智能对全要素生产率提升作用具有以下几个方面的政策启示。

一是加快建设现代化产业体系，推动产业转型升级，进而为实现全要素生产率提升和经济高质量发展提供新动能，需要高度重视人工智能的引领助推作用。人工智能作为新一轮科技革命和产业变革的重要内容，其在产业部门的广泛渗透正深刻改变着人们的生产生活方式，加快推动人类社会进入数智时代。积极发展人工智能，对推动生产率提升和掌握未来产业发展话语权具有重要意义。

二是现阶段我国传统要素边际贡献下降以及"人口红利"消退，并且当前我国经济正处于优化经济结构的攻坚阶段，进入新发展阶段，迫切需要新的发展动能。抓住人工智能高速发展契机，将通过释放技术创新潜力、提升劳动投资效率以及推动产业结构优化，有效提升全要素生产率，从而实现新旧动能转换。

三是考虑到人工智能是新一轮工业革命下涌现出的新技术，要想有效地利用人工智能提升企业全要素生产率，政府部门不仅需要在政策上鼓励和支持人工智能发展，还需要做好两方面工作：一方面，加快构建与人工智能等新技术发展适配的新型基础设施，为企业和产业部门应用人工智能技术提供支撑；另一方面，人工智能广泛应用会带来生产方式、就业、伦理等多方面变革，政府需要在统计制度、社会保障制度、教育制度等方面深化改革，以适应人工智能对经济社会带来的影响。

参考文献

谷均怡、赵春明、李震：《工业机器人应用与中国城市制造业出口升级》，《经济与管理研究》2023 年第 9 期。

黄先海、徐圣：《中国劳动收入比重下降成因分析——基于劳动节约型技术进步的视角》，《经济研究》2009 年第 7 期。

贾根良：《第三次工业革命与工业智能化》，《中国社会科学》2016 年第 6 期。

王林辉、姜昊、董直庆：《工业智能化会重塑企业地理格局吗》，《中国工业经济》2022 年第 2 期。

韦东明、顾乃华、韩永辉：《人工智能推动了产业结构转型升级吗——基于中国工业机器人数据的实证检验》，《财经科学》2021 年第 10 期。

余泳泽、段胜岚：《全球价值链嵌入与环境污染——来自 230 个地级市的检验》，《经济评论》2022 年第 2 期。

原磊、邹宗森：《中国制造业出口企业是否存在绩效优势——基于不同产业类型的检验》，《财贸经济》2017 年第 5 期。

Brynjolfsson E., McAfee, A. *The Second Machine Age*, New York: Norton, 2014.

Perez Carlota, "Technological Revolutions and Techno-economic Paradigm," *Cambridge Journal of Economics*, 2010 (34): 185-202.

B.8 数字时代的产学研融合与企业突破性创新

——来自中国上市公司的证据

王 龙 夏宇锋*

摘 要： 企业实现突破性创新对提高竞争力、推动增长与发展、提高效率与降低成本、解决社会问题以及推动行业和经济的发展都具有重要意义。本文基于我国2007~2021年上市公司数据，细致分析产学研融合对我国企业突破性创新的影响及其在数字时代的表现。研究发现：产学研融合对企业突破性创新具有显著的提升作用，而数字化的发展削弱了这种正向作用。机制分析表明：推动知识资源跨界共享、助力企业创新生态培育和改善管理层风险态度是产学研融合影响企业突破性创新的主要机制和路径。同时，进一步的分析表明，产学研融合对企业突破性创新的影响在企业性质、企业是否属于高新技术行业、高污染行业等方面存在异质性。基于此，本文从提高产学研融合水平、加大对企业突破性创新的政策倾斜力度和进一步推动数字经济发展等方面提出了相应的政策建议。

关键词： 产学研融合 突破性创新 数字化 知识资源 创新生态

一 引言

随着我国经济的转型升级，企业对知识、技术、人才的需求不断增加，

---

* 王龙，北京大学中国教育财政科学研究所博士后，主要研究方向为公共财政、环境经济学等；夏宇锋，北京大学教育学院硕士研究生，研究方向为创新经济学。

产学研融合蓬勃发展，成为当今加快实施创新驱动发展战略的一个重要支撑。党的二十大报告指出，"加强企业主导的产学研深度融合，强化目标导向，提高科技成果转化和产业化水平"。在当前产学研不断融合的背景下，我国高校/科研院所与企业合作也取得了一系列成果，例如，2020年我国国家科学技术进步奖获得一等奖的10项通用项目均为产学研融合的重要成果，其主要完成单位均包含高校/科研院所和企业。产学研融合的重要性日益凸显，那么，它对企业创新的影响呢？产学研融合带来了更多的企业创新吗？更进一步地，带来了更多的企业突破性创新吗？这是本文的核心研究问题。既有文献探究了孵化器、技术转让、联合申请专利、共建联合研发实体（如院士工作站、博士后工作站、联合实验室等）等不同种类的产学研融合对企业创新的促进作用。然而既有文献对于企业层面的突破性创新却缺乏关注。研究该问题有利于进一步深化对产学研融合对企业影响的理解。并且，探究产学研融合与对企业创新影响的文献在厘清中间机制上仍有进一步探索的空间。

在探究产学研融合对企业创新的影响时，我们创新性地融入数字化的视角，分析了数字化对产学研融合对企业突破性创新影响的调节效应。为何关注数字化？数字化是近年来我国经济发展呈现的一个重要趋势，其在国民经济中的地位不断提升。从用户规模来看，我国的网民规模从2017年的7.72亿跃升至2022年的10.67亿，增长了约3亿，互联网普及率也从2017年的55.8%跃升至2017年的75.6%，提高了约20个百分点。从数据资源来看，2022年我国的数据产量高达8.1ZB，同比增长22.7%，全球占比达10.5%，位居世界第二。从数字经济来看，2022年我国的数字经济规模高达50.2万亿元，总量稳居世界第二，同比名义增长10.3%，占GDP比重提升至41.5%。凭借着自身不断重要的角色，数字化已上升为国家战略。党的二十大报告指出，要加快建设网络强国、数字中国。2023年2月，中共中央、国务院印发了《数字中国建设整体布局规划》，明确了数字中国建设按照"2522"的整体框架进行布局。

数字化的内涵非常丰富，已有研究围绕数字化的不同维度展开研究，印证了数字化的重要影响。围绕数字基础设施建设的影响，已有研究发现数字基础设施建设有利于促进经济增长，推动企业创新，提升企业生产力，提高劳动者工资，但也滋生了性别暴力、种族暴力等不利后果。围绕自动化的影响，已有研究发现自动化的应用对就业的影响存在替代效应（displacement effect）和生产力效应（productivity effect），在替代效应下，机器人会替代人类劳动，带来"创造性毁灭"；而在生产力效应下，自动化提升了人类生产力，从而创造出更多的就业需求，自动化对就业的净效应取决于资本和劳动的使用成本。具体到本文关心的数字化对于企业对外合作的影响，现有研究发现，数字基础设施建设有助于企业提升信息的可及性，降低传统的实地通信成本，但远程交流带来了新的沟通和通信成本，也减少了社会网络中的弱连接。

结合上述研究背景，本文基于我国2007~2021年上市公司数据，细致分析产学研融合对我国企业突破性创新的影响及其在数字时代的表现。研究发现：产学研融合对于企业突破性创新具有显著的提升作用，而数字化的发展削弱了这种正向作用。机制分析表明：推动知识资源跨界共享、助力企业创新生态培育和改善管理层风险态度是产学研融合影响企业突破性创新的主要机制和路径。同时，进一步的分析表明，产学研融合对企业突破性创新的影响在企业性质、企业是否属于高新技术行业、高污染行业等方面存在异质性。

二 理论分析与研究假设

（一）产学研融合与企业突破性创新

产学研融合是企业实现突破性创新的重要路径之一。通过与高等院校和科研机构的合作，企业可以共享这些机构在科学研究、技术开发和人才培养方面的优势资源。这种合作关系有助于企业获取前沿科学知识、尖端技术和专业人才，为企业的创新提供强大的支持。首先，产学研融合提供了企业与学术界的深度合作机会。高等院校和科研机构拥有丰富的学术资源和较高的研究能力，可以为企业提供创新思维、研究方法和理论指导。企业可以与学术界合作开展研究项目，共享研究成果和专业知识。这种深度合作促进了理论与实践的结合，为企业解决技术难题、突破创新瓶颈提供了新的思路和解决方案。其次，产学研融合为企业提供了实验平台和技术支持。高等院校和科研机构通常拥有先进的实验设备、实验室和技术平台，可以为企业提供实验验证和技术支持。企业可以利用这些资源进行创新实践和技术试验，验证新产品、新技术的可行性和效果。这种合作有助于企业降低创新风险、加快创新过程，推动企业实现突破性创新。此外，产学研融合有助于企业获取高水平的科研人才。高等院校和科研机构培养了大量的科研人才，这些人才具备深厚的学术背景和专业知识。通过与这些机构的合作，企业可以吸引和引进优秀的科研人才，为企业的创新团队注入新鲜血液和创新思维。科研人才的加入提升了企业的创新能力和竞争力，有助于企业实现技术突破和市场创新。最后，产学研融合促进了知识和技术的转化与应用。高等院校和科研机构的研究成果通常需要在实践中得到验证和应用，而企业正是这方面的最佳合作伙伴。通过产学研融合，学术界的研究成果可以转化为实际产品或解决方案，推动科技成果的商业化和产业化。这种转化和应用过程促进了科技创新与市场需求的对接，为企业带来了商业机会和发展前景。总而言之，产学研融合是企业实现突破性创新的重要途径。通过与高等院校和科研机构合作，企业可以获取学术资源、实验平台、技术支持和科研人才，推动创新的突破和商业化转化。这种融合模式促进了理论与实践的结合，加速了科技创新与市场应用的对接，为企业带来了更广阔的发展机遇和更大的竞争优势。通过积极推动产学研融合，企业可以在创新领域取得更加突出的成果，推动产业升级和经济可持续发展。基于此，本文提出假设1。

假设1：产学研融合对企业突破性创新具有正向影响。

（二）数字化时代的产学研融合与企业突破性创新

在数字化时代，产学研融合对企业的突破性创新具有更加重要的意义。

一方面，数字技术的快速发展和广泛应用为产学研融合提供了全新的机遇。首先，数字技术为产学研融合提供了更广阔的合作领域。随着物联网、大数据、人工智能等数字技术的兴起，企业和高等院校、科研机构之间的合作范围得到扩展。其次，数字化时代的产学研融合加强了产业界和学术界的互动与合作。数字技术的发展使企业和高等院校、科研机构之间的信息交流更加便捷。通过数字化平台和工具，企业可以与学术界实时分享创新需求、技术难题和市场趋势，与研究人员展开更加紧密的合作。最后，数字化时代的产学研融合强调创新人才的培养和交流。数字技术的快速发展对创新型人才的需求日益增长，而产学研融合提供了人才培养和交流的平台。企业可以与高等院校和科研机构合作开展创新教育和培训项目，为企业培养具备数字化创新思维和技能的人才。总之，数字化时代的产学研融合为企业的突破性创新提供了更大的机遇和挑战。通过数字技术的应用，产学研融合扩展了合作领域，加强了产业界和学术界的互动与合作，强调了数据驱动的创新和创新人才的培养。这种融合模式促进了知识和技术的传递与应用，为企业在数字化时代实现突破性创新提供了重要支持。

另一方面，在某种程度上，数字化发展确实对传统产学研融合模式产生了一定的削弱影响。首先，数字技术的发展使企业能够直接获取知识和技术，而不必仅依赖学术界或科研机构的合作。通过互联网和在线学习平台，企业可以自主获取各种领域的知识和技术，如在线课程、教程、开源软件等。其次，数字化时代催生了开放创新和协作平台的兴起，如开源社区、众包平台等。这些平台提供了一个开放的环境，让企业、个人和学术界能够自由地共享知识、分享创意和合作开展项目。企业可以通过这些平台与全球范围内的创新者和专家合作，实现跨界合作和创新。最后，数字化时代对创新型人才的需求发生了变化。除了传统的学术知识和研究技能，数字化时代还需要具备数字化技术、数据分析、人工智能等方面的技能，这导致企业更加注重招聘具备相关技能的人才，而传统的产学研融合模式可能无法满足这些新需求，企业更倾向于与技术公司、创新型初创企业等合作，以获取更符合数字化时代需求的人才。基于此，本文提出假设2a和2b。

假设2a：数字化发展推动了产学研融合对企业突破性创新的正向影响。

假设2b：数字化发展缓解了产学研融合对企业突破性创新的正向影响。

三　研究设计

本文的目标是通过构建计量回归模型，实证分析和检验风险投资对我国企业突破性创新的影响。

（一）数据选取与处理

本文利用上市公司数据作为本文的基本样本数据。其中，企业突破性创新数据选取2007~2021年所有A股上市公司数据作为初始样本，并按如下标准进行筛选：①由于模型中大多数变量的计算需要用到前一年年报中的市场交易数据和财务数据，故剔除当年刚上市样本；②剔除数据不完整的公司、金融行业的公司和ST公司。研究所需的市场交易数据和财务数据来自Wind和CSMAR数据库。具体的数据指标包括年份、证券代码、公司名称、行业名称、行业代码、所在省份、所在城市、流动比率、速动比率、权益乘数、公司规模、资产负债率、总资产净利润率、净资产收益率、总资产周转率、现金流比率、营业收入增长率、董事人数、独立董事比例等。

同时，本文的企业专利数据来自专利全文数据库（1985~2022）。本数据库涵盖3700万余条国内企业专利数据，数据基本上与国家知识产权局同步，包含发明专利、外观设计和实用新型三种类型，按省份整理成CSV文件，能够准确地反映中国最新的专利申请和授权情况。主要指标包含专利公开号、专利名称、专利摘要、申请人、专利申请号、申请日、申请公布日、授权公布号、授权公布日、申请地址、主权项、专利类型、发明人分类号、主分类号、代理机构、分案原申请号、优先权、国际申请、国际公布、代理人、省份或国家代码、法律状态、专利领域、专利学科等。最终匹配后的数据集，即中国上市公司和科研机构（包括高等院校和科研院所）联合申请的专利数据。数据样本年限为2007~2021年。

（二）基本模型设定

本文采用的双重差分法识别科研机构与上市公司合作对企业突破性创新的影响。其模型设定如下。

$$\ln Breakthrough_{ict} = \alpha + \beta Collaboration_{ict} + X_{ict} + \mu_i + \delta_c + \eta_t + \varepsilon_{i,c,t} \qquad (1)$$

上述方程（1）中，左边被解释变量是突破性创新（$Breakthrough_{ict}$），主要是企业在特定方面的创新状况。关键的解释变量是上市公司与科研机构合作（$Collaboration_{ict}$），我们将上市公司在样本期内首次与科研机构合作的年份定义为产学研合作开始年份，该年份之前 $Collaboration_{ict}$ 数值为 0，之后为 1。μ_i、δ_c 和 η_t 分别是指企业、城市和年份的固定效应，$\varepsilon_{i,c,t}$ 是残差项。本文在实证分析中将所有的标准误都聚类到企业层面。

本文从地区数字基础设施建设（$Digital_{ic}$）和企业数字化（$Digitalization_{it}$）两个层面衡量数字化水平，基于回归方程（1），分别探讨地区数字基础设施建设和企业数字化对产学研融合和企业突破性创新关系的影响。具体回归方程如（2）和（3）所示。

$$\ln Breakthrough_{ict} = \alpha + \beta_0 Digital_{ic} \times Collaboration_{it} + \beta_1 Collaboration_{it} \\ + X_{ict} + \beta_2 Digital_{ic} + \mu_i + \delta_c + \eta_t + \varepsilon_{i,c,t} \qquad (2)$$

$$\ln Breakthrough_{ict} = \alpha + \beta_0 Digitalization_{ict} \times Collaboration_{it} + \beta_1 Collaboration_{it} \\ + X_{ict} + \beta_2 Digitalization_{ict} + \mu_i + \delta_c + \eta_t + \varepsilon_{i,c,t} \qquad (3)$$

（三）变量定义

企业突破性创新：本文采用 IPC 专利分类号前 4 位为基础，选择五年的窗口期。即当某企业当年申请的专利在 IPC 分类号中出现与之前五年窗口期相同的专利分类号，则将该企业当年申请的这些分类号重复出现的专利计数作为利用式创新；如果企业当年申请的专利数据中未出现之前五年相同的 IPC 专利类别，则将这些分类号未重复出现的专利计数作为探索式创新。这里我们将探索式创新称为突破性创新。

产学研融合：利用专利申请信息识别科研机构与上市公司合作的行为。我们将企业专利申请信息中的"转让人"名称中包含"大学""学院""研究所""研究院"等词语的专利识别出来，将来自这类机构的专利联合申请行为界定为科研机构和上市公司的合作，从而识别和确定了科研机构与上市公司合作的行为的具体行为。通过细致的识别，本文将样本中的企业划分为两类：①样本期内（2007~2021年）与科研机构联合进行专利申请的企业；②样本期内从未与科研机构联合进行专利申请的企业。根据本文的研究需要，我们将第（1）类企业作为处理组企业，将第（2）类企业作为控制组企业。

X_{it}为一组控制变量，我们在模型中加入企业盈利性（roa）、企业规模（size）、资产负债率（tl）、企业年龄（age）、第一大股东持股比例（top1）、董事会规模（board）以及独立董事比例（Director）等多个控制变量。具体如表1所示。

表1　变量定义

变量	变量名	变量定义
因变量	企业突破性创新	上市公司所拥有的突破性创新专利数量(件)
自变量	产学研融合	上市公司与科研机构合作
控制变量	企业盈利性	企业当年净利润与年末总资产的比值(%)
	企业规模	企业当年年末总资产的自然对数(%)
	资产负债率	企业当年年末总负债与年末总资产的比值(%)
	企业年龄	当前年份减去企业成立年份(年)
	第一大股东持股比例	企业当年年末第一大股东持股占总股份比例(%)
	董事会规模	企业当年年末董事会人员规模(人)
	独立董事比例	企业当年年末董事会里独立董事人员占比(%)

表2给出了处理后的数据所包含的变量的定义及描述统计结果。在表2中，因变量企业突破性创新为Breakthrough，用于表示企业突破性创新水平。

表2　变量描述统计分析

变量	(1) N	(2) mean	(3) sd	(4) min	(5) max
Breakthrough	40676	4.9928	17.9650	0.0000	1092.0000
Collaboration	40676	0.2187	0.4134	0.0000	1.0000
roa	40635	0.6057	116.6292	-51.9468	23509.7686
size	40601	22.1389	1.5252	10.8422	31.1913
tl	40635	0.4790	1.5988	-0.1947	178.3455
lnage	40602	2.0404	0.9372	0.0000	3.4657
top1	40580	34.1801	15.1507	0.2900	89.9900
Board	40579	8.6405	1.8489	0.0000	21.0000
Director	40579	3.1928	0.6386	0.0000	9.0000

四　实证结果分析

本文的主要内容有如下几个：首先，基于计量模型（1）实证检验产学研融合对我国企业突破性创新的影响；其次，利用多种方式对基础回归结果进行稳健性检验，以保证实证结果的稳健性；再次，从推动知识资源跨界共享、助力企业创新生态培育和风险承担等三个角度分析其主要机制，验证产学研融合影响企业突破性创新的主要路径；最后，对相关结果按照风险投资和企业异质性分别进行分析，以得到关于主题结论更丰富的结论。

（一）基准回归结果分析

1. 基准回归结果（一）

当使用计量回归模型来考察变量间（因果）关系时，回归系数及其标准误会同时受到控制变量和固定效应的影响。在某些情况下，回归方程中控制不同的控制变量和固定效应甚至可能还会得到截然相反的结论。为了确保研究结果的可靠性，在报告本文主要实证结果之前，首先在不添加任何其他控制变量和固定效应的情形下，考察基础模型中核心自变量对因变量的影响；

然后，逐步考察控制变量的引入与控制不同固定效应层级对研究结论的影响。主要回归结果在表3中呈现。具体而言，回归结果（1）呈现了在不控制任何控制变量和固定效应的情况下，核心自变量风险投资对我国企业突破性创新的影响；由于个体和企业年份变动的其他因素的影响，为此，回归结果（2）引入企业层面的不同控制变量，回归结果（3）进一步引入了个体、年份和地区控制变量。从以上回归结果可以看出：在控制了其他有可能影响企业突破性创新的主要因素并且控制了个体、年份和地区固定效应之后，产学研融合对我国企业突破性创新具有稳定且显著的正向影响，且该结论对于不同固定效应与控制变量层面均非常稳健。具体表现在，我们发现了产学研融合与突破性创新的正相关关系，从回归结果（3）可以看出，随着产学研融合活动的开展，企业突破性创新水平将提升31.89%。这主要是因为如下几点。一是产学研融合促进了知识和技术的转移。学术界和科研机构通常拥有丰富的专业知识和前沿技术，而企业则具备市场洞察力和实际应用的需求。通过合作，学术界和企业可以相互交流和分享知识，将学术界的研究成果和技术转化为实际应用，从而推动企业的突破性创新。二是产学研融合将不同领域的创新资源整合在一起。企业、高等院校和科研机构各自拥有不同的资源，如人才、实验设备、研究资金等。通过合作，这些资源可以共享和整合，形成协同效应。企业可以利用学术界和科研机构的资源来进行研发和创新，从而实现突破性的创新。三是产学研融合鼓励多学科和跨界合作。创新往往需要不同领域的专业知识和技术的交叉融合。通过与学术界和科研机构的合作，企业可以获取多学科的专业知识和技术支持。不同领域的专家和研究人员可以共同参与创新项目，通过跨界合作带来新的创新思路和方法，推动企业实现突破性创新。这验证了假设1。

表3 基本回归结果（一）

变量	(1) $\ln Breakthrough$	(2) $\ln Breakthrough$	(3) $\ln Breakthrough$
$Collaboration$	0.6162 *** (0.0132)	0.6933 *** (0.0126)	0.3189 *** (0.0291)

续表

变量	(1) ln*Breakthrough*	(2) ln*Breakthrough*	(3) ln*Breakthrough*
roa			0.0000* (0.0000)
size			0.0356*** (0.0103)
tl			0.0002 (0.0015)
ln*age*			−0.4691*** (0.0179)
*top*1			−0.0030*** (0.0009)
Board			0.0028 (0.0064)
Director			−0.0115 (0.0184)
Constant	0.7977*** (0.0062)	−0.3059*** (0.0761)	1.1502*** (0.2278)
Observations	40676	40493	39978
R^2	0.0506	0.1743	0.6079
Controls	否	是	是
ID effect	否	否	是
Year effect	否	否	是
City effect	否	否	是

注：***、**和*分别表示在1%、5%和10%的水平下显著。括号里为标准差。下同。

2. 基准回归结果（二）

数字化发展对传统产学研融合模式产生了深远的影响。它加速了信息交流和合作，拓宽了合作领域，强调了数据驱动的创新，以及人才培养和交流的重要性。企业和高等院校、科研机构需要适应数字化时代的变革，积极采用数字化技术和工具，加强合作，共同推动创新和发展；同时，也削弱了传统产学研融合模式的某些方面，传统产学研融合模式需要适应数字化时代的变化，积极探索新的合作方式和模式，以继续为企业的创新和发展作出贡献。为了验证数字化发展对产学研融合对企业突破性创新作用的影响，并确保研究结果的可靠性,本文采用地区数字基础设施建设和企业数字化建设两个指标衡量地区数字化发展。具体而言,参考现有研究的做法,采用地区数字化综合指数(Digital1)和互联网普及率(Digital2)来衡量地区数字基础设施建设。采用企业数字化水平的绝对值(Digitalization1)和对数值(Digitalization2)衡量企业数字化水平。在报告本文主要实证结果之前,首先在不添加任何其他控制变量和固定效应的情形下,考察基础模型中核心自变量对因变量的影响;然后,逐步考察控制变量的引入与控制不同固定效应层级对研究结论的影响。主要回归结果在表4中呈现。从表4回归结果可以看出:在控制了其他有可能影响企业突破性创新的主要因素并且控制了个体和年份固定效应之后,数字化发展,无论是数字基础设施建设还是企业数字化转型都缓解了产学研融合对我国企业突破性创新的正向影响,且该结论对于不同固定效应与控制变量层面均非常稳健。这主要是因为如下几点。一是信息隔离减少:数字基础设施的建立使企业能够更轻松地获取、共享和交流信息。这可能降低了企业与学术界、研究机构之间进行紧密合作的需求,因为企业可以更便捷地获取所需的知识和信息,而不必依赖外部合作。二是虚拟协作取代实地合作:数字基础设施促进了远程和虚拟协作的发展,使企业可以与各地的企业或研究机构合作,而无须实际面对面地接触。这可能削弱了产学研融合模式中实地合作和面对面交流的重要性,从而减少了知识交流和创新的机会。三是资源分散扩展:数字化时代,企业可以通过互联网等途径获取广泛的信息和资源,不再局限于与特定学术界或研究机构合作。这可能导致资源分散,减少了对特定合作伙伴的依赖,从而降低了产学研融合对深度合作和共享资源的需求。这验证了假设2b。

表4 基本回归结果(二)

变量	(1) lnBreakthrough	(2) lnBreakthrough	(3) lnBreakthrough	(4) lnBreakthrough
Collaboration	0.3477*** (0.0335)	0.3183*** (0.0343)	0.3438*** (0.0319)	0.4147*** (0.0541)

续表

变量	(1) ln*Breakthrough*	(2) ln*Breakthrough*	(3) ln*Breakthrough*	(4) ln*Breakthrough*
Collaboration ∗ *Digital*1	-0.1696** (0.0851)			
Collaboration ∗ *Digital*2		-0.0009*** (0.0003)		
Collaboration ∗ *Digitalization*1			-0.0005* (0.0003)	
Collaboration ∗ *Digitalization*2				-0.0309** (0.0151)
Constant	1.0777*** (0.2336)	1.1289*** (0.2310)	1.2282*** (0.2298)	1.1903*** (0.2274)
Observations	37507	33078	39935	39935
R^2	0.6093	0.5970	0.6081	0.6081
Controls	是	是	是	是
ID effect	是	是	是	是
Year effect	是	是	是	是
City effect	是	是	是	是

（二）稳健性检验

为确保基准分析结果的稳健性，我们首先进行双重差分法的平行趋势检验（见表5），同时分别从替换被解释变量衡量方法、替换解释变量衡量方法，改变模型聚类层级，并排除可能的其他因素的影响等多种方法对我们基准模型分析结果进行稳健性检验，以确保基准模型分析结果的可靠性。

1. 平行趋势检验

使用双重差分方法的基本前提是满足平行趋势假设，即处理组和对照组样本在政策冲击前突破性创新具有共同的变化趋势。此外，基准回归仅反映产学研融合对企业突破性创新的平均影响，但无法体现其对企业突破性创新的动态影响效应。因此，本文采用事件分析研究框架，构建如下模型。

$$Y_{sit} = \beta_0 + \gamma_1 D_{st}^{-13} + \gamma_2 D_{st}^{-12} + \cdots + \gamma_{23} D_{st}^{14} + \alpha X_{it} + \sigma M_{st} + \mu_i + \theta_t + \varepsilon_{sit} \tag{4}$$

其中，$D_{st}^{\pm j}$（$j = -13$，$\cdots$，14）为一系列虚拟变量，当处理组在首次进行产学研融合前的 j 年，D_{st}^{-j} 取值为 1；当在首次产学研融合后的 j 年，D_{st}^{+j} 取值为 1；此外 $D_{st}^{\pm j}$ 均取值为 0。我们以首次产学研融合当年为参照组，则 $D_{st}^{\pm j}$ 的系数就表示相比于参照组年份，处理组和对照组在产学研融合前后第 j 年的出口行为是否存在显著差异。其余部分与计量模型（1）一致。图 1 给出了 $D_{st}^{\pm j}$ 的估计系数和其对应的 95% 置信区间，横轴为距离首次产学研融合的时间，纵轴为估计值。

可以看出，当 $j = -13$，$\cdots$，-1 时，D 的估计系数均没有通过显著性检验，表明首次产学研融合之前处理组企业和对照组企业的突破性创新行为无显著差异，满足平行趋势假设。进行产学研融合后当年及以后诸年 $D_{st}^{\pm j}$ 对企业突破性创新的影响系数均显著为正，这意味着产学研融合对企业突破性创新的影响显著为正且具有持续性。

表 5 平行趋势分析回归结果

变量	（1） lnBreakthrough	（2） lnBreakthrough
D_13	−0.0089 (0.1736)	−0.0252 (0.1860)
D_12	−0.1156 (0.1792)	−0.1605 (0.1915)
D_11	−0.0667 (0.1881)	−0.1135 (0.2010)
D_10	−0.0277 (0.1850)	−0.0527 (0.1977)
D_9	−0.1128 (0.1905)	−0.1392 (0.2046)
D_8	0.0714 (0.1869)	0.0284 (0.2017)
D_7	0.0300 (0.1851)	0.0098 (0.2008)

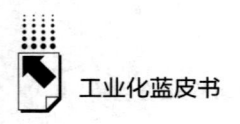

续表

变量	(1) ln*Breakthrough*	(2) ln*Breakthrough*
D_6	0.0340 (0.1857)	0.0150 (0.2015)
D_5	0.1197 (0.1862)	0.1082 (0.2022)
D_4	0.1266 (0.1846)	0.1240 (0.2009)
D_3	0.2130 (0.1832)	0.2257 (0.1997)
D_2	0.3258 (0.1840)	0.3327 (0.2236)
D_1	0.3341 (0.9449)	0.3391 (0.5757)
current	0.7151*** (0.1821)	0.7489*** (0.1986)
D1	0.4315** (0.1835)	0.5171** (0.2008)
D2	0.3586* (0.1842)	0.4638** (0.2014)
D3	0.4098** (0.1843)	0.5352*** (0.2020)
D4	0.3923** (0.1849)	0.5260*** (0.2026)
D5	0.3887** (0.1857)	0.5149** (0.2035)
D6	0.4560** (0.1865)	0.5705*** (0.2043)
D7	0.5325*** (0.1877)	0.6324*** (0.2051)
D8	0.4948*** (0.1878)	0.5837*** (0.2056)
D9	0.5827*** (0.1898)	0.6598*** (0.2072)
D10	0.5460*** (0.1913)	0.6021*** (0.2087)
D11	0.6116*** (0.1927)	0.6189*** (0.2100)

续表

变量	(1) ln*Breakthrough*	(2) ln*Breakthrough*
D12	0.6775 *** (0.1984)	0.6440 *** (0.2150)
D13	0.5802 *** (0.2011)	0.5145 ** (0.2173)
D14	0.5986 *** (0.1995)	0.4716 ** (0.2159)
Constant	0.7757 *** (0.0629)	0.9222 *** (0.2275)
Observations	41677	39978
R^2	0.5947	0.6080
Controls	否	是
ID effect	是	是
Year effect	是	是
City effect	是	是

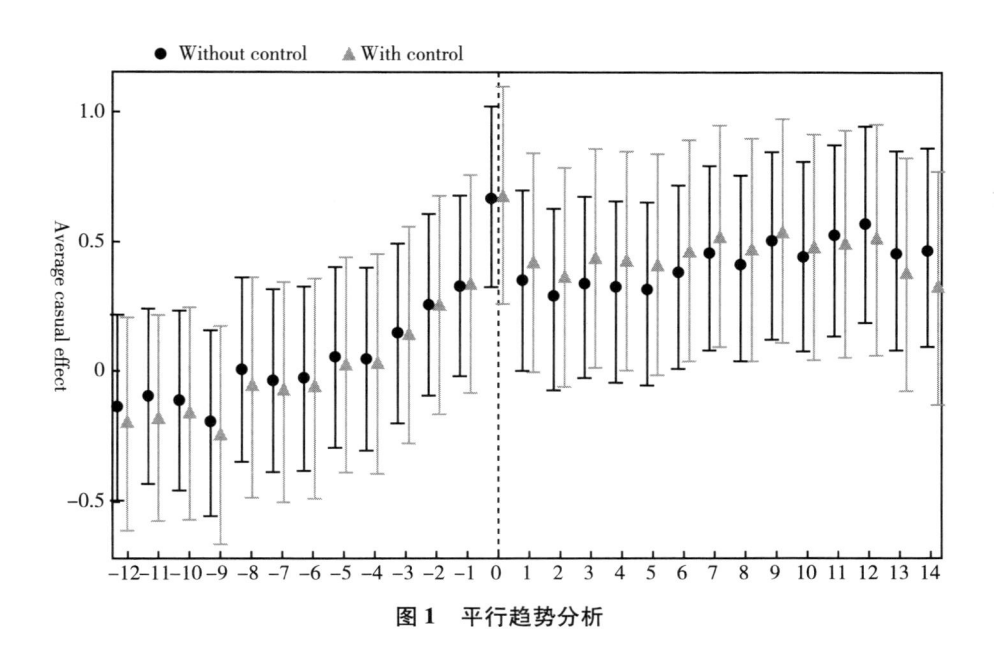

图 1 平行趋势分析

2. 替换被解释变量衡量方法

在文章的前半部分，我们采取了企业突破性创新专利的申请量作为因变量，反映企业突破性创新活动。一方面，专利申请能够准确反映企业当前创新活动，对企业外部冲击作出较快反馈；另一方面，专利授权需要经历较长的审批周期，当期企业投入的创新更有可能计入次年或更远年份，难以准确刻画来自企业外部的影响效应。在稳健性检验部分，为保证结果可靠性，本文后续将使用企业突破性创新专利授权数（$patent2$）作为被解释变量的替代衡量方法进行稳健性检验。具体结果如表6中回归结果（1）所示：从表6列（1）的回归结果可以看出，企业突破性专利授权数作为被解释变量的替代衡量方法基于基准回归模型进行分析后，最后的实证分析结果与我们原模型的实证结论一致，产学研融合对我国企业突破性创新具有稳定且显著的正向影响。

表6 替换被解释变量衡量方法、排除城市规模因素和排除可能的其他因素的影响

变量	（1）替换被解释变量衡量方法 ln$patent2$	（2）排除城市规模因素 ln$Breakthrough$	（3）排除可能的其他因素的影响 ln$Breakthrough$
$Collaboration$	0.4454 *** (0.0385)	0.3055 *** (0.0451)	0.3189 *** (0.0291)
$Constant$	-1.7684 *** (0.3341)	1.8016 *** (0.3588)	1.1502 *** (0.2278)
$Observations$	39978	16355	34235
R^2	0.7502	0.5716	0.6079
$Controls$	是	是	是
$ID\ effect$	是	是	是
$Year\ effect$	是	是	是
$City\ effect$	是	是	是

3. 排除城市规模因素

考虑到城市规模与特殊的经济和政治地位可能影响我们进行实证分析的结果，我们在原数据样本中剔除包括北京、上海、广州和深圳4个直辖市在

内的35个大中型城市后进行回归分析，结果如表6列（2）所示：可以看出，实证分析结果与我们原模型的实证结论相一致，即在考虑到城市规模与特殊的经济和政治地位可能影响，排除35个大中型城市后进行回归分析仍然得到产学研融合对我国企业突破性创新具有稳定且显著的正向影响的结论。这说明本文所讨论的现象在城市和地区层面具有普遍性，因而在数据上表现出稳健性。

4. 排除可能的其他因素的影响

首先，在我们样本数据年限2007~2021年，2007年的高新技术上市公司会计规则的转变，使统计口径和统计规则在2007年发生了转变，出于保证样本数据质量以检验数据分析结果稳健性的考虑，我们将2007年和2008年两年数据删除进行稳健性检验以验证基本回归分析的结果是否真正可靠；其次，我国于2008年开始施行的企业所得税法及其实施条例将原企业所得税法定税率从33%调整到25%，并对税前扣除标准有所放松，税收政策的调整可能会冲击到我们基于数据样本的回归分析结果的稳健性；最后，2008年也爆发了席卷全球的经济危机，对整体宏观经济以及企业部门造成了重大冲击。地方政府层面也采取了规模巨大的经济刺激政策以挽救经济形势，这可能会对企业部门创新投入水平的变动产生不可估测的影响。综上所述，为了避免如数据可比性、税制改革以及金融危机冲击等各方面因素对本文基础回归结果可能造成的影响，故将样本区间限定在2009~2021年，对基准回归模型（1）式重新进行回归分析，主要估计结果如表6列（3）所示，可以看出，在排除了如数据可比性、税制改革以及金融危机冲击等各方面因素对本文基础回归结果可能造成的影响之后，实证分析结果与我们原模型的实证结论相一致，产学研融合对我国企业突破性创新具有稳定且显著的正向影响。

5. 改变模型聚类层级

在经济学的实证研究中，报告标准误差的时候常常需要考虑到数据聚类问题（clustering）。通常，调整聚类数据的动机是集群内各个体中未观察到的组成部分是相关的。然而，因为相关性可能发生在多个维度上，这种动机难

以证明为什么研究人员在某些方面使用聚类,如地理(州、省),但不在其他方面进行聚类,如年龄组或性别。其实,聚类本质上是一个设计问题,其中包括抽样设计和实验设计问题。如果采用两阶段过程抽样,那么这是一个抽样设计问题,从一个总体集群中随机抽样得到一个样本集群,而在第二阶段,从集群样本数据中随机抽取一些个体。在这种情况下聚类调整是合理的,因为在总体数据里有在样本中没有看到的聚类。本文中,我们在基准回归中将聚类标准误差控制在企业层面,而在稳健性检验中,为控制可能来自企业所在行业、城市或者省份层面的因素影响,我们将聚类标准误差分别控制在行业、城市或者省份层面,具体回归结果见表7列(1)~(3)所示:从表7列(1)~(3)的回归结果可以看出,我们采用改变模型聚类层级的替代衡量方法进行稳健性检验,基于基准回归模型进行分析后,最后的实证分析结果与我们原模型的实证结论相一致,产学研融合对我国企业突破性创新具有稳定且显著的正向影响。

表7 改变模型聚类层级

变量	(1) 聚类到行业 ln*Breakthrough*	(2) 聚类到市级 ln*Breakthrough*	(3) 聚类到省级 ln*Breakthrough*
Collaboration	0.3189*** (0.0403)	0.3189*** (0.0288)	0.3189*** (0.0429)
Constant	1.1502*** (0.3455)	1.1502*** (0.1958)	1.1502*** (0.1465)
Observations	39978	39978	39978
R^2	0.6079	0.6079	0.6079
Controls	是	是	是
ID effect	是	是	是
Year effect	是	是	是
City effect	是	是	是

6. 改变模型固定效应控制层级

传统的面板固定效应,仅仅考虑的是二维(时间和个体)效应,以揭示样本中不随个体变化的时间差异（如时间固定）和不随时间变化的个体差异（如个体固定、行业固定、省份固定）。但是，随时间变化的个体差异却没控制，故而改进产生交互固定效应。个体固定效应主要控制不随时间变化的个体因素，如性别（人的性别不会随时间变化而变化）。时间固定效应主要控制不随个体变化的时间因素，如 2008 年金融危机、全国层面信贷周期（它的冲击对个体来说是普遍性的，其影响不会因为个体差异而变化）。而对于交互固定效应，若在模型中加入行业固定效应与年份固定效应的交互项，表示的意思是：控制随时间变化的行业层面的不可观测的差异，比如不同行业在不同季节会面临不同的市场需求，热水袋在冬季时市场需求更旺盛。同样的，在模型中加入省份固定效应与年份固定效应的交互项，表示的意思是：控制随时间变化的省份层面的不可观测的差异，比如不同省份在不同年份会面临不同的经济波动。在本文的基准回归中，我们控制了企业个体固定效应、年份固定效应和地区固定效应。而稳健性检验中，我们在控制了企业个体固定效应、年份固定效应和地区固定效应的基础上，继续控制行业、行业-年份、省份-时间固定效应，具体回归结果如表 8 列（1）~（3）所示：从表 8 列（1）~（3）的回归结果可以看出，我们在控制了企业个体固定效应、年份固定效应和地区固定效应的基础上，继续控制行业、行业-年份、省份-时间固定效应后，得到的实证分析结果与我们原模型的实证结论相一致，产学研融合对我国企业突破性创新具有稳定且显著的正向影响，证明了我们基准回归结果的稳健性。

表 8　改变模型固定效应控制层级

变量	(1) ln$Breakthrough$	(2) ln$Breakthrough$	(3) ln$Breakthrough$
$Collaboration$	0.3080*** (0.0289)	0.3017*** (0.0288)	0.2958*** (0.0287)
$Constant$	0.7354*** (0.2289)	0.6001*** (0.2328)	0.7207*** (0.2294)
$Observations$	39978	39914	39978

续表

变量	(1) ln*Breakthrough*	(2) ln*Breakthrough*	(3) ln*Breakthrough*
R^2	0.6108	0.6284	0.6163
Controls	是	是	是
ID effect	是	是	是
Ind effect	是	是	是
Year effect	是	是	是
City effect	是	是	否
*Ind * Year effect*	否	是	否
*Prov * Year effect*	否	否	是

(三)机制分析

本文主要从推动知识资源跨界共享、助力企业创新生态培育和改善管理层风险态度等三个角度分析产学研融合影响企业突破性创新行为的主要机制，验证产学研融合影响企业突破性创新的主要路径。

1. 推动知识资源跨界共享

一般而言，产学研融合为学术界、科研机构和企业之间搭建了合作的桥梁，促进了知识资源的跨界共享。这种跨界共享有助于加速创新、促进技术进步，并为社会和经济的发展提供持续的动力。在本文中，我们采用企业专利宽度指标（*Breadth*1 和 *Breadth*2）和专利技术多元化指标（*TD*、*UTD* 和 *RTD*），衡量产学研融合与企业资源共享的幅度，具体回归结果如表9列(1)~(5)所示。数据表明，产学研融合显著推动了企业专利宽度和多元化水平的提升，显示出其在推动知识资源跨界共享方面的巨大作用。这主要是因为如下几点。一是通过产学研融合，学术界可以将自己的知识和研究成果分享给企业，帮助企业解决问题和开展创新。同时，企业也可以向学术界分享自己的行业经验和市场洞察，促进双方的知识资源跨界共享。二是产学研融合鼓励跨学科的合作。不同领域的知识和专业技术往往相互关联，在跨学科的合作中可以实现知识资源的跨界共享。通过与不同学科领域的专家和研究人员的合作，企业可以获取到其他领域的知识和技术，为自身的创新提供新的思路和方法。

表9 推动知识资源跨界共享

变量	(1)	(2)	(3)	(4)	(5)
	知识宽度扩展		知识多元化扩展		
	$Breadth1$	$Breadth2$	TD	UTD	RTD
$Collaboration$	0.0245*** (0.0067)	0.0225*** (0.0050)	0.2646*** (0.0499)	0.1438*** (0.0516)	0.1207*** (0.0238)
$Constant$	-0.1744** (0.0877)	-0.1132 (0.0710)	-11.6721*** (0.8718)	-10.7177*** (0.8976)	-0.9543** (0.3861)
$Observations$	31555	31555	26457	26457	26457
R^2	0.3941	0.4003	0.6645	0.6626	0.5974
$Controls$	是	是	是	是	是
$ID\ effect$	是	是	是	是	是
$Year\ effect$	是	是	是	是	是
$City\ effect$	是	是	是	是	是

2. 助力企业创新生态培育

产学研融合也有助于整合创新资源、培养创新人才、建设创新文化以及推动创新成果的转化，从而助力企业创新生态的培育。这种合作模式可以促进企业的创新能力和竞争力的提升，推动创新和经济的可持续发展。在本文中，我们采用企业研发投入（RD）和研发投入占营业收入比例（$RDRatio$）指标、企业是否成立独立研发机构（$institute$）指标和企业研发人员数量（$RDperson$）及占总员工人数比例（$Rdpera$）指标，衡量产学研融合推动的企业创新生态建设的幅度，具体回归结果如表10列（1）~（5）所示。数据表明，产学研融合显著推动了企业投入水平的提升、独立研发机构的设立和研发人员的培育，显示出其在助力企业创新生态培育方面的巨大作用。这主要是因为如下几点。一是产学研融合可以整合不同来源的创新资源，包括企业、学术界和科研机构的资源。企业在创新过程中需要人才、技术、设备和资金等资源支持。通过与学术界和科研机构合作，企业可以获取到学术界的专业知识、科研机构的前沿技术以及它们所拥有的实验设备和研究资金等资源。整合这些资源可以提供更强大的创新能力，培育企业的创新生态。二是产学研融合有助于培养和吸引创新人才。学术界和科研机构通常拥有高水平的科研人才和创新团队。通过与这些机构合作，企业可以与优秀的科研人员和研究团队互动，吸收他们的创新思维和方法。同时，企业也可以提供实际应用和市场需求的机会，吸引学术界和科研机构的人才参与企业的创新项目。这样的合作有助于培养和发展企业的创新人才，推动创新生态的壮大。

表10 助力企业创新生态培育

变量	（1）	（2）	（3）	（4）	（5）
	研发投入		研发机构	研发人员	
	RD	$RDRatio$	$institute$	$\ln RDperson$	$\ln Rdpera$
$Collaboration$	9.4108e+07***	0.0012***	0.0403***	0.7350***	0.2723***
	（3.3060e+07）	（0.0005）	（0.0100）	（0.0567）	（0.0279）
$Constant$	−1.3304e+09***	0.0411***	−0.5125***	−5.4357***	−0.1507
	（2.1085e+08）	（0.0048）	（0.0828）	（0.9112）	（0.3914）
$Observations$	39978	39978	39978	39978	39978
R^2	0.6859	0.8193	0.6563	0.8017	0.8095
$Controls$	是	是	是	是	是
$ID\ effect$	是	是	是	是	是
$Year\ effect$	是	是	是	是	是
$City\ effect$	是	是	是	是	是

3. 改善企业风险承担状况

产学研融合通过知识共享、技术转移、多元化的专业知识团队、创新和实验文化以及风险管理工具和方法等方面的支持，可以改善管理层的风险态度。这有助于管理层更加全面地认识和应对风险，提高企业的风险管理能力和决策质量。在本文中，我们采用企业CEO风险感知（$EmotionTone1$ 和 $EmotionTone2$）和企业风险承担（$risk1$ 和 $risk2$）指标，衡量产学研融合推动的企业管理层风险态度的幅度，具体回归结果如表11列（1）~（4）所示。数据表明,产学研融合显著推动了企业管理层风险态度的改善和企业风险承担水平的下降,显示出其在改善企业风险承担状况方面的巨大作用。这主要是因为如下几点。一是学术界和科研机构通常在研究和创新方面具有丰富的经验和专业知识,可以帮助企业识别和评估各种潜在风险。通过与学术界和科研机构的合作,管理层可以获取到更全面、准确的信息,更好地了解和应对风险。二是产学研融合鼓励创新和实验,培养积极的风险态度。与学术界和科研机构的合作可以帮助企业建立积极的创新文化和实验文化,鼓励管理层主动面对风险,并从中学习和成长。这种积极的风险态度有助于管理层更加勇敢地采取决策和行动,追求创新和发展。三是产学研融合可以提供丰富的风险管理工具和方法,管理层可以借助这些工具和方法,更系统地识别、评估和应对风险。这些工具和方法的使用可以提高管理层对风险的认识和理解,有助于改善其对风险的态度和处理能力。

表 11 改善管理层风险态度

变量	(1) $EmotionTone1$	(2) $EmotionTone2$	(3) $lnrisk1$	(4) $lnrisk2$
$Collaboration$	0.0009**	0.0064*	−0.0015*	−0.0035**
	(0.0004)	(0.0034)	(0.0008)	(0.0018)
$Constant$	−0.0324***	−0.3639***	−0.1006***	−0.2253***
	(0.0064)	(0.0465)	(0.0112)	(0.0242)
$Observations$	35875	35875	39978	39978
R^2	0.5375	0.5610	0.4494	0.4638
$Controls$	是	是	是	是
$ID\ effect$	是	是	是	是
$Year\ effect$	是	是	是	是
$City\ effect$	是	是	是	是

五 进一步分析

本部分中,我们按照企业性质、企业所在地区、企业治理水平以及企业分析师关注度进行分组,进行异质性分析,以得到更深层次的结论。

1. 按企业性质分组

我国实行以公有制为主体、多种所有制并存的经济制度，其中，国有经济在国民经济中的主导作用，对国民经济发展的导向和经济运行整体态势有较高控制力和影响。相对而言，民营经济是在市场竞争中成长起来的，一般规模不大，资金、技术、人才信息相对稀缺。在本文的研究中，考虑到企业所有制可能是影响企业突破性创新的重要因素，因此我们按照证监会高新技术上市公司数据库的划分标准，将所有样本企业分为国有企业、私营企业、合资企业，得到表12列（1）~（3）的结果。从上面的回归结果可以看出，相较而言，国有企业相较于私营企业更容易受到产学研融合的影响，这也与我们日常的直觉相符合。这主要是因为如下几点。一是国有企业通常拥有更丰富的资源，包括财务资金、人力资源和物质设施等。这使它们更有能力与学术界和科研机构建立合作关系，并吸引高水平的科研人员和专家参与创新项目。相比之下，私营企业可能面临资源有限、资金短缺等问题，因此在产学研融合方面的投入和合作可能相对较少。二是国有企业通常处于国家战略产业和关键领域，承担着推动国家科技发展和创新的重要使命。因此，国有企业在创新方面的需求和定位更加突出。与此相对应的是，学术界和科研机构也更愿意与国有企业合作，因为这样的合作对于他们来说具有更大的社会影响力和实践意义。三是政府通过政策引导、资金支持、技术转移等方式，推动国有企业与学术界和科研机构合作，促进产学研融合。这种政策支持和指导可以为国有企业提供更多的机会和优势，使其更容易受到产学研融合的影响。

表12 按企业性质分组

变量	（1） 国有企业 ln*Breakthrough*	（2） 私营企业 ln*Breakthrough*	（3） 合资企业 ln*Breakthrough*
Collaboration	0.4448 *** （0.0489）	0.2320 *** （0.0375）	0.0370 （0.1263）
Constant	0.4678 （0.3835）	0.9631 *** （0.3146）	1.9529 （1.2664）

续表

变量	（1） 国有企业 ln*Breakthrough*	（2） 私营企业 ln*Breakthrough*	（3） 合资企业 ln*Breakthrough*
Observations	16251	20439	3028
R^2	0.6431	0.5776	0.6010
Controls	是	是	是
id effect	是	是	是
Year effect	是	是	是
City effect	是	是	是

2. 按企业是否处于高新技术行业分组

考虑到是否处于高新技术行业会对企业自身的创新发展产生特定影响，本文中根据《上市公司资质认定信息文件》数据进行整理筛选"认定项目类型"为"高新技术企业"，筛选"认定对象身份"为"上市公司本身"；根据"认定时间"和"有效期限"判断当年是否为高新技术企业，有效期限通常为3年，缺失值默认为3年。有鉴于此，本文中，我们按照企业是否属于高新技术行业进行分组回归分析和检验，具体实证回归结果如表13列（1）~（2）所示：数据分析表明，相较于处于高新技术行业中的企业，产学研融合对于属于非高新技术行业中的企业突破性创新的推动作用更为明显。这主要是因为如下几点。一是相较于高新技术行业的企业，非高新技术行业的企业可能面临技术更新和创新的挑战，因为其所处的行业相对较为成熟或传统。通过产学研融合，这些企业可以借鉴其他行业的创新经验和技术成果，引入新的技术、流程或商业模式，从而实现突破性创新。二是相较于高新技术行业的企业，非高新技术行业的企业可能面临研发资源有限、技术人才匮乏等问题，而学术界和科研机构通常具有丰富的研发资源和人才储备。通过与学术界和科研机构的合作，非高新技术行业的企业可以共享资源、整合优势，共同开展创新研发项目。这种合作创新可以帮助企业跨越技术壁垒、实现突破性创新。

表 13 按企业是否处于高新技术和高污染行业分组

变量	(1) 高新技术行业 是 lnBreakthrough	(2) 高新技术行业 否 lnBreakthrough	(3) 高污染行业 是 lnBreakthrough	(4) 高污染行业 否 lnBreakthrough
Collaboration	0.2174*** (0.0364)	0.3928*** (0.0590)	0.3608*** (0.0646)	0.2263*** (0.0358)
Constant	0.2010 (0.4795)	0.3746 (0.6080)	0.6054 (0.7623)	0.4187 (0.4366)
Observations	20292	9580	6849	23067
R^2	0.5634	0.6042	0.5333	0.5949
Controls	是	是	是	是
id effect	是	是	是	是
Year effect	是	是	是	是
City effect	是	是	是	是

3. 按企业是否处于高污染行业分组

高污染行业的企业在实现突破性创新方面面临一些特殊的挑战，因为这些行业通常与环境污染和资源消耗密切相关。高污染行业的企业在实现突破性创新的过程中需要平衡经济效益和环境保护的目标。有鉴于此，本文中，我们按照企业是否属于高污染行业进行分组回归分析和检验，具体实证回归结果如表13列（3）～（4）所示，数据分析表明，相较于处于高污染行业中的企业，产学研融合对于属于高污染行业中的企业突破性创新的推动作用更为明显。这主要是因为如下几点。一是高污染行业通常指那些在生产过程中排放大量污染物的行业，如化工、钢铁、煤炭等。这些行业由于其特殊的生产性质和排放特点，承受着较大的环保压力。随着人们环保意识的提高，公众对高污染行业的环境影响越来越关注，企业以突破性创新进而实现绿色转型的要求也就越迫切，因此其创新活动受产学研融合的影响也就越大。二是学术界和科研机构具有丰富的研究经验和专业知识，可以为高污染行业的企业提供技术创新和研发支持。通过与学术界的合作，企业可以获得先进的环境保护技术、清洁生产方法和新型材料等方面的支持。研究机构可以提供研发资源、实验设备和专业人才，帮助企业实现技术突破和创新。

六 主要结论与政策建议

创新是企业持续发展的关键因素之一,通过不断创新,企业能够适应变化的市场环境,保持竞争优势,并为社会创造更大的价值。突破性创新可以帮助企业开拓新的市场、创造新的产品或服务,从而提高企业的竞争力,而产学研融合是推动企业突破性创新发展的重要手段。本文基于我国 2007～2021 年上市公司数据,细致分析产学研融合对我国企业突破性创新的影响及其在数字时代的表现。研究发现:产学研融合对企业突破性创新具有显著的提升作用,而数字化的发展削弱了这种正向作用。机制分析表明:推动知识资源跨界共享、助力企业创新生态培育和改善管理层风险态度是产学研融合影响企业突破性创新的主要机制和路径。同时,进一步的分析表明,产学研融合对企业突破性创新的影响在企业性质、企业是否属于高新技术行业、高污染行业等方面存在异质性。基于此,本文提出以下政策建议。

1. 大力促进企业产学研融合,提高突破性创新水平

企业与高等院校和科研机构的紧密合作可以充分发挥各方的优势,促进知识和技术的交流,提供创新的源泉和动力。政府的支持和激励也是推动产学研融合的重要因素之一。共同努力可以提高企业的创新能力和竞争力,推动经济的发展和社会进步。企业也可以与高等院校和科研机构合作建立共同的研发基地或实验室。这样的合作平台可以提供先进的研发设施和技术,为企业的创新活动提供良好的条件。同时,这样的合作也可以促进产学研三方之间的交流和互动,拓展合作的深度和广度。

2. 加大对企业创新的政策倾斜力度,助力企业突破性创新

政府可以出台相关政策,鼓励和支持企业产学研融合。例如,提供资金支持、减免税收、简化行政审批等措施,以降低企业与高等院校和科研机构合作的成本和风险。同时,建立激励机制,如科研项目评价和技术转移的奖励制度,可以激发企业和学术界的创新热情。政府也可以加大知识产权的保护力度,建立健全知识产权法律制度和执法机构,提供便捷、高效的知识产

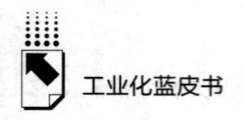

权保护服务。同时，政府还可以提供知识产权的注册和申请费用减免、税收优惠等政策，鼓励企业加强创新保护，提高企业的突破性创新的积极性和成果转化能力。

3. 推动数字经济发展，推动知识资源共享

数字化时代的产学研融合模式不再局限于传统的合作方式，如研发项目合作、技术转移等。数字化技术的发展创造了新的合作领域和方式。例如，企业可以与高等院校和科研机构合作开展在线教育项目、共享实验设备和平台、共同开发数字化产品和服务等。这些新的合作方式为产学研融合提供了更多元和灵活的选择，有助于满足不同合作伙伴的需求和实现更深入的合作。政府可以投资兴建高速宽带网络和数据中心等数字基础设施，提供可靠的信息和通信基础设施，为数字经济的发展提供支持。这样的基础设施可以促进数字技术的普及和应用，为企业和个人提供数字化服务和平台，推动知识资源共享。

B.9 产业数字化、国内市场规模与制造业全球供应链韧性

杨飞 余泳泽[*]

摘 要： 逆全球化和欧美国家对华"去风险"对中国制造业的全球供应链韧性带来了较大的不确定性，利用产业数字化和国内市场规模优势是应对制造业全球供应链风险、提升全球供应链韧性的重要手段。为此，本文研究了产业数字化、国内市场规模及其相互作用对中国制造业全球供应链韧性的影响机制，并利用1995~2018年ICIO世界投入产出表数据进行了实证检验。研究结果表明，产业数字化通过产业内效应和产业关联效应影响制造业全球供应链韧性，产业内效应具有提升全球供应链韧性的作用，前向关联效应可以显著提高需求侧的制造业全球供应链韧性，而后向关联效应可以显著地提升供给侧的制造业全球供应链韧性。国内市场规模对制造业全球供应链韧性存在显著的先下降后上升的影响，产业数字化更能提升来自发展中经济体和中低技术产业的制造业全球供应链韧性，产业数字化通过国内市场规模这一渠道放大了对全球供应链韧性的正向影响和负向影响的幅度。

关键词： 产业数字化 制造业 全球供应链

---

[*] 杨飞，南京审计大学经济学院副教授，研究方向为产业经济、国际经济；余泳泽，南京财经大学国际经贸学院院长、教授，博士生导师，研究方向为产业经济、区域经济。

一　问题的提出

近年来，逆全球化趋势成为影响全球经济增长的重要因素，欧美国家在贸易、技术和人才流动等领域采取保护主义措施，限制关键产业领域的进出口，实施本地化、"友岸化"生产，导致全球供应链碎片化、地域化甚至供应链中断，未来全球经济可能会划分为西方区、东方区和中立区。全球供应链碎片化会通过国际贸易、国际投资和技术外溢等渠道对全球经济产生较大的负面影响，特别是新兴市场国家和低收入国家可能会受到更大的影响，全球供应链调整带来的短期转型成本也更高。美国联合其他欧洲国家和日本对华进行技术遏制是本轮逆全球化的一个突出表现，而制造业特别是高科技制造业是技术遏制的重点领域，美国在2022年相继颁布《芯片与科学法案》和《通胀削减法案》，在扶持本土半导体和新能源产业发展的同时，利用贸易、技术、人才和投资限制遏制中国发展，欧盟也在2023年颁布了《欧洲芯片法案》、《净零工业法案》和《关键原材料法案》。面对欧美国家采取的这些限制措施，中国需要提升制造业全球供应链韧性，调整融入全球供应链的政策策略。

采取本地化、分散化等方式提升供应链韧性存在调整成本，也会损失专业化分工的收益，而且并不是所有供应链调整都适合采取这种方式，产业数字化也是提升全球供应链韧性的重要措施，产业数字化可以监控供应链风险、预测中间品需求、提升存货管理效率、促进创新、提升供应链敏捷性。根据笔者已有研究表明，产业数字化能够显著提升全球供应链韧性，但会受到国内市场规模的制约，或者，对外需的过度依赖会限制产业数字化提升全球供应链韧性的效果。这意味着，如果能够将产业数字化和本地需求的优势相互结合对提升全球供应链韧性的效果可能更加显著。但该工作论文仅实证检验发现了这一现象，并未对其中的机制作进一步研究。

产业数字化作为新技术能够促进生产率和分工水平的提高，分工与市场规模相互促进，从而进一步扩大国内市场规模，即本地化市场能够降低全球供应链的需求侧风险。产业数字化还可以促进思想和技术创新,而国内市场规模是制约创新的重要因素,为创新提供了盈利空间和市场竞争环境,所以,产业数字化在国内市场规模的作用下更能促进创新,从而可以提升全球供应链韧性,例如核心技术的独立自主,节约中间品需求,提升全球供应链监控能力、存货管理效率和敏捷性等。现有文献关于产业数字化—国内市场规模—全球供应链韧性的系统研究较少,本文在构建系统的理论机制的同时利用1995~2018年OECD的ICIO世界投入产出表数据进行实证研究。

二 制造业全球供应链韧性的时空分布特征

(一)制造业全球供应链韧性的时间趋势

本部分采用Baldwin等(2022)的方法从供给侧和需求侧测算中国制造业全球供应链韧性,具体方法说明见下文计量模型设计与数据说明部分。图1显示,供给侧和需求侧的制造业全球供应链风险(取对数)从1995年到2008年处于快速上升时期,即制造业的全球供应链韧性在下降,相对而言,供给侧的全球供应链韧性下降更快,与这段时期中国快速融入全球供应链密切相关。2008年之后,中国制造业供给侧全球供应链韧性趋于稳定,并有轻微地提升,而需求侧全球供应链韧性依然有轻微地下降。这一测算结果同Baldwin(2022)对全球化趋势的统计相呼应:全球贸易总量占世界GDP的比重在2008年达到最高值(制造业趋势也类似),2008年以后趋于下降,其中,G7国家全球制造业份额从1999年的66%下降到2014年的38%,而中国的全球制造业份额增加了16个百分点,是世界最大的商品出口国,以全球增加值占总产出比重衡量的全球外包活动程度在2008年之前快速下降,即全球外包活动程度在扩大,而在2008年之后放缓,并在2013年达到极值后开始下降。

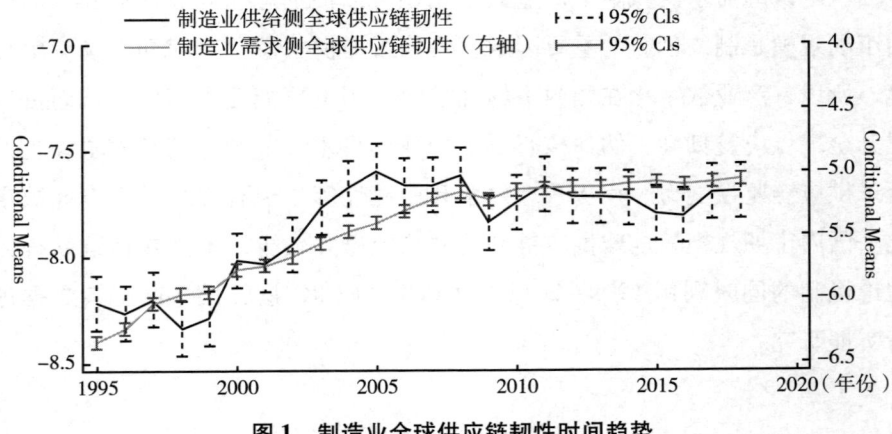

图 1 制造业全球供应链韧性时间趋势

（二）制造业全球供应链韧性的区域分布

1995年，日本、美国、中国台湾、韩国、中国香港、德国等经济体依次是最大的供给侧全球供应链风险来源经济体，而到2018年时，最大的供给侧全球供应链风险来源是世界其他地区，其余依次是韩国、美国、日本、澳大利亚和俄罗斯等。从供给侧全球供应链风险来源可知，风险来源更加分散化，中国同世界其他地区的贸易往来越来越密切，不再过度依赖日本、美国、韩国等主要经济体，但是，韩国、美国和日本依然是中国最大的供给侧全球供应链风险来源。此外，资源型经济体澳大利亚、俄罗斯、沙特、巴西对中国供给侧全球供应链风险的影响越来越大，这与中国各类矿产资源进口需求不断扩大密切相关。从经济区域分布来看，北美、欧盟和东亚（包括东盟）是中国供给侧全球供应链风险的主要来源地。

1995年，中国香港是我国需求侧全球供应链风险最大的来源，这是因为中国香港是我国最大的贸易中转站（转口贸易），1995年第二大需求侧全球供应链风险来源是东盟各国。到2018年，东盟各国成为中国制造业需求侧全球供应链风险的最大来源地区（柬埔寨、越南风险最大），中国香港地区依然是我国制造业需求侧全球供应链风险的重要来源。美国和欧盟在中国制造业需求侧全球供应链风险来源中并不突出,即中国对来自美国和欧盟的制造业需求侧全球供应链韧性相对较强。美国和欧盟主要从供给侧对中国构成较大的全球供应链风险来源。

(三)制造业全球供应链韧性的行业分布

1995 年,其他运输设备、基本金属、造纸、化学制品和机械设备等是中国制造业供给侧全球供应链风险较大的行业,而到了 2018 年,计算机、电子和光学设备以及电气设备成为中国制造业供给侧全球供应链风险最大的行业,1995 年风险较大的行业在 2018 年排序下降较多,特别是纺织业的供应链风险下降较快,而制药业的供给测全球供应链风险从最低上升到倒数第四。这些趋势反映了中国制造业产业结构的变化,技术密集型产业的比重越来越大,劳动密集型产业的比重相对下降,因此,高技术中间品的进口比重越来越大,也带来了更高的全球供应链风险。

1995 年,纺织业、化学及化学制品、计算机等是需求侧全球供应链风险最大的行业,而到了 2018 年,计算机、电气设备、纺织业、化学及化学制品是需求侧全球供应链风险最大的行业。相对而言,需求侧全球供应链韧性的行业格局变化较小。制药业在 1995 年和 2018 年均是需求侧全球供应链风险最小的行业,这也反映了中国的制药业主要用于满足国内需求,对外出口的比重还相对较小,或者说,仿制药目前还是中国制药业的主要部分,创新药相对不足。

三 计量模型设计与数据说明

(一)计量模型设计

本节根据上文理论机制构建计量模型,计量模型设计如下。

$$Gsc_{tjn} = \alpha_0 + \alpha_1 Dig_{tjn} + \alpha_2 For_{tjn} + \alpha_3 Back_{tjn} + \alpha_4 Mar_{tjn} + \alpha_5 Mar_{tjn}^2 + \alpha_4 X_{tjn} + \varepsilon_{tjn} \quad (1)$$

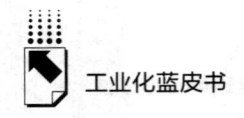

其中，t 为时间，j 为行业，n 为经济体。Gsc 表示全球供应链韧性，Dig 表示数字化，For 为产业数字化的前向关联效应，$Back$ 为产业数字化的后向关联效应，Mar 表示国内市场规模，$\alpha_4 X_{tjn}$ 表示行业，X 为控制变量，ε 为残差项。控制变量包括贸易开放度、生产率、资本深化、技术差距、国际货运价格、行业、年份和经济体固定效应。贸易开放度越大，可能会有更高的全球供应链风险，从而影响全球供应链韧性。提高生产率是提升全球供应链韧性的重要手段。产业数字化程度或全球供应链韧性的提升均需要资本投入，因此，资本深化是全球供应链韧性的重要影响因素。技术差距是贸易冲突的重要影响因素，因而会影响全球供应链韧性。国际货运价格反映了影响国际货运的各种需求侧或供给测的影响因素，也会影响全球供应链韧性。变量均取对数值。

（二）变量选择与数据说明

全球供应链韧性。本文利用 Baldwin 等（2022）方法测算供给侧和需求侧的制造业全球供应链风险，风险越大，全球供应链韧性越低，该方法可以分别基于贸易量和增加值两个统计指标进行测算。从贸易量角度测算的供给侧全球供应链风险如下。

$$Gsc\_s_{f,ic} = \frac{\sum_{j=1}^{n} \ell_{jf,ic}}{\sum_{f=1}^{F} \ell_{1f,ic} + \cdots + \sum_{f=1}^{F} \ell_{nf,ic}} \qquad (2)$$

其中，$\ell_{nf,ic}$ 为 f 经济体 n 行业的产品投入中国 i 行业所对应的列昂惕夫逆矩阵参数，c 为中国。基于贸易量的需求侧全球供应链风险为如下。

$$Gsc\_d_{ic,f} = \frac{\sum_{j=1}^{n} \ell_{ic,jf}}{\sum_{f=1}^{F} \ell_{ic,1f} + \cdots + \sum_{f=1}^{F} \ell_{ic,nf}} \qquad (3)$$

基于增加值测算供给侧和需求侧全球供应链风险只需将上式的列昂惕夫

逆矩阵参数替换为高斯逆矩阵参数。

产业数字化。根据《数字经济及其核心产业统计分类（2021）》，数字经济核心产业包括计算机通信和其他电子设备制造业、电信广播电视和卫星传输服务、互联网和相关服务、软件和信息技术服务业，这主要对应 ICIO 世界投入产出表的计算机制造业和信息服务业，因此，本文采用全球计算机制造业和信息服务业的产品投向中国各行业作为中间品的产值占行业增加值的比重作为产业数字化的代理变量。

国内市场规模。本文以行业增加值作为国内市场规模（实际值）的代理变量，为了进一步作稳健性检验，本文还以行业劳动雇佣量作为国内市场规模的稳健性指标。

控制变量。贸易开放度采用进出口总额与增加值的比值来代理，生产率指标利用增长核算法测算的 TFP 来衡量，资本深化采用实际资本存量与增加值的比重来衡量，技术差距采用各经济体与中国以购买力平价测算的劳动生产率比值来衡量，国际货运价格采用波罗的海干散货指数与经济体间海运距离的乘积作为代理变量。

数据来源。本文的数据结构为年份×行业×经济体的三维面板数据。如无特别说明，计量数据均来自 OECD1995~2018 年 ICIO 世界投入产出表，包含 67 个经济体（其中 1 个经济体为 66 个之外的世界其他地区）和 45 个行业。TFP 测算数据来自历年《中国统计年鉴》、《中国工业统计年鉴》和 WIOD 数据库 1995~2014 年社会经济核算数据。劳动生产率数据来源于 Penn World Table 10.01。经济体间海运距离数据来自 CEPII 的 EconMap 数据库。

（三）内生性问题

本文首先采用高维固定效应模型进行估计。但本计量模型可能存在内生性问题，产业数字化指标可能存在测量误差，与残差项相关，以及产业数字化与被解释变量全球供应链韧性互为因果关系，例如，产业数字化提升了全球供应链韧性，反过来，企业为了提升全球供应链韧性而推动数字化水平的提升。因此，计量模型还采用工具变量法进行估计，产业数字化的工具变量

选择美国、日本和英国 ICT 价格指数平均值的倒数，ICT 价格指数来源于 EUKLEMS & INTANProd 数据库。计量模型各指标的统计性描述如表1所示。

表1 统计性描述

变量	观测值	均值	标准差	最小值	最大值
供给侧全球供应链风险（贸易量）	28944	-7.8607	2.2863	-13.3147	-0.0494
供给侧全球供应链风险（增加值）	28944	-8.5408	1.9875	-16.1181	-0.0019
需求侧全球供应链风险（贸易量）	28944	-5.2850	1.0835	-9.7066	-0.0379
需求侧全球供应链风险（增加值）	28944	-11.7110	2.8659	-22.1298	-0.0001
产业数字化	28944	-2.7738	1.2856	-5.6109	1.1064
国内市场规模（劳动）	28944	8.6076	0.8232	6.5085	10.5328
ICT 价格指数	28944	0.2016	0.0183	0.1647	0.2742
资本产出比	28944	2.0365	0.8247	-0.0758	3.7845
双边贸易依存度	28944	-6.4053	2.5412	-15.3434	3.1062
技术差距	28944	1.3031	0.8636	-1.3520	3.1772
TFP	28944	-2.2972	0.6484	-3.6241	-0.5656
国际货运价格	28944	2.4137	0.8817	-0.4275	4.9156

注：表中的变量均取对数值。

四 实证检验分析

（一）基准结果分析

表2列示了计量模型的基准估计结果。产业数字化在控制了前向关联效应和后向关联效应后的系数为产业内效应，表2第（1）~（4）列的估计结果表明，产业数字化的产业内效应对供给侧和需求侧的全球供应链风险存在显著的正向影响，即供给侧和需求侧的全球供应链韧性下降。产业数字化一方面促进了全球供应链的深化和国际分工的复杂化，因而带来了全球供应链风险的上升和全球供应链韧性的下降。另一方面，产业数字化也会增加对单一企业或技术的依赖，增加全球供应链管理的难度和复杂性。相比基于贸

易量的全球供应链韧性,产业数字化的产业内效应对基于增加值全球供应链韧性的影响更大。

产业数字化的前向关联效应对供给侧全球供应链风险的影响显著为正,对需求侧全球供应链风险的影响显著为负,可以看出,通过全球供应链上游的数字化可以有效解决来自需求端的全球供应链风险,从而降低全球供应链韧性。产业数字化能够利用大数据较为准确地预测市场需求、优化库存管理等;也可以利用物联网技术监控物理设备,加强对供应链产品的跟踪和监控;产业数字化还可以通过建立供应链数字平台衔接供应商、制造商和分销商的信息流,增强全球供应链的协调程度。产业数字化的后向关联效应对供给侧的全球供应链风险具有显著的负向影响,对需求侧全球供应链风险具有显著的正向影响,这表明全球供应链下游的数字化能够有效化解来自供给侧的全球供应链风险,从而提升供给侧全球供应链韧性。

表2第(5)~(8)列的解释变量增加了国内市场规模和国内市场规模的平方项。估计结果显示,国内市场规模的一次项对供给侧和需求侧全球供应链风险存在显著的正向影响,国内市场规模的平方项对供给侧和需求侧全球供应链风险存在显著的负向影响,这表明,国内市场规模对全球供应链风险存在显著的先上升后下降的影响。国内市场规模增加全球供应链风险的机制是国内市场规模会促进中国进一步融入全球供应链,国外企业增加对国内的投资,国内企业也会进一步融入海外的供应链,全球供应链融入程度的提高会促使全球供应链风险的上升。国内市场规模降低全球供应链风险的机制是,中国超大规模市场能够降低国内企业对海外市场的依赖,也可以为国内外企业提供更大的增长空间、更多的投资机会,能够提供更为稳定的全球供应链网络。也就是说,国内市场规模首先在促进企业"走出去"的过程中会提升全球供应链风险,但是随着国内市场规模的进一步扩大,又能为国内企业提供降低全球供应链风险的空间。

进一步比较分析表2第(1)~(4)列和第(5)~(8)列产业数字化产业内效应的系数可知,在控制了国内市场规模的影响后,产业数字化的系数显著下降。在第（1）~（4）列不控制国内市场规模的情况下，产业数字化的系数包含通过产业数字化—国内市场规模这一机制影响全球供应链风险的影响，而第（5）~（8）列在控制了国内市场规模的影响后，产业数字化系数的变化大致反映了产业数字化通过国内市场规模影响全球供应链风险效应的大小。可以看出，产业数字化的产业内效应通过国内市场规模提升了全球供应链风险。类似地，从产业数字化的前向关联效应和后向关联效应的系数差异可以看出，产业数字化的前向关联效应通过国内市场规模能够降低全球供应链风险，而后向关联效应通过国内市场规模会轻微提升全球供应链风险，但是，总体而言，产业数字化的产业关联效应通过国内市场规模影响全球供应链风险的经济显著性较小。

（二）内生性问题

表3对计量模型利用工具变量法进行了估计。估计结果显示，在考虑了内生性问题以后，产业数字化的产业内效应对供给侧和需求侧的全球供应链风险影响不显著，甚至在第（6）列变为显著的负向影响，这表明，产业数字化的产业内效应不会增加全球供应链风险。产业数字化的前向关联效应、后向关联效应对全球供应链风险的影响同表2类似，但在考虑了内生性问题以后，系数的绝对值总体变大，即正向影响和负向影响的程度增强。这说明，在考虑了产业数字化的内生性问题以后，产业数字化提升供给侧和需求侧全球供应链韧性的效果更为显著。

第（2）、（4）、（6）、（8）列在解释变量中增加了国内市场规模，估计结果显示，国内市场规模一次项和平方项对全球供应链风险的影响同表2基本类似，即国内市场规模先提升全球供应链风险，然后再降低全球供应链风险。产业数字化的产业关联效应在考虑了国内市场规模以后，正向效应更小，负向效应的绝对值更小，即产业数字化通过国内市场规模这一渠道放大了正向影响和负向影响的幅度。从系数的大小比较看，在考虑了内生性问题以后，产业数字化通过国内市场规模影响全球供应链风险的经济显著性增强。

表 2 基准估计结果

	(1) 供给侧-贸易量	(2) 供给侧-增加值	(3) 需求侧-贸易量	(4) 需求侧-增加值	(5) 供给侧-贸易量	(6) 供给侧-增加值	(7) 需求侧-贸易量	(8) 需求侧-增加值
产业数字化	0.0413***	0.169***	0.0131**	0.254***	0.0390***	0.161***	-0.0301***	0.236***
	(0.00682)	(0.0116)	(0.00623)	(0.0129)	(0.00720)	(0.0122)	(0.00652)	(0.0136)
前向关联效应	0.0134***	0.0202***	-0.00504***	-0.0105***	0.0134***	0.0206***	-0.00489***	-0.0102***
	(0.000584)	(0.000989)	(0.000533)	(0.00110)	(0.000584)	(0.000989)	(0.000529)	(0.00110)
后向关联效应	-0.0168***	-0.0232***	0.00828***	0.0111***	-0.0168***	-0.0234***	0.00824***	0.0109***
	(0.000645)	(0.00109)	(0.000590)	(0.00122)	(0.000645)	(0.00109)	(0.000585)	(0.00122)
国内市场规模					0.241	1.835***	3.710***	2.337***
					(0.177)	(0.299)	(0.160)	(0.333)
国内市场规模平方					-0.0123	-0.0756***	-0.205***	-0.112***
					(0.0100)	(0.0170)	(0.00908)	(0.0189)
资本产出比	-0.0890***	0.0485	-0.236***	-0.0412	-0.0796**	0.287***	-0.225***	0.124**
	(0.0271)	(0.0459)	(0.0248)	(0.0511)	(0.0325)	(0.0550)	(0.0294)	(0.0612)
贸易依存度	0.0269***	0.0328***	0.0113***	0.0496***	0.0269***	0.0338***	0.0113***	0.0502***
	(0.00148)	(0.00250)	(0.00135)	(0.00278)	(0.00148)	(0.00250)	(0.00134)	(0.00278)
技术差距	1.016***	-0.532***	-0.0156	1.472***	1.016***	-0.530***	-0.0129	1.474***
	(0.0201)	(0.0341)	(0.0184)	(0.0379)	(0.0201)	(0.0340)	(0.0182)	(0.0379)
TFP	-0.0413	0.0880*	-0.161***	-0.102**	-0.0156	0.670***	-0.0761*	0.318***
	(0.0272)	(0.0461)	(0.0249)	(0.0513)	(0.0497)	(0.0841)	(0.0450)	(0.0936)
国际海运价格	-9.664***	7.047***	0.827***	-13.86***	-9.666***	7.031***	0.812***	-13.87***
	(0.193)	(0.327)	(0.176)	(0.364)	(0.193)	(0.326)	(0.175)	(0.363)
年份固定效应	是	是	是	是	是	是	是	是
行业固定效应	是	是	是	是	是	是	是	是
经济体固定效应	是	是	是	是	是	是	是	是
观测值	28200	28200	28200	28200	28200	28200	28200	28200
拟合度	0.954	0.825	0.829	0.896	0.954	0.825	0.832	0.896

注：*、**、***分别表示在10%、5%和1%的统计水平上显著，括号内的值为标准误差。

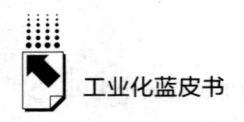

表3 工具变量法估计结果

	(1) 供给侧- 贸易量	(2) 供给侧- 贸易量	(3) 供给侧- 增加值	(4) 供给侧- 增加值	(5) 需求侧- 贸易量	(6) 需求侧- 贸易量	(7) 需求侧- 增加值	(8) 需求侧- 增加值
产业数字化	2.647 (3.828)	-0.565 (0.418)	5.354 (7.450)	-0.771 (0.698)	10.67 (14.42)	-2.035*** (0.709)	-1.856 (4.041)	1.132 (0.753)
前向关联效应	0.0172*** (0.00484)	0.0135*** (0.000909)	0.0282*** (0.00942)	0.0212*** (0.00152)	0.00889 (0.0182)	-0.00583*** (0.00154)	-0.0103** (0.00511)	-0.00665*** (0.00164)
后向关联效应	-0.0206*** (0.00429)	-0.0172*** (0.00101)	-0.0315*** (0.00834)	-0.0251*** (0.00168)	-0.00415 (0.0161)	0.00920*** (0.00171)	0.0100** (0.00452)	0.00676*** (0.00182)
国内市场规模		4.577 (3.048)		8.508* (5.087)		18.03*** (5.169)		-4.484 (5.493)
国内市场规模平方		-0.273* (0.184)		-0.479* (0.306)		-1.068*** (0.311)		0.298 (0.331)
控制变量	是	是	是	是	是	是	是	是
年份固定效应	是	是	是	是	是	是	是	是
行业固定效应	是	是	是	是	是	是	是	是
经济体固定效应	是	是	是	是	是	是	是	是
观测值	27025	27025	27025	27025	27025	27025	27025	27025
拟合度	0.718	0.943	0.926	0.786	0.266	0.236	0.798	0.882

注：*、**、***分别表示在10%、5%和1%的统计水平上显著，括号内的值为标准误差。

五 机制检验

（一）供应链冲击的效应

日本福岛在 2011 年发生地震并引发核电站泄漏，由于日本在全球供应链占有重要位置，核泄漏对日本经济和国际经济产生了较大的影响。日本是中国的主要贸易伙伴，根据国家统计局数据，2022 年中国与日本的进出口额达到 3574 亿美元。为此，本文采用动态双重差分方法研究来自日本 2011 年的供应链冲击对中国全球供应链韧性的影响，以及产业数字化和国内市场规模的作用。表 4 的估计结果显示，在控制了年份×冲击×产业数字化后，产业数字化的产业内效应对全球供应链风险影响的显著性下降，国内市场规模对全球供应链风险同样存在先上升后下降的影响，且影响的显著性增加，即当国内市场规模增加到一定程度会提高制造业全球供应链韧性。

表 4 产业数字化应对国外供应链冲击时的作用

	（1）中间品投入/总产出	（2）供给侧全球供应链风险（贸易量）	（3）供给侧全球供应链风险（增加值）	（4）需求侧全球供应链风险（贸易量）	（5）需求侧全球供应链风险（增加值）
产业数字化	0.0920 (0.0748)	0.0592 (0.0393)	0.178*** (0.0661)	0.0668* (0.0353)	0.145** (0.0734)
国内市场规模	1.564*** (0.349)	0.494*** (0.183)	1.751*** (0.308)	3.404*** (0.165)	2.162*** (0.343)
国内市场规模平方	-0.0747*** (0.0200)	-0.0244** (0.0105)	-0.0669*** (0.0177)	-0.180*** (0.00943)	-0.106*** (0.0196)
2010×冲击×产业数字化	0.0848 (0.0768)	0.0162 (0.0404)	0.0425 (0.0679)	-0.0652* (0.0363)	0.158** (0.0755)
2011×冲击×产业数字化	0.111 (0.0764)	0.0306 (0.0402)	0.0381 (0.0676)	-0.0667* (0.0361)	0.117 (0.0751)
2012×冲击×产业数字化	0.105 (0.0758)	0.0241 (0.0398)	0.0399 (0.0670)	-0.0574 (0.0358)	0.0760 (0.0744)

续表

	（1）中间品投入/总产出	（2）供给侧全球供应链风险（贸易量）	（3）供给侧全球供应链风险（增加值）	（4）需求侧全球供应链风险（贸易量）	（5）需求侧全球供应链风险（增加值）
2013×冲击×产业数字化	0.110（0.0759）	0.0336（0.0399）	0.0342（0.0671）	-0.0687*（0.0358）	0.0813（0.0745）
2014×冲击×产业数字化	0.108（0.0760）	0.0316（0.0399）	0.000587（0.0671）	-0.0701*（0.0359）	0.0897（0.0746）
2015×冲击×产业数字化	0.117（0.0761）	0.0415（0.0400）	0.0476（0.0672）	-0.0728**（0.0359）	0.0984（0.0747）
2016~2018×冲击×产业数字化	是	是	是	是	是
1995~2009×冲击×产业数字化	是	是	是	是	是
年份×冲击	是	是	是	是	是
控制变量	是	是	是	是	是
年份固定效应	是	是	是	是	是
行业固定效应	是	是	是	是	是
经济体固定效应	是	是	是	是	是
观测值	28944	28944	28944	28944	28944
拟合度	0.878	0.953	0.824	0.831	0.895

注：*、**、***分别表示在10%、5%和1%的统计水平上显著，括号内的值为标准误差。

年份×冲击×产业数字化对全球供应链风险的影响只对基于贸易量测算的需求侧全球供应链风险具有显著的负向影响。基于增加值的需求侧全球供应链风险从2010年的正向显著变为2011年以后的不显著。这说明，产业数字化在2011年福岛核电站泄漏的供应链冲击发生后对需求侧全球供应链风险发挥了化解作用，而对供给侧全球供应链风险的影响不显著，这也凸显了国内市场规模对于化解供给侧和需求侧全球供应链风险的重要性。中国向日本进口主要集中在机电、仪器设备等产品和中间品，而中国对日本出口有相当比例的轻工业产品，进口缺乏替代性，而出口容易受到日本需求的影响，产业数字化在需求侧具有发挥作用的空间。

（二）经济体异质性

表5将67个经济体分为发达经济体和发展中经济体，考察产业数字化和国内市场规模在应对全球供应链风险中的作用。估计结果显示，在控制了内生性问题以后，产业数字化的产业内效应对供给侧和需求侧全球供应链风险的正向影响大幅下降，甚至为负向影响，这说明产业数字化的产业内效应也可以化解全球供应链风险，提升全球供应链韧性。产业数字化的产业关联效应同上文的结果类似，相比较而言，产业数字化的前向关联效应对发达经济体需求侧全球供应链风险的负向影响更大，对供给侧全球供应链风险的正向影响也更小，这说明，对于来自发达经济体的全球供应链风险，中国更能通过供应链上游的数字化来化解风险，提升全球供应链韧性。产业数字化的后向关联效应对发展中经济体供给侧全球供应链风险的负向影响更大，对需求侧全球供应链风险的正向影响也更小，这说明，对于来自发展中经济体的全球供应链风险，中国更能通过供应链下游的数字化来化解风险，提升全球供应链韧性。

国内市场规模对供给侧和需求侧全球供应链风险同样存在先上升后下降的影响。从经济体差异来看，国内市场规模对来自发达经济体的全球供应链风险具有更强的负向影响，特别是对供给侧全球供应链风险负向影响较为显著。由于中国同发达经济体的贸易往来比较密切，国内市场规模更能应对来自发达经济体的全球供应链风险，特别是在目前发达经济体针对中国去风险的情况下，国内市场规模更体现了在提升全球供应链韧性方面的重要性。

（三）高技术产业与中低技术产业的差异性

表6将所有产业分为高技术产业和中低技术产业，考察产业数字化和国内市场规模在应对这两类产业全球供应链风险中的作用。高技术产业为化学、制药、计算机、机械、电气和汽车制造等产业，其他为中低技术产业。估计结果显示，产业数字化的产业内效应对供给侧制造业全球供应链风险具有较为显著的负向影响，特别是对中低技术产业的供给侧全球供应链风险

表5 发达经济体与发展中经济体的差异性检验（工具变量法）

经济体	(1)供给侧-贸易量 发达经济体	(2)供给侧-贸易量 发展中经济体	(3)供给侧-增加值 发达经济体	(4)供给侧-增加值 发展中经济体	(5)需求侧-贸易量 发达经济体	(6)需求侧-贸易量 发展中经济体	(7)需求侧-增加值 发达经济体	(8)需求侧-增加值 发展中经济体
产业数字化	-0.532*(0.304)	0.199(0.330)	-0.526(0.537)	-0.164(0.516)	-1.351***(0.437)	-1.231***(0.412)	1.277**(0.601)	0.485(0.596)
前向关联效应	0.00674***(0.000923)	0.0227***(0.00125)	0.0123***(0.00163)	0.0337***(0.00196)	-0.00766***(0.00133)	0.000344(0.00157)	-0.00694***(0.00182)	-0.0102***(0.00226)
后向关联效应	-0.0107***(0.000927)	-0.0254***(0.00133)	-0.0194***(0.00164)	-0.0316***(0.00208)	0.00801***(0.00133)	0.00665***(0.00166)	0.00665***(0.00183)	0.0116***(0.00241)
国内市场规模	4.373**(2.207)	-0.901(2.348)	6.817*(3.895)	4.094(3.676)	12.77***(3.174)	12.84***(2.937)	-5.380(4.364)	0.790(4.243)
国内市场规模平方	-0.260*(0.134)	0.0532(0.143)	-0.369*(0.237)	-0.227(0.224)	-0.766***(0.193)	-0.747***(0.179)	0.341(0.266)	0.00634(0.258)
控制变量	是	是	是	是	是	是	是	是
年份固定效应	是	是	是	是	是	是	是	是
行业固定效应	是	是	是	是	是	是	是	是
经济体固定效应	是	是	是	是	是	是	是	是
观测值	16368	11832	16368	11832	16368	11832	16368	11832
拟合度	0.952	0.952	0.774	0.857	0.444	0.695	0.873	0.905

注：*、**、***分别表示在10%、5%和1%的统计水平上显著，括号内的值为标准误差。

表6 高技术产业与中低技术产业的差异性检验（工具变量法）

经济体	(1) 供给侧- 贸易量 高技术产业	(2) 供给侧- 贸易量 中低技术产业	(3) 供给侧- 增加值 高技术产业	(4) 供给侧- 增加值 中低技术产业	(5) 需求侧- 贸易量 高技术产业	(6) 需求侧- 贸易量 中低技术产业	(7) 需求侧- 增加值 高技术产业	(8) 需求侧- 增加值 中低技术产业
产业数字化	0.0125 (0.0626)	−0.160*** (0.0492)	−0.0591 (0.105)	−0.316*** (0.0871)	0.396*** (0.0530)	−0.0697 (0.0515)	0.165 (0.113)	−0.0106 (0.0979)
前向关联效应	0.0136*** (0.000751)	0.0135*** (0.00120)	0.0202*** (0.00126)	0.0264*** (0.00212)	−0.00210*** (0.000636)	−0.00517*** (0.00126)	−0.00843*** (0.00135)	−0.0101*** (0.00239)
后向关联效应	−0.0190*** (0.000843)	−0.0144*** (0.00129)	−0.0247*** (0.00141)	−0.0278*** (0.00228)	0.00474*** (0.000714)	0.0110*** (0.00135)	0.00719*** (0.00152)	0.0166*** (0.00257)
国内市场规模	0.638 (0.463)	0.652 (0.425)	2.856*** (0.776)	4.040*** (0.753)	0.999** (0.392)	2.853*** (0.445)	3.174*** (0.832)	0.891 (0.846)
国内市场规模平方	−0.0415 (0.0300)	−0.0250 (0.0198)	−0.159*** (0.0503)	−0.168*** (0.0350)	−0.0148 (0.0254)	−0.185*** (0.0207)	−0.162*** (0.0540)	−0.0974** (0.0394)
控制变量	是	是	是	是	是	是	是	是
年份固定效应	是	是	是	是	是	是	是	是
行业固定效应	是	是	是	是	是	是	是	是
经济体固定效应	是	是	是	是	是	是	是	是
观测值	17232	10968	17232	10968	17232	10968	17232	10968
拟合度	0.955	0.960	0.825	0.844	0.841	0.830	0.907	0.901

注：*、**、***分别表示在10%、5%和1%的统计水平上显著，括号内的值为标准误差。

的负向影响更大。产业数字化的产业内效应对中低技术产业的需求侧全球供应链风险没有显著影响，对高技术产业基于贸易量的需求侧全球供应链风险具有显著的正向影响，这表明产业数字化的产业内效应对中低技术产业的全球供应链风险具有显著的化解作用。

产业数字化的产业关联效应同上文的结果类似，产业数字化的前向关联效应对需求侧全球供应链风险具有显著的负向影响，其中对中低技术产业的负向影响更大，即产业数字化的前向关联效应对中低技术产业全球供应链风险的化解作用更大。产业数字化的后向关联效应对供给侧全球供应链风险具有显著的负向影响，对高技术产业和中低技术产业全球供应链风险的影响大小基本相当，缺乏可比性。国内市场规模对供给侧和需求侧全球供应链风险同样存在先上升后下降的影响。其中，国内市场规模对需求侧全球供应链风险的负向影响更为显著，对基于增加值的供给侧全球供应链风险具有更为显著的负向影响。

六　结论与政策建议

逆全球化对全球供应链韧性带来了较大的不确定，本地化和"友岸化"是发达国家应对全球供应链风险、提升全球供应链韧性的主要手段，这对中国的全球化战略和经济发展带来了较大的负面影响，特别是制造业的竞争力关乎国家的整体竞争力。为此，本文从产业数字化和国内市场规模相互促进的角度研究化解中国制造业全球供应链风险、提升全球供应链韧性的机制，并利用1995~2018年ICIO世界投入产出表数据进行了实证检验。研究表明，产业数字化主要通过产业内效应、产业关联效应（前向关联效应和后向关联效应）影响制造业全球供应链韧性，产业数字化的产业内效应在控制了内生性问题以后对制造业全球供应链风险具有一定的化解作用，至少不会显著地提高制造业全球供应链风险。产业数字化的前向关联效应可以显著降低需求侧的制造业全球供应链风险，而后向关联效应可以显著地降低供给侧的制造业全球供应链风险。相对而言，产业数字化对来自发展中经济体和中低技术产业的制造业全球供应链风险具有更显著的化解作用。国内市场规模对制造业全球供应链风险存在显著的先上升后下降的影响，产业数字化的产业内效应通过国内市场规模提升了制造业全球供应链风险，产业数字化的产业关联效应在考虑了国内市场规模以后，正向效应更小，负向效应的绝对值更小，即产业数字化通过国内市场规模这一变量放大了正向影响和负向影响的幅度。此外，国内市场规模在应对来自发达经济体的制造业全球供应链风险时具有更大、更显著的化解作用。为此，本文提出如下政策建议。

第一，促进企业和产业数字化转型。产业数字化转型是传统企业和新兴企业提升产业数字化程度的途径，也是除多元化和本地化外化解全球供应链风险的主要手段。因此，政府应利用产业政策和财税政策激励企业加快数字化转型，鼓励企业利用最新的数字技术实现供应链升级，从而提升全球供应链的透明度、灵活性和可追溯性，提高全球供应链应对风险的能力。

第二，充分发挥国内超大规模市场优势，促进数字技术创新，培育本地化的供应链。发挥超大规模市场优势是促进中国数字技术创新的基础，也是实现供应链本地化的基础。目前国内市场规模的扩大受到区域市场分割、地方保护和城乡二元经济等因素的影响，因此，政府应继续推进区域、地方政府考核和城乡政策等方面的改革，采取切实措施扩大国内市场规模的潜力，特别是在人口总规模下降的背景下，挖掘国内超大规模市场潜力显得尤为重要。

第三，推动制造业产业集群建设和布局优化。本地化供应链的建设离不开专业化的制造业产业集群建设，政府应通过国家级规划，基于提升全球供应链韧性的角度，推动制造业产业集群建设，发挥产业集群的协调效应，提升本土供应链的敏捷性和反应能力。

第四，建设国家级全球供应链风险预警和应急机制。突发事件对全球供应链的影响近年来越来越广泛。因此，政府可以建立全球供应链风险预警和应急机制，从国家、行业和企业维度进行早期预警干预防范全球供应链中断，例如，建设国家关键物资和中间品储备和调配机制，关键技术研发战略和危机管理计划等。

第五，改善营商环境，积极参与全球供应链合作。虽然美国等发达国家

针对中国进行去风险，但中国应一如既往地促进经济的全球化，通过改善营商环境积极参与全球供应链合作，加强与世界其他经济体在政策、标准和信息方面的合作，提高全球供应链的稳定性和韧性。

参考文献

拉尔夫·戈莫里、威廉·鲍莫尔：《全球贸易和国家利益冲突》，文爽、乔羽译，中信出版社，2018。

黄阳华、吕铁：《深化体制改革中的产业创新体系演进——以中国高铁技术赶超为例》，《中国社会科学》2020年第5期。

欧阳峣、汤凌霄：《大国创新道路的经济学解析》，《经济研究》2017年第9期。

Acemoglu D., "Directed Technical Change," *Review of Economic Studies*, 2002, 69 (4): 781-809.

Aiyar S., Chen J., Ebeke C., et al., "Geoeconomic Fragmentation and the Future of Multilateralism," IMF Staff Discussion Note SDN/2023/01.

Agrawal A. K., McHale J., Oettl A., "Artificial Intelligence and Scientific Discovery: A Model of Prioritized Search," NBER Working Paper No. 31558, 2023.

Alessandria G., Khan S. Y., Khederlarian A. et al., "The Aggregate Effects of Global and Local Supply Chain Disruptions: 2020-2022," NBER Working Paper No. 30849, 2023.

Baldwin R., Freeman R., "Risks and Global Supply Chains: What We Know and What We Need to Know," *Annual Review of Economics*, 2022 (14): 153-180.

Baldwin R. "Globotics and Macroeconomics: Globalisation and Automation of the Service Sector," NBER Working Papers 30317, 2022.

Baldwin R., Freeman R., "Theodorakopoulos A. Horses for Courses: Measuring Foreign Supply Chain Exposure," NBER Working Paper No. 30525, 2022.

Campos R. G., Estefania-Flores J., D. Furceri et al., "Geopolitical fragmentation and trade," *Journal of Comparative Economics*, 2023.

Cerdeiro, D. A., Mano R., Eugster J., et al., "Sizing Up the Effects of Technological Decoupling," IMF Working Papers, 21/69.

Hubs, Supply Chain Resilience Report 2023: Industry Trends and Supply Chain Strategy for Manufacturing, https://www.hubs.com, 2022.

McKinsey Global Institute, Lund S., et al., "Risk, Resilience, and Rebalancing in Global Value Chains," https://www.mckinsey.com, 2020.

专题二　绿色化：新型工业化的生态底色

B.10
中国县域碳排放强度的动态演化
——来自可解释机器学习的新证据

俞　剑　蔡铉烨　苏　治　梁龙跃*

摘　要： 县域作为中国实现"双碳"目标的最小行政单元，是经济发展和产业转移的基本空间单元和承载体。厘清县域碳排放强度动态演化过程的非线性特征，对于推动经济绿色低碳转型与高质量发展具有重要意义。本文基于中国1997~2017年县域面板数据，采用人工神经网络、随机森林、LightGBM和XGBoost等4种机器学习模型拟合宏观因素对碳排放强度的影响，并运用累积局部效应模型提取各影响因素的特征重要性及其影响曲线。研究结果表明，县域宏观因素对碳排放强度的影响具有显著的非线性特征，其边际碳排放强度效应

---

* 俞剑，中央财经大学经济学院副教授、硕士生导师；蔡铉烨，中央财经大学统计与数学学院博士研究生；苏治，中央财经大学统计与数学学院教授、博士生导师；梁龙跃，贵州大学经济学院副教授、硕士生导师。

随着县域经济发展而改变。同时，宏观因素的非线性影响会根据县域的资源禀赋水平而产生差异，县域资源禀赋越丰裕，其宏观因素的边际碳强度效应越高。因此，推动碳减排需要政府关注地方资源禀赋差异，统筹地方经济发展与碳减排，避免因减排牺牲发展。

关键词： 县域经济　碳排放　机器学习　可解释机器学习算法

一　引言

改革开放以来，中国经济发展取得了长足进步，国内生产总值由1978年不到4000亿元增长至2021年的114万亿元[①]。但过度依赖自然资源，不是一条可行、可持续的发展路径，中国亟须探索一条适合本国国情的绿色低碳发展道路。为应对全球气候变化，中国政府明确规定了二氧化碳减排目标的设计路线和时间表，提出到2030年非化石能源消费比重达到25%左右，单位国内生产总值二氧化碳排放比2005年下降65%以上并实现碳达峰，到2060年实现碳中和[②]。目前，中国是世界上最大的碳排放国家，并且仍处在快速工业化和城市化阶段，碳排放总量不断升高。如何既能推动经济高质量发展，又能实现绿色低碳转型是当前中国经济面临的巨大挑战。

顺利实现碳达峰与碳中和目标的关键是给不同级别的行政单元制定科学、合理的二氧化碳减排任务。行政命令式减排手段通常采用自上而下的方式逐级分解碳减排任务，并且在各级行政主体的博弈与讨价还价中确定各自的减排任务和目标。这种方式虽然行之有效，但是缺乏公平性。碳排放权本身也是一种经济发展的权利，不恰当的碳减排任务分配，不仅会加大政策执行的难度，使碳减排效果大打折扣，而且还会加剧区域经济发展的不平等，

---

① 数据来源：《中国统计年鉴》。
② 《国务院关于印发2030年前碳达峰行动方案的通知》，2021年。

不利于县域高质量发展和共同富裕的实现。如何在经济发展与碳减排目标之间实现动态平衡，既能保证碳减排任务的顺利完成，又能避免出现区域不平等现象，破解之道乃是在最小的行政单元（即县域尺度）上准确掌握碳排放的演变规律、精细刻画县域尺度下碳排放时空演变特征及其影响因素，为国家促进绿色低碳转型和区域平衡协调发展，提高节能减排政策的科学性、针对性和可操作性提供切实有效的决策依据。

2022年5月，党中央、国务院印发《关于推进以县城为重要载体的城镇化建设的意见》，意见指出，县域是经济发展和产业转移的基本空间单元和承载体，是未来城镇化发展的重要方向，是国民经济发展与制度创新的重要推动力。据统计，截至2021年，中国县域经济总量占全国经济总量的近40%，县域常住人口为2.5亿人，占全国城镇常住人口9.1亿人的27%[①]。虽然县域经济在国内具有举足轻重的重要地位，不同县域的经济发展水平、能源消费结构却截然不同。因此，基于不同地域、不同资源禀赋和不同发展水平的县域经济特征，深刻揭示中国县域碳排放强度的动态演变特征及其影响因素有着重要的现实意义与政策指导价值。通过探索在能源需求总量不断增长情况下的县域绿色低碳转型之路，以此来实现"双碳"目标和经济高质量发展，这既能给中国能源结构转型带来有益的启示，也可为其他新兴经济体与发展中经济体参与全球共同减排提供宝贵的中国经验。

本文基于中国1997~2017年县域面板数据，采用人工神经网络、随机森林、LightGBM和XGBoost等4种机器学习模型拟合宏观因素对碳排放强度造成的影响，并运用累积局部效应模型提取各影响因素的特征重要性及其影响曲线。研究结果表明，县域宏观因素对碳排放强度的影响具有显著的非线性特征，其边际碳排放强度效应会随着县域经济发展而改变。异质性分析发现，资源丰裕的县域拥有更大的减碳潜力和更丰富的减碳路径选择。在制定碳减排任务时需要充分考虑县域资源禀赋的差异，避免因采取一刀切式政策带来碳减排任务分配不公平问题，消除县域经济绿色低碳转型和高质量发展的诸多障碍。

---

① 数据来源：《中国县域工业经济发展报告（2023年）》。

二 理论模型与机器学习模型

（一）理论模型

IPAT 模型是分析环境变化影响因素的经典模型之一，最早由 Ehrlich 和 Holdren 于 1971 年提出。该模型描绘了人口规模、经济发展与技术进步对环境的影响，长期以来被广泛运用于碳减排领域的研究。IPAT 模型的一般形式表示如下。

$$I = PAT \tag{1}$$

其中，I 代表环境影响，P 为人口规模，A 为富裕程度，T 为技术水平。该模型为环境变化的影响因素研究提供了重要的分析范式。但是，IPAT 模型设定过于简单，导致其在分析复杂的现实问题时存在较为严重的缺陷。为克服这一问题，Dietz 和 Rosa[①] 通过引入指数控制参数的方法构建了 STIRPAT 模型，其一般形式表示如下。

$$I = a P^b A^c T^d \varepsilon \tag{2}$$

其中，I 表示人类活动导致的环境影响，P 为人口规模，A 为富裕程度，T 为技术水平。a 是常数，b，c，d 分别为人口规模、富裕程度和技术水平的指数控制参数，ε 为随机误差项。在引入控制参数后，STIRPAT 模型可以很好地应用于较为复杂的现实问题分析中，反映各种因素对环境的不平等比例影响。在通常情况下，STIRPAT 模型需要进行对数化处理，如下。

$$\ln I = a + b\ln P + c \ln A_{i,t} + d\ln T + \ln\varepsilon \tag{3}$$

本文在方程（3）的基础上对 STIRPAT 模型进行拓展，引入城市规模因子（N）、产业结构因子（S）和财政平衡因子（F），并将富裕程度分解为

[①] Dietz T., Rosa E. A., "Rethinking the environmental impacts of population, affluence and technology," *Human Ecology Review*, 1994, 1 (2): 277-300.

人均 GDP（A_1）、储蓄率（A_2）和债务率（A_3），将技术水平分解为机械化水平（T_1）、工业化水平（T_2）和数字化水平（T_3）。县域 i 第 t 期对应的拓展后 STIRPAT 模型可以表示为：

$$I_{it} = a\, P_{it}^{\beta_P} N_{it}^{\beta_N} S_{it}^{\beta_S} F_{it}^{\beta_F} \times (A_{1it}^{\beta_{A1}} A_{2it}^{\beta_{A2}} A_{3it}^{\beta_{A3}}) \times (T_{1it}^{\beta_{T1}} T_{2it}^{\beta_{T2}} T_{3it}^{\beta_{T3}}) \times \varepsilon_{it} \tag{4}$$

现有研究显示，中国区域碳排放强度存在显著的时间异质性和空间异质性[①]。因此，对处在省份 j 的县域 i 进行建模时，需要在 STIRPAT 模型中添加省份固定效应 a_j 和时间趋势项 T，得到 STIRPAT 固定效应模型如下。

$$I_{i,t} = a_{prov}\, T^{\beta_t} P_{i,t}^{\beta_P} N_{i,t}^{\beta_N} S_{i,t}^{\beta_S} F_{i,t}^{\beta_F} \times (A_{1i,t}^{\beta_{A1}} A_{2i,t}^{\beta_{A2}} A_{3i,t}^{\beta_{A3}}) \times (T_{1i,t}^{\beta_{T1}} T_{2i,t}^{\beta_{T2}} T_{3i,t}^{\beta_{T3}}) \times \varepsilon_{i,t} \tag{5}$$

对方程（5）取自然对数可得：

$$\begin{aligned}\ln I_{i,t} =&\ \ln\alpha_{prov} + \beta_0 \ln T + \beta_1 \ln P_{i,t} + \beta_2 \ln N_{i,t} + \beta_3 \ln S_{i,t} + \beta_4 \ln F_{i,t} + \\ &\ \beta_5 \ln A_{1i,t} + \beta_6 \ln A_{2i,t} + \beta_7 \ln A_{3i,t} + \beta_8 \ln T_{1i,t} + \beta_9 \ln T_{2i,t} + \\ &\ \beta_{10} \ln T_{3i,t} + \ln \varepsilon_{i,t}\end{aligned} \tag{6}$$

尽管对数形式 STIRPAT 固定效应模型没有充分体现输入特征和碳排放强度之间复杂的非线性关系，但其仍然为本文的实证研究与理论分析提供了重要的参考依据。考虑到机器学习算法无须对特征进行对数化处理即可拟合其非线性影响，本文将 STIRPAT 固定效应模型与机器学习模型 f_{ML} 融合为以下形式。

$$I_{i,t} = f_{ML}(prov, T, P_{i,t}, N_{i,t}, S_{i,t}, F_{i,t}, A_{1i,t}, A_{2i,t}, A_{3i,t}, T_{1i,t}, T_{2i,t}, T_{3i,t}) \tag{7}$$

在方程（7）中，本文将 STIRPAT 模型的思想与机器学习算法的优势相结合，从而充分拟合各输入特征对碳排放强度的非线性影响，避免了线性模型造成的拟合偏误问题。

（二）机器学习模型

在拟合碳排放强度动态演化的过程中，为降低因模型选择带来的拟合偏误，

[①] 刘志红、王艺明：《"省直管县"改革能否提升县级财力水平》，《管理科学学报》2018 年第 10 期。

本文采用了人工神经网络（ANN）、随机森林（Randon Forest）、LightGBM 和 XGBoost 等 4 种机器学习模型分别对数据进行拟合，从而使 4 种不同类型算法的实证结果可以相互验证，确保回归结果的稳健性和可靠性。为进一步分析碳排放强度的动态演化过程，本文还引入了可解释机器学习模型用于提取各影响因素对碳排放强度的影响曲线。

三 实证分析

（一）数据处理、变量选择与描述性统计

本文的县域宏观因素数据来源于 1998~2018 年中国县域统计年鉴，县域碳排放强度等于县域碳排放量除以地区生产总值，其中，县域碳排放量数据来自 Chen 等[①]计算的 1997~2017 年中国县级碳排放数据，他们根据粒子群优化-反向传播（PSO-BP）算法统一了 DMSP/OLS 和 NPP/VIIRS 卫星图像的规模，估算了 1997~2017 年中国 2735 个县的碳排放量。

变量选择方面，本文结合现有文献的分析结果，选择了以下各类变量进行实证研究。人口规模 P 的输入特征由人口水平来表示，采用县域户籍人口来刻画县域人口水平。富裕程度 A 的输入特征包括实际人均 GDP、居民储蓄率和债务率。居民储蓄率等于居民储蓄存款余额除以地区生产总值，债务率等于县域年末金融机构各项贷款余额与地区生产总值的比值，反映了当地政府、企业和居民的总体债务水平。技术水平 T 的输入特征包括机械化水平、工业化水平、数字化水平。其中，机械化水平表示为县域农业机械总动力与行政区域面积之比，工业化水平采用县域规模以上工业总产值与地区生产总值之比来表示，数字化水平表示为固定电话用户数除以户籍人口。其他输入特征还包括城市规模、产业结构和财政平衡。城市规模为县域行政区

[①] Chen J., Gao M., Cheng S., et al., "County-level co2 emissions and sequestration in China during 1997-2017: 1," *Scientific Data*, 2020, 7 (1): 391.

域面积，产业结构等于第二产业增加值与第一产业增加值的比值，财政平衡为财政一般预算支出与一般预算收入的比值。此外，本文采用县域所在省份的 GDP 平减指数（1997 年 = 1），对地区生产总值、居民储蓄存款余额、年末金融机构各项贷款余额、第一产业增加值、第二产业增加值以及规模以上工业总产值等数据进行去价格化处理，GDP 平减指数取自中国国家统计局。为充分保证数据的可靠性，本文剔除了数据中各输入特征的异常值，并对存在的少量数据缺失按照以县域为主体，采用空缺数据的相邻年份数据进行线性插补处理。最终得到 1700 个县域长达 21 年共 35700 条观测值，相关变量的描述性统计如表 1 所示。

表 1　数据描述性统计

变量	单位	总计	均值	标准差	最小值	中位数	最大值
城市规模	平方公里	35700	3735	8753	4.00	2013	208226
人口水平	万人	35700	48.98	34.66	1.00	40.00	247.00
实际人均 GDP	元	35700	4946	4423	449	3670	63813
债务率	—	35700	0.58	0.36	0.00	0.50	5.47
储蓄率	—	35700	0.65	0.33	0.00	0.59	5.65
产业结构	—	35700	2.95	4.72	0.02	1.52	79.41
财政平衡	—	35700	4.68	5.65	0.19	3.05	152.8
机械化水平	万千瓦/平方公里	35700	0.02	0.04	0.00	0.01	2.50
工业化水平	—	35700	0.87	0.76	0.00	0.67	20.29
数字化水平	固定电话数/人	35700	1293	1078	1.30	1030	41245
碳排放强度	吨/万元	35700	10.59	11.14	0.00	7.81	194.6

在模型训练前，本文使用了"最大-最小"（Max-Min）归一化方法将特征数据缩放至 [0, 1] 区间，从而确保其训练过程中不会产生较大的梯度爆炸和梯度消失问题。此外，考虑到 ALE 模型的结果对于数据特征之间的相关性有要求，即特征之间的共线性较弱时，其解释结果和特征影响曲线才能真实反映特征对目标变量的影响，本文为此进行了输入特征相关系数的计算，具体如图 1 所示。结果发现，输入特征之间的共线性较弱，ALE 模型产生的偏误较小，这一结果确保了后续实证检验中影响曲线的真实性和可靠性。

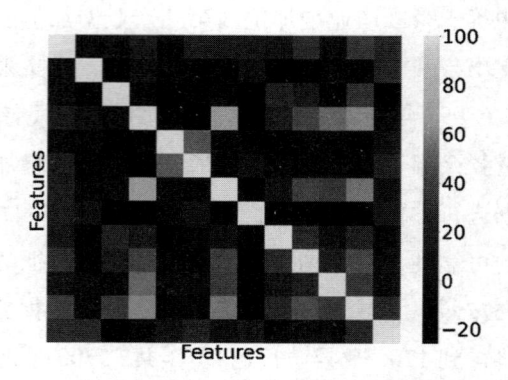

图 1 输入特征的相关系数热力图

考虑到模型的样本内与样本外表现可能存在差异，本文进一步将数据划分为训练集和测试集两部分（以便交叉验证），从而检验模型在样本外数据的表现。本文选择最为常见的随机分组交叉验证方法，通过不放回随机抽样将数据划分为训练集（90%样本量）和测试集（10%样本量），考虑到碳排放强度数据本身存在时间层面的连续性，同时为了避免数据在时间维度上的泄露问题（即"未来数据训练模型，过去数据测试模型"），本文额外补充了按时间划分数据的时间交叉验证方法，即按时间顺序将数据划分为训练集（1997~2016年）和测试集（2017年）。采用以上两种交叉验证方式，一方面检验了县域碳排放强度在时间维度上是否存在关联性，另一方面也提升了本文实证过程的稳健性，从而确保实证结果的真实可靠。

（二）模型评价

表2报告了4种模型基于网格搜索（Grid Search）方法在训练集进行超参数调优后，在两种不同交叉验证数据分组方式下的样本外测试结果。鉴于数据的面板特征和截面特征，模型评价指标方面选取了均方根误差（Root Mean Square Error，RMSE）、平均绝对误差（Mean Absolute Error，MAE）、平均绝对百分比误差（Mean Absolute Percentage Error，MAPE）和 R^2 用于模型表现的评估。

表 2　模型样本外拟合精度

时序分组	RMSE	MAE	MAPE	R^2
ANN	0.0376	0.0197	0.2767	80.88
Random Forest	0.0425	0.0203	0.2921	75.52
LightGBM	0.0368	0.0170	0.2146	81.67
XGBoost	0.0399	0.0175	0.2196	78.48
随机分组	RMSE	MAE	MAPE	R^2
ANN	0.0161	0.0071	0.1887	92.43
Random Forest	0.0243	0.0107	13.3503	82.75
LightGBM	0.0172	0.0074	3.1157	91.34
XGBoost	0.0201	0.0081	4.5283	88.21

总体而言，4 种模型的拟合精度较高，验证了本文所采用的拓展 STIRPAT 模型可以有效指导县域碳排放强度数据的拟合。但是，在随机分组情况下，所有模型的样本外拟合精度都要优于时序分组结果，反映出县域碳排放强度数据存在明显的时空连续性。随机分组由于将所有年份的数据混合分组产生了时间维度上的"数据泄露"问题，因此，本文仅讨论时序分组下模型的拟合情况和可解释分析结果。

具体到每一种模型，基于时序分组下的实证结果可以发现，LightGBM 的数据拟合情况最好，其样本外测试结果在 4 种评价指标下均为最优。其次是 ANN、XGBoost 和表现最为一般的随机森林。尽管 4 种模型之间的表现存在差距，但表现最差的随机森林的样本外 R^2 仍然达到 75.52%，这意味着在全部 4 种模型中，宏观因素均对县域碳排放强度的拟合产生了重要影响。为进一步分析各宏观因素如何影响碳排放强度动态演化，本文运用 ALE 模型对 4 种模型的拟合结果进行了可解释性分析，得到了各个输入特征对模型输出结果的特征重要性及其影响曲线。

（三）可解释性分析

ALE 模型计算得到的初始结果为每一个输入特征的影响曲线，无法被直接用于特征之间的重要性对比。因此，为衡量输入特征的重要性，计算了

每一个特征的 ALE 曲线的极值之差用于体现输入特征对输出结果的重要性水平：

$$ALE\_Range(x) = \max[\hat{f}_{j,ALE}(x)] - \min[\hat{f}_{j,ALE}(x)] \tag{8}$$

基于 ALE 极差计算得到的特征重要性如表 3 所示。

表 3 特征重要性

ALE Range	ANN	占比(%)	Random Forest	占比(%)	LightGBM	占比(%)	XGBoost	占比(%)
城市规模	0.092	12.7	0.181	40.3	0.145	34.1	0.078	24.5
人口水平	0.039	5.3	0.025	5.5	0.051	12.0	0.041	13.0
实际人均 GDP	0.083	11.5	0.022	4.9	0.060	14.0	0.044	13.8
年份	0.052	7.2	0.028	6.2	0.045	10.6	0.040	12.6
储蓄率	0.153	21.1	0.142	31.4	0.043	10.1	0.045	14.1
财政平衡	0.015	2.1	0.004	0.9	0.022	5.2	0.012	3.8
债务率	0.084	11.6	0.023	5.0	0.019	4.4	0.017	5.4
机械化水平	0.050	6.9	0.008	1.8	0.017	4.0	0.016	5.0
产业结构	0.017	2.3	0.005	1.2	0.012	2.8	0.013	4.0
数字化水平	0.007	0.9	0.003	0.6	0.007	1.7	0.005	1.6
工业化水平	0.132	18.3	0.009	2.1	0.006	1.3	0.006	2.0

结果表明，4 种模型的重要特征各有侧重。ANN 模型的重要特征包括储蓄率、工业化水平、城市规模、债务率以及实际人均 GDP，主要反映了经济增长（实际人均 GDP）、工业化水平、投资水平（储蓄率和债务率）以及城市规模对碳排放强度的影响。LightGBM 和 XGBoost 模型的结果比较接近，其重要特征包括城市规模、人口水平、实际人均 GDP、年份以及储蓄率。与 ANN 的结果相比，这两种模型更偏重于城市规模和人口水平的影响以及碳排放强度的趋势变化（年份）。相比于上述三种模型，随机森林的重要特征只有城市规模和储蓄率，其反映的信息更加集中于城市规模和投资水平（储蓄率）。尽管侧重点有所不同，4 种模型均反映了 STIRPAT 模型中的富裕程度、人口因素和技术水平对碳排放强度的重要影响。

信息提取模式方面，4 种模型根据其内置算法的特点，展现出在相似拟合水平下不同的特征信息提取模式。其中，ANN 模型对于各变量中蕴含的信息提取最为全面，共 5 个特征的 ALE 极差占比在 10%~25%，且最高不超过 21.1%。与之相反的则是随机森林模型，其信息提取主要集中在城市规模和储蓄率两个特征，ALE 极差占比分别达到 40.3% 和 31.4%。LightGBM 和 XGBoost 的重要特征较为相似，但在 ALE 极差占比的差异仍反映出 LightGBM 提取信息更为集中、XGBoost 提取信息更为全面的特点。具体到每一个特征的影响曲线，本文选取了经济意义较为重要以及实证结果较为关键的变量进行详细分析，包括城市规模、人口水平、实际人均 GDP、年份、储蓄率和产业结构，如图 2 所示。

其中，x 轴为各输入特征，y 轴为中心化 ALE 值 $\hat{f}_{j,ALE}(x)$，反映了输入特征对碳排放强度增长的贡献（即碳强度效应）。因此，为了更清晰地描述影响曲线中碳排放强度与各输入特征之间的关系，本文参考杨子晖等（2019）的处理，将边际碳强度效应定义如下。

$$\text{边际碳强度效应} = \left| \frac{\partial \hat{f}_{j,ALE}(x)}{\partial x} \right| \tag{9}$$

根据上述定义，边际碳强度效应体现了影响曲线中输入特征对碳排放强度影响的变化率。加入绝对值处理则是为了避免讨论正（负）边际碳强度效应时可能产生的方向混淆问题。此外，类似于微观经济学中消费的边际效用递增（递减），在碳排放强度的动态演化过程中存在边际碳强度效应递增（递减）的情况，即随着单位输入特征 x 的增加，$\hat{f}_{j,ALE}(x)$ 的增加值增大（减少）。

具体来看，对碳排放强度有正向影响的特征包括城市规模、年份、储蓄率和产业结构，有负向影响的特征则包括人口规模和实际人均 GDP。在正向影响因素中，城市规模和储蓄率呈现对碳强度效应接近于线性的正向影响，年份时间趋势和产业结构的变化则表现出显著的非线性特征。在负向影响因素当中，人口水平和实际人均 GDP 的影响曲线均呈现非线性特征。通过对影响曲线的分析可以发现如下几点。

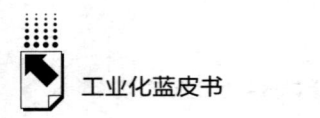

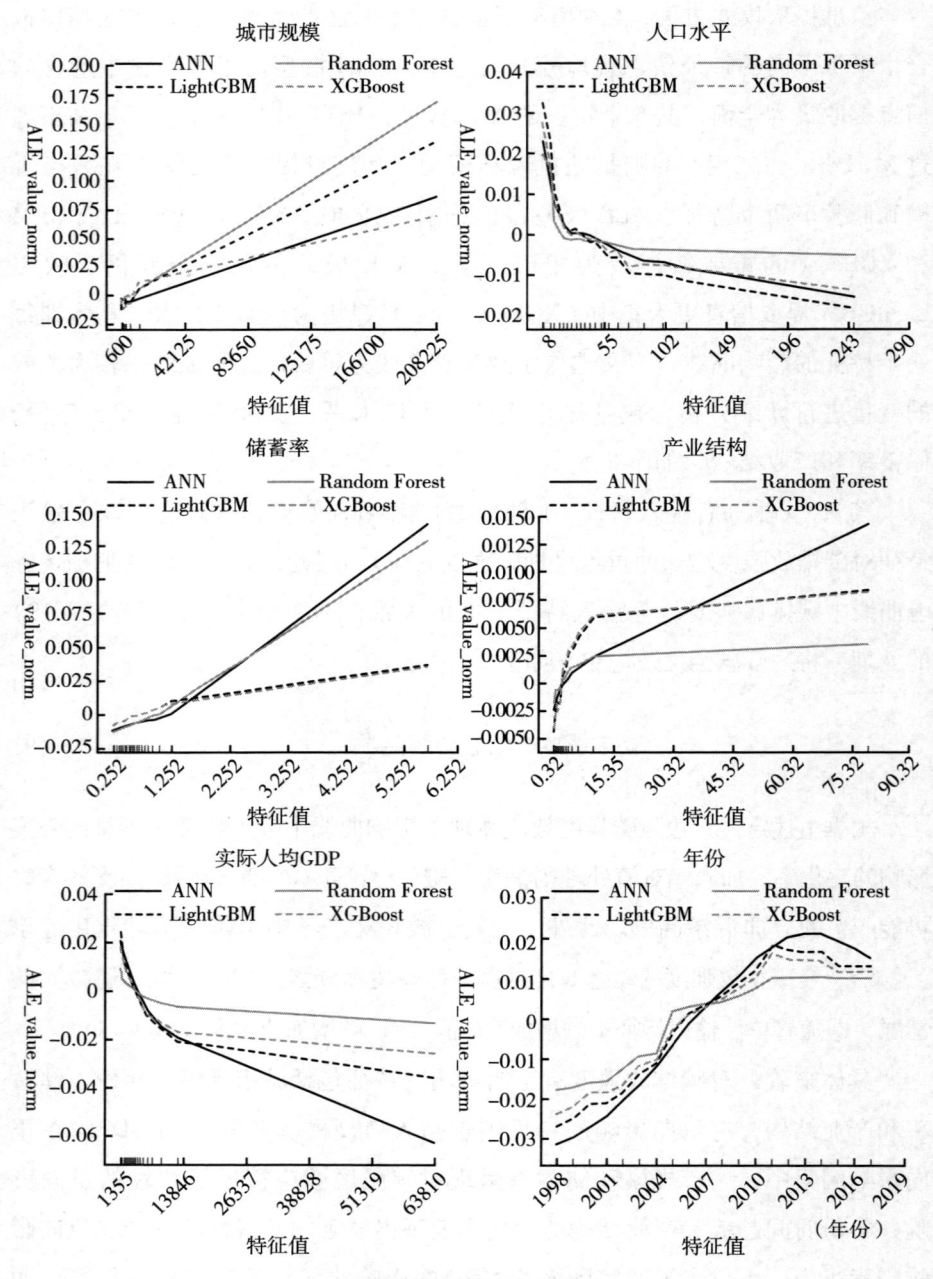

图 2 重要特征影响曲线

（1）在同等条件下，县域规模越大，则县域资源分配越分散。过大的县域规模降低了县域经济发展过程中的规模效应并提高了生产成本，进而导致碳排放强度上升，激化了经济发展与碳减排之间的矛盾。

（2）在经济增长理论中，储蓄驱动是区域投资规模扩张、经济快速增长的重要动力。根据库兹涅茨曲线可知，经济增长与碳排放之间存在倒 U 形关系，表明在经济增长的初期，投资规模的扩大促进了重工业产业的发展并带来碳排放的显著上升。由于中国县域发展水平相对较低，县域经济大多处于库兹涅茨曲线的倒 U 形前半段，因而县域碳排放强度整体随着经济发展而上升。

（3）年份反映了整体县域碳排放水平的趋势变化情况，一定程度上体现了技术进步对县域碳排放强度的影响。魏巍贤和杨芳[1]的研究结果表明，技术进步对碳排放的影响具有双重效应，即加速经济体工业化进程的结构效应，以及对经济体生产效率和资源利用效率的提升效应。对于发展水平较低的地区，结构效应对于碳排放的影响远大于效率提升效应带来的减排效应。因此，时间趋势的影响曲线整体呈现边际碳强度效应先减后增的倒 U 形曲线，与吕康娟和何云雪[2]的研究结论一致。

（4）产业结构则主要体现了县域经济对不同产业的偏重程度。第二产业发展导致的碳排放强度增长非常显著，也是影响县域碳排放强度的重要因素。这使县域第二产业发展初期的影响曲线十分陡峭，边际碳强度效应较高，对环境造成了巨大影响。而随着第二产业的比重持续不断提高，县域在发展过程中变得更加注重环境保护和节能减排，从而使产业结构的边际碳强度效应呈现递减趋势。因此，对于有着较高第二产业比重的县域而言，进一步推动其第二产业发展所带来的碳排放强度增长和环境污染将会有所缓解。

（5）人口水平增长所产生的规模效应和聚集效应对碳排放强度有着显著的负向影响。但是，基于本文的实证结果可以发现，这种负向影响会在人口不断增长的过程中逐步放缓并趋于稳定，边际碳强度效应总体呈递减趋

---

[1] 魏巍贤、杨芳：《技术进步对中国二氧化碳排放的影响》，《统计研究》2020 年第 7 期。
[2] 吕康娟、何云雪：《长三角城市群的经济集聚、技术进步与碳排放强度——基于空间计量和中介效应的实证研究》，《生态经济》2021 年第 1 期。

势。规模效应和聚集效应摊薄了城市公共基础设施的人均成本，同时也为城镇化水平较高的县域创造了更多的碳减排空间，使其更容易处理好城市发展与碳减排之间的关系。

（6）实际人均GDP代表着县域经济发展水平，但不同于经济总体规模的是，它主要反映了经济发展的效率和模式。根据影响曲线可以发现，实际人均GDP的增长对于碳排放强度存在负向影响，即经济发展效率提升和发展方式优化可以有效降低碳排放强度，这与Liu等[1]的实证结论一致。从边际碳强度效应的角度来看，实际人均GDP的影响曲线斜率经历了一个由陡峭到平缓的过程，存在明显的边际碳减排效应递减特征。这意味着在经济发展模式向绿色低碳转型过程的前期，经济转型带来的碳减排效果十分显著，而当经济转型发展进入后期时，其碳减排作用则相对有限。

（四）资源禀赋对动态演化过程的影响

在上述结果的基础上，本文进一步考察了资源禀赋差异对县域碳排放强度动态演化过程的影响，即根据县域所在省份的能源资源储备情况，将县域分为资源丰裕和资源匮乏两组，并分别作为训练样本分组拟合数据。

本文参考姜磊和季民河[2]的处理，根据国家统计局公布的2016年全国各省（区、市）能源剩余技术可采储量分别为各省（区、市）的煤炭、石油和天然气储备进行排序打分，并按照目前所能获得的最新年份（2016年）中国一次能源消费结构比例作为加权系数，计算各省（区、市）的能源禀赋综合得分。资源禀赋综合得分的计算过程如下。

$$资源禀赋综合得分 = 煤炭 \times 0.715 + 石油 \times 0.215 + 天然气 \times 0.07 \quad (10)$$

综合得分排在前10名的省份被定义为资源丰裕省份，其他省份则被定义为资源匮乏省份，然后采用全样本回归表现最好的LightGBM模型进行数

---

[1] Liu J., Li S., Ji Q., "Regional differences and driving factors analysis of carbon emission intensity from transport sector in China," *Energy*, 2021, 224: 120-178.

[2] 姜磊、季民河：《基于空间异质性的中国能源消费强度研究——资源禀赋、产业结构、技术进步和市场调节机制的视角》，《产业经济研究》2011年第4期。

据拟合。数据分组后，资源丰裕的县域共有 16863 条观测值，资源匮乏的县域共有 18837 条观测值，回归结果如表 4 所示。

表 4 资源禀赋分组回归拟合精度

	RMSE	MAE	MAPE	R^2
资源丰裕	0.048	0.024	0.244	0.802
资源匮乏	0.026	0.013	0.190	0.812

可以发现，资源匮乏组回归结果在 RMSE、MAE 和 MAPE 指标上的表现优于全样本回归结果，而资源丰裕组回归结果在全部指标上的表现均差于全样本和资源匮乏组的回归结果，这也意味着全样本回归模型中的拟合误差更多地来自资源丰裕组样本。在两种分组数据量较为接近的情况下，这种拟合结果可能是由于资源丰裕组产业更加多样化、经济发展更好，造成样本点在样本空间中较为分散，模型无法有效捕捉样本间的共性特点。为了更详细地比较两组数据的县域碳排放强度动态演化特征，本文将两组回归的重要特征影响曲线进行对比，具体结果如图 3 所示。

两组回归的重要特征影响曲线整体与全样本回归结果较为相近，佐证了具有不同资源禀赋的县域的碳排放强度动态演化过程具备一致性。但是，通过对比可以发现，不论是正向还是负向影响因素，均存在资源丰裕组曲线的边际碳强度效应大于资源匮乏组的情况，即在相同的关键因素增量影响下，资源丰裕的县域碳排放强度变化更为剧烈，碳排放强度动态演化更加敏感，换言之，资源禀赋起到了某种"放大器"的作用。因此，在资源禀赋的影响下，资源丰裕县域有着更大的减碳空间、更丰富的减碳方案选择以及更宽松的碳减排政策实施环境。相比之下，对于资源匮乏县域而言，产生与资源丰裕县域相同的减碳效果需要付出更大的经济代价。因此，中国在推行碳减排任务时需要综合考虑县域的资源禀赋条件，避免因不恰当碳减排任务分配导致的区域经济发展不平等问题，尽量消除阻碍县域高质量发展和共同富裕的不利因素。

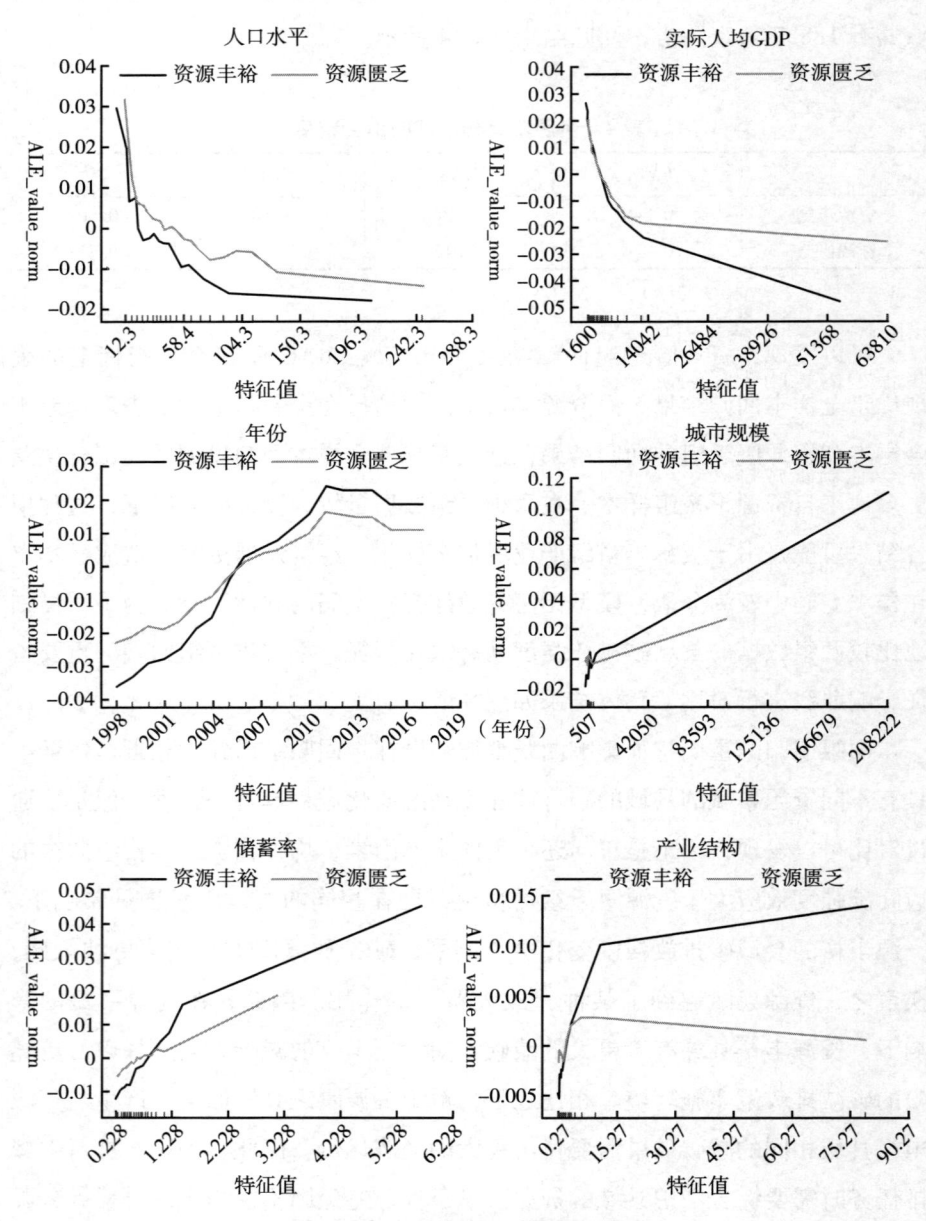

图3 资源禀赋分组回归影响曲线

四 结论与政策建议

县域作为中国碳减排任务的最小行政单元，其碳减排工作的推进对于中国顺利实现碳达峰与碳中和目标有着重要意义。然而，碳排放强度动态演化相关研究大多聚焦于国家、省域和城市层面，缺乏基于县域视角的讨论与分析，忽视了全国碳减排任务分解至县域层面时可能存在任务分配不公平问题。从研究方法看，作为现有文献的主要数据拟合工具，面板模型和空间计量模型内置的大量前提假设使其对于数据的拟合精度较低、非线性拟合能力较差，这不利于相关研究判断各影响因素与碳排放强度之间的真实关系，甚至会影响碳减排政策的制定和实施。

本文基于中国1997~2017年县域碳排放强度数据，采用拓展的STIRPAT模型作为理论基础，并结合机器学习与可解释机器学习模型对县域碳排放的动态演化过程进行研究。实证结果表明如下几点。①4种机器学习模型以较高精度对县域碳排放强度数据进行了拟合，验证了拓展STIRPAT模型和机器学习模型用于分析县域碳排放数据的可行性。②不同机器学习模型对于各影响因素的重视程度存在信息偏好，其信息提取过程存在共性和差异。经济增长、城市规模以及时间趋势相关特征所蕴含的信息在全部模型中均得到充分体现，而技术水平和财政平衡情况等因素中的信息则较少被使用。③通过提取各输入特征的影响曲线，本文进一步分析了县域宏观因素对碳排放强度动态演化的非线性影响。技术进步、产业结构、人口水平和实际人均GDP的影响曲线呈现明显的非线性变化过程，这一方面显示出各影响因素的边际碳强度效应存在动态变化，另一方面则反映了线性方法对于碳排放强度的拟合存在偏误。④通过区分县域的资源禀赋可以得出，资源禀赋在县域碳强度动态演化过程中起到了"放大器"的作用。相比于资源匮乏县域，资源丰裕县域在碳排放强度动态演化过程中对于各影响因素的变化更加敏感，边际碳强度效应也更高，而且碳减排工作也有更多的减排空间和更好的实施条件。

基于上述实证结论，本文提出如下三点政策建议。

第一，目前中国绝大部分县域仍处在经济发展的初期阶段，经济增长与碳减排之间的矛盾较为突出。不合理的碳减排任务分配将严重阻碍县域经济发展，进一步激化县域经济目标与环保目标之间的矛盾。中央政府在碳减排任务的分配过程中，应将碳排放强度动态演化的非线性特征纳入分析框架，充分考虑碳减排工作对县域造成的负面影响，合理分配县域碳减排任务，从而在达成总体碳减排目标的同时降低县域付出的经济发展代价，实现经济增长与碳减排工作相平衡的政策效果。

第二，中国各县域在地理条件和资源禀赋方面存在较大差异，这种差异直接影响碳减排政策在县域层面的实施效果。因此，在分配减排任务时，中央政府应进一步考虑县域资源禀赋的差异，更加注重由此带来的碳减排任务分配不公平问题。合理的碳减排任务分配应充分考虑资源丰裕县域的减排空间和政策实施条件，并降低资源匮乏县域碳减排任务的执行难度，进而推动中国县域层面的区域平衡发展，加快实现县域高质量发展和共同富裕。

第三，在碳减排任务落地过程中，县域可以利用碳排放强度动态演化的非线性特征，有效降低碳减排对经济发展的负面冲击。因此，地方政府应根据自身的经济发展水平、资源禀赋情况以及当地所处的碳排放强度动态演化阶段，充分发挥自身的产业特色和资源优势，制定最佳的碳减排路径和具体实施方案，从而实现地方经济与环境保护的协调均衡发展。

参考文献

徐斌、陈宇芳、沈小波：《清洁能源发展、二氧化碳减排与区域经济增长》，《经济研究》2019年第7期。

杨子晖、陈里璇、罗彤：《边际减排成本与区域差异性研究》，《管理科学学报》2019年第2期。

赵桂梅、耿涌、孙华平等：《中国省际碳排放强度的空间效应及其传导机制研究》，

《中国人口·资源与环境》2020年第3期。

Chen J., Gao M., Cheng S., et al., "County-level co2 emissions and sequestration in China during 1997-2017: 1," *Scientific Data*, 2020, 7（1）: 391.

Ehrlich P. R., Holdren J. P., "Impact of population growth," *Science*, 1971, 171（3977）: 1212-1217.

Zhang Y., "Structural decomposition analysis of sources of decarbonizing economic development in China: 1992-2006," *Ecological Economics*, 2009, 68（8）: 2399-2405.

B.11 新型基础设施建设与地区绿色低碳转型

苏治 赵晨 刘鹏 俞剑*

摘 要： 新型基础设施建设（新基建）是中国经济高质量发展目标下的重要发展方向。本文从信息基础设施、融合基础设施和创新基础设施三个方面，全面且系统地评估了各省区市新基建发展水平，并在此基础上研究了新基建对于地区绿色低碳转型的影响。研究发现，新基建发展水平的提高显著地促进了地区间绿色低碳转型，并且这一促进效应主要由信息基础设施发展驱动。从异质性分析来看，中部区域新基建发展对于绿色低碳转型的促进效应最明显。从新基建细分领域来看，不同领域的新基建发展对于地区绿色低碳转型的直接效应和间接效应有所不同。根据新基建发展对地区绿色低碳转型的空间影响，分别从推动新基建发展、平衡区域间新基建发展水平以及统筹地区间新基建发展三个方面提出政策建议。

关键词： 新基建 绿色低碳 信息基础设施 融合基础设施 创新基础设施

一 引言

基建是经济社会发展的基石，基建水平的快速提升是中国经济高速、稳

---

* 苏治，中央财经大学统计与数学学院教授、博士生导师；赵晨，中央财经大学统计与数学学院硕士研究生；刘鹏，中央财经大学统计与数学学院博士研究生；俞剑，中央财经大学经济学院副教授、硕士生导师。

定发展的重要保证。经过连续多年的大规模投资，我国传统基建领域的存量数已经很高。同时，随着中国经济发展和产业结构的转型升级，寻找新的经济增长点、有效吸引社会资本成为关键。对此，2018年12月召开的中央经济工作会议首次提出加快5G商用步伐，加强人工智能、工业互联网、物联网等新型基础设施建设（以下简称"新基建"）。2020年4月，国家发改委对新基建作出权威解读：新基建包含"信息基础设施、融合基础设施和创新基础设施"三个方面。通过新基建投资，即提升科技端的基础设施建设水平，对七大领域①全产业链形成极强的带动效应，进而引领经济高质量发展。

在中国高质量经济发展目标下，传统发展模式中要素和投资驱动的高污染、高消耗的粗放型经济增长方式不再适用，创新驱动的绿色环保的集约型增长方式是目前发展的重要方向。而新基建与传统基建最大的不同在于，新基建在补短板、为经济发展新引擎助力的同时，能够更好地支持创新、绿色环保和消费升级，促进地区绿色低碳转型，助力中国"双碳"目标的实现。因此，本文的研究重点关注新基建对于城市低碳转型的影响。具体而言，本文从信息基础设施、融合基础设施和创新基础设施三个方面衡量各省区市新基建发展水平，选用碳排放强度衡量地区绿色低碳转型进展，使用2013~2019年中国30个省区市、273个地级市的面板数据构建空间计量模型，尝试分析新基建发展对于地区绿色低碳转型的直接效应和间接效应。

二 新基建发展水平指标构建

新基建与传统的"铁公基"相对应，是结合了新一轮科技革命和产业变革特征，面向国家战略需求，为经济社会的创新、协调、绿色、开放、共享发展提供底层支撑的，且具有战略性、网络性的基础设施。根据国家发改

---

① 新基建七大领域包括5G基建、特高压、城际高速铁路和城市轨道交通、新能源汽车充电桩、大数据中心、人工智能和工业互联网。

委对于新基建的概念解读，本文从信息基础设施、融合基础设施、创新基础设施三个方面对新基建发展的内涵进行界定。具体思路如下。

信息基础设施。信息基础设施是以5G、物联网、工业互联网为代表的通信网络基础设施，以人工智能、云计算、区块链等为代表的新技术基础设施等。本文将信息基础设施划分为通信基础设施、互联网设施、信息科技固定资产投资和企业信息化基础设施。在通信基础设施层面，选用光缆线路密度、长途光缆线路密度、移动电话基站密度等基础指标；互联网设施层面，选用端口接入程度、IPV4地址数密度等衡量指标；信息科技固定资产投资层面，选用信息传输、软件和信息技术服务业固定资产投资等指标；企业信息化基础设施层面，选用每百人使用计算机台数、每百家企业拥有网站数和有电子商务交易活动企业比重等指标。

融合基础设施。融合基础设施主要是指深度应用互联网、大数据、人工智能等技术，支撑传统基础设施转型升级，进而形成的融合基础设施。本文从工业企业转型升级角度出发，选择规模以上工业企业引进技术水平、规模以上工业企业技术改造水平衡量融合基础设施水平。

创新基础设施。创新基础设施是支撑科学研究、技术开发、产品研制的具有公益属性的基础设施，如重大科技基础设施、产业技术创新基础设施等。本文将创新基础设施投资进一步划分为工业企业科技投入及科学研究和技术服务。其中，工业企业科技投入利用规模以上工业企业R&D平均项目数和规模以上工业企业R&D平均经费支出等指标衡量，科学研究和技术服务利用科学研究和技术服务业固定资产投资来衡量。

在基础指标选择过程中，需要充分考虑其独立性、代表性和数据可获得性。在基础指标属性中，需要与新基建发展水平高度相关。本文主要采用正向指标，即该指标数值越大，新基建发展水平越高。此外，在构建基础指标的过程中，还需要结合每个二级指标的目标，选择其领域的核心指标，最终本文选取14个基础指标构建新基建发展水平指标评价体系，如表1所示。

表 1　新基建发展水平指标评价体系

一级指标	二级指标	基础指标	衡量方式
信息基础设施	通信基础设施	光缆线路密度	光缆线路长度/地区土地面积
		长途光缆线路密度	长途光缆线路长度/地区土地面积
		移动电话基站密度	移动电话基站总数/地区土地面积
	互联网设施	端口接入程度	互联网接入端口个数/地区土地面积
		IPV4地址数密度	IPV4地址数/地区土地面积
	信息科技固定资产投资	信息传输、软件和信息技术服务业固定资产投资	—
	企业信息化基础设施	每百人使用计算机台数	—
		每百家企业拥有网站数	—
		有电子商务交易活动企业比重	—
融合基础设施	工业企业技术获取和技术改造	规模以上工业企业引进技术水平	规模以上工业企业引进技术经费支出/规模以上工业企业数量
		规模以上工业企业技术改造水平	规模以上工业企业技术改造经费支出/规模以上工业企业数量
创新基础设施	工业企业科技投入	规模以上工业企业R&D平均项目数	规模以上工业企业R&D项目数/规模以上工业企业数量
		规模以上工业企业R&D平均经费支出	规模以上工业企业R&D经费支出/规模以上工业企业数量
	科学研究和技术服务	科学研究和技术服务业固定资产投资	—

在新基建发展水平的评价方法上，已有文献关于合成指数的方法众多，包括熵值TOPSIS法、CRITIC法、主成分分析法等。其中，主成分分析法在指标构建过程中解决了基础指标间高度相关的问题，避免了指标确定过程中的主观干扰，可以很好地保证指标构建的客观性。因此，本文采用主成分分析法作为指数计算方法，在此基础上测度中国30个省区市2013~2019年新基建发展水平。指标构建的具体步骤如下：首先，对所有基础指标进行标准

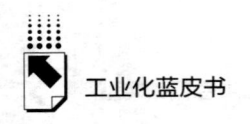

化处理以消除基础指标间可能存在的数量级与量纲差异；其次，利用主成分分析法确定各个基础指标权重，最大化综合原始数据提供的信息；最后，利用基础指标分别合成二级指标、一级指标与总指标，并将各指标标准化至0~100区间。指标的数值越大，表示新基建发展水平越高。

三 数据描述、变量选择与经验模型设定

（一）数据描述

本文选取了2013~2019年中国30个省区市、273个地级市的年度数据分析新基建发展水平对于城市低碳转型的影响。港澳台地区和西藏自治区部分数据缺失严重，因此未被纳入本文研究范围。对于少数存在缺失数据的样本采用插值法进行填补。数据来源于国家统计局、各省区市统计年鉴、《中国城市统计年鉴》、《中国城市建设统计年鉴》和国泰安数据库等。数据描述性统计如表2所示。

表2 数据描述性统计

变量名称	变量符号	样本量（份）	均值	标准差	最小值	最大值
新基建发展指标	$\ln(NI)$	1911	2.8885	0.5963	1.2169	3.9578
融合基础设施指标	$\ln(NI\_MI)$	1911	1.3254	0.7640	-0.7571	3.4781
信息基础设施指标	$\ln(NI\_II)$	1911	2.6473	0.6714	0.1290	3.6095
创新基础设施指标	$\ln(NI\_CI)$	1911	2.2727	0.9472	-1.7733	4.5014
通信基础设施水平	$\ln(II\_CI)$	1911	2.2258	0.6597	0.0011	3.5047
互联网设施指数	$\ln(II\_II)$	1911	1.1334	1.0567	-2.2080	2.9086
信息科技固定资产投资指数	$\ln(II\_TI)$	1911	3.3447	0.7450	1.3126	4.5731
企业信息化指数	$\ln(II\_EI)$	1911	3.6227	0.4768	1.4446	4.3189
工业企业技术获取和技术改造指数	$\ln(MI\_CT)$	1911	1.3254	0.7640	-0.7571	3.4781
工业企业科技投入指数	$\ln(CI\_TS)$	1911	2.2745	1.5789	-4.1283	4.5042

续表

变量名称	变量符号	样本量(份)	均值	标准差	最小值	最大值
科学研究和技术服务指数	$\ln(CI\_CT)$	1911	2.5151	1.0763	-0.4933	4.4826
碳排放强度	$\ln(CE)$	1911	-0.9512	0.7114	-2.8111	0.7359
人均实际GDP	$\ln(GDP)$	1911	10.8186	0.5425	9.6879	12.0961
第二产业增加值占GDP比重	$\ln(SI)$	1911	3.7967	0.2452	2.9248	4.2412
外商实际投资	$\ln(FDI)$	1911	9.9271	2.0633	2.8332	13.9978
政府财政状况	$\ln(GOV)$	1911	0.8803	0.5009	-0.0067	2.1339
人口密度	$\ln(POP)$	1911	5.7742	0.9167	2.4810	7.4167

（二）变量选择

1. 被解释变量

碳排放强度：本文以地级市碳排放量除以实际GDP的比值来衡量各城市碳排放强度。城市碳排放量主要来源于两方面：一方面，直接能源的消耗而产生的二氧化碳排放；另一方面，电能、热能的消耗而产生的二氧化碳排放。因此，本文选取各城市燃气供气总量、液化石油气供气总量、全社会用电量、蒸汽和热水供热总量作为计算二氧化碳排放量的核算对象。其中，城市热能主要源自原煤的燃烧，基于目前我国集中供热炉以中小型锅炉为主的现状，本文以70%作为热效率值，以20908千焦/千克作为原煤平均发热量[1]，计算出集中供热消耗的原煤能源数量。最后分别将原煤、天然气、液化石油气、全社会用电量乘以各自碳排放系数计算城市碳排放总量[2]。本文以2003年为基期，利用GDP平减指数对地级市GDP进行调整，得到2013~2019年中国地级市实际GDP。

---

[1] 吴建新、郭智勇：《基于连续性动态分布方法的中国碳排放收敛分析》，《统计研究》2016年第1期。

[2] 每千克原煤碳排放系数为1.9003、每立方米天然气碳排放系数为2.1622、每千克液化石油气碳排放系数为3.1013、每千瓦小时用电量碳排放系数为0.7199。

2. 核心解释变量

本文的核心解释变量主要包含三方面：①新基建发展指标，以研究新基建整体发展水平对于地区绿色低碳转型的影响；②一级指标，包括信息基础设施指标（*NI_II*）、融合基础设施指标（*NI_MI*）和创新基础设施指标（*NI_CI*），以衡量新基建发展中三个主要领域基础设施建设对地区绿色低碳转型的影响；③二级指标，包括通信基础设施水平（*II_CI*）、互联网设施指数（*II_II*）、信息科技固定资产投资指数（*II_TI*）、企业信息化指数（*II_EI*）、工业企业技术获取和技术改造指数（*MI_CT*）、工业企业科技投入指数（*CI_TS*）、科学研究和技术服务指数（*CI_CT*），以进一步细分信息基础设施、融合基础设施、创新基础设施三个领域中各类基础设施建设情况对地区绿色低碳转型的影响。

3. 控制变量

本文的控制变量选择主要考虑可能影响城市低碳转型的重要特征变量，主要包括如下几个。①人均实际GDP（GDP），以人均实际GDP作为衡量地级市经济发展水平的衡量指标。②产业结构（SI），工业生产活动是碳排放量的主要来源之一，因此本文选用第二产业增加值占GDP比重来衡量地级市工业生产情况。③外商实际投资（FDI），跨国公司一方面会把对环境影响相对严重的生产环节转移到对环境标准要求相对较低的发展中国家。另一方面，外国企业的先进技术通常会减少碳排放。因此本文选用各地级市外商实际投资额情况来衡量外企对地区投资水平。④政府财政状况（GOV），政府财政状况是城市低碳转型的重要影响因素。一方面，政府对财政收入的追求可能导致第二产业过度投资，导致碳排放量增加。另一方面，政府在节能减排方面的支出将降低碳排放量。因此，本文用地级市的公共财政支出除以公共财政收入来衡量政府财政状况。⑤人口密度（POP），人口因素是影响碳排放的重要因素之一，居民生活的直接消费和间接消费的能源增长已成为碳排放的重要组成部分，因此本文选用人口密度衡量城市人口状况。

（三）经验模型设定

依据上述所选取的变量，本文以城市碳排放强度为被解释变量，以新基建发展指标为核心解释变量,控制城市层面特征变量,构建基准回归模型。模型设定如下。

$$\ln(CE_{it}) = a_0 + a_1\ln(NI_{kt}) + \alpha Z_{it} + u_i + \varepsilon_{ikt} \quad (1)$$

其中,i、k 和 t 分别表示城市、省区市和年份。$\ln(CE_{it})$ 为城市碳排放强度,$\ln(NI_{kt})$ 为城市所在省区市的新基建发展指标,Z_{it} 为城市层面控制变量,包括人均实际GDP(GDP)、产业结构(SI)、外商实际投资(FDI)、政府财政状况(GOV)和人口密度(POP)。u_i 为城市个体固定效应。ε_{ikt} 为未观测到的外生误差项。

本文考虑新基建发展中的信息基础设施、融合基础设施和创新基础设施对地区绿色低碳转型的影响,在模型(1)的基础上,将核心解释变量替换为信息基础设施指标、融合基础设施指标和创新基础设施指标。模型设定如下。

$$\ln(CE_{it}) = b_0 + b_1\ln(NI\_MI_{ikt}) + b_2\ln(NI\_II_{ikt}) + b_3\ln(NI\_CI_{ikt}) + \alpha Z_{ikt} + u_i + \varepsilon_{ikt} \quad (2)$$

其中,$\ln(NI\_II_{ikt})$ 为信息基础设施指标,$\ln(NI\_MI_{ikt})$ 为融合基础设施指标,$\ln(NI\_CI_{ikt})$ 为创新基础设施指标。其他设定与模型(1)相同。

由于新基建存在空间相关性的可能,本文进一步采用空间面板模型研究新基建对地区碳减排的影响效应。在构建空间面板模型之前,需要验证地区碳排放强度、新基建发展水平是否具有空间上的相关性,本文采用全局莫兰指数进行检验。全局莫兰指数的计算方式如下。

$$Moran'I = \frac{\sum_{i=1}^{n}\sum_{j=1}^{n}w_{ij}(Y_i - \bar{Y})(Y_j - \bar{Y})}{S^2\sum_{i=1}^{n}\sum_{j=1}^{n}w_{ij}} \quad (3)$$

其中,$S^2 = \frac{1}{n}\sum_{i=1}^{n}(Y_i - \bar{Y})$,$\bar{Y} = \frac{1}{n}\sum_{i=1}^{n}Y_i$。$Y_i$ 为碳排放强度、新基建发展指标和新基建发展的一级指标。

在实证中,最常用的空间计量经济学模型分别是空间误差模型(SEM)和空间滞后模型(SLM)。而空间杜宾模型(SDM)作为SEM和SLM的一

般形式，融合了 SEM 和 SLM 的优点，同时考虑自变量和因变量的空间滞后，因此，SDM 模型在实际应用中起着至关重要的作用。SDM 模型这一特性也有助于本文更全面地探索新基建对地区绿色低碳转型的空间效应。因此，本文在模型（1）（2）的基础上构建了 SDM 模型①。SDM 模型的具体设定如下。

SDM 模型（1）：

$$\ln(CE_{it}) = d_0 + \rho \sum_{j=1}^{N} w_{ij} \ln(CE_{it}) + d_1 \ln(NI_{kt}) + \gamma Z_{it} + d_2 \sum_{j=1}^{N} w_{ij} \ln(NI_{kt}) + \alpha \sum_{j=1}^{N} W_{ij} Z_{it} + u_i + \varepsilon_{ikt} \quad (4)$$

SDM 模型（2）：

$$\ln(CE_{it}) = e_0 + \rho \sum_{j=1}^{N} w_{ij} \ln(CE_{kt}) + e_1 \ln(NI\_MI_{kt}) + e_2 \ln(NI\_II_{kt}) + e_3 \ln(NI\_CI_{kt}) + \gamma Z_{it} + e_4 \sum_{j=1}^{N} w_{ij} \ln(NI\_MI_{kt}) + e_5 \sum_{j=1}^{N} w_{ij} \ln(NI\_II_{kt}) + e_6 \sum_{j=1}^{N} w_{ij} \ln(NI\_CI_{kt}) + \alpha \sum_{j=1}^{N} W_{ij} Z_{it} + u_i + \varepsilon_{ikt} \quad (5)$$

i、k 和 t 分别表示城市、省区市和年份，u_i 表示城市固定效应。本文对所有连续变量进行取对数处理。w_{ij} 为空间权重矩阵，N 为城市个数。

由于新基建的发展不仅会对地区内的绿色低碳转型产生影响，同时可能对地区间绿色低碳转型产生影响，其中地理距离可能是重要的影响因素，因此本文选用反地理距离的平方矩阵作为空间权重矩阵。矩阵具体设定如下。

$$w_{ij} = \begin{cases} 0, i = j \\ \dfrac{1}{d_{ij}^2}, i \neq j \end{cases} \quad (6)$$

其中，d_{ij} 为根据经纬度测算的城市 i 和城市 j 之间的地表距离。

---

① 本文通过 LM 检验表明应选择 SDM 模型进行空间效应分析，Hausman 检验表明应选择固定效应。

四 实证结果与分析

(一) 基准回归结果

本文分别以新基建发展指标、新基建发展的一级指标(信息基础设施指数、融合基础设施指数、创新基础设施指数)为核心解释变量对模型(1)(2)(4)(5)进行回归。

在不考虑空间溢出效应时,面板模型基准回归结果如表 3 所示。表 3 第(1)(2)列显示,ln(NI)系数为负且在1%水平显著,表明新基建发展水平的提高将会降低地区碳排放强度。进一步通过第(3)(4)列来看,ln(NI_MI)系数为正且在1%水平显著,ln(NI_II)和ln(NI_CI)系数为负且分别在1%和10%水平显著,表明融合基础设施建设对地区碳减排存在抑制作用,而信息基础设施和创新基础设施对碳减排有显著的积极影响,其中信息基础设施对城市碳减排的影响强度更大。

这一结果表明,新基建发展水平的提高有助于地区绿色低碳转型,并且新基建中的信息基础设施与创新基础设施发展是推动地区绿色低碳转型的两个重要组成部分。对于控制变量,本文发现第(2)列中,ln(GDP)系数显著为负,ln(POP)系数显著为正,表明城市的人均实际GDP水平越高,人口密度越低,城市的碳排放强度越低,即更有利于地区的绿色低碳转型。而第(4)列中,ln(SI)的系数显著为正,表明第二产业增加值占比越大,城市的碳排放强度越高,这与已有研究中的结论基本一致。

表 3 面板模型基准回归结果

变量	(1)	(2)	(3)	(4)
ln(NI)	-0.2150 *** (0.0153)	-0.1847 *** (0.0216)		
ln(NI_MI)			0.0439 *** (0.0126)	0.0347 *** (0.0130)

续表

变量	(1)	(2)	(3)	(4)
$\ln(NI\_II)$			-0.1138*** (0.0147)	-0.0734*** (0.0177)
$\ln(NI\_CI)$			-0.0279*** (0.0105)	-0.0205* (0.0108)
$\ln(GDP)$		-0.0480* (0.0272)		-0.0838*** (0.0270)
$\ln(SI)$		0.0499 (0.0524)		0.1211** (0.0526)
$\ln(FDI)$		-0.0034 (0.0056)		-0.0020 (0.0057)
$\ln(GOV)$		-0.0460 (0.0416)		-0.0684 (0.0423)
$\ln(POP)$		0.1553* (0.0883)		0.1306 (0.0901)
常数项	-0.3302*** (0.0444)	-0.9108 (0.5974)	-0.6447*** (0.0442)	-0.9833 (0.6103)
观测值	1911	1911	1911	1911
R^2	0.1081	0.1128	0.0824	0.0947
固定效应	是	是	是	是

注：括号内为标准误；*、**、***分别表示在10%、5%和1%水平上显著。以下各表同。

考虑新基建发展水平与碳排放强度的空间溢出效应，本文基于模型（4）（5）的 SDM 模型进行回归分析。在构建空间杜宾模型之前，首先需要对新基建发展水平的空间自相关性进行检验，在反地理距离的平方空间权重矩阵下，碳排放强度与新基建发展水平的莫兰指数如表4所示。2013~2019年中国各地区碳排放强度与新基建发展水平的 Moran's I 指数显著为正，表明中国各地区碳排放强度与新基建发展水平存在较强的空间正相关性。因此，本文采用空间计量模型讨论二者关系具有一定的合理性。

本文进一步构建中国各地区新基建发展水平的空间分布图。结果显示，中国新基建发展水平的第一梯队包括上海市、北京市、江苏省、广东省、天津市和浙江省等东部沿海省市；第二梯队包括山东省、安徽省、湖南省、海南省、河北省和福建省等东、中部地区省份；第三梯队包括湖北省、四川省、陕西省、辽宁省、河南省和江西省等中部地区省份；第四梯队包括宁夏回族自治区、重庆市、内蒙古自治区、吉林省、青海省和云南省等；第五梯队包括黑龙江省、贵州省、山西省、广西壮族自治区、甘肃省和新疆维吾尔自治区等。由此可见，中国各地区新基建发展水平呈现"高高集聚""低低集聚"的特点，这也为本文利用空间计量模型展开研究提供了现实基础。

表4　Moran's I 指数

年份	CE	NI	NI_MI	NI_II	NI_CI
2013	0.183***	0.563***	0.190***	0.569***	0.380***
2014	0.146***	0.522***	0.292***	0.480***	0.444***
2015	0.208***	0.527***	0.486***	0.500***	0.396***
2016	0.225***	0.520***	0.148***	0.469***	0.592***
2017	0.227***	0.513***	0.162***	0.422***	0.380***
2018	0.245***	0.491***	0.235***	0.415***	0.578***
2019	0.215***	0.484***	0.443***	0.430***	0.345***

本文利用 LeSage 和 Pace[1] 提出的直接效应和间接效应进行刻画。新基建发展水平对碳排放强度的影响效应如表5所示。[2]

新基建指数具有显著为负的间接效应，即新基建的发展有助于降低地区间碳排放强度。从新基建发展的一级指标来看，融合基础设施指数具有显著为正的直接效应，即融合基础设施的发展会增强地区内碳排放强度。信息基础设施指数具有显著为负的间接效应，即信息基础设施的发展有助于降低地

---

[1] LeSage J. P., Pace R. K., *Spatial Econometric Models*, Handbook of Applied Spatial Analysis, 2009.
[2] 需要说明的是，空间计量模型中新基建发展水平对碳排放强度的地区内的影响效应与地区间的影响效应不能简单地用点估计结果进行解释，但由于篇幅限制，本文对SDM模型（4）（5）的进一步回归结果并未在正文中展示，如读者需要，可向笔者索取。

区间碳排放强度,同时信息基础设施建设对碳排放强度的抑制作用大于融合基础设施建设对碳排放强度的促进作用。创新基础设施指数的直接效应与间接效应均不显著。上述结果表明新基建发展水平的上升对于地区间绿色低碳转型产生显著的促进作用,并且这一促进作用主要来自信息基础设施建设水平的发展。

表5 溢出效应结果

变量	直接效应	间接效应	总效应
$\ln(NI)$	-0.0406 (0.0439)	-0.1900*** (0.0666)	-0.2306*** (0.0423)
$\ln(NI\_MI)$	0.0382* (0.0215)	-0.0485 (0.0465)	-0.0103 (0.0337)
$\ln(NI\_II)$	0.0375 (0.0414)	-0.1389** (0.0648)	-0.1014*** (0.0378)
$\ln(NI\_CI)$	-0.0300 (0.0186)	0.0475 (0.0404)	0.0175 (0.0291)

(二)异质性分析

自改革开放以来,我国区域发展分化态势明显,逐步形成了东、中、西部三大空间发展格局,在此情况下,各区域新基建水平的提升对地区绿色低碳转型的促进作用可能存在一定差异。因此,本文进一步对我国东、中、西部区域进行异质性研究。回归结果如表6所示。

表6第(1)列中,东部区域新基建发展指数与新基建发展的一级指标指数均未呈现显著的空间溢出效应。这可能是由于随着东部地区投资边际报酬的逐步递减①,新基建发展对碳减排的相互带动效应也趋于减弱。第(2)列中,中部区域新基建发展指数具有显著为正的直接效应与显著为负的间

---

① 刘华军、贾文星:《不同空间网络关联情形下中国区域经济增长的收敛检验及协调发展》,《南开经济研究》2019年第3期。

接效应。这表明,中部区域新基建发展将抑制地区内绿色低碳转型,与此同时促进地区间绿色低碳转型,并且中部区域新基建发展的间接效应大于直接效应。总体来看,对于中部区域,新基建发展将促进地区绿色低碳转型。从一级指标的溢出效应来看,中部区域新基建对地区间绿色低碳转型的促进作用主要来自信息基础设施建设的发展。第(3)列中,从西部区域来看,西部新基建发展指数、一级指标指数均没有显著的空间溢出效应。这可能是由于西部区域无论是新基建水平还是传统基础设施建设水平都相对落后,地区间联系密切程度相对较差,地区间的带动效应相对较弱。因此,基准回归结果中新基建发展促进地区间绿色低碳转型的溢出效应主要来源于中部区域。

表6 分区域空间杜宾模型溢出效应

变量	(1) 东部	(2) 中部	(3) 西部
直接效应			
$\ln(NI)$	-0.0395 (0.0859)	0.1310** (0.0654)	-0.2225 (0.1817)
$\ln(NI\_MI)$	0.0500 (0.0421)	0.0322 (0.0334)	-0.0204 (0.0561)
$\ln(NI\_II)$	-0.0552 (0.0740)	0.1192 (0.0757)	0.1419 (0.2725)
$\ln(NI\_CI)$	0.0132 (0.0335)	-0.0127 (0.0285)	-0.1678 (0.1458)
间接效应			
$\ln(NI)$	0.0608 (0.1251)	-0.4177*** (0.0828)	-0.1041 (0.2022)
$\ln(NI\_MI)$	-0.0032 (0.0688)	-0.0314 (0.0445)	0.0572 (0.0952)
$\ln(NI\_II)$	0.1564 (0.1171)	-0.2043** (0.0912)	-0.4094 (0.2940)
$\ln(NI\_CI)$	-0.0313 (0.0518)	-0.0528 (0.0479)	-0.2150 (0.2103)

续表

变量	(1) 东部	(2) 中部	(3) 西部
总效应			
$\ln(NI)$	0.0213 (0.0766)	-0.2867 *** (0.0438)	-0.3266 *** (0.0831)
$\ln(NI\_MI)$	0.0468 (0.0442)	0.0008 (0.0242)	0.0368 (0.0657)
$\ln(NI\_II)$	0.1012 (0.0694)	-0.0850 ** (0.0362)	-0.2675 *** (0.0728)
$\ln(NI\_CI)$	-0.0182 (0.0325)	-0.0655 ** (0.0282)	-0.3827 *** (0.1108)

（三）基于二级指标指数回归结果

1. 基于二级指标回归结果

为具体探究新基建中细分领域是否对地区绿色低碳转型起到促进作用，本文进一步依据二级指标构建空间面板模型，以细化研究对象，将二级指标分别作为模型（4）（5）的核心解释变量，回归结果如表7所示。

表7，第（1）列中，从直接效应来看，互联网设施指数、工业企业科技投入指数、科学研究和技术服务指数的直接效应显著为负。这表明，新基建对地区内绿色低碳转型的促进作用主要来自互联网设施建设、工业企业科技投入基础设施建设、科学研究和技术服务基础设施建设的发展。而企业信息化指数具有显著为正的直接效应，这表明企业信息化基础设施建设对地区内绿色低碳转型起到抑制作用。从间接效应来看，信息科技固定资产投资指数、企业信息化指数、工业企业技术获取和技术改造指数具有显著为负的间接溢出效应，这表明新基建发展对地区间绿色低碳转型的促进作用主要来自信息科技基础设施建设、企业信息化基础设施建设、工业企业技术获取和技术改造基础设施建设的发展。

2. 基于二级指标分区域回归结果

为进一步探究二级指标指数区域异质性结果，本文在全国层面进行回归分析的基础上进一步对东部、中部、西部分别进行二级指标指数 SDM 模型回归，回归结果如表 7 第（2）、第（3）、第（4）列所示。

表 7 第（2）列中，东部区域的新基建发展对地区绿色低碳转型产生的影响主要源于通信基础设施建设，东部区域通信基础设施指数具有显著为正的直接效应、显著为负的间接效应。这表明在东部区域，通信基础设施建设在目前阶段虽不利于地区内绿色低碳转型，但对地区间绿色低碳转型起到促进作用。第（3）列中，中部区域的新基建发展对地区绿色低碳转型的影响主要来自通信基础设施建设、互联网设施建设、信息科技基础设施建设、企业信息化基础设施建设、工业企业技术获取和技术改造基础设施建设的发展。通信基础设施指数、信息科技固定资产投资指数、工业企业技术获取和技术改造指数具有显著为正的直接效应和显著为负的间接效应，这表明在中部区域，通信基础设施建设、信息科技基础设施建设、工业企业技术获取和技术改造基础设施建设在目前阶段虽不利于地区内的绿色低碳转型，但对地区间绿色低碳转型起到促进作用，并且通信基础设施建设、信息科技基础设施建设、工业企业技术获取和技术改造基础设施建设对地区间绿色低碳转型的促进作用大于对地区内绿色低碳转型的抑制作用。互联网设施指数和企业信息化指数具有显著为负的直接效应和显著为正的间接效应。这表明，在中部区域，互联网设施建设和企业信息化基础设施建设有助于地区内绿色低碳转型，而不利于地区间绿色低碳转型，二者作用相抵。

如表 7 第（4）列所示，在西部区域，新基建对地区绿色低碳转型的影响主要来自通信基础设施建设和信息科技基础设施建设。其中，通信基础设施指数具有显著为正的间接效应，信息科技固定资产投资指数具有显著为负的间接效应。这表明在西部地区，通信基础设施建设对地区间绿色低碳转型起到抑制作用，但信息科技基础设施建设对地区间绿色低碳转型起到促进作用。

表7 二级指标指数空间杜宾模型溢出效应

变量	(1) 全国	(2) 东部地区	(3) 中部地区	(4) 西部地区
直接效应				
$\ln(II\_CI)$	0.1568 (0.1064)	0.5729** (0.2487)	0.6264*** (0.1639)	-0.2098 (0.3301)
$\ln(II\_II)$	-0.1573* (0.0855)	-0.2418 (0.1523)	-0.6045*** (0.1995)	-0.1322 (0.2579)
$\ln(II\_TI)$	-0.0026 (0.0264)	-0.0245 (0.0679)	0.0833** (0.0353)	-0.0072 (0.0772)
$\ln(II\_EI)$	0.0827* (0.0441)	0.0161 (0.0691)	-0.1933* (0.1105)	0.0349 (0.5074)
$\ln(MI\_CT)$	0.0258 (0.0222)	0.0096 (0.0453)	0.0894** (0.0355)	-0.0463 (0.0737)
$\ln(CI\_TS)$	-0.0466* (0.0257)	0.0039 (0.0537)	-0.0665* (0.0385)	-0.3278 (0.2420)
$\ln(CI\_CT)$	-0.0500** (0.0238)	-0.0475 (0.0534)	0.0107 (0.0379)	-0.0822 (0.0702)
间接效应				
$\ln(II\_CI)$	-0.2016 (0.2053)	-1.0464*** (0.3555)	-1.0907*** (0.2628)	0.7499* (0.4302)
$\ln(II\_II)$	0.1066 (0.1371)	0.3168 (0.2279)	0.6776*** (0.2238)	0.1118 (0.3080)
$\ln(II\_TI)$	-0.1410** (0.0612)	0.1227 (0.1136)	-0.3251*** (0.0620)	-0.2511** (0.1205)
$\ln(II\_EI)$	-0.1528* (0.0857)	0.0366 (0.1174)	0.2785** (0.1399)	-0.2339 (0.5721)
$\ln(MI\_CT)$	-0.0827* (0.0465)	-0.0173 (0.0744)	-0.1340*** (0.0466)	0.0018 (0.1124)
$\ln(CI\_TS)$	0.0642 (0.0529)	0.0236 (0.0749)	0.0370 (0.0637)	-0.1724 (0.3244)
$\ln(CI\_CT)$	0.0266 (0.0497)	-0.0567 (0.0893)	0.0168 (0.0634)	0.0165 (0.1030)
总效应				
$\ln(II\_CI)$	-0.0449 (0.1427)	-0.4735** (0.2264)	-0.4642*** (0.1481)	0.5401** (0.2478)

续表

变量	(1)全国	(2)东部地区	(3)中部地区	(4)西部地区
$\ln(II\_II)$	-0.0507 (0.0878)	0.0750 (0.1458)	0.0731 (0.0721)	-0.0204 (0.1755)
$\ln(II\_TI)$	-0.1436*** (0.0487)	0.0982 (0.0798)	-0.2418*** (0.0433)	-0.2583*** (0.0857)
$\ln(II\_EI)$	-0.0701 (0.0556)	0.0527 (0.0665)	0.0852 (0.0660)	-0.1990 (0.1649)
$\ln(MI\_CT)$	-0.0569* (0.0330)	-0.0077 (0.0495)	-0.0446* (0.0236)	-0.0446 (0.0652)
$\ln(CI\_TS)$	0.0176 (0.0363)	0.0275 (0.0402)	-0.0295 (0.0342)	-0.5002*** (0.1691)
$\ln(CI\_CT)$	-0.0234 (0.0368)	-0.1041 (0.0636)	0.0275 (0.0383)	-0.0658 (0.0598)

（四）稳健性检验

1. 替换指标评价方法

为了强化新基建对地区绿色低碳转型效应识别的稳健性，本文替换新基建指数评价方法，在相同的指标评价体系下，采用 CTIRIC 指数法合成新基建指数进行回归。空间杜宾模型回归结果如表8所示。结果表明，在替换新基建指数评价方法后，回归结果与前文基本保持一致。

表8 溢出效应结果

变量	直接效应	间接效应	总效应
$\ln(NI)$	-0.0851 (0.0608)	-0.3915*** (0.1048)	-0.4766** (0.0730)
$\ln(NI\_MI)$	0.0348* (0.0205)	-0.1118** (0.0432)	-0.0770** (0.0309)
$\ln(NI\_II)$	0.0279 (0.0754)	-0.3794*** (0.1321)	-0.3515*** (0.0883)
$\ln(NI\_CI)$	-0.0921*** (0.0349)	-0.0359 (0.0629)	-0.1280*** (0.0433)

2. 替换空间权重矩阵

本文进一步采用替换空间权重矩阵的方法验证新基建对地区绿色低碳转型效应识别的稳健性，本文将反地理距离的平方矩阵替换为经济距离矩阵，回归结果如表9所示。结果表明，经上述方法进行稳健性检验后，回归结果与前文基本保持一致。①

表9 经济距离空间权重矩阵下空间杜宾模型溢出效应

变量	直接效应	间接效应	总效应
$\ln(NI)$	-0.135*** (0.0267)	-0.0835* (0.0430)	-0.2185*** (0.0394)
$\ln(NI\_MI)$	0.0251** (0.0126)	0.0501* (0.0290)	0.0752** (0.0310)
$\ln(NI\_II)$	-0.0062 (0.0216)	-0.0768** (0.0353)	-0.0830*** (0.0307)
$\ln(NI\_CI)$	-0.0064 (0.0100)	-0.0040 (0.0263)	-0.0103 (0.0277)

五 主要结论与政策建议

本文基于中国30个省区市的面板数据衡量了各省区市新基建发展水平，并通过273个城市的面板数据构建空间杜宾模型检验新基建发展对于地区低碳转型的空间影响效应。研究发现：①中国新基建发展水平呈现"高高集聚""低低集聚"的空间分布特点，基于空间计量模型分析中国新基建发展的影响是准确且必要的；②新基建发展有助于实现地区绿色低碳转型，新基建发展显著地降低了地区间碳排放强度，并且这一促进作用主要来源于新基建中的信息基础设施发展；③从区域异质性分析来看，新基建对于中国地区绿色低碳

---

① 在不同指标评价方法或空间权重下，新基建发展指标及新基建发展的一级指标的直接效应与间接效应可能呈现不同程度的差异性，本文将不同指标评价方法或空间权重下仍保持一致的实证结果作为本文可信的结论。

转型的促进作用主要来源于中部区域，东部与西部区域新基建发展对于地区绿色低碳转型不存在明显的促进或抑制作用；④进一步细分指标分析发展，互联网设施、工业企业科技投入、科学研究和技术服务的基础设施建设促进了地区内碳排放强度的下降，信息科技、企业信息化、工业企业技术获取和技术改造设施建设促进了地区间碳排放强度的下降。并且细分指标下的基础设施建设对于东、中、西部区域绿色低碳转型的促进作用具有明显的异质性。

基于研究结论，本文对新基建发展与地区绿色低碳转型提出如下建议。

1. 推动新基建发展

中国经济迫切需要由依靠要素和投资驱动转向依靠创新驱动，由高污染、高消耗的粗放型经济增长方式转向绿色环保的集约型增长方式。各地政府需要充分认识到，新基建在成为经济增长新引擎的同时，对于地区绿色低碳转型更是存在积极作用。新基建的启动与完善将为中国未来的经济转型和发展奠定坚实的基础，大力发展新基建将为中国经济的强度和韧性提供新机遇。

2. 平衡区域间新基建发展水平

尽管中国在新基建七大涉及领域均取得不同程度的阶段性成果，但在区域间仍存在较大的差距。新基建发展水平较高的区域仍以东部沿海地区为主，西部及东北部的新基建发展水平较低，新基建发展面临区域间和地区内的发展不平衡问题。新基建发展需要从全国角度通盘考量、协调发展，合理规划新基建的时间空间布局和总量，地方政府因地制宜，立足本地资源禀赋、产业结构和发展规划合理安排。这不仅有利于城市经济高质量发展，更将助力地区绿色低碳转型。

3. 统筹地区间新基建发展

新基建具有强外部性和效用外溢性等特点，容易出现由搭便车和公地悲剧现象导致供给不足而制约经济增长。但新基建的基础地位，决定了其应适度超前建设，以推动科技创新和经济社会快速发展。因此，应统筹地区间新基建发展，避免因新基建公共品特性导致的供给不足。尤其是信息科技、企业信息化、工业企业技术获取和技术改造设施等方面，虽然对于地区内绿色低碳转型影响不明显，但将有利于地区间绿色低碳转型。

专题三 服务化：现代化产业体系构建的必然选择

B.12
制造业服务化与企业双元创新：
产融结合的视角

王 龙*

摘 要： 制造业服务化对于我国企业创新的影响仍有待进一步深入探讨。本文基于我国2007~2021年上市公司数据，细致分析以产融结合为代表的制造业服务化对我国企业双元创新的影响。研究发现：产融结合对于企业双元创新具有显著的异质性影响。具体表现在：产融结合对于企业渐进性创新具有显著的提升作用，却对企业突破性创新具有负向影响。机制分析表明：融资约束、管理者短视和企业风险承担是产融结合影响企业双元创新的主要机制和路径。同时，进一步的分析表明，产融结合对企业突破性创新的影响在企业性质、产融结合异质性、企业所在地区以及是否属

---

* 王龙，北京大学中国教育财政科学研究所博士后，主要研究方向为公共财政、环境经济学等。

于高新技术行业等方面存在异质性。基于此，本文从政府部门、金融机构及制造业企业三个层面提出了相应的政策建议，以期为发挥制造业服务化对于企业双元创新的推动作用提供借鉴和参考。

关键词： 制造业服务化　产融结合　双元创新　渐进性创新　突破性创新

一　引言

技术创新是企业和经济发展的核心驱动力。我国经济已由高速增长阶段转向高质量发展阶段，在发展方式转变、经济结构优化、新旧动能转换的攻关期，提升企业技术创新能力意义重大。党的十八大以来，以习近平同志为核心的党中央高度重视创新，全面推进创新。党的二十大报告又明确提出要"加快实施创新驱动发展战略""以国家战略需求为导向，积聚力量进行原创性引领性科技攻关，坚决打赢关键核心技术攻坚战"。同时指出，"健全资本市场功能，提高直接融资比重"为科技创新类企业提供更多金融支持。作为推动企业创新的重要措施，制造业服务化，尤其是制造业和金融业的结合日益受到关注。制造业服务化是指制造业企业为顾客提供更加完整的包括产品和服务的"组合包"。制造业服务化是基于制造业的服务和面向服务的制造的融合，是基于生产的产品经济和基于消费的服务经济的融合。这种融合是制造业适应新的竞争环境、通过增强产业链各环节的服务功能提升企业竞争力的重要途径。制造业与金融业的融合既包括金融业向制造业纵向产业链及横向产品生产过程的全方位渗透和提供服务，也包括制造业通过提供设备基础、技术支持向金融业的广泛渗透。两者融合发展有助于相互促进，以金融业促进制造业创新，以制造业支持金融业繁荣。近年来，国家也出台了一系列政策扶持风险投资机构，例如，大力发展信息服务业，积极推进国产工业操作系统、中间件、工业App、新型数据库操作系统、基础软件应用；

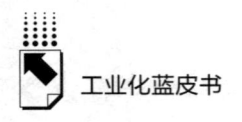

推进现代物流加快发展,加快建设港口、机场、铁路等物流枢纽;有效扩大知识产权等无形资产质押融资规模,鼓励发展大型设备、公用设施、生产线等领域的设备租赁和融资租赁服务等。工业和信息化部发布《发展服务型制造专项行动指南》明确指出,制造业企业通过创新优化生产组织形式、运营管理方式和商业发展模式,不断提高服务要素在投入和产出中的比重。

同时,制造业服务化的快速发展正成为制造业未来发展的重要趋势,它代表着制造业从传统的产品生产向提供更多增值服务的转变。这种转变不仅仅是生产过程的改变,更是企业经营模式和市场定位的重大革新。制造业与金融业的结合更是具有重要的意义,这种结合不仅对企业自身发展有益,而且对整个经济体系产生了重大影响。制造业需要大量资金用于设备更新、技术研发、市场拓展等方面。金融业提供了多样化的融资工具和资金支持,包括贷款、风险投资、证券融资等,为制造业提供了资金保障和更广泛的融资渠道,促进企业发展和创新。金融机构与制造企业的合作有助于推动创新项目的实施和发展。金融机构可能参与项目的投资与合作,支持企业进行技术创新、产品研发、智能化生产等,促进企业更快速、更深入地开展创新。结合金融服务,制造企业可以拓展业务范围,探索新的商业模式。金融服务的支持使企业能够更灵活地运用资金,从传统制造向服务化、智能化等领域拓展,实现业务多元化发展。金融与服务的结合有助于提升企业的全球竞争力。资金支持和风险管理使企业更有可能在国际市场上开展业务,拓展全球合作,提高市场份额。然而与此同时,金融业在提供资金支持时,通常会关注风险管理和回报率。为了降低风险,金融机构可能更倾向于支持已有市场验证、较为稳定的项目,而不愿承担较高风险的创新项目。这可能导致企业更倾向于保守性的创新,而不是投入更多资源进行风险较大的突破性创新。金融业常常更看重短期的回报和利益。对企业来说,突破性创新可能需要较长时间的研发和投资,并且在短期内不一定能够带来立竿见影的回报。这可能导致企业在选择创新项目时更倾向于短期利益稳定的渐进性创新,而对长期的突破性创新投入不足。综合而言,制造业与金融业结合对企业创新的影响是不确定的,对于渐进性创新,结合可能提供了更好的支持;然而，对于突破性创新，可能存在一定程度上的制约和限制，因为金融机构的风险规避倾向和对短期回报的关注可能导致企业在突破性创新方面的投入不足。

有鉴于此，本文借助 Guan 和 Liu 的方法，将创新分为渐进性创新和突破性创新，基于 2010~2020 年产融结合数据与上市公司数据，实证分析和检验以产融结合为代表的制造业服务化对企业双元创新的影响。研究发现，产融结合显著提升了企业的渐进性创新水平，体现为利用型专利申请数量的显著增加；但是对企业的突破性创新造成了显著的负向影响。机制分析表明：融资约束、管理者短视和企业风险承担是产融结合影响企业双元创新的主要机制和路径。同时，进一步的分析表明，产融结合对企业突破性创新的影响在企业性质、产融结合异质性、企业所在地区以及是否属于高新技术行业等方面存在异质性。基于此，本文从政府部门、金融机构及制造业企业三个层面提出了相应的政策建议，以期为发挥制造业服务化对于企业双元创新的推动作用提供借鉴和参考。

二 理论分析与研究假设

产融结合与企业创新密不可分，产融结合不仅给企业创新提供资金上的支持，还使金融机构积极参与企业治理，为企业提供资源介绍等增值性服务，帮助企业塑造一个创新的生态系统。但是，由于代理问题的存在，金融机构多采用分阶段注资的方式向企业投入资金，对企业实行监督管理，由此也会导致初创企业创新水平的降低。本文旨在分析产融结合对企业双元创新的影响，并详细分析其内在机制。

（一）产融结合与企业双元创新

近年来，如何推动企业创新发展日益受到政府决策者和学术界的关注，党的二十大把创新作为国家战略摆在了前所未有的新高度，提出把推动创新作为推动我国现代化和高质量发展的核心力量，把科技自立自强作为国家发展的战略支撑。而学术界的研究表明,制造业服务化,尤其是产融结合对于初创企业的创新和发展具有非常大的辅助作用。首先,产融结合可以为企业提供多元化的融资渠道。传统制造业可能更依赖于自有资金或银行贷款,而与金融业的结合可以让企业获取更多形式的融资,如股权融资、债券发行、风险投资等,更有利于企业进行长期、高风险的创新投入。其次,金融机构可能提供技术性支持,例如,技术咨询、科技金融服务等,帮助企业提升技术水平和产品创新能力。同时,金融机构对市场和行业的洞察力有助于企业更准确地把握市场需求,促进产品和服务的创新。最后,产融结合让金融机构更了解企业的经营状况和行业特点,能更有效地评估企业的风险。金融机构在提供融资支持的同时,也能参与企业的风险管理和控制,从而降低企业创新过程中的财务风险。同时,金融机构常常会要求企业提升治理水平和财务透明度,这有助于企业提升自身管理水平、规范内部运营、更加科学地进行创新。

然而,产融结合也可能带来一些负面影响。首先,创新活动本身是一种包含重大不确定性的活动,其具有高收益的同时,也具有高风险的特点,投资周期长,变现速度慢,因此,企业尤其是初创企业创新时,需要能够承担高风险的长期的资金支持。而金融机构通常更看重短期的回报和收益,但有时企业的长期发展战略与金融机构的短期利益追求可能存在冲突。企业可能被迫在短期内采取不利于长期发展的决策。其次,过度依赖金融手段可能让企业过于专注金融工程和财务运作,而忽视了对于基础技术和产品创新的投入。这可能导致企业在长期内创新能力的下降,过度依赖金融支持。最后,为了满足金融机构的要求,企业可能会面临更大的财务压力,需要持续提高创新投入和产出,这可能会对企业的长期发展产生压力。金融机构可能更倾向于支持已验证或成熟的项目,而不太愿意承担高风险的创新项目。这可能限制企业对于前沿技术和颠覆性创新的投资。因此,总体而言,产融结合对于企业创新的作用是不确定的。有鉴于此,故提出以下假设1a和假设1b。

H1a:产融结合会显著提高企业渐进性创新水平。

H1b:产融结合会显著降低企业突破性创新水平。

（二）产融结合影响企业双元创新的基本路径

产融结合对于企业创新既有推动作用也有一定限制，企业需要谨慎评估与金融机构合作的利弊，确保金融支持与企业的创新战略相一致，实现长期稳健的发展。本文尝试从融资约束、管理者短视和企业风险承担等多个渠道理解产融结合对于企业双元创新的影响，如图1所示。

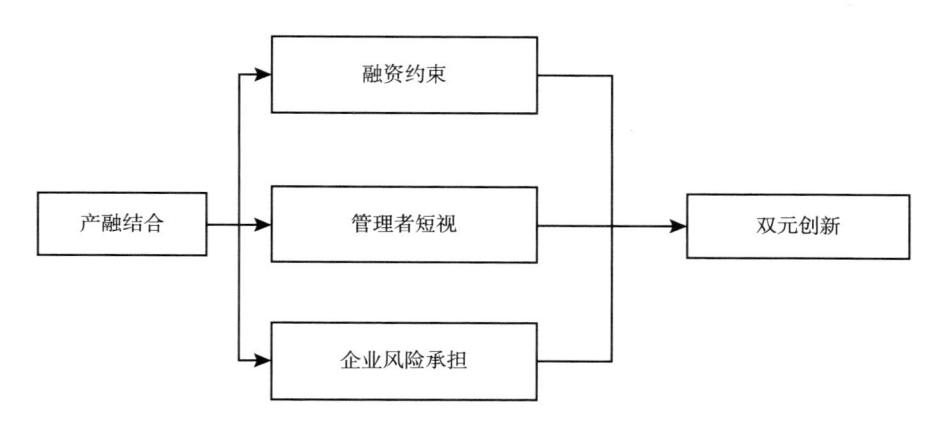

图1　风险投资影响企业突破性创新的基本路径

1. 融资约束渠道

融资约束是企业发展中普遍存在的难题，且是制约企业创新的重要因素。相对于风险投资机构，企业和常规金融中介如银行、融资租赁等金融机构存在信息不对称，这会导致因为逆向选择和道德风险的问题，企业无法获得金融中介充分的资金支持。这会导致企业融资成本过高、企业融资难、融资约束问题长期存在。党的十九大提出推动我国经济转型和高质量发展的重大目标，重申创新对经济转型和高质量发展具有强大的支柱作用。在此背景下，企业创新主体的地位也得到再次确认，企业创新过程尤其是企业突破性创新对于企业高质量发展和碳达峰碳中和目标实现具有重要意义。因此，不断解除束缚企业创新的各种因素，例如，融资约束等，保护和激发企业在创新活动中的主体活力，对我国实现创新引领发展战略具有重要意义。制造业

与金融业的融合可以为制造企业提供更多样化的融资渠道，包括银行贷款、债券发行、风险投资等。这有助于企业增加创新投入和资金储备，推动创新活动。但是同时，金融机构可能对短期回报更感兴趣，这可能导致企业过于专注短期利益，而忽视了长期的技术创新和发展。因此，产融结合可以显著改善企业融资约束，进而影响企业双元创新。有鉴于此，故提出假设2。

H2：产融结合会显著缓解企业融资约束，进而对企业双元创新产生异质性影响。

2. 管理者短视渠道

管理者短视可能指的是管理者对于企业发展的长期规划和长远利益缺乏足够的重视和考虑，更偏向于关注眼前利润和短期目标。这种短期行为可能导致一系列问题。首先，管理者过于关注短期目标，可能忽视了长期战略规划的重要性。企业长期发展需要稳定、持续的投资和创新，而短视的管理者可能会削减这些长期投入，影响企业未来竞争力。其次，长期创新需要连续的投入和耐心等待，而短视的管理者可能不会对创新投入给予足够的支持，导致企业在技术、产品或服务创新方面失去竞争力。最后，长期的创新需要员工持续投入和激情，但如果管理者只注重短期利益，可能降低员工的创新动力和积极性，影响企业内部的创新氛围。

产融结合理论上可以带来更多融资渠道和支持，但也可能对管理者产生短视的影响。首先，产融结合可能使管理者更关注短期利润，因为融资渠道更丰富，资金更易获得，导致管理者更加关注眼前的业绩和利益，而忽视长期战略和创新投入。其次，过度依赖融资支持可能导致管理者更注重财务指标，为了还贷款或实现短期回报而放缓对长期创新的投入。最后，为了应对融资机构的需求，管理者可能更倾向于追求已有市场验证的项目，而对于风险较高的创新项目或颠覆性技术的投资较为谨慎，导致企业创新方向受限。有鉴于此，故提出假设3。

H3：产融结合会通过管理者短视渠道进而对企业双元创新产生异质性影响。

3. 企业风险承担渠道

企业风险承担反映了企业在投资决策过程中对风险的偏好程度，企业的风险承担水平越高，企业在投资过程中更偏好于高风险高收益的投资项目。从微观层面而言，提高风险承担水平，可以加速股东财富积累，提升公司业绩和企业价值，促进企业长远发展；从宏观层面而言，提高风险承担水平，可以推动技术进步和产业结构升级，促进经济增长。因此，在中国经济新常态下，如何有效提高企业的风险承担水平，对于推动产业结构升级、促进经济高质量发展极为重要。已有的研究表明，风险承担行为的资金需求和委托代理问题的存在，是制约企业风险承担水平提高的两个重要因素。因此，为企业提供必要资金支持，改善委托代理问题，是提高风险承担水平的关键。同时，产融结合对企业风险承担既带来了风险分散和风险共担的好处，又可能增加金融风险并影响企业自主性。首先，产融结合可能导致企业与金融机构的风险关联性增强。当金融市场发生波动或金融机构面临风险时，企业可能受到波及，金融风险传导至企业，增加了企业的金融风险。其次，过度依赖金融融资可能使企业在经营过程中形成依赖性，降低了自有资金的使用能力，一旦金融市场出现问题，企业可能面临严重的资金压力。最后，企业在与金融机构合作时，可能受到金融机构利益和要求的影响，导致企业决策更多地受到金融机构的限制和干预，降低了企业的自主决策能力。有鉴于此，故提出假设4。

H4：产融结合会通过影响企业风险承担进而对企业双元创新产生异质性影响。

三　研究设计

本文的目标是通过构建计量回归模型，实证分析和检验风险投资对我国企业突破性创新的影响。

（一）数据选取与处理

本文参考陈思等（2017）和温军、冯根福（2018）利用上市公司数据作为研究基本样本数据的做法。其中，选取2007~2021年所有A股上市公司数据作为企业创新数据初始样本，并按如下标准进行筛选：①由于模型中大多数变量的计算需要用到前一年年报中的市场交易数据和财务数据，故剔除当年刚上市样本；②剔除数据不完整的公司、金融行业的公司和ST公司。研究所需的市场交易数据和财务数据来自Wind和CSMAR数据库。

关于地级市级别的社会经济数据，取自Wind数据库的相关内容，该数据库包含丰富的地级市级别的城市经济发展数据，包括可以满足我们数据需求的政府财政状况数据信息、人口数量信息、GDP信息等内容，最终形成进行实证分析的面板数据。

（二）基本模型设定

本文主要采用固定效应模型来分析产融结合对我国企业双元创新的影响。具体模型设定如下。

$$Y_{it} = \alpha + \beta \text{Integration}_{it} + X_{it} + \mu_i + \delta_t + \varepsilon_{it} \tag{1}$$

其中，Y_{it}是企业双元创新数据，用上市公司数据中企业申请的渐进性创新（Incremental）和突破性创新（Breakthrough）的专利数量进行刻画。Integration_{it}为产融结合变量，本文采用企业是否持股金融机构，有则记为1，否则为0。所涉及的金融机构包括集团企业财务公司、商业银行、证券公司、基金公司、信托公司、农村信用社、小额贷款公司等。

（三）变量定义

企业双元创新（Patent）：本文以IPC专利分类号前4位为基础，选择五年的窗口期。即当某企业当年申请的专利在IPC分类号中出现与之前五年窗口期相同的专利分类号，则将该企业当年申请的这些分类号重复出现的专利计数作为渐进性创新；如果企业当年申请的专利数据中未出现之前五年相同的IPC专利类别，则将这些分类号未重复出现的专利计数作为探索式创新。这里我们将探索式创新称为突破性创新。

产融结合（Integration）：本文重点关注的是制造业企业持股金融类企业的产融结合模式，考察其生产率效应，甄选制造业企业有持股金融机构的样本即确定为该企业具有产融结合的行为，通过手工收集 Wind 数据库资料及上市公司的财务报告数据。已有研究对产融结合的度量主要有两种方法，一种是利用企业持有被参股（控股）企业的股权比例作为产融结合变量的测度；另一种是利用二分类变量度量，看企业是否持股金融机构，有则记为 1，否则为 0。对比来看，前一种方法虽然得到确切的数值表示产融结合的程度，但有的企业同时参股多家金融机构，许多学者采用持股比例最高的企业数值来表示，这样也无法精确地表示产融结合的程度。本文侧重考察的是企业产融结合的行为与企业双元创新之间的关系，因此，选用第二种方法，用二分类变量表示产融结合，所涉及的金融结构包括集团企业财务公司、商业银行、证券公司、基金公司、信托公司、农村信用社、小额贷款公司等。

X_{it} 为一组控制变量，我们在模型中加入企业盈利性（roe）、企业性质（soe）、企业规模（size）、企业年龄（age）、资产负债率（lev）、现金持有水平（cash）、第一大股东持有股份比例（top1）、董事会规模（board）、独立董事比例（ddr）以及二职兼任状况（dual）等多个控制变量。其中企业规模（size）采用企业当年年末总资产的自然对数来衡量；盈利性（roe）采用企业当年净利润与年末总资产的比值来衡量；资产负债率（lev）采用企业当年年末总负债与年末总资产的比值来衡量。μ_{it} 为企业个体固定效应，δ_{it} 为年份固定效应，ε_{it} 为残差项。具体如表 1 所示。

表 1 变量定义

项目	变量	变量定义
因变量	企业突破性创新	上市公司所拥有的突破性专利数量(件)
	企业渐进性创新	上市公司所拥有的渐进性专利数量(件)
自变量	产融结合	制造业企业是否持有金融机构股权(虚拟变量)
	企业盈利性	企业当年净利润与年末总资产的比值(%)
	企业资本市场表现	企业当年年末 Tobin Q 值
	企业规模	企业当年年末总资产的自然对数(%)
	资产负债率	企业当年年末总负债与年末总资产的比值(%)

续表

项目	变量	变量定义
控制变量	前五大股东持股比例	企业当年年末前五大股东持股占总股份比例（%）
	董事会规模	企业当年年末董事会人员规模（人）
	独立董事比例	企业当年年末董事会里独立董事人员占比（%）

表 2 给出了处理后的数据所包含的变量的定义及描述统计结果。在表 2 中，因变量企业渐进性创新为 Incremental，突破性创新为 Breakthrough，用于表示企业双元创新水平。

表 2 变量描述统计分析

变量	（1）样本量	（2）均值	（3）方差	（4）最小值	（5）最大值
Incremental	50854	13.4653	66.5503	0.0000	1354.0000
Breakthrough	50854	4.2183	16.4806	0.0000	1092.0000
Integration	50854	0.1017	0.3022	0.0000	1.0000
roe	50841	0.4582	104.7559	-2146.1613	23509.7686
tobin	49781	2.4830	67.5325	0.6085	14810.3060
size	50808	21.9462	1.5032	10.8422	31.1913
tl	50841	0.5176	4.2254	-0.1947	877.2559
Top5	50844	0.5255	0.2112	0.2000	0.9974
board	50841	8.8037	2.0028	0.0000	24.0000
Director	50841	3.0583	0.9023	0.0000	9.0000

四 实证结果分析

本文的主要内容有：首先，基于计量模型（1）实证检验产融结合对我国企业双元创新的影响；其次，利用多种方式对基础回归结果进行稳健性检验，以保证实证结果的稳健性；再次，从融资约束、管理者短视和企业风险承担等三个角度分析其主要机制，验证产融结合对我国企业双元创新的主要路径；最后，对相关结果按照产融结合类型和企业异质性分别分析，以得到关于主题更丰富的结论。

（一）基准回归结果分析

为了确保研究结果的可靠性，本文首先在不添加任何其他控制变量的情形下，考察基础模型中核心自变量对因变量的影响；其次，逐步考察控制变量的引入对研究结论的影响。主要回归结果在表3中呈现。具体而言，回归结果（1）汇报了在不控制任何控制变量的情况下，核心自变量产融结合对我国企业渐进性创新的影响，并控制个体、年份和城市固定效应；回归结果（2）进一步引入企业层面的不同控制变量。回归结果（3）汇报了在不控制任何控制变量的情况下，核心自变量产融结合对我国企业突破性创新的影响，并控制个体、年份和城市固定效应；回归结果（4）进一步引入企业层面的不同控制变量。从以上回归结果可以看出：在控制了其他有可能影响企业双元创新的主要因素并且控制了个体、年份和城市固定效应之后，产融结合对我国企业渐进性创新具有稳定且显著的正向影响，对我国企业突破性创新具有稳定且显著的负向影响，且该结论对于不同固定效应与控制变量层面均非常稳健。具体表现在：从回归结果（2）可以看出，产融结合的增加推动企业渐进性创新水平将提升7.30%。从回归结果（4）可以看出，产融结合的增加推动企业突破性创新水平将降低7.03%。

表3 基本回归结果

变量	（1） ln*Incremental*	（2） ln*Incremental*	（3） ln*Breakthrough*	（4） ln*Breakthrough*
Integration	0.0987 *** （0.0266）	0.0730 *** （0.0270）	−0.0620 *** （0.0182）	−0.0703 ** （0.0187）
roe		0.0034 （0.0023）		−0.0014 * （0.0007）
tobin		0.0000 （0.0000）		0.0000 ** （0.0000）

续表

变量	(1) ln*Incremental*	(2) ln*Incremental*	(3) ln*Breakthrough*	(4) ln*Breakthrough*
size		0.1519*** (0.0163)		0.0395*** (0.0091)
tl		0.0102* (0.0058)		-0.0030 (0.0018)
Top5		0.2149*** (0.0683)		-0.1342*** (0.0430)
board		-0.0092 (0.0071)		0.0042 (0.0043)
Director		0.0113 (0.0189)		0.0201* (0.0115)
Constant	0.9207*** (0.0027)	-2.4799*** (0.3620)	0.8018*** (0.0019)	-0.0846 (0.2026)
Observations	50292	49185	50292	49185
R-squared	0.6643	0.6689	0.5786	0.5801
Controls	否	是	否	是
ID effect	是	是	是	是
Year effect	是	是	是	是
City effect	是	是	是	是

注：***、**和*分别表示在1%、5%和10%的水平下显著。括号里为标准差。下同。

产融结合对于渐进性创新和突破性创新的不同影响的差异性主要在于企业在创新过程中对风险的处理和投入方面。首先，产融结合提供了更多元化、稳定的融资渠道，对于渐进性创新，需要连续、稳定的资金支持，这种融资渠道的多元化对企业来说是积极的。对于较为稳定的渐进性创新项目，金融机构可能更愿意提供支持，因其相对较低的风险，产融结合能够降低企业单独承担风险的压力，更有利于稳健的创新投入。因此，产融结合对渐进性创新具有正向影响。而突破性创新更具有高风险性，金融机构可能对于高风险的创新项目持谨慎态度，更倾向于支持已验证或成熟的项目。这种情况下，产融结合可能限制了企业对于高风险、高回报的突破性创新投入。金融机构通常更注重短期回报,突破性创新需要更长时间才能见到回报,因此,产融结合可能对企业施加更大的短期回报压力,限制了企业长期投资的空间。因此,产融结合对突破性创新具有负向影响。这验证了 H1。

(二)稳健性检验

为确保基准分析结果的稳健性,我们首先进行双重差分法的平行趋势检验,同时分别使用替换被解释变量衡量方法、替换解释变量衡量方法、改变模型聚类层级并排除可能的其他因素的影响等多种方法对我们基准模型分析结果进行稳健性检验,以确保基准模型分析结果的可靠性。

1. 替换被解释变量衡量方法

在本文的前半部分,我们采取企业双元专利的申请量作为因变量,此处我们对企业双元专利数量进行 IHS 转换,作为企业双元创新的替代指标,利用模型(1)基于上市公司数据进行实证分析与检验,IHS 转换有利于消除原数据样本中极端值的影响,其基本公式为:$sin\ h^{-1} = \log[x + (x^2 + 1)^{1/2}]$,具体结果如表 4 中回归结果(1)和(2)所示;从表 4 列(1)和(2)的回归结果可以看出,企业双元创新指标经过 IHS 转换后作为被解释变量的替代衡量方法基于基准回归模型进行分析后,最后的实证分析结果与我们原模型的实证结论一致,产融结合对我国企业双元创新具有显著的异质性影响。

表 4 替换被解释变量和解释变量方法的回归结果

变量	(1)	(2)	(3)	(4)	(5)	(6)
	IHS 转换		滞后两期		滞后三期	
	ln*Incremental*2	ln*Breakthrough*2	ln*Incremental*	ln*Breakthrough*	ln*Incremental*	ln*Breakthrough*
Integration	0.0904 *** (0.0316)	-0.0849 *** (0.0229)				
*Integration*_2			0.4411 *** (0.1166)	-0.0388 ** (0.0187)		
*Integration*_3					0.5347 *** (0.1843)	-0.0401 ** (0.0183)

续表

变量	（1）	（2）	（3）	（4）	（5）	（6）
	\multicolumn{2}{c}{IHS 转换}	\multicolumn{2}{c}{滞后两期}	\multicolumn{2}{c}{滞后三期}
	ln*Incremental*2	ln*Breakthrough*2	ln*Incremental*	ln*Breakthrough*	ln*Incremental*	ln*Breakthrough*
Constant	-2.8215***	-0.0719	-0.8798**	-0.5639	-0.3123	-0.3125
	(0.4222)	(0.2497)	(0.3446)	(0.3458)	(0.2170)	(0.2256)
Observations	49185	49185	40510	36785	40510	36785
R-squared	0.6643	0.5815	0.7617	0.7753	0.5760	0.5843
Controls	是	是	是	是	是	是
ID effect	是	是	是	是	是	是
Year effect	是	是	是	是	是	是
City effect	是	是	是	是	是	是

2. 替换解释变量衡量方法

在本文的前半部分，我们采取企业是否有参与金融机构作为自变量，反映制造业企业与金融业的融合情况。这里，考虑到产融结合的滞后性影响，我们采用产融结合的二阶（Integration_2）和三阶（Integration_3）滞后项作为产融结合变量的替代衡量方法进行稳健性检验。具体结果如表4中回归结果（3）~（6）所示：从表4列（3）~（6）的回归结果可以看出，我们采用产融结合的二阶（Integration_2）和三阶（Integration_3）滞后项作为产融结合变量的替代衡量方法进行稳健性检验，基于基准回归模型进行分析后，最后的实证分析结果与我们原模型的实证结论一致，产融结合对我国企业双元创新具有显著的异质性影响。

3. 改变模型聚类层级

本文中，我们在基准回归中将聚类标准误差控制在企业层面，而在稳健性检验中，为控制可能来自企业所在行业、城市或者省份层面的因素影响，我们将聚类标准误差分别控制在行业和城市层面，具体回归结果见表5列（1）~（4）。从表5列（1）~（4）的回归结果可以看出，我们采用改变模型聚类层级的替代衡量方法进行稳健性检验，基于基准回归模型进行分析后，最后的实证分析结果与我们原模型的实证结论一致，印证了我们基准回归结果的稳健性。

表5 不同聚类层级的回归结果

变量	(1)	(2)	(3)	(4)
	聚类到行业		聚类到城市	
	ln$Incremental$	ln$Breakthrough$	ln$Incremental$	ln$Breakthrough$
$Integration$	0.0730**	-0.0703***	0.0730***	-0.0703***
	(0.0290)	(0.0177)	(0.0274)	(0.0202)
$Constant$	-2.4799***	-0.0846	-2.4799***	-0.0846
	(0.9230)	(0.3359)	(0.3645)	(0.1811)
$Observations$	49185	49185	49185	49185
$R-squared$	0.6689	0.5801	0.6689	0.5801
$Controls$	是	是	是	是
$ID\ effect$	是	是	是	是
$Year\ effect$	是	是	是	是
$City\ effect$	是	是	是	是

4. 改变模型固定效应控制层级

在本文的基准回归中,我们控制了企业个体固定效应、年份固定效应和地区固定效应。而在稳健性检验中,我们在控制了企业个体固定效应、年份固定效应和地区固定效应的基础上,继续控制行业、行业-年份,具体回归结果见表6列(1)~(4)。从表6列(1)~(4)的回归结果可以看出,我们在控制了企业个体固定效应、年份固定效应和地区固定效应的基础上,继续控制行业、行业-年份固定效应后,得到的实证分析结果与我们原模型的实证结论一致,印证了我们基准回归结果的稳健性。

表6 改变模型固定效应控制层级的回归结果

变量	(1)	(1)	(2)	(2)
	ln$Incremental$	ln$Breakthrough$	ln$Incremental$	ln$Breakthrough$
$Integration$	0.0477*	-0.0813***	0.0524**	-0.0371*
	(0.0270)	(0.0187)	(0.0258)	(0.0190)
$Constant$	-3.3573***	-0.4402**	-3.6138***	-0.6282***
	(0.3603)	(0.2034)	(0.3576)	(0.2086)
$Observations$	49185	49185	49063	49063

续表

变量	(1) lnIncremental	(1) lnBreakthrough	(2) lnIncremental	(2) lnBreakthrough
R-squared	0.6781	0.5840	0.7106	0.6082
Controls	是	是	是	是
ID effect	是	是	是	是
Ind effect	是	是	是	是
Year effect	是	是	是	是
City effect	是	是	是	是
Ind * Year effect	否	是	否	是

5. 排除城市规模因素的影响

考虑到城市规模与特殊的经济和政治地位可能影响我们进行实证分析的结果，我们在原数据样本中剔除了包括北京、上海、广州和深圳4个直辖市在内的35个大中型城市后进行回归分析，结果如表7列（1）和（2）所示，可以看出，实证分析结果与我们原模型的实证结论一致。即在考虑到城市规模与特殊的经济和政治地位可能影响，排除35个大中型城市后进行回归分析仍然得到产融结合对我国企业双元创新具有显著的异质性影响的结论。这说明本文所讨论的现象在城市和地区层面具有普遍性，因而在数据上表现出稳健性。

表7 排除其他政策影响的回归结果

变量	(1) 排除城市规模因素	(2)	(3) 数据样本2009~2021年	(4)	(5) 数据样本2007~2015年	(6)
	lnIncremental	lnBreakthrough	lnIncremental	lnBreakthrough	lnIncremental	lnBreakthrough
Integration	0.0454 (0.0294)	-0.0644** (0.0259)	0.0889*** (0.0311)	-0.0974*** (0.0228)	0.0730*** (0.0270)	-0.0703*** (0.0187)
Constant	-2.7411*** (0.2709)	0.5393** (0.2380)	-2.1711*** (0.4173)	0.8353*** (0.2522)	-2.4799*** (0.3620)	-0.0846 (0.2026)

续表

变量	（1）	（2）	（3）	（4）	（5）	（6）
	排除城市规模因素		数据样本 2009~2021 年		数据样本 2007~2015 年	
	ln*Incremental*	ln*Breakthrough*	ln*Incremental*	ln*Breakthrough*	ln*Incremental*	ln*Breakthrough*
Observations	19794	19794	39083	39083	25323	25323
R-squared	0.6483	0.5412	0.7208	0.5918	0.6689	0.5801
Controls	是	是	是	是	是	是
ID effect	是	是	是	是	是	是
Year effect	是	是	是	是	是	是
City effect	是	是	是	是	是	是

6. 排除其他政策影响

首先，在我们样本数据年限 2007~2021 年，2007 年的高新技术上市公司会计规则的转变使统计口径和统计规则在 2007 年发生了转变，出于保证样本数据质量以检验数据分析结果稳健性的考虑，我们将 2007 年和 2008 年两年数据删除进行稳健性检验以验证基本回归分析结果是否真正可靠；其次，我国于 2008 年开始施行的企业所得税法及其实施条例将原企业所得税法定税率从 33% 调整到 25%，并对税前扣除标准有所放松，税收政策的调整可能会冲击到我们基于数据样本的回归分析结果的稳健性；最后，2008 年也爆发了席卷全球的经济危机，对整体宏观经济以及企业部门造成了重大冲击。地方政府层面也采取了规模巨大的经济刺激政策以挽救经济形势，这可能会对企业部门创新投入水平的变动产生不可估测的影响。综上所述，为了避免如数据可比性、税制改革以及金融危机冲击等各方面因素对本文基础回归结果可能造成的影响，故将样本区间限定在 2009~2021 年，对基准回归模型（1）重新进行回归分析，主要估计结果如表 7 列（3）和（4）所示。同时，2015 年，中国股票市场出现了剧烈波动和持续下跌的情况，引发了一系列的市场震荡和经济影响。这场股灾

导致中国股市指数急剧下跌，不少股票暴跌，投资者遭受巨大损失。中国政府为了稳定市场，采取了一系列干预措施，包括暂停熔断机制、停止新股发行、提供资金支持等，努力平息市场恐慌情绪，这场股灾对中国经济和投资者信心产生了较大的影响。为了避免对本文基础回归结果可能造成的影响，故将样本区间限定在2007~2015年，对基准回归模型（1）重新进行回归分析，主要估计结果如表7列（5）和（6）所示。从表7列（3）~（6）可以看出，在排除了如数据可比性、税制改革以及金融危机冲击、2015年股灾等各方面因素对本文基础回归结果可能造成的影响后，实证分析结果与我们原模型的实证结论一致，产学研融合对我国企业双元创新具有显著的异质性影响。

（三）机制分析

本文主要从融资约束、管理层短视和风险承担等三个角度分析产融结合影响企业双元创新行为的主要机制，验证产融结合影响企业双元创新的主要路径。

1. 融资约束渠道

现实中，创新活动本身是一种包含重大不确定性的活动，其具有高收益的同时，也具有高风险的特点，投资周期长，变现速度慢，因此，企业尤其是初创企业创新时，需要能够承担高风险的长期的资金支持，这时候风险投资恰好可以满足这个需求。在本文中，我们定性地根据每一家企业的财务状况，将企业划分为五级融资约束类型，随后使用 Ordered Probit 模型估计出 SA 指数（Sa）计算公式，并将之应用到更大样本量中。公式为 $-0.737 \times size + 0.043 \times size^2 - 0.04 \times age$，取值一般为负。同时，构建 KZ 指数（kzindex）。KZ 指数按以下步骤计算。①计算各公司的经营现金流（*CFO*）、现金股利（*DIV*）、现金持有（*CASH*）、资产负债率（*LEV*）和托宾 Q 值（*TOBIN*）5 个指标，CFO 等于当期经营活动现金流量净额除以当期末资产总额。LEV 等于当期末负债总额除以当期末资产总额。DIV 等于当期现金股利除以期末总资产，CASH 等于期末货币资金除以期末总资产，TOBIN 等于期末总市值除以期末总资产。②将样本分别按照上述各变量的行业中位数为界分为高、低两组，据此分别设置虚拟变量 KZ1、KZ2、KZ3、KZ4 和 KZ5。如果 CFO 低于中位数，则 KZ1 等于 1，否则等于 0；如果 DIV 低于中位数，则 KZ2 等于 1，否则等于 0；如果 CASH 低于中位数，则 KZ3 等于 1，否则等于 0；如果 LEV 高于中位数，则 KZ4 等于 1，否则等于 0；如果 TOBIN 高于中位数，则 KZ5 等于 1，否则等于 0。③令 $KZ = KZ1+KZ2+KZ3+KZ4+KZ5$，然后将 KZ 作为因变量，CFO、DIV、CASH、LEV 和 TOBIN 作为自变量，进行排序逻辑回归，估计出各变量的回归系数。④运用上述模型的估计结果计算各公司的 KZ 指数。KZ 指数越大，企业面临的融资约束程度越高。该数据为每一家上市公司融资约束程度的 KZ 指数，经济意义为，KZ 指数与融资约束程度呈正相关，与融资效率呈负相关。具体指标如表 8 列（1）~（4）所示，数据分析表明，无论是从 SA 指数还是从 KZ 指数来看，产融结合参与都显著改善了企业的融资约束状况，进而对企业双元创新产生异质性影响。这验证了 H2。

2. 管理者短视渠道

管理者短视可能对企业双元创新产生异质性影响。渐进性创新需要有持续、稳定的投入和规划，但短视的管理者可能更倾向于短期获利，对于长期的渐进性创新规划和执行缺乏坚定的支持。短视的管理者可能更关注眼前的短期收益，而不愿意承担长期投资和创新带来的不确定性。这可能导致企业在渐进性创新方面的投入不足，限制了长期发展的潜力。同时，突破性创新通常伴随着更高的风险，短视的管理者可能对这种高风险项目持谨慎态度，更倾向于支持已验证或成熟的项目。这可能限制了企业对于突破性创新的投入。为验证这一猜想，本文以中国 A 股上市公司年报的 MD&A 为对象，通过文本分析和机器学习技术确定中文"短期视域"词集，然后采用词典法构建出管理者短视主义指标。在企业财务年报的管理层讨论与分析中，管理者对报告期内企业财务状况、经营成果和现金流量的回顾，以及对企业未来发展道路上可能遇见的机会、挑战和各种风险的阐述，能够反映出管理者特质。因此，本文结合已有的能够体现管理者"短期视域"的 43 个中英文词

表 8 融资约束渠道

变量	(1) ln*Incremental*	(2) ln*Breakthrough*	(3) ln*Incremental*	(4) ln*Breakthrough*	(5) ln*Incremental*	(6) ln*Breakthrough*
*Integration * sa*	-0.0199*** (0.0073)	0.0182*** (0.0052)				
*Integration * KZ*			-0.0754*** (0.0286)	0.0617*** (0.0197)		
*Integration * short*					0.0391** (2.2800)	
*Integration * shortterm*						-0.0043* (0.0025)
Constant	-2.9919*** (0.4679)	0.0337 (0.2680)	-2.6575*** (0.4979)	0.1953 (0.2925)	-2.2223*** (0.4144)	0.6778*** (0.2474)
Observations	46030	46030	40378	40378	40305	40305
R-squared	0.6724	0.5810	0.6857	0.5741	0.7120	0.5889
Controls	是	是	是	是	是	是
ID effect	是	是	是	是	是	是
Year effect	是	是	是	是	是	是
City effect	是	是	是	是	是	是

集，包括"天内""数月""年内""尽快""立刻""马上"等10个种子词集以及"正逢""之时""难度""困境""严峻考验"等33个扩充词级（short），计算"短期视域"相关词语总词频在当年年报 MD&A 文本总词频中的占比，再将该占比乘以 100 后得到管理者短视主义指标（shortterm）。该指标越大，管理者的短视程度越高。具体回归结果如表8列（3）～（6）所示，数据分析表明，产融结合会影响企业管理者短视主义，并进而对我国企业双元创新具有显著的异质性影响。这验证了H3。

3. 企业风险承担渠道

企业风险承担体现为管理者在进行投资决策过程中，对可以带来预期收益和现金流但又充满不确定性因素的投资项目的分析和选择。风险承担不仅是提升企业创新积极性和研发投入的重要推力，还能改善企业资源配置效率、提升企业价值，对促进社会资本积累、提高社会生产率发挥着积极作用。然而，高风险项目往往需要较多的项目启动资金，企业资金持有和融资约束将显著地影响管理者对待风险的态度。并且，掣肘于代理问题，管理者倾向于选择收益较为稳定的投资项目以保护他们在企业特有的人力资本和在职消费，进而放弃高风险但净现值为正的项目，使企业处于较低的风险承担水平。风险投资作为企业战略投资者，热衷于投资低抵押、高风险、高成长和高盈利项目。有别于传统的外部投资者，风险投资可以提供增值服务，进入企业后不仅可以为企业提供资金支持，还会参与公司的经营与治理、提升公司治理水平，这可以有效解决企业风险承担行为的资金需求和委托代理问题，提高企业风险承担能力。此处，我们用企业盈利的波动性衡量风险承担水平。ROA 为企业相应年度的息税前利润（EBIT）与当年末资产总额的比例。计算得到总体性风险（Risk1）、系统性风险（Risk2）和特质性风险（Risk3）。具体回归结果如表9列（1）～（6）所示，数据分析表明，无论是从总体性风险（Risk1）、系统性风险（Risk2），还是从特质性风险（Risk3）来看，产融结合会影响企业风险承担，并进而对我国企业双元创新具有显著的异质性影响。这验证了H4。

表9 企业风险承担渠道

变量	(1) lnIncremental	(2) lnBreakthrough	(3) lnIncremental	(4) lnBreakthrough	(5) lnIncremental	(6) lnBreakthrough
Integration * Risk1	0.0302** (0.0126)	-0.0278*** (0.0090)				
Integration * Risk2			0.0119** (0.0047)	-0.0121*** (0.0033)		
Integration * Risk3					0.0297** (0.0142)	-0.0293*** (0.0101)
Constant	-2.3949*** (0.3607)	-0.1011 (0.2031)	-2.3215*** (0.3594)	-0.1295 (0.2044)	-2.4013*** (0.3607)	-0.0966 (0.2030)
Observations	48642	48642	48321	48321	48642	48642
R-squared	0.6776	0.5791	0.6832	0.5771	0.6775	0.5791
Controls	是	是	是	是	是	是
ID effect	是	是	是	是	是	是
Year effect	是	是	是	是	是	是
City effect	是	是	是	是	是	是

五 进一步分析

本部分，考虑到产融结合对企业双元创新的作用效果受到企业性质、产融结合异质性、企业所在地区以及企业所处行业等因素的影响，我们按照企业性质、产融结合异质性、企业所在地区以及企业所处行业等进行分组，进行异质性分析，以得到更深层次的结论。

（一）按企业性质分组

不同产权性质的企业，可能具有不同的资本背景以及治理逻辑和行为方式，进而对企业的创新活动产生影响。由于创新活动本身具有前期投入大、中期风险高、资本回报率不确定等特点，因此，不同性质的企业在面临创新行为和创新策略选择时，可能采取不同的行为方式。有鉴于此，本文中，我们按照企业性质进行分组回归分析和检验，具体实证回归结果如表10列（1）~（3）所示，数据分析表明，相较于上市公司中的非国有企业，产融结合对于上市公司中的国有企业突破性创新的负向影响更为明显。这主要是因为，一是国有企业可能更倾向于依赖传统的融资方式，如银行贷款等，而不是寻求更具风险和创新性的融资模式。这限制了对突破性创新项目的资金支持。二是国有企业由于体制和利益考虑，决策上可能更为保守。产融结合可能使国有企业在投资决策时更注重短期回报和风险控制，对具有未知风险或较长周期的突破性创新项目犹豫不决。三是国有企业的管理体制和文化往往较为保守，难以快速适应和推动创新。金融机构对这种企业文化和体制的保守性也可能表现出更为谨慎的态度，影响了对突破性创新的支持。

（二）按产融结合异质性分组

本文在基准回归中对于产融结合的定义主要是指企业是否持股金融机构，有则记为1，否则为0，所涉及的金融机构包括集团企业财务公司、商业银行、证券公司、基金公司、信托公司、农村信用社、小额贷款公司等。

表 10　按照企业性质和产融结合异质性分组

变量	(1)	(2)	(3)	(4)	(5)
	\multicolumn{3}{c}{企业性质分组}	\multicolumn{2}{c}{产融结合异质性}	
	国有企业	私有企业	合资企业	是否银行持股	是否其他金融机构持股
	$\ln Breakthrough$	$\ln Breakthrough$	$\ln Breakthrough$	$\ln Breakthrough$	$\ln Breakthrough$
$Integration$	-0.0341** (0.0169)	-0.0387 (0.0304)	-0.0633 (0.1273)		
$bank$				-0.0659*** (0.0169)	
$other$					-0.0906*** (0.0185)
$Constant$	-0.9980*** (0.1656)	0.4369* (0.2428)	2.4481*** (0.8252)	-0.0700 (0.1328)	-0.0807 (0.1329)
$Observations$	23553	22104	3173	49185	49185
$R-squared$	0.5808	0.5624	0.5842	0.5801	0.5802
$Controls$	是	是	是	是	是
$ID\ effect$	是	是	是	是	是
$Year\ effect$	是	是	是	是	是
$City\ effect$	是	是	是	是	是

在异质性分析里，我们将企业是否持有银行股份和持有其他金融机构股份两种情况进行分组，具体回归结果如表10列（4）~（5）所示，数据分析表明，相较于持有银行股份，持有其他金融机构股份对企业突破性创新的负向影响更为明显。这主要是因为，一是一些其他金融机构，如保险公司、证券公司等，在投资方面可能更为保守，对企业风险较高但潜力巨大的创新项目持谨慎态度，这可能限制了企业进行较为冒险的突破性创新。二是某些其他金融机构可能更注重短期回报，追求快速的投资回报。这种情况下，企业可能受到更大的短期压力，导致资源更多地投入短期见效的项目，而非长期的突破性创新。三是一些其他金融机构可能更倾向于稳定收益和风险可控的投资，而较少关注长期创新项目的资金需求，这可能导致企业在寻求资金支持时遇到较大阻力，限制了突破性创新的发展。

（三）按企业所在地区分组

我国是一个幅员辽阔的国家，地区间政府政策、法律制度状况、发展阶段等方面差异较大，考虑到地区差异导致地方政府经济决策的差异可能导致不同地区产融结合对企业双元创新的总体效应产生差异，我们将样本数据按照企业所在地区分为三组进行实证分析与检验，总体回归结果如表11列（1）~（3）所示，数据分析表明，相较于其他地区的企业，产融结合对东部地区上市公司的突破性创新的负向影响更为明显。这主要是因为，一是东部地区相对经济发达，金融机构和企业可能更注重短期稳定的投资回报。这种情况下，产融结合可能加大了对短期回报的追求，限制了资源投入长期且风险较高的突破性创新项目。二是东部地区的金融监管可能更加严格，这可能加大了金融机构对风险的担忧，对创新项目的资金支持会更为审慎，限制了企业开展突破性创新的能力。三是东部地区的金融机构可能倾向于较为保守的投资策略，更偏向于支持稳健的成熟项目，而不太愿意支持风险较高、前景不明朗的创新项目。

表11 按企业所在地区和所处行业分组

变量	(1) 东部地区 ln$Breakthrough$	(2) 中部地区 ln$Breakthrough$	(3) 西部地区 ln$Breakthrough$	(4) 是 ln$Breakthrough$	(5) 否 ln$Breakthrough$
	企业所在地区分组			是否属于高技术行业	
$Integration$	-0.0991*** (0.0195)	-0.0085 (0.0331)	-0.0109 (0.0343)	-0.0922*** (0.0256)	-0.0186 (0.0169)
$Constant$	0.3870** (0.1871)	-0.8348*** (0.2683)	-0.5159 (0.3342)	-0.8395*** (0.2262)	-0.3254* (0.1694)
$Observations$	33098	7505	8556	26897	22245
$R\text{-}squared$	0.5865	0.5504	0.5786	0.5414	0.5923
$Controls$	是	是	是	是	是
$ID\ effect$	是	是	是	是	是
$Year\ effect$	是	是	是	是	是
$City\ effect$	是	是	是	是	是

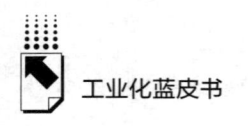

（四）按企业所处行业分组

考虑到是否处于高新技术行业会对企业自身的创新发展产生特定影响，本文根据《上市公司资质认定信息文件》数据进行整理筛选"认定项目类型"为"高新技术企业"，筛选"认定对象身份"为"上市公司本身"；根据"认定时间"和"有效期限"判断当年是否为高新技术企业，有效期限通常为3年，缺失值默认为3年。有鉴于此，本文中，我们按照企业是否属于高新技术行业进行分组回归分析和检验，具体实证回归结果如表11列(4)、(5)所示，数据分析表明，相较于属于非高新技术行业中的企业，产融结合对属于高新技术行业中的企业突破性创新的负向影响更为明显。这主要是因为，一是高新技术行业中的突破性创新通常需要更长的周期来验证和实现，而金融机构可能更偏向于短期回报，对这类周期较长且投资回报不确定的项目持谨慎态度。二是高新技术行业的企业通常需要大量资金用于研发和创新，而产融结合可能带来更大的投资压力和对短期回报的需求，金融机构可能更倾向于支持已经验证和稳定的项目，而不是面临高风险的创新项目。三是高新技术行业的创新项目涉及技术不确定性和市场风险，金融机构可能对这些风险持保守态度，限制了对这些企业的支持和投资。

六 主要结论与政策建议

当前，在我国高质量发展背景下，制造业服务化在驱动科技创新、助力结构优化、培育动能引擎、赋能产业升级上起到了引领作用。然而，以产融结合为例，金融业在提供资金支持时，通常会关注风险管理和回报率。这可能导致企业更倾向于保守性的创新，而不是投入更多资源进行风险较大的突破性创新。本文主要基于我国2007~2021年产融结合与上市公司数据，细致分析产融结合对我国企业双元创新的影响，并从融资约束、管理者短视和企业风险承担等三个角度分析其主要机制。研究发现如下。第一，产融结合对企业渐进性创新具有显著的推动作用，而对企业突破性创新具有显著的抑制作用。第二，融资约束、管理者短视和企业风险承担是产融结合影响企业双元创新的主要机制和路径。第三，本文分别从企业性质、产融结合异质性、企业所在地区以及企业所处行业等方面分析其异质性，得到更深层次的结论。

本文的研究结论对于政府部门、金融机构及企业层面均具有重要的政策启示。

第一，在政府层面，鉴于产融结合可能对突破性创新产生抑制作用，政府可以通过制定政策、提供资金支持和创新奖励等措施，鼓励企业开展更具冒险性和长期性的创新项目。设计针对高风险、高回报的突破性创新项目的税收优惠、科研补贴和技术转移等激励政策，以减轻企业在创新过程中的风险。

第二，对金融机构而言，金融机构可以优化金融服务模式，提供更为灵活的融资产品，支持长期、高风险的突破性创新项目，拓展服务范围以满足不同创新项目的需求。探索建立产融合作、风险共担的机制，以降低金融机构在支持突破性创新项目上的风险压力，鼓励更多资源投入创新领域。

第三，从企业角度看，企业需要平衡渐进性创新和突破性创新，不仅要关注产品和服务的渐进改进，还要鼓励并投入资源到具有颠覆性潜力的创新项目中。同时，企业应积极拓展融资渠道，减少对单一融资来源的依赖，寻求风险投资和其他非传统融资方式的支持，以推动突破性创新项目。

参考文献

陈思、何文龙、张然：《风险投资与企业创新：影响和潜在机制》，《管理世界》2017年第1期。

温军、冯根福：《风险投资与企业创新："增值"与"攫取"的权衡视角》，《经济研究》2018年第2期。

Guan J., Liu N., "Exploitative and exploratory innovations in knowledge network and collaboration network: A patent analysis in the technological field of nano-energy," *Research Policy*, 2016, 45 (1): 97-112.

B.13 我国工业与旅游融合发展现状及对策建议

廖 斌[*]

摘 要: 产业融合是现代产业发展的新趋势。新型工业化战略下,工业与旅游融合发展已成为工业经济转型升级的重要方向,是促进工业转型升级、培育新增长动力、实现新型工业化、推动工业城市转型的重要力量。当前工业与旅游融合发展主要体现在旅游装备产业和工业旅游领域。近年来,我国工业旅游和旅游装备产业快速发展,但也存在一些不足。未来需要按照高质量发展的要求,进一步推进工业与旅游融合发展。

关键词: 产业融合 工业旅游 旅游装备产业

产业融合是现代产业创新发展的趋势,也是现代旅游产业发展的新方向。从欧美、日韩等发达国家和地区发展经验来看,进入后工业社会,最明显的特征就是工业经济向服务经济转型。2022年我国第三产业增加值占比已达到52.8%,我国开始进入后工业时代。特别是在新型工业化战略下,工业与旅游融合发展已成为工业经济服务型转型的重要方向,是促进工业转型升级、培育新增长动力、推动新型工业化战略的重要力量,这也成为我国旅游业创新发展的重要领域。

---

[*] 廖斌,北京联合大学旅游学院副教授、硕士生导师,研究方向为旅游管理。

一 工业与旅游融合发展的主要领域

从工业与旅游融合发展来看，主要体现在两个领域。一是工业与旅游融合发展衍生出工业旅游，即依托工业企业的厂房园区、设施设备、生产过程、企业文化和工业遗址等开展的旅游活动，开展融观赏、考察、学习、体验、购物等为一体的综合性旅游活动。二是旅游业的快速发展带来了新的工业设备的需求，催生了旅游装备产业的快速发展，既包括现代工业技术应用催生出的旅游设施，也包括现代技术与旅游业融合发展而成为专门为旅游业服务的旅游设施设备。旅游装备产业是现代旅游业的重要支撑，也是新型工业化的重要领域。

二 工业与旅游融合发展之旅游装备产业

旅游业是现代服务业，但服务业发展也越来越依赖各类生产技术和设施设备的支撑。现代旅游需求推动产生了一系列旅游装备，特别是房车、邮轮游艇、大型主题公园等新业态的发展带来了高端旅游装备的生产需求，促进了旅游装备产业的发展。

（一）旅游装备产业是旅游和工业融合发展的新业态

旅游装备产业是旅游与现代工业相交而形成的新兴细分产业。一些是因为现代技术应用催生出的旅游设施，是现代技术与旅游业融合发展而成为专门为旅游业服务的旅游设施设备；另一些是因为旅游业态新需求催生的特殊旅游设施。各类旅游业适用的设施设备和用品形式，广泛应用于旅游活动、各类景区、酒店和目的地旅游服务设施体系中。不仅如此，旅游业对设施设备有着特殊的需求，如舒适、安全等，对设施设备的人体工程学原理应用、科技技术含量、产品标准化和产品性能有特殊的需求，使其与其他用途的设施设备有着显著的区别。

旅游装备设施大多也都是技术密集型的产品，其生产制造依赖各类技术要素的驱动，包括创意、研发、设计和制造等技术。这些技术在旅游设施设备中的应用，带来了一系列的旅游产品、旅游业态和旅游体验，极大地提升了旅游产品供给质量和水平，延伸旅游产业链，进一步提高旅游产业附加值，带动旅游产业的转型升级，促进旅游产业做大做强做深做透。

随着旅游消费刚性不断增加，人们的旅游消费从传统的观光旅游转向休闲度假旅游，多元消费不断催生了旅游的细分和小众市场。主题乐园、房车、滑雪等新型的休闲旅游方式不断普及并引领新的消费时尚，促进了旅游装备产业的发展。特别是在新型工业化战略、"工业4.0"、"智能制造"等战略推动下，国家出台了一系列助推旅游装备制造业发展的政策文件，带来了旅游装备产业的持续发展。

近年来，我国旅游装备产业发展速度加快，形成了旅游休闲体验类装备、旅游运动类装备和旅游基础设施类装备三大体系。

作为产业融合背景下的新兴业态，旅游装备产业不同于一般的制造业，也不同于传统的旅游业其他领域，旅游装备产业具有高成长性、高知识性、高增值性等特征，产业链条长，带动作用大，市场前景广阔。加快旅游装备制造业发展对推动我国装备制造产业结构升级，培育新的经济增长点，促进国民经济稳增长、转方式、调结构具有重要意义。这也是现代工业特别是制造业转型升级、促进中国制造向"中国智造"发展、加快新型工业化发展的重要路径。大力发展旅游装备产业能实现高端生产性服务业与高端制造业协同发展，促进旅游业的转型升级。

旅游装备产业是满足多样化、多层次国民旅游休闲需求的重要支撑。随着经济发展和人民生活水平提高，国民旅游休闲需求不断增加，特别是近年来，以邮轮游艇、大型主题公园、高山滑雪等为代表的新兴旅游产品不断兴起，已成为满足人民群众旅游休闲消费需求的重要组成部分。

1. 发展旅游装备产业有助于优化产业结构、推动产业升级

一方面，发展旅游装备产业能够延伸旅游产业链条，丰富旅游产业结构，拓展旅游产业发展空间，提升旅游产业竞争力。另一方面，发展旅游装

备制造业能够将我国制造业的基础优势和旅游业的市场潜力结合转化为新兴生产力，成为制造业转型升级的破局之道。

2. 发展旅游装备产业有助于推动旅游转型发展，释放内需市场

我国目前亟待培育内需消费的新热点，旅游业成为被寄予厚望的产业门类，而旅游装备则是旅游业的关键组成部分，特别是在旅游市场由观光转向休闲度假的大趋势下，满足休闲度假活动对旅游装备更为丰富和更高品质的需求就成为重中之重。

（二）我国旅游装备产业发展现状

近年来，我国旅游装备产业发展迅速，产业规模不断扩大。

1. 政策环境持续优化

2009年12月，国务院印发《关于加快发展旅游业的意见》，明确提出把旅游房车、邮轮游艇、景区索道、游乐设施和数字导览设施等旅游装备制造业纳入《国家鼓励类产业目录》，大力培育发展具有自主知识产权的休闲、登山、滑雪等各类户外活动用品及宾馆饭店专用产品。此后，旅游装备作为旅游业的重要板块，得到从中央到地方多个层面政策支持，为旅游装备产业发展提供了良好的政策环境。

2012年，国家旅游局出台《关于鼓励和引导民间资本投资旅游业的实施意见》提出鼓励民间资本投资旅游房车、邮轮游艇、景区索道等旅游装备制造。支持民间资本生产具有自主知识产权的休闲、登山、滑雪等各类户外活动用品及宾馆饭店专用产品。2014年《国务院关于促进旅游业改革发展的若干意见》提出继续支持邮轮游艇、索道缆车、游乐设施等旅游装备制造国产化。

2015年9月，工业和信息化部等六部委发布《关于促进旅游装备制造业发展的实施意见》，首次明确旅游装备的经济地位，并对旅游装备发展给予大力支持，提出要培育专业化、规模化的骨干企业，形成具有较强国际竞争力的产业体系，加快实现邮轮自主设计和建造，大力发展大众消费游艇产品，提升索道缆车本土化制造水平，促进游乐设施装备制造业转型升级，推

动低空飞行旅游装备产业化发展等。在政策措施方面，提出推动设立中国旅游产业促进基金，积极支持旅游装备创新发展，研究将符合条件的国产邮轮游艇、新型客运索道、大型游乐设施、低空飞行装备等重点旅游装备纳入《首台套重大技术装备推广应用指导目录》，探索利用自由贸易试验区、海关特殊监管区域现行税收政策，开展重点旅游装备配套设备和零部件加工、物流业务。在风险可控、商业可持续的前提下，加大对重点旅游装备出口信贷支持。

2016年出台的《"十三五"旅游业发展规划》提出支持冰雪设备和运动装备开发，支持低空旅游通用航空装备自主研制，培育一批旅游装备制造业基地，鼓励企业自主研发，并按规定享受国家鼓励科技创新政策。2018年，《国务院办公厅关于促进全域旅游发展的指导意见》提出发展旅游用品、户外休闲用品和旅游装备制造业，积极利用新能源、新材料和新科技装备，提高旅游产品科技含量，推进城市绿道、骑行专线、登山步道、慢行系统、交通驿站等旅游休闲设施建设。2019年，《关于促进文化和科技深度融合的指导意见》提出加强智能化的文化遗产保护与传承、数字化采集、文化体验等专用装备研制。加强激光放映、虚拟现实、光学捕捉等高端文化装备自主研发及产业化。加强舞台演艺和观演互动、影视制作和演播等高端软件产品和装备自主研发及产业化。

进入"十四五"时期，国务院、文化和旅游部发布系列规划，均明确提出鼓励旅游装备产业发展。《"十四五"文化和旅游科技创新规划》在"现代旅游业"中明确提出支持研发基础设施类、休闲体验类、游艺游乐类高端旅游系统装备和专用材料。开展邮轮游艇、自驾车（旅居车）、低空飞行等装备和设施研制。推进夜间文化和旅游产品装备关键技术研发。研发面向冰雪旅游、海岛旅游、山地旅游专用装备及高海拔地区特殊旅游装备。推动低能耗、高安全、智能化的旅游交通装备研制和非接触式服务智能装备与系统研发。推动文化和旅游创意产品开发与现代科技融合发展。《"十四五"文化和旅游发展规划》明确提出加强文化和旅游装备行业研究，支持开展基础技术研发，提升企业设计制造水平，逐渐形成国产装备的核心竞争力。

强化新技术、新材料在文化和旅游装备制造中的应用。大力发展演艺、公共文化、游乐游艺、旅游新业态等领域相关装备制造业，推进产业融合、集群发展，增强装备技术供给能力。《"十四五"旅游业发展规划》明确提出促进旅游装备技术水平提升，重点推进夜间旅游装备、旅居车及营地、可移动旅居设备等自主创新及高端制造。

国内多个省区市积极鼓励旅游装备制造业的发展。对旅游装备制造业这一新兴领域制高点的争夺已经开始。《浙江省旅游业发展"十四五"规划》提出要推进旅游业与先进制造技术融合发展，开展邮轮游艇、自驾车旅居车、低空飞行等高端旅游装备和非接触式服务智能装备研制。支持省内大型装备制造企业研发旅游装备，形成一批国家级旅游装备制造业示范基地。《广东省文化和旅游发展"十四五"规划》提出要发展数字文化制造业，发挥广东文化和旅游装备产业集群优势，加强数字文化和旅游装备的集聚研发，做大做强灯光音响、游戏游乐设备、主题公园（乐园）数字化应用等规模化集成品牌。探索开展文化和旅游装备制造业示范基地、示范企业和示范项目建设。《广西"十四五"文化和旅游发展规划》提出大力发展影视装备、舞台装备、影院装备等文化装备制造业和关联服务业。实施大健康与文旅装备制造业发展工程，培育户外运动装备、旅游电瓶车、旅游房车等新兴产业，推动柳州、南宁、贵港、玉林等市加大大健康和文旅装备制造业研发力度，重点支持柳州市高水平打造广西大健康和文旅装备制造基地，建设中国—东盟（柳州）旅游装备制造产业园，打造文旅装备产业集群，加强建设广西旅游装备制造研究院。继续办好中国—东盟旅游装备博览会。《海南省"十四五"旅游文化广电体育发展规划》提出要丰富高端消费供给，提供高端体育装备、高端文化艺术用品、超级游艇等高端消费品。结合户外运动、低空飞行需求，拓展专业运动消费产业。积极发展以海口英利工业旅游小镇为代表的新能源旅游，以游艇、轻型水上飞机、房车等为代表的体育装备制造业旅游产品。大力发展体育装备制造业，围绕岛内冲浪基地、高尔夫球场及沿海地区的垂钓区等，培育发展高端滑水板、冲浪板、帆板等运动器材制造，采用新工艺、新材料、新技术，支持企业研发自行车、帆船、帆板等体育装备，提高航空航海模型、潜水装置等高端器材装备的制造水平，打造技术密集型产业。《湖南省"十四五"时期推进旅游业高质量发展行动方案》将旅游技术装备作为湖南省装备产业发展中的未来技术装备的重要组成部分，依托山河智能、三一重工、中联重科等重点企业和株洲航空动力、株洲轨道交通、沅江船舶制造等产业集聚区，建设全省旅游装备制造产业园区和产业集群。《贵州省"十四五"文化和旅游发展规划》提出，发展旅游装备制造业，结合旅游交通服务网络构建，加快发展以演艺、公共文化、房车等为主的文化和旅游装备产业，重点支持六盘水旅游装备制造产业发展，将六盘水市打造成旅游装备制造产业基地。

2. 产业规模持续增加

作为现代服务业的龙头产业，旅游业与一、二、三产业融合发展的态势正在加快，旅游新业态不断涌现并快速增长，旅游装备产业就是其中之一，装备产业的集群发展已逐渐成为企业成长、产业发展、区域经济增长的着力点。旅游装备企业逐渐增多，呈现百花齐放的繁荣景象。比如，冰雪装备方面，2020年中国滑雪装备市场规模约为126.9亿元，同比增长8%，2021年达到137.5亿元[1]；从各地产业发展来看，河北省已引进冰雪场地装备制造、冰上运动装备制造、雪上运动装备制造、冰雪装备研发等类型项目近百项，总投资超过500亿元；已有31家冰雪装备器材企业投产，2021年产值超过5.8亿元。[2] 涵盖了冰雪场地装备制造、冰上运动装备制造、雪上运动装备制造等多类型的产业。

从具体的产业主体来看，近年来，旅游装备产业的主体持续增多。

据天眼查数据统计，旅游装备产业五大板块企业数量为：旅游交通类0.4万家，旅游基建及设施类3.12万家，旅游游乐及场馆类13.5万家，体育及户外装备类14.6万家，旅游商品类9.15万家。由此可见，体育及户外装备类、旅游游乐及场馆类企业较多，基本占企业总数的2/3，旅游交通类

---

[1] 智研咨询：《2021-2027年中国滑雪装备行业市场发展模式及战略咨询报告》，2021。
[2] 河北省发改委一级巡视员乔晓林在2022年中国（河北）国际冰雪产业发展大会上发布的报告。

企业数量最少,占整个产业板块的1%左右。

其中,"旅游交通装备"类共有相关企业4000多家,经营范围涉及房车、游艇等陆地交通以及低空飞行装备、户外装备、自驾游服务等相关业务。陆地交通方面,涉及房车相关企业最多。搜索关键词"房车",共有相关企业976家。从成立时间来看,以1~10年居多,占总数的69%;从注册资金来看,注册1000万元以上的企业最多,占总数的1/3左右。水上交通装备方面,搜索关键词"游艇",共有1447家企业。其中,"邮轮"497家。从企业地域分布看,主要分布在珠江三角洲、长江三角洲、环渤海、东南沿海等地区。其中,山东137家、江苏55家、浙江66家、广东55家,其他内陆城市数量不等,基本为10~30家。低空飞行装备方面,涉及"热气球""滑翔伞"的制造业企业数量较多,分别为914家和114家,其他如动力伞、跳伞、水上飞机等企业整体数量较少,基本为10~40家。其中,房车是一种可移动、具有居家用品基本设施的旅居车车种,随着自驾游、自由行的火热,"开着房车去旅行"的全新旅游形式逐渐被旅游者所接受,房车旅游逐渐成为重要的旅游方式,直接带动我国房车制造业发展。根据中国汽车流通协会相关数据,2021年我国房车销量12457辆,同比增长42.9%。

"索道缆车"方面,相关企业数量众多,多集中分布在旅游发达区域,输入关键词"索道""缆车"查询,共有相关企业7121家,公司业务范围涉及索道(或缆车)的投资、开发、建设、运营、管理等多种类型。其中,武汉三特索道集团股份有限公司、昆明旅游索道开发有限责任公司、陕西华山三特索道有限公司等是国内索道运营管理成立较早(15年以上)、注册资金较多(1500万元以上)的一批索道公司。其中三特索道公司分布于9个省份12个地区,是A股旅游上市公司中为数不多的跨区域经营型公司,在索道行业具有广泛的影响力。改革开放以来,随着经济社会的快速发展,客运索道发展迅速。20世纪80年代之后,随着旅游业的发展,客运索道广泛用于各类景区和滑雪场等。到20世纪80年代末全国已有30多条索道建成运营,大部分是建在风景名胜区内的旅游索道,比较有代表性的有山东泰山中天门索道、安徽黄山客运索道、慕田峪长城索道等。从索道数量上看,

1982年我国客运索道仅为2条，2003年增至280条，2016年客运索道在用数量超千条，2021年达1114条[①]。

体育户外装备方面，在天眼查输入"体育装备""户外装备"作为关键词进行搜索，增加"企业状态：存续""无失信信息"查询，共有相关企业17.75万家。针对上述结果，筛选"制造业""文化、体育和娱乐业"两个行业，共有相关企业1.24万家。其中，山东、江苏、浙江、广东等东南部沿海地区企业数量较多，为5000~7000家。注册资金普遍较高，500万元以上的企业有7000多家，占总数的60%左右。户外运动的发展带动了户外用品产业的发展，特种户外设备及用品市场逐渐发展壮大。户外运动主要涉及登山、露营、滑雪等各种探险旅游活动。这些户外运动主要在森林、高山、峡谷等自然环境中展开，对户外用品的功能要求高，在健康、舒适、防水、透气、保温、防滑等的专业性和安全性上有着更高的要求，需要以科技从管理、设施等全流程保证游客的安全，进而对材质的要求更为严格，使户外用品生产商需要投入大量的科技支撑。户外运动用品行业在欧美等发达国家拥有庞大的用户群体和市场基础，我国户外运动用品市场也逐步成长为全球主要户外运动用品市场。根据中国钓具网数据，2020年我国户外运动用品行业营收规模达1693.27亿元，同比增长6.43%，预计到2025年将达2409.6亿元。

此外，邮轮装备方面，2019年我国首艘国产大型邮轮在上海外高桥造船正式开建。2023年5月19日，上海市文旅局和中船邮轮将其正式定名"爱达·魔都号"。2023年11月国产首艘大型邮轮"爱达·魔都号"在上海外高桥造船码头完成命名交付，预计2023年底交付使用，这使我国成为全球第五个有能力建造大型邮轮的国家，是我国旅游装备国产化的重要典型代表。

（三）我国旅游装备产业发展存在的不足

经过多年发展，我国旅游装备制造业已经具备一定基础。我国旅游业快速发展，但是与之配套的旅游装备制造业尚处于起步阶段。中国旅游装备制

---

① 中国索道协会。

造业发展起步晚，存在一些不足。

1. 自主设计和研发能力不足

当前我国旅游装备产业创新能力不足，行业的核心技术较多依赖进口技术吸收转化，自主研究途径有待开拓，国产化水平不高，旅游装备制造企业竞争力不强，研发能力薄弱，技术水平不高，缺乏核心技术和自主品牌。比如，低空、冰雪、邮轮等旅游装备制造业的中高端产品主要依靠进口。能够自主研发生产的旅游装备主要集中于中低端产品，户外用品、观光车等方面少数品牌在中高端领域形成了一定的竞争力。

2. 产业链体系不完备

我国各个旅游装备产业未形成产业链发展集群，企业之间合作较少且各自独立发展，整个产业分工协作的网络有待完善。虽有部分省份将旅游装备制造业列为重点发展产业，但尚未形成具有强协同和规模效应的产业集群。如房车生产与房车营地建设、房车运营机构以及项目相互脱节，尚未形成产业化的发展体系。

3. 缺乏旅游装备产业品牌

我国旅游装备产业品牌化不足，缺乏市场竞争力，市场主体不够强大。国外在旅游装备生产方面形成了一批具有国际影响力的品牌企业。我国的旅游装备生产企业依赖国外核心技术，缺乏国际竞争力，且以中小企业居多，产业带动性不足。

4. 旅游装备领域相关标准不完善

旅游装备产业涉及的行业和内容很多。当前，各类旅游装备生产、安全性技术、市场准入等标准体系和检验检测体系不够完善，针对旅游装备的生产管理条例或办法相对欠缺。

（四）我国旅游装备产业高质量发展的对策建议

1. 加强技术创新

将创新摆在最突出的位置，鼓励企业、高校、研究机构合作，共同推进旅游装备制造业核心技术的创新性突破，逐步形成自有技术和自主品牌，集

中力量实现重点领域产品的自主化和国产化。推动各地将国产旅游装备品牌产品纳入政府采购目录，优先采购国产品牌产品。以奖励、资金支持等多种方式引领旅游装备企业进行技术创新。推动旅游装备生产骨干企业加快发展，通过收购、兼并、重组、合作等形式做大做强。加快培育中小型旅游装备生产企业，鼓励更多市场主体加入旅游装备制造业。加大对民族品牌、本土品牌的发展支持力度。

2. 打造旅游装备产业示范基地、示范园区和示范企业

培育一批旅游装备产业示范基地和示范企业。引导实力雄厚的大企业优先进入直升机、邮轮游艇、冰雪设备等生产领域，提高技术创新水平，培育有全球影响力的旅游装备生产企业。鼓励制造业发展基础良好的省份，建设旅游装备示范基地、产业园，打造核心产品突出、产业配套完善、生产交易一体的产业基地。

3. 完善产业链体系

利用旅游装备产业扩大制造产业产能，延伸旅游产业链条。对整机产品进行总装，带动核心零部件、配套产品以及服务体系的发展。大力发展工业设计、个性化定制等新型业态，提升旅游装备产品质量和品质，提升产业价值。

4. 发展智能旅游装备

鼓励企业推动旅游与工业融合发展，大力发展工业旅游，推动制造业依托互联网、物联网跨界融合，衍生升级，适应科技智造时代发展，推动物联网、互联网、人工智能等与旅游装备融合，创新生产旅游智能装备，如智能滑雪板、智能头盔、智能AR滑雪镜等。

5. 制定旅游装备产业标准

推动旅游装备产业领域的标准体系建设，以标准化引导旅游装备产业发展，规范旅游装备产业的准入、生产、安全和产品质量等内容。重点推进邮轮、游艇、低空飞行等领域的标准制定。

6. 加大政策支持力度

加强旅游装备产业发展有关部门的统筹协调，国家发展改革委、科技

部、工业和信息化部、财政部、文化和旅游部、国家市场监管总局、国家体育总局等相关行政部门之间应加强协作、齐抓共管，推动旅游装备产业健康发展。加强对旅游装备产业的税收、资金、土地等政策支持。鼓励各地出台旅游装备企业创新激励措施。充分利用政府采购、进口税收政策、科技创新奖励等政策措施加快旅游装备产业的研发应用。

7. 加快专业人才培养

通过校企联合、定向委培、现代学徒制、产需部门合作等方式，结合地方专业人才培养工作，加快旅游装备产业技能型人才培养。定期选拔技能人才到旅游装备产业领先国家培训学习。加强旅游装备产业高技术人才国际交流与合作。

三 工业与旅游融合发展之工业旅游

当前我国旅游新业态不断涌现，衍生出各种新的旅游产品和服务方式。工业与旅游融合形成的工业旅游是旅游产业融合发展的重要方式。

（一）工业旅游发展的基本内涵

工业旅游是依托工业企业的厂房园区、设施设备、生产过程、企业文化和工业遗址等开展的旅游活动，以工业生产过程、工厂风貌、生活场景等与工业相关联的内容为主要吸引物，满足游客观光、休闲、体验等需求的综合性旅游活动，是后工业化时代的新兴热点。

当前，我国进入大众旅游时代，对工业旅游的需求明显增加。随着旅游业的持续发展，人们已经不满足于传统的自然及人文资源旅游，而产生多样化的旅游需求。随着工业化的转型升级、深入发展，越来越多的游客涌向工业企业的开放工厂、博物馆、科技观光园等，工业旅游逐渐成为人们旅游的首选地。

1. 工业旅游是彰显工业文化的重要载体

随着产业结构的调整和旅游业的蓬勃发展，工业旅游在我国各地逐步开

展起来。工业旅游不是"工业"与"旅游"的简单结合,而是把工业的魅力渗透到旅游的诸要素中,向人们展示工业文化与工业文明,传播工匠精神,传递工业文化价值。

2. **工业旅游是推动工业城市转型的重要举措**

工业旅游是推动工业城市转型,特别是资源枯竭型城市振兴发展的重要举措。对于很多工业城市来说,发展工业旅游是培育经济新增长点、促进传统工业转型升级和提质增效、推动新型工业化以及城市转型的重要路径。在新型工业化时代实现工业与旅游战略融合,将极大促进第二产业向第三产业渗透,充分利用工业城市的工业区、厂房、设备等资源,创造新的场景,创造新的就业岗位,通过第三产业促进第二产业多元发展,实现生产美、生态美、生活美的"三生三美"融合发展格局。

3. **工业旅游是全域旅游发展的新业态**

工业旅游有着巨大的市场,开启了工业经济的一次增值革命,将产生巨大的经济效益与社会效益。工业旅游是在全域旅游理念指导下传统工业转型升级的创新路径和全域旅游纵深发展的重要内容。

(二)我国工业旅游发展现状

近年来,我国相继出台了《"十三五"旅游业发展规划》《全国工业旅游发展纲要(2016—2025年)》《国家级工业旅游区(点)规范与评定》等一系列政策措施与管理办法,支持与促进因地制宜发展工业旅游。2019年7月,工业和信息化部工业文化发展中心创新工作机制,牵头发起成立全国工业旅游联盟。2019年11月,国家发改委、工业和信息化部等15部门联合印发《关于推动先进制造业和现代服务业深度融合发展的实施意见》提出,要发展工业文化旅游,支持有条件的工业遗产和企业、园区、基地等,挖掘历史文化底蕴,开发集生产展示、观光体验、教育科普等于一体的旅游产品。2020年国家发改委、工业和信息化部等五部门联合印发《推动老工业城市工业遗产保护利用实施方案》指出,工业遗产是工业文明的见证,是工业文化的载体,是人类文化遗产的重要组成部分,要将工业文化元素和标识融入内容创作生产、创意设计，利用新技术推动跨媒体内容制作与呈现，孕育新型文化业态。完善配套商业服务功能，发展以工业遗产为载体的体验式旅游、研学旅行、休闲旅游精品线路，形成生产、旅游、教育、休闲一体化的工业文化旅游新模式。2021年工业和信息化部等八部门联合发布《推进工业文化发展实施方案（2021—2025年）》，提出要推动工业旅游创新发展，打造一批具有工业文化特色的旅游示范基地和精品线路，建立一批工业文化教育实践基地，传承弘扬工业精神。2021年国务院印发的《"十四五"旅游业发展规划》提出，要鼓励依托工业生产场所、生产工艺和工业遗产开展工业旅游，建设一批国家工业旅游示范基地。

近年来，我国工业旅游快速发展。我国已经形成了形式各异、适应大众需求的工业旅游发展模式，如以海尔工业园、长春第一汽车集团为代表的厂区生产体验型模式；以江南造船博物馆、中国工业博物馆为代表的博物馆展示模式；以西昌卫星发射中心为代表的科技观光开发模式；以潍坊坊子炭矿遗址文化园为代表的遗址公园式开发模式；以北京798艺术区为代表的创意产业集聚区模式等。工业旅游成为适应大众旅游时代新发展、满足人民群众美好生活的需求。2023年10月文化和旅游部公布了北京市798艺术区等69家单位为国家工业旅游示范基地。截至2023年，全国已评定三批次共142家国家工业旅游示范基地，其中包括城市休闲、产业园区集聚、企业观光体验等旅游类型，涉及冶金工业、机械制造、医药保健等多种类型，通过企业参观、博物馆展示、遗址遗迹观光等多种形式，为游客提供形式多样、内容丰富的工业旅游体验。

从市场规模来看，2015年，全国工业旅游接待游客超过1.3亿人次，工业旅游收入达到100亿元。其中，直接就业达6.5万人，间接就业、季节性就业达到300万人。① 2022年工业旅游收入达到900多亿元，占全国旅游收入的9%。从世界范围来看，工业旅游收入占旅游收入的比例在10%~15%，中国工业旅游目前占比在4%左右，相比之下，我国工业旅

---

① 原国际旅游局，2016年全国工业旅游创新大会发布的报告。

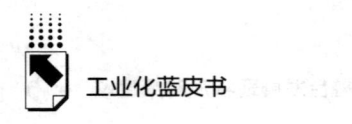

游未来将呈现快速发展态势。预计"十四五"时期,我国工业旅游收入将超过1000亿元。

我国可开展工业旅游的企业、产业类型较丰富,既包括传统工业,也有现代企业,多个资源型城市均保留了一定量的工业遗址。我国已经形成了较为完整的工业体系,工业发达,产业结构呈多样化,拥有一大批在全国占有重要地位的著名企业,工业企业品牌响亮,而且新中国成立之后的不同历史时期都留下了宝贵的工业遗产,这些工业遗产蕴藏着丰富的历史文化价值,是社会主义先进文化的典型代表,我国具备大力发展工业旅游的资源基础,具有集中开发工业旅游的空间优势,发展工业旅游的潜力巨大。

(三)我国工业旅游发展存在的不足

1. 认识不足,动力不够

目前,不少企业仍处于观望犹豫阶段,没有认识到工业旅游对企业核心品牌竞争力、消费者品牌忠诚度和企业文化塑造的关键作用,认为工业旅游不过是锦上添花、可有可无。

2. 工业旅游产品体系尚不完整

工业旅游的产品多数仍为生产线参观、产品推介等,明显存在"两个滞后":一是滞后于我国旅游产品业态的整体开发水平;二是滞后于国内外游客的总体需求水平。深层次、复合型的创意体验型旅游产品较少,产品特色不浓、功能不完善,挖掘文化内涵不够,不能满足广大游客个性化、多样化的消费需求。我国尚未形成工业遗产旅游、工业科普旅游、产业公园旅游、企业文化旅游和工业购物旅游等完整的产品体系。

3. 多数旅游项目仍处于初级水平

一是缺乏高水平的规划和产品设计,仅是将工业与旅游简单叠加。二是沿用工业化思维搞旅游,缺乏既懂工业又懂旅游的复合型人才。三是工业旅游纪念品开发低层次、同质化现象较为突出。四是缺少富有竞争力的工业旅游品牌。相对于其他旅游产品来说,工业旅游还缺乏在全国乃至国际旅游市场上具有较强竞争力和吸引力的品牌。

（四）促进工业旅游高质量发展的对策

未来推动工业与旅游融合发展，促进工业旅游高质量发展，挖掘我国工匠精神，讲好中国工业故事，重塑中国工业文化，打造中国工业品牌，推进新型工业化战略，需要做好以下工作。

1. 坚持工业资源全域全要素整合战略

全面整合工业企业、工业遗址、工业文化、工业产品、工业技艺、工业流程、工业园区以及反映重大事件、体现工业技术成果和科技文明的资源，深入开展调研梳理，进行工业资源要素的整合，引导更多的工业企业参与工业旅游发展，将生产资源或闲置资源转换为旅游资源，推动工业旅游覆盖整个工业体系全域，向全产业链延伸。

2. 坚持"工业旅游+"的业态融合战略

围绕休闲、度假、康养等综合需求，注重对工业资源的综合运营，坚持开放融合战略思维，在工业旅游的基础上注重叠加文化创意、娱乐、研学等功能，站在游客旅游休闲体验的视角上，引入现代科技元素，强化个性化、差异化、体验性等特征，综合安排开发旅游产业，构筑全域工业旅游产品，并以工业旅游为核心构筑完整产业链。

3. 坚持工业文化坐标导向战略

工业和工业文化遗产是最重要的文化符号和文化记忆，工业旅游开发应兼顾项目的文化及经济价值，站在文化、社会、经济等多角度统筹开发，突出工业资源的文化性、历史性，在工业旅游开发过程中，挖掘中国工业故事，塑造中国工业文化，以工业旅游回溯工业发展历史，挖掘中国工业发展历史上、文化上的代表性意义，弘扬工匠精神，展示百年工业文化和品牌文化，塑造工业文化的历史坐标，构筑工业文化的软实力，展示中国工业文明成就。

4. 坚持混合盈利模式战略

围绕工业旅游，立足旅游产业和服务的衍生和拓展，多层次挖掘盈利点，从单一化的盈利点走向综合化旅游盈利链，构建混合的盈利模式，做深

做透工业旅游产业。一是旅游关键节点门票收入模式：借助工业旅游资源，在一些关键性的旅游节点上设置门票。二是旅游内部综合收益模式：围绕旅游者，抓住旅游消费带来的商业机会，在旅游产业内部衍生和打造丰富的餐饮、娱乐、修学等旅游综合消费业态。三是融合型产业盈利模式：围绕工业旅游综合体定位，嵌入多元产业，综合发展旅游与商业、文化创意产业、地产业等衍生产业，获得衍生产业收益。四是综合性服务产业盈利模式：随着工业旅游项目逐渐走向成熟，带动周边区域的增值，获得综合性的城市服务产业盈利点。

5. 重点发展六大工业旅游模式

（1）工业博物馆发展模式

工业博物馆是工业展览展示的重要模式。依托工业的露天场地、仓库、厂房或者其他的生产空间，通过建立工业博物馆，能够最大限度地将工业生产过程、生产工艺、工业产品等元素集中展示给外界游客，并借助现代信息技术，通过图片、实物、视频影像、虚拟技术等方式，将从杂乱无序的工业理念转为清晰的文化平台，使单纯的工业遗址和冰冷的机器承载历史的记忆，把无声的企业博物馆变成企业精神的流动宣传栏，以活化工业区的历史感、真实感、认同感，使游客能够穿越历史，深入了解工业企业，感受工业文化的魅力。工业博物馆具备极好的教育、展示、宣传等功能。工业博物馆包括工业遗址改造的露天博物馆，也包括工业生产企业建设的室内博物馆及其他行业性工业博物馆。

（2）工业空间开敞化模式

依托工业生产遗址、生产场地、生产厂房等工业开敞空间，植入现代旅游休闲功能，将传统工业生产空间创意化、休闲化、游憩化，改造成为新的旅游休闲空间，衍生新的旅游业态，使封闭的工业区变成开放宜人的旅游区，形成有活力的公共休闲空间，提升城市空间利用效率。一方面，将大面积的室外工业生产遗址和生产场地，改造成为景观公园、休憩场所，在开敞的工业生产空间保留原场地上最具代表性的建筑、遗址生产环境，进行工业艺术和休闲改造，增加现代休闲游乐设施，既能够展示工业文化、延续工业文脉，也具备户外运动、音乐现场、休闲游憩等功能，满足居民游客休闲娱乐需求，改善城市休闲环境，带动周边地区环境优化，构建产业、城市有活力、可持续的发展模式。另一方面，对封闭的工业生产空间，则通过开放改造，保留原有结构与内部空间格局，融合现代旅游休闲功能，发展成为特色小店、餐馆、艺术工作室、话剧室等现代旅游休闲娱乐的开展场地，举办各种会议、艺术展、研讨会等。

（3）生产流程开放化模式

依托工业生产工艺，开放企业生产流水线，为游客提供参与、体验工业生产方式的旅游服务。这类工业旅游模式，核心在于以工厂生产设施、生产流程、工人作业等一线工业生产风貌为吸引点，向游客展示"活着、真实"的工业生产流程，在真实的环境中让游客参与、体验工业生产制作的全过程，感受传统和现代的工业生产技术、工业加工流程、能工巧匠的制造技艺，使游客体验每个环节、每个过程、每个流程，使标准机械的现代工业生产流程提升为富有情趣的旅游体验过程，借助现代展示、体验技术，通过视觉、听觉、味觉、嗅觉、触觉等多种方式传达工业生产信息，以给游客创造难忘的体验。这类工业旅游模式具有旅游观光、体验互动、科普教育等综合性功能。

（4）工业文创园区化模式

这类工业旅游模式是将工业资源与文化创意相结合，借助空余或闲置工业厂房、仓储用房、地下空间等工业开敞空间，以文化为核心，以创意为手段，融入现代的艺术、生活、餐饮、教育、休闲等功能，打造成为具有文化艺术气息的工业文创园。通过工业再造形成的工业创意园，以其独特的工业空间、工业元素和工业文化，吸引设计企业、文化创意机构，以及画家、雕塑家、音乐人、摄影师等创意人才入驻，成为新的产业活动和艺术生活空间，赋予工业资源新的文化艺术内容，形成品牌企划、平面设计、动漫影视等文创产业集聚区，为工业空间注入新的发展活力，形成新的工业文化地标和创意高地。

（5）工业旅游综合体模式

这类开发模式是依托工业资源体，以工业旅游为核心，按照综合开发、混合使用的理念，将工业旅游融入城市运营，融合旅游、文化创意业、商业、地产、公共服务等功能，做深做透工业旅游，延伸旅游产业链和价值链，打造集新产业、新业态、新文化、新模式、新生活于一体的开发式的工业旅游综合体。重点是融入现代购物、咖啡厅、餐馆等业态，形成以工业旅游为核心，集旅游、地产、娱乐、商业、会展、文化、体育、居住等功能于一体的休闲度假型旅游综合体。

（6）工业特色小镇化模式

对接特色小镇建设，将工业旅游嵌入特色小镇。重点立足小镇工业产业特色，开展"旅游+工业"特色旅游，将旅游内涵与要素融入特色小镇建设，渗透吃、住、行、游、购、娱等六要素，使工业小镇打上旅游业的烙印。通过工业旅游深度展示小镇的产业资源、产业文化、核心产品等，使小镇成为生产展销、文化创意、休闲游憩等功能有机融合的特色工业旅游小镇，既为工业旅游开辟了全新的发展空间，也为特色小镇找到了新的支撑点，推动特色小镇产业、环境、人文、旅游的多维一体发展。围绕各地产业优势，重点打造一批黄金小镇、陶瓷小镇、纺织小镇等，形成完善的工业旅游小镇体系。

6. 推动工业旅游规范化管理

一是完善工业旅游配套设施，整体提升工业旅游服务水准；二是加强对涉工业旅游开放主体及服务机构的指导，着重产品及服务质量提升、参观安全、应急处置等方面的工作；三是定期开展工业旅游景点管理、导游和服务培训，提升行业队伍素质；四是加强与相关知名高校合作，建设工业旅游在校大学生见习基地，培养专项工业旅游人才；五是积极举办或承办国际、国内工业旅游相关的会议展览，提升工业旅游的影响力。

7. 完善人力资源队伍

企业服务接待人员的热情程度、服务质量、工作效率、现场管理水平、员工行为规范、精神风貌都是影响参观者对企业印象的重要因素，因此必须努力做到尽善尽美。切不可轻视培训，认为旅游不需要什么专业知识，简单地把工人或者企业富余人员直接转为工业旅游导游员、讲解员，导致服务质量低劣，损害企业形象。要加强人才培养，着力培养一批工业旅游规划设计、创意策划和市场营销等方面专业人才，特别是要培养既掌握工业知识又熟悉旅游规律的高层次、复合型人才。加强工业旅游企业相关从业人员的培训，着力提高工业企业中旅游讲解员、导游员以及其他服务人员的专业化服务水平。组织工业旅游企业经营管理者和业务人员，到省内外工业旅游发达地区精准交流，拓宽视野和知识面，促进工业旅游发展与时俱进。建立健全工业旅游培训机制，采取校企合作、企业互助、行业帮扶等多种形式，结合企业就业和再就业的培训工程，在工业旅游、工业设计、工业遗产、文化建设、质量品牌等方面开展工业旅游服务和技能培训。

参考文献

杨彦锋、廖斌等：《中国旅游装备产业发展与实践》，中国旅游出版社，2022。

耿松涛、宋蒙蒙：《中国旅游装备制造业创新升级与发展策略研究》，南开大学出版社，2017。

李柏文：《旅游制造业概念辨析及其培育与发展研究——以京津冀地区为例》，《经济问题探索》2014年第3期。

耿松涛、杨晶晶：《中国旅游装备制造业低端锁定的作用机制及突破路径》，《学习与探索》2020年第4期。

耿松涛、彭建：《产业融合背景下的中国旅游装备制造业产业集群发展研究》，《经济问题探索》2013年第11期。

李焱、原毅军：《中国装备制造业价值链升级与技术创新的协调发展研究》，《国际贸易》2017年第6期。

吴丽云等：《加快推进旅游装备制造产业发展的建议》，《文化和旅游智库要报》2021年第77期。

专题四 城镇化：新型工业化的重要载体

B.14
区域协调战略的产业结构
转型升级效应评估

——以国家级城市群建设为例

李欣泽[*]

摘 要： 产业结构转型是经济增长过程中的普遍规律，与一国所处的工业化发展阶段密切相关。城市作为推进新型工业化的重要载体，在推动产业结构转型升级方面发挥着重要作用。在党的二十大报告提出"以城市群、都市圈为依托构建大中小城市协调发展格局"的背景下，研究国家级城市群建设对城市产业结构转型升级的影响效应具有重要意义。本文利用2006~2019年中国284个地级市数据，以国家级城市群建设作为准自然实验，使用双重差分法研究了国家级城市群建设对产业结构转型升级的影响。研究结果

---

[*] 李欣泽，山东大学经济研究院副教授，主要研究方向为发展经济学、环境经济学。

表明：①国家级城市群建设对城市产业整体升级具有显著的促进作用，且该结论在一系列稳健性检验后仍然成立；②影响主要是通过促进创新创业、提升消费水平、增加固定资产投资和吸引外商投资的机制所驱动的；③国家级城市群建设推动产业结构整体升级的作用效果在资本错配程度较低的城市以及国有化程度较高的城市更为明显。本文的研究发现为国家级城市群能够促进城市产业结构整体升级提供了经验证据，并为以城市化推动新型工业化的发展进程提供了思路。

关键词： 国家级城市群　产业结构　创新创业

一　引言

党的十八大以来，面对世界百年未有之大变局和中国经济发展进入新常态等局势，中国工业化进入高质量发展期。当前，新一轮科技革命和产业变革深入发展，全球价值链步入降速重构的新阶段，中国面临着改造和提升已有产业的"机会窗口"。新型工业化离不开科技自主创新能力提升，与新兴技术和市场的互动对接密不可分，互联网新兴技术和高端制造等高新技术领域的创新创业与传统产业的深度融合将成为"十四五"时期推动新型工业化发展的重要引擎。党的二十大报告将"基本实现新型工业化"作为2035年中国发展的总体目标之一，强调把发展经济的着力点放在实体经济上，推进新型工业化，加快建设制造强国、质量强国、航天强国、交通强国、网络强国、数字中国。可见，提升高新技术领域的创新创业能力，从而推动新型工业化的实现，已经成为推进中国式现代化的必然要求，也是形成国际竞争新优势的迫切需要。

中国传统意义上的工业化、城镇化已经基本实现，新发展阶段下的城市化不能仅仅局限于农业剩余劳动力转移意义上的城镇化，而是要进一步解决

城市本身的更新、升级和功能再造问题。与此同时，推动城市化和工业化良性互动，使城市成为推进新型工业化的重要载体，在推动创新创业和产业结构转型升级方面发挥作用，为新型工业化建设和推进中国式现代化提供强劲动力和坚实支撑。因此，准确理解城市化建设对高新技术领域创新创业的关键影响、深入探索城市化与新型工业化的发展方向，不仅有助于为城市化相关政策的制定提供理论支持，还可能为未来推动新型工业化发展提供思路与方向，因而成为重要的时代命题。

改革开放以来，中国经济的高速增长与城市规模的持续扩张相伴而行，城市化对经济增长和收入差距的影响效应是学术界关注的重要问题。近年来，由于前期城市化过程主要依赖粗放的经济发展方式和滞后的产业结构，城市环境生态问题逐渐凸显，有较多学者开始关注城市化对区域生态环境影响，对环境问题的关注也引发了对加快城市产业结构升级、推动绿色技术创新的强烈呼声。随着新型城市建设步伐加快，城市在高新技术领域创新创业方面所具有的优势更加突出，不同学者针对城市化在区域创新能力、产业结构调整、企业创新活动等方面的作用进行了研究，在城市化能够推动区域创新能力提升和微观主体创新创业方面已经达成较为一致的认识。不同于以往文献，本文试图从产业结构整体升级的角度考察城市化的创新创业效应。

党的十八大以来，一系列旨在推动城市化进程的政策应运而生。其中，城市群建设依托区域内城市之间基础设施和制度的衔接，促进资源要素在更大区域范围内的快速流动和优化配置，推动区域内各城市的分工协同，成为提高区域整体的生产率和均衡发展水平的重要载体。习近平总书记在党的二十大报告中根据建设新发展格局和推进中国式现代化的需要，提出"以城市群、都市圈为依托构建大中小城市协调发展格局"的要求，国家发改委印发的《"十四五"新型城镇化实施方案》也提到中心城市和城市群已经成为带动全国高质量发展的动力源。从 2015 年 3 月开始，全国已有 11 个国家级城市群通过国务院批复建立。

随着国家级城市群建设的推进，已有学者开始关注国家级城市群的政策效果，针对城市群在促进要素流动和经济增长方面的作用，黄文和张羽瑶[1]验证了长江经济带城市群能够显著提升城市经济高质量发展水平。李洪涛和王丽丽[2]验证了国家级城市群发展规划能够有效推动区域要素流动与高效集聚。田皓森和温雪[3]基于两地区 DSGE 模型，利用全国 12 个重点城市群的面板数据实证检验了城市群金融一体化对区域经济高质量增长具有促进作用。倪克金等[4]聚焦于制造业，运用 2000~2015 年中国 22 个城市群数据，认为城市群一体化有助于提升制造业要素配置效率。在城市群的创新效应方面，谢露露[5]聚焦于长三角城市群，认为生产性服务业集聚对创新效率有显著的促进作用，而制造业集聚对创新效率的影响存在门槛效应。蔡庆丰等[6]认为跨区域城市群人口集聚能够弥补本地市场发展条件的不足，促进了区域内的企业创新。柳剑平等[7]验证了国家级城市群在绿色技术创新和产业结构升级方面发挥着重要作用，并以此推动了城市绿色发展。陈斌和何思思[8]以中国 6 个主要城市群中在沪深两市 2015~2020 年上市的企业作为研究对象，实证检验了城市群与产业群协同发展以及城市群企业创新行为的同群效应有助于创新涌现。可见，已有研究针对城市群对产业结构整体升级的讨论仍然不够充分，部分研究聚焦于具有代表性的城市群，缺乏对国家城市群规划的整体认识，考察城市群与产业结构转型升级之间关系的实证研究较为匮乏。

---

[1] 黄文、张羽瑶：《区域一体化战略影响了中国城市经济高质量发展吗？——基于长江经济带城市群的实证考察》，《产业经济研究》2019 年第 6 期。

[2] 李洪涛、王丽丽：《城市群发展规划对要素流动与高效集聚的影响研究》，《经济学家》2020 年第 12 期。

[3] 田皓森、温雪：《金融一体化的区域经济高质量增长效应——基于全国 12 个重点城市群的实证研究》，《宏观经济研究》2021 年第 11 期。

[4] 倪克金、刘修岩、张蕊等：《城市群一体化与制造业要素配置效率——基于多维分解视角的考察》，《数量经济技术经济研究》2023 年第 4 期。

[5] 谢露露：《产业集聚和创新激励提升了区域创新效率吗——来自长三角城市群的经验研究》，《经济学家》2019 年第 8 期。

[6] 蔡庆丰、王仕捷、刘昊：《城市群人口集聚促进域内企业创新吗》，《中国工业经济》2023 年第 3 期。

[7] 柳剑平、胡泊、魏子璇：《通向绿色之路：国家级城市群建设对城市绿色发展的影响》，《产业经济研究》2023 年第 4 期。

[8] 陈斌、何思思：《集聚视角下城市群与产业群技术创新联动、同群效应与创新涌动的关系研究》，《科技管理研究》2023 年第 10 期。

鉴于此，本文将国家级城市群规划作为"准自然实验"，中国284个地级市作为研究样本，探讨国家级城市群规划对城市产业整体结构升级的影响效应，在此基础上分析这种影响效应实现的机制，以及由地区差异所引起的政策效果的异质性。

二 政策背景与理论分析

（一）政策背景

城市群（Urban Agglomeration）被认为是工业化和城镇化发展到高级阶段的产物，一般是指在特定区域内由1个以上的特大城市为核心、至少3个以上大城市为构成部分的城市群体，具有空间组织紧凑、经济联系紧密、高度同城化和高度一体化的特征。自2006年中国"十一五"发展规划首次将城市群提升为推进国家新型城镇化的空间主体以来，城市群这一概念多次出现在不同的国家重大发展战略文件中。2015年3月26日，国务院颁布《关于长江中游城市群发展规划的批复》，明确了长江中游城市群范围涵盖湖北、湖南、江西三省，标志着长江中游城市群成为首个得到国家正式批复的城市群。截至2023年底，全国已有11个城市群得到国务院正式批复，具体名单、所涉区域及批复时间如表1所示。可见，国家级城市群的建设范围较广，已经覆盖中国东部、中部、西部和东北地区等不同地区，且各大城市群基本形成了以省会城市或者直辖市为中心城市的空间布局。

表1 国家级城市群基本情况

城市群名称	批复时间	中心城市	所涉区域
长江中游城市群	2015年3月	武汉、长沙、南昌	中部
京津冀城市群	2015年4月	北京、天津、保定、廊坊	东部、中部
哈长城市群	2016年2月	哈尔滨、长春	东北地区
成渝城市群	2016年4月	成都、重庆	西部
长三角城市群	2016年5月	上海	东部

续表

城市群名称	批复时间	中心城市	所涉区域
中原城市群	2016年12月	郑州	东部、中部
北部湾城市群	2017年2月	南宁	东部、西部
关中平原城市群	2018年2月	西安	中部、西部
呼包鄂榆城市群	2018年2月	呼和浩特	西部
兰西城市群	2018年3月	兰州、西宁	西部
珠三角城市群	2019年2月	广州	东部

《"十四五"新型城镇化实施方案》明确提出，要找准城市群发展定位，分类推动城市群发展，明确了"十四五"时期城市群的高质量发展要求。长江中游城市群和北部湾城市群等相继出台针对本城市群建设"十四五"的实施方案。各城市群纷纷将新兴产业培育和产业数字化转型等作为重要发展方向，着力推动城市群创新资源集聚，为城市群内产业结构升级提供了良好机遇。协同发展机制也是城市群规划的重要内容，多个城市群已经开始探索经济管理权限与行政区范围适度分离，建立跨行政区利益共享和成本共担机制，从而提高城市的投资吸引力。城市群内的中心城市功能也在不断优化提升，在形成以现代服务业为主体、先进制造业为支撑的产业结构方面起着示范引领作用。城市可持续发展的客观条件在国家级城市群规划的指导下正在不断完善，为城市产业结构转型升级提供了良好空间。

（二）理论分析与研究假说

1.国家级城市群规划对城市产业整体结构的直接影响

地方保护和市场分割是中国经济社会发展中呈现的特征之一，这种特征与改革开放初期实施增长速度追赶的经济发展战略，以及当时的体制机制有着深刻联系，对经济增长具有一定的促进作用。但是，随着中国经济进入新发展阶段，过去的速度型赶超战略已经不再符合新发展理念和要求，市场分割带来的环境福利绩效损失、地区间产业结构趋同化等问题逐渐凸显，阻碍了国内大循环畅通和国内超大规模市场优势与内需潜力的发挥。在2022年

出台的《中共中央国务院关于加快建设全国统一大市场的意见》中，中央明确提出要结合城市群等区域重大战略，在维护全国统一大市场前提下，优先开展区域市场一体化建设工作。国家级城市群规划在制度设计上正是为了打破区域分割的现状，促进相邻城市之间的要素流动和技术交流，改善城市群内的创新创业环境，创造和引领更高质量的需求，吸引更多投资，从而促进群内城市产业整体结构的转型升级。

本文据此提出研究假说1：国家级城市群建设能够促进群内城市产业结构转型升级。

2. 国家级城市群规划对城市产业整体结构的影响机制

（1）促进创新创业

国家级城市群规划能够改善群内城市的创新创业环境，为产业结构整体升级提供技术支撑和发展活力。首先，在各大城市群的发展规划中，政府都将促进创新创业作为重要的发展方向。在城市群获得国家批复后，针对群内城市在科技创新和成果转化方面将有更多的政策倾斜和财政投入，政府对群内城市的科学和教育支出将有所提高，推动更多高校、科研组织和企业参与到技术创新的过程中，为产业结构升级提供"产、学、研"合力。更多的创新投入也将促进技术、管理知识的交流和人力资源的培养利用，使这类城市成为更适宜创业的沃土，也给这类城市带来了更多创业机会。其次，城市群规划强调群内城市协同发展，群内城市间的互动将更为频繁。国家级城市群建设这一政策出台后，群内各城市政府将签署一系列合作协议，并根据发展规划实施促进技术交流合作和产业承接等具体内容。城市各类市场主体之间的交流合作渠道也更加畅通，产生劳动力市场共享效应和知识技术外溢效应等外部经济，能够在一定程度上克服城市之间原有的壁垒，新工艺、新技术能够更加迅速地传播。良好的创新创业氛围也提升了城市接受新思想、新观念的程度，为创新创业营造出更加适宜的外部环境，并能降低创新创业的成本。最后，中国风险投资产业的供需两方面均存在明显的空间集聚性，城市群增强了群内城市对风险投资的吸引力。风险投资作为创业的一种投资，能够向初创企业提供资金支持以及运营管理服务，为解决城市产业发展面临的新兴产业初创企业融资难问题提供了途径,能够提升城市的创业活跃度,进而促进产业结构转型升级。

大量研究表明,城市创新创业是促进产业结构转型升级的重要因素。陶长琪和彭永樟[1]对技术创新强度与产业结构升级进行了空间效应分析,认为技术创新强度对中国产业结构合理化和高级化具有显著为正的空间效应。时乐乐和赵军[2]的研究表明,无论环境规制强度和其他因素变化与否,只要技术创新水平提高,就会促进地区产业结构升级。近年来,数字经济方面的创新创业促进了地区产业结构升级,风险投资与城市产业创新之间的关系也更为紧密,推动了产业高质量发展。王伟龙和纪建悦[3]认为研发投入增加能够显著促进地区产业结构升级,而风险投资在这一过程中发挥了显著的中介效应。段了了等[4]从产品空间的视角出发,发现风险投资能够有效促进城市产业的路径突破,并且存在显著的产业溢出效应与地理溢出效应。

据此,本文提出假说2:国家级城市群规划通过促进创新创业来推动群内城市产业结构整体升级。

(2)提升消费水平

消费是拉动经济增长的"三驾马车"之一,消费水平的提高也是城市化程度提高的表现之一。在以国内大循环为主体的"双循环"新发展格局背景下,各大城市群都将促进消费、扩大内需和畅通国内经济大循环作为发展要求,也将对城市产业结构产生影响。一方面,消费规模扩大是中国所具有的超大规模市场优势的体现,中国居民消费水平近年来稳步提高,且具有较大的发展潜力,城市居民消费水平的提升能够形成支持产业结构调整升级的有利环境。另一方面,城市居民消费结构的升级所带来的更高级需求能够

---

[1] 陶长琪、彭永樟:《经济集聚下技术创新强度对产业结构升级的空间效应分析》,《产业经济研究》2017年第3期。

[2] 时乐乐、赵军:《环境规制、技术创新与产业结构升级》,《科研管理》2018年第1期。

[3] 王伟龙、纪建悦:《研发投入、风险投资对产业结构升级的影响研究——基于中国2008~2017年省级面板数据的中介效应分析》,《宏观经济研究》2019年第8期。

[4] 段了了、孙伟增、郑思齐:《风险投资与城市产业路径突破——基于产品空间视角的分析》,《产业经济评论》2021年第3期。

引领产业结构进行转型升级。随着城市居民生活水平的提高，居民对消费形式和内容的需求日益多样化，居民消费结构的升级将进一步导致供给端淘汰过剩的产能，对加快落后产业退出、促进新兴产业崛起具有推动作用，有助于实现全方位产业升级。

从理论研究来看，消费对产业结构的影响是经济学界长久讨论的话题之一。自凯恩斯学派首先从宏观经济的角度把消费对国民经济的影响引入经济理论体系以来，许多经济学家提出了居民消费结构变化会导致产业结构调整的经济学理论。从经验研究来看，已有较多研究对中国的京津冀、长三角、成渝城市群等国家级城市群的消费现状进行测度，在消费规模扩大和消费结构优化能够促进产业结构升级方面形成了较为一致的结论。吴瑾[1]运用Granger因果关系验证了居民消费结构的优化对产业结构升级具有显著的诱导作用。龙少波、丁点尔[2]利用省级面板数据，验证了消费规模的扩大和消费结构的优化对产业结构合理化和高级化都有显著的正向影响。赵政楠等[3]认为市场规模的变化能够显著推动产业结构升级，且这种促进作用随产业结构升级水平提升而逐渐增强，应从需求侧和供给侧两端发力扩大市场规模，从而促进产业结构转型升级。

本文进而提出假说3：国家级城市群规划通过提升消费水平来推动群内城市产业结构整体升级。

（3）增加固定资产投资

国家级城市群规划获得批复后，城市群内各地政府将进行一系列建设活动，需要增加相应的固定资产投资来支持建设。首先，城市将继续扩大基础设施建设，启动有效的内需驱动经济增长。城市内的市政设施和城市之间建立沟通的基础设施建设需要大量人力物力，这就需要政府增加固定资产投资

---

[1] 吴瑾：《居民消费结构、产业结构与经济增长》，《经济问题探索》2017年第12期。
[2] 龙少波、丁点尔：《消费升级对产业升级的影响研究：理论机制及实证检验》，《现代经济探讨》2022年第10期。
[3] 赵政楠、茹少峰、张青：《市场规模变化如何影响产业结构升级？——基于需求侧和供给侧双重视角的经验分析》，《经济体制改革》2023年第3期。

中用于更新改造投资的比例。加大对城市内和城市间的基础设施建设投资的比例不仅能够降低企业的交通运输成本，为产业升级提供基础条件，而且增强了投资需求对经济增长的循环积累作用，促进了经济要素的流动，为产业结构转型降低资源获取成本并增强资金支持。其次，产业结构转型需要相应的技术支持，在数字经济蓬勃发展的当下，新型基础设施配套建设尤为重要，产业的信息化改造和城市功能再造也是城市亟须解决的问题，需要相应地增加固定资产投资，帮助产业提高生产效率并驱动产业进一步转型升级。最后，根据蒂伯特（Tiebout）假说，企业或居民往往通过"用脚投票"形式来获得自己所需要的公共物品，在要素能够在区域间自由流动的情况下，产业转型升级所需的高级要素倾向于向基础设施条件更好的城市集聚，因此城市倾向于通过增加固定资产投资的方式提高城市建设水平。

而固定资产投资对产业结构转型的促进作用在多项研究中得到证明，耿修林[1]运用成分分析的基本原理对 1980 年以来中国产业结构的变化以及与固定资产投资活动的关系进行了测算分析，认为固定资产投资活动促进了产业结构转型。通过 2007~2016 年长江经济带 108 个地级市的面板数据，验证了交通基础设施和通信基础设施均对城市产业结构升级存在显著的空间溢出效应，并且总体而言，通信基础设施的溢出效应大于交通基础设施的溢出效应。郭凯明等[2]认为新型基础设施和传统基础设施在供给侧所影响的具体生产技术和在需求侧所涉及的投资的产业来源构成上均存在差别，加大新型基础设施投资是优化经济结构的重要途径。

本文进而提出假说 4：国家级城市群规划通过增加固定资产投资来推动群内城市产业结构整体升级。

（4）吸引外商直接投资

外商直接投资被认为是影响一国产业结构升级的重要因素。一方面，一般货币资本流动意义上的外商直接投资将为中国产业转型升级提供直接的资

---

[1] 耿修林：《固定资产投资对产业结构变动的影响分析》，《数理统计与管理》2010 年第 6 期。
[2] 郭凯明、潘珊、颜色：《新型基础设施投资与产业结构转型升级》，《中国工业经济》2020 年第 3 期。

金支持。尤其是对于城市内的民营企业来说，仅仅依靠银行贷款这一渠道可能无法为企业技术研发和质量升级提供足够的资金支持，外商直接投资有助于弥补这一不足，从而为中国的产业发展提供了必需的资本。另一方面，外商直接投资也是一个包括科学技术、管理经验和人力资源在内的总体转移过程[1]，这种流动过程将通过技术外溢、资源配置优化等效应促进国内产业结构升级。

外商直接投资对产业结构升级的作用在中国加入 WTO 后成为热点问题，近年来也有学者对其促进产业结构升级的作用进行了验证，谢婷婷等[2]运用各省份数据和空间计量的方法验证了外商直接投资能够通过技术进步机制对产业结构升级产生正向的直接和间接效应。杨祖义[3]通过 Sys-GMM 方法验证了 FDI 推动了东部地区制造业产业结构优化，但对中西部地区制造业产业结构没有产生显著的经济影响。刘泽[4]以山东省作为研究样本，证明了外商直接投资对产业结构的高级化水平和合理化水平的显著提升作用。

基于以上分析，本文提出假说5：国家级城市群规划通过吸引外商直接投资来推动群内城市产业结构整体升级。

3. 国家级城市群规划对城市产业整体结构影响的异质性

国家级城市群规划可以被视为一种区域型政策（Place-based Policy），其建设目标是促进城市群范围内的区域经济协同发展，建设过程也高度依赖特定地区所具有的资源禀赋和发展环境。中国幅员辽阔，地区经济发展状况不平衡的状况仍然存在，城市群之间以及城市群内部的各城市之间存在许多异质性特征。因此，虽然11个城市群规划都获得了国家级地位，但在这些地区实施规划的效果可能存在差异。本文选择了城市特征的两个角度，对城

---

[1] 贾妮莎、韩永辉、邹建华：《中国双向 FDI 的产业结构升级效应：理论机制与实证检验》，《国际贸易问题》2014年第11期。

[2] 谢婷婷、李玉梅、潘宇：《外商直接投资、技术进步与产业结构升级——基于中国省域空间计量分析》，《工业技术经济》2018年第8期。

[3] 杨祖义：《FDI 对制造业产业结构影响的 Sys-GMM 分析——基于省级行业动态面板数据》，《宏观经济研究》2018年第8期。

[4] 刘泽：《FDI 对产业结构优化影响的实证检验——以山东省为例》，《华东经济管理》2019年第6期。

市群实施效果展开异质性分析。首先,产业发展高度依赖城市及其所在地区所具有的资源,但现实情况是很多地区的资源配置往往不是最高效的,而资源错配程度的不同将使政策对产业结构转型升级的效果产生影响。本文认为国家级城市群规划将在资源错配程度较低的城市发挥更大的效果。其次,在中国社会主义市场经济的体制下,地区经济的国有化程度也是影响产业结构的重要因素之一。经济国有化程度较高的城市可能在获取政策优惠和资源条件方面具有更大优势,同时在国家政策的落实方面将更为积极,因此,本文认为国家级城市群规划可能在国有化程度较高的城市实施效果更好。

假说6:国家级城市群对产业结构升级的促进作用会因城市不同的资源错配程度和国有化程度而呈现异质性,在资源错配程度较低以及国有化程度较高的城市更为明显。

三 研究设计与数据来源

(一)模型设定

本文将国务院批复的11个城市群规划作为准自然实验,使用双重差分法研究了国家级城市群对城市产业结构整体升级的影响,模型设定为:

$$Structure_{it} = \beta_0 + \beta_1 did_{it} + \lambda Controls_{it} + \gamma_i + \gamma_t + \varepsilon_{it} \tag{1}$$

其中,被解释变量 $Structure_{it}$ 指产业整体升级,下标 i 表示城市,t 表示时间。did_{it} 是若城市 i 在 t 年及之后在国家级城市群发展规划范围内,则将其赋值为1,否则为0。具体地,did_{it} 表示为组别虚拟变量 $Treat_i$ 和国家级城市群获得国务院批复的时间虚拟变量 $Time_t$ 的乘积。若样本期内某城市被纳入国家级城市群规划中,则 $Treat_i = 1$,否则 $Treat_i = 0$。某城市被纳入国家级城市群规划的具体时间则用 $Time_t$ 表示,该城市被纳入规划的当年以及之后的年份 $Time_t = 1$,否则为0。$Controls_{it}$ 为控制变量,γ_i 和 γ_t 分别表示城市(个体)固定效应和年份固定效应,ε_{it} 表示随机扰动项。

在传统的双重差分模型中,组别虚拟变量和时间虚拟变量将作为变量分别单独纳入模型之中,由于模型(1)控制了城市固定效应和年份固定效应,已经将不随时间变动的城市个体特征和不随城市变动的时间特征等混杂因素吸收,故不再将组别虚拟变量和时间虚拟变量单独纳入模型。β_1为本文关心的核心系数,它表示国家级城市群建设对城市产业结构升级带来的净效应。

(二)指标说明

1. 被解释变量:产业整体升级($Structure_{it}$)

产业结构转型升级与一国所处的工业化发展阶段相关,在工业化初期、中期和后期的变迁中呈现"库兹涅茨事实"的特征,即随着人均国民生产总值的增长,以名义增加值或就业占比衡量的三次产业结构将出现第一产业占比下降、第三产业占比上升和第二产业"驼峰状"变化的特征。基于这一特征,本文主要从城市产业结构的整体转型升级方面进行研究,参考徐德云、蔡海亚、徐盈之、张建华等的测算方法,对三个产业依次赋予一定的权重,加权求和得到产业结构整体升级指数。具体的计算公式为 $Structure = \sum_{n=1}^{3} I_n \times n$,其中,$I_n$表示第$n$产业增加值占GDP比重,$1 \leq Structure \leq 3$。

2. 核心解释变量:国家级城市群规划(did_{it})

自2015年3月《国务院关于长江中游城市群发展规划的批复》颁布以来,全国共有11个城市群相继获得了国务院的正式批复,在城市群发展规划的指导下展开建设。本文将国家级城市群规划作为一项"准自然实验",研究被纳入城市群规划的城市与未被纳入城市群规划的城市相比,在产业结构转型升级方面是否有更好的表现。

3. 控制变量($Controls_{it}$)

在借鉴以往文献通行做法的基础上,本文选取城市层面的一系列指标作为控制变量,用以控制城市自身还可能存在的影响产业整体结构的因素。①经济发展水平(ln perGDP):城市自身的经济发展水平为产业发展和产业结构转变提供了基本的物质条件,本文用城市人均GDP表示。②交通基础设施(ln road):良好的交通基础设施条件为货物运输、人员流动和技术交流等提供条件，减少信息交流成本，本文用市辖区人均道路面积的对数代表交通设施建设水平。③通信基础设施（ln*internet*）：选择用宽带接入用户取对数表示，主要是在数字经济越来越多地嵌入企业购买、生产和销售等环境下，通信基础设施尤其是互联网宽带的普及程度也成为影响产业结构转型的重要因素。④城镇化水平（*urban*）：城镇化率，用城镇常住人口与全市常住人口的比值来表示。城镇化水平不同的地区所具有的发展条件和发展需求不同，可能对当地产业结构产生影响。⑤人力资本（*hr*）：不仅能够为产业发展提供智力支持，也会造成对地区产业的需求差异。本文参考詹新宇和刘文彬的做法，用地级市的普通高等学校在校学生数占该地区总人口比重来反映。⑥政府干预（*govern*）：政府宏观调控在产业结构演进过程中发挥支持和引导作用，本文以政府一般财政预算收入与一般财政预算支出的比值对其进行衡量。⑦金融发展水平（ln*loan*）：用年末金融机构各项贷款余额取对数表示。金融发展水平与各类市场主体的投融资活动密切相关，因此也会对地区产业结构产生一定的影响。

各变量的描述性统计如表2所示。*Treat*变量的均值为0.555，表明有超过一半的样本城市被纳入国家级城市群规划当中。*Structure*的均值为2.264，标准差为0.142，最大值为2.649，最小值为1.957，这表明各城市的产业结构整体升级情况仍存在差异性。剔除变量缺失值较多的观测值，最终有3735个观测值被纳入回归中。

表2 描述性统计

名称	含义	说明	样本量	均值	标准差	最小值	最大值
Panel A 主要变量							
Structure	产业整体升级	三类产业增加值占GDP比重加权之和	3735	2.264	0.142	1.957	2.649
did	政策冲击	是否被纳入国家级城市群建设规划	3735	0.145	0.353	0.000	1.000
Time	时间虚拟变量	是否处于国家级城市群规划批复后年份	3735	0.145	0.353	0.000	1.000
Treat	分组虚拟变量	城市是否被纳入国家级城市群规划	3735	0.555	0.497	0.000	1.000

续表

名称	含义	说明	样本量	均值	标准差	最小值	最大值
Panel B 控制变量							
ln*perGDP*	经济发展水平	人均GDP,元,取对数	3735	1.199	0.698	-0.522	2.759
ln*road*	交通设施	市辖区人均道路面积,平方米,取对数	3735	2.300	0.565	0.765	3.621
ln*internet*	通信设施	互联网宽带接入用户数,千户,取对数	3735	6.001	1.099	3.389	8.579
urban	城镇化率	城镇常住人口/(城镇常住人口+乡村常住人口)	3735	0.511	0.161	0.182	0.945
hr	人力资本	普通高等学校在校学生数/总人口	3735	0.017	0.023	0.000	0.115
govern	政府干预	一般财政预算收入/一般财政预算支出	3735	0.470	0.223	0.092	1.022
ln*loan*	金融发展	年末金融机构各项贷款余额,万元,取对数	3735	6.811	1.246	4.329	10.270
Panel C 机制变量							
Innovation	创新指数	寇宗来,刘学悦*	3735	14.170	73.710	0.000	1963.000
Tec_edu	创新投入	科学和教育支出占财政支出比重	3735	0.196	0.042	0.097	0.300
ln*pcon*	消费水平	人均生活消费性支出,元,取对数	2852	9.461	0.390	8.665	10.420
VC	风险投资	吸引风险投资得分	3735	75.320	14.440	57.060	100.000
FA	固定资产投资	固定资产投资总额,亿元,取对数	3735	6.670	1.060	4.178	8.939
FDI	外商投资	外商直接投资额实际使用额,万美元,取对数	3096	9.859	1.793	4.205	13.520

* 寇宗来、刘学悦:《中国城市和产业创新力报告2017》,复旦大学产业发展研究中心,2017。

(三)数据来源

由于数据可得性有限,本文剔除了三沙市、儋州市、毕节市、铜仁市、哈密市、吐鲁番市以及西藏地区的6个地级市,最终选取了全国284个地级市作为研究样本。样本期间设定为2006~2019年，选择2006年作为样本起始时间一方面是考虑到数据的可得性，另一方面主要是因为2006年政府首次将城市群提升为推进国家新型城镇化的空间主体地位，并延续至今。而由于统计数据的滞后性，2019年之后的多个指标数据缺失严重，故本文将样本期间限定在2006~2019年。各城市群涵盖的城市和时间来源于国务院对各城市群发展规划等政策的批复文件。回归模型中的研究数据主要来源于《中国城市统计年鉴》《中国统计年鉴》、各省区市统计年鉴以及各市统计公报。

四 实证结果

（一）基准回归结果

表3呈现了国家级城市群规划对城市产业整体升级影响效应的基本估计结果。在第（1）列中，控制了城市（个体）固定效应和年份（时间）固定效应，用以排除不可观测的城市个体特征及宏观经济冲击的双重影响作用。本文发现国家级城市群规划对城市产业整体升级具有显著的正向影响，即城市群规划显著提升了城市内的产业整体升级效果。为了减小遗漏变量偏误对实证结果的影响，在回归方程中加入可能影响产业结构的其他城市特征，得出第（2）列的回归结果与前文基本一致。核心解释变量 did 的估计系数为0.020，且在1%的统计性水平上显著。这表明相对于未被纳入城市群规划的城市而言，纳入规划的城市在产业结构整体升级水平上要高出2%。因此，综合表3呈现的估计结果，国家级城市群规划推动了城市产业结构的转型升级。

表3 基准回归结果

变量	（1）产业整体升级	（2）产业整体升级
did	0.019 *** （0.005）	0.020 *** （0.005）

续表

变量	(1) 产业整体升级	(2) 产业整体升级
$\ln perGDP$		-0.040*** (0.010)
$\ln road$		0.003 (0.005)
$\ln internet$		0.029*** (0.005)
$urban$		0.015 (0.028)
hr		0.494 (0.373)
$govern$		0.030 (0.023)
$\ln loan$		0.015** (0.006)
观测值	3735	3735
调整后 R^2	0.919	0.923
城市固定效应	是	是
年份固定效应	是	是
控制变量	否	是

注：①括号内为聚类到城市层面的稳健标准误。② *、** 和 *** 分别表示回归系数在10%、5%和1%的水平上显著。本文所有的回归报告中的常数项都未报告。

（二）稳健性检验

为了保证回归结果具有科学性和可靠性，本文对上文的基准回归结果进行了一系列稳健性检验。

1. 平行趋势检验

借助Beck等的平行趋势检验方法，可以验证双重差分模型的适用性，具体的计量模型设定为：

$$Structure_{it} = \alpha_0 + \alpha_1 \sum_{k=-4, k\neq -1}^{k=4} did_{it}^k + \lambda\, Controls_{it} + \gamma_i + \gamma_t + \varepsilon_{it} \quad (2)$$

其中变量的含义与模型（1）基本一致，将模型（1）中的虚拟变量 did_{it} 替换为 $\sum_{k=-4,\,k\neq-1}^{k=4} did_{it}^{k}$，其中 k 表示距离纳入城市群规划的时间，以当期的年份减去纳入规划的年份计算可得。若 $k<0$，说明处于纳入城市群规划前 k 期；$k=0$，说明当期为纳入城市群规划的年份；$k>0$，说明处于纳入城市群规划后 k 期。根据样本区间，k 的取值范围为 $-4 \leqslant k \leqslant 4$。在具体的回归中的标准误同模型（1）一致。若实验组与对照组的差异并非来源于纳入规划前，即 $k<0$ 时已存在的差异，而是由纳入城市群规划所引发的，那么我们就可以认为实验组和对照组满足平行趋势假设，回归结果不会存在明显的选择性偏误问题。此外，本文以城市被纳入国家级城市群规划的前一期，即-1期为基期，其他期数都是以-1期作为参照。设定好后再次进行回归，平行趋势检验的结果如表4所示。此外，我们也能从 $k>0$ 的回归系数的比较中推测出国家级城市群规划的动态效应，如图1所示。

表4　平行趋势检验结果

变量	（1）产业整体升级	（2）产业整体升级
pre_4	0.003 （0.006）	0.004 （0.006）
pre_3	0.001 （0.004）	0.001 （0.004）
pre_2	0.000 （0.002）	-0.000 （0.002）
current	0.006** （0.002）	0.006** （0.002）
post_1	0.015*** （0.005）	0.015*** （0.005）
post_2	0.029*** （0.006）	0.030*** （0.006）
post_3	0.044*** （0.008）	0.046*** （0.008）
post_4	0.056*** （0.011）	0.058*** （0.011）

续表

变量	(1) 产业整体升级	(2) 产业整体升级
$lnperGDP$		-0.041*** (0.010)
$lnroad$		0.004 (0.005)
$lninternet$		0.029*** (0.005)
$urban$		0.008 (0.029)
hr		0.480 (0.377)
$govern$		0.029 (0.023)
$lnloan$		0.014** (0.006)
观测值	3735	3735
调整后 R^2	0.920	0.924
城市固定效应	是	是
年份固定效应	是	是
控制变量	否	是

注：(1) 括号内为聚类到城市层面的稳健标准误。(2) *、**和***分别表示回归系数在10%、5%和1%的水平上显著。本文所有的回归报告中的常数项都未报告。

表4的回归结果显示，无论是否考虑控制变量，在城市被纳入城市群规划的前4年到前2年之间，核心解释变量对城市产业结构整体升级水平的估计系数在统计意义上均不显著，这说明城市被纳入城市群规划前4年各城市具有相同的时间趋势，满足了平行趋势检验。第(2)列回归结果还表明，相比没有被纳入国家级城市群规划的城市，规划使群内城市的产业结构升级水平在当期就提升了0.6%，而使后四期的产业结构整体水平分别提升了1.5%、3.0%、4.6%和5.8%，且都在1%的水平上显著，表明国家级城市群规划对群内城市产业结构整体升级的促进作用越来越大，且效果明显，这一点在国家级城市群规划的动态效应图中也可以直观地看出。

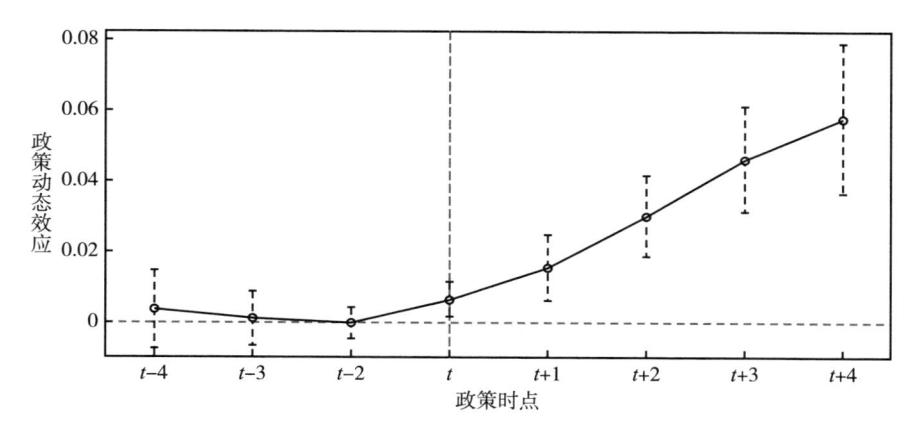

图1　国家级城市群对城市产业结构整体升级的动态影响

2. 安慰剂检验

为了进一步检验模型的稳健性，本文还借鉴了 Ferrara 等、周茂等的检验方法，随机选取城市作为虚拟城市群规划执行的对象，并将其他城市作为对照组。为了避免其他小概率事件对估计结果的干扰，按照上述方法随机抽样 500 次进行安慰剂检验。图 2 呈现了 500 次随机生成处理组后的估计系数核密度以及对应 p 值的分布。可以看出，虚线所代表的实际估计系数在安慰剂检验的估计系数中明显属于异常值，500 次随机抽样后得到的回归系数都分布在 0 的附近，通过了安慰剂检验，表明未观测到的城市特征几乎不会对估计结果产生影响，基准结果是稳健的。

3. PSM-DID

进一步地，虽然本文在使用双重差分法时已经验证了实验组和控制组通过了平行趋势检验，但考虑到各个城市经济社会发展的实际情况，这一假设仍然可能无法满足。因此，本文进一步参考 Heckman 等、刘瑞明和赵仁杰所采用的 PSM-DID 方法，将前文使用的控制变量作为相应的匹配变量，采用截面 PSM 的方法对城市样本重新进行匹配，使城市样本有效满足平行趋势假设，在此基础上再次对模型（1）进行回归。图 3 是将面板数据视作截面数据进行匹配后的平衡性检验结果。可以看出，匹配后所有匹配变量的标

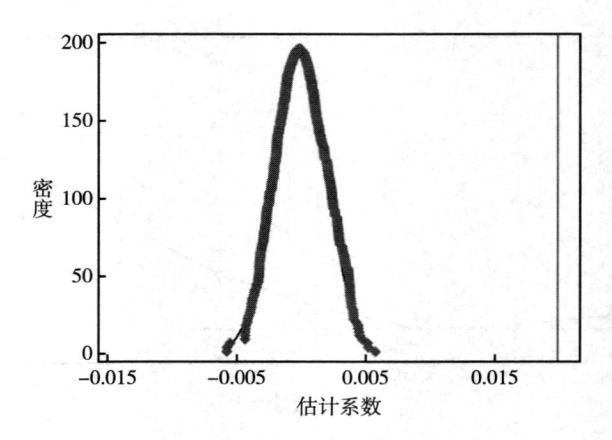

图 2 安慰剂检验结果

准化均值偏差均小于10%，明显小于匹配前的标准性偏差。图4显示实验组和对照组的绝大多数样本都在共同取值范围内，而不在共同取值范围内的样本倾向得分值比较极端，集中于0附近。综合来看，匹配效果较好。本文进而对匹配后的样本再次进行回归，回归结果如表5的第（1）列所示，核心被解释变量的回归系数依然在1%的水平上显著，且回归系数与基准回归结果相差较小，从而验证了前文回归结果的稳健性。

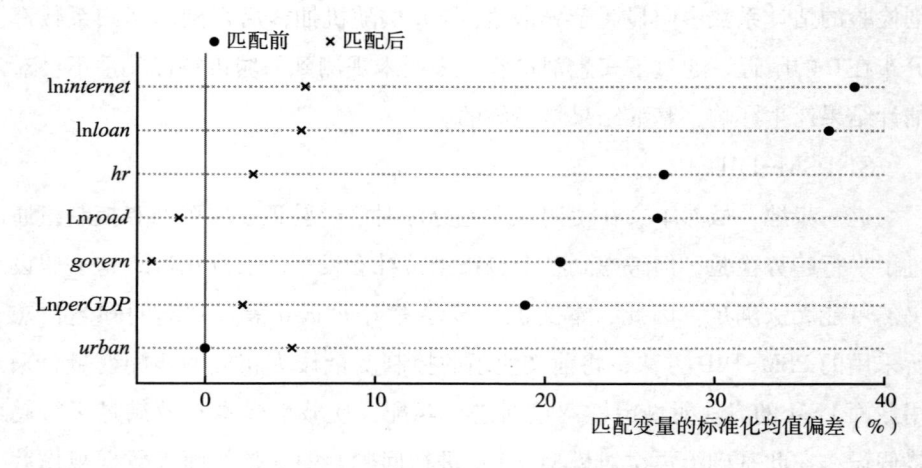

图 3 截面 PSM 平衡性检验

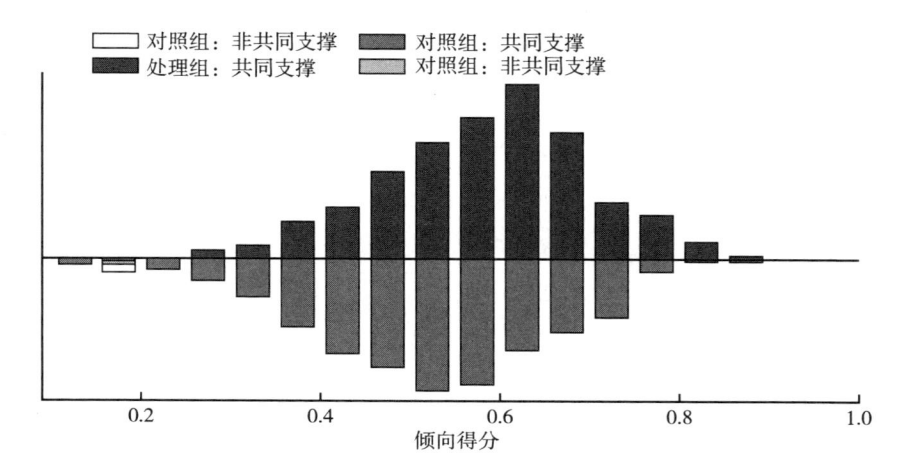

图4 满足共同支撑假设样本的分布情况

4. 改变样本期间

在前文中，样本期间为 2006~2019 年，但考虑到首个国家级城市群规划出台的时间为 2015 年，距离样本期间的初始年份较久。且样本期间内发生的 2008 年全球金融危机使宏观经济波动剧烈，全球经济贸易环境产生巨大震动，可能对城市经济运行和产业结构转型造成影响。因此，本文将原始样本期间更改为 2010~2019 年，再次进行回归。从表5 的第（2）列可以看出，did 变量的回归系数依然显著为正，再次表明基准回归结果是稳健的。

5. 剔除城市群中心城市

从前文的政策背景介绍可以看出，城市群内的中心城市一般选择群内直辖市或省会城市，这类地区产业发展基础较好，城市群规划在这类地区发挥的作用可能与其他普通城市存在较大差别。因此，本文剔除了各大城市群的中心城市，共 19 个，然后再次进行回归。回归结果如表5 第（3）列所示，did 的回归系数在 1% 的水平上显著，且系数值略大于基准回归结果，表明城市群规划对群内非中心城市的产业整体升级情况也产生了较为积极的影响。

表5　稳健性检验结果

被解释变量:产业整体升级	（1）PSM-DID	（2）改变样本期间	（3）剔除中心城市
did	0.019***	0.020***	0.021***
	(0.005)	(0.004)	(0.005)
$lnperGDP$	-0.039***	-0.039***	-0.037***
	(0.010)	(0.011)	(0.010)
$lnroad$	0.003	0.009*	0.002
	(0.005)	(0.005)	(0.005)
$lninternet$	0.031***	0.032***	0.029***
	(0.005)	(0.006)	(0.005)
$urban$	-0.015	0.053	0.007
	(0.028)	(0.033)	(0.030)
hr	0.354	0.170	0.602
	(0.355)	(0.198)	(0.484)
$govern$	0.034	0.049*	0.026
	(0.023)	(0.028)	(0.024)
$lnloan$	0.011*	0.007	0.013*
	(0.006)	(0.005)	(0.007)
观测值	2722	2642	3480
调整后 R^2	0.924	0.939	0.909
城市固定效应	是	是	是
年份固定效应	是	是	是
控制变量	是	是	是

注：（1）括号内为聚类到城市层面的稳健标准误。（2）*、**和***分别表示回归系数在10%、5%和1%的水平上显著。本文所有的回归报告中的常数项都未报告。

（三）异质性分析

正如前文理论分析所言，城市群作为一种区域政策，其对城市产业整体结构的优化作用可能会因区域特征的不同而存在异质性，本文选取资源错配程度和国有化程度两个角度对城市群作用效果的异质性进行分析。

1. 资源错配程度的异质性分析

为了检验国家级城市群规划对城市产业结构的影响是否因城市所在省区

市的要素市场错配程度不同而存在异性,本文借鉴陈永伟和胡伟民的方法,通过《中国统计年鉴》、各省区市统计年鉴中各省区市 GDP、三次产业从业人数和资本存量数据,计算出资本和劳动力资源错配指数。本文选择使用 2014 年的资源错配指数进行分组,这是因为 2014 年是首个国家级城市群获批的前一年,通过关注异质性的分组变量在政策实施之前的取值,可以保证分组变量的外生性,避免产生估计偏误。具体地,构建该地区所属资本(劳动力)错配程度的虚拟变量,根据指数的中位数进行分组,资本(劳动力)错配程度高于中位数的城市的 $abstauk$($abstaul$)取值为 1,$abstauk = 0$ 则表示城市位于资本(劳动力)错配程度较低的地区。回归结果如表 6 所示,可以看出城市群仅对位于资本错配程度较低省区市的城市产业结构升级具有显著的促进作用,这说明城市群规划对城市产业结构的优化作用需要依托于良好的资本配置。而对于具有不同劳动力错配程度的城市来说,国家级城市群规划对其产业结构升级都发挥了显著的推动作用,甚至对劳动力错配程度较高的城市产生了更为明显的促进作用,这可能是由于这类城市所在的省区市处于产业集聚生命周期的成熟期,产业整体结构升级的基础条件较好,城市群所形成的规模经济和范围经济促进了专业化劳动力的集中,从而更容易提升这类城市产业整体结构水平。但劳动力中的低技能者又会由于城市群引致的生活成本升高而选择远离集聚区,从而表现为劳动力错配程度较高。

表 6 异质性分析(I)

被解释变量: 产业整体升级	(1) 资本错配程度高	(2) 资本错配程度低	(3) 劳动力错配程度高	(4) 劳动力错配程度低
did	0.008 (0.006)	0.034*** (0.007)	0.023*** (0.006)	0.014* (0.007)
$lnperGDP$	−0.033** (0.016)	−0.050*** (0.012)	−0.038*** (0.014)	−0.050*** (0.014)
$lnroad$	0.003 (0.006)	0.003 (0.008)	−0.001 (0.005)	0.004 (0.007)
$lninternet$	0.022*** (0.007)	0.035*** (0.007)	0.024*** (0.006)	0.028*** (0.007)

续表

被解释变量: 产业整体升级	(1) 资本错配程度高	(2) 资本错配程度低	(3) 劳动力错配程度高	(4) 劳动力错配程度低
$urban$	−0.043 (0.033)	0.092* (0.048)	−0.003 (0.035)	0.054 (0.043)
hr	0.317 (0.547)	0.573* (0.339)	0.248 (0.274)	0.604 (0.647)
$govern$	0.081** (0.037)	−0.015 (0.027)	0.082*** (0.024)	−0.040 (0.042)
$\ln loan$	0.021*** (0.008)	0.005 (0.011)	0.010 (0.009)	0.016* (0.009)
观测值	1797	1938	1906	1829
调整后 R^2	0.908	0.933	0.944	0.901
城市固定效应	是	是	是	是
年份固定效应	是	是	是	是
控制变量	是	是	是	是

注：(1) 括号内为聚类到城市层面的稳健标准误。(2) *、**和***分别表示回归系数在10%、5%和1%的水平上显著。本文所有的回归报告中的常数项都未报告。

2. 所在省份的国有化程度

本文使用《中国劳动统计年鉴》和各省区市统计年鉴中2014年的数据，用城镇国有单位在岗职工人数占城镇单位在岗职工总人数的比重衡量城市所在省份的国有化程度，同样根据中位数进行分组。构建城市所在省区市国有化程度的虚拟变量 $state\_owned$，国有化程度高的地级市 $state\_owned$ =1，国有化程度较低的地级市 $state\_owned$ =0。对于国有化程度高的地级市来说，国家级城市群规划为产业整体结构带来显著的优化，而没有显著优化国有化程度较低城市的产业整体结构。这可能是由于地区国有化程度对政策的有效施行有重要影响，国有化程度高的地区在落实城市群规划时更为积极，由此可能提升国家级城市群规划的效果。

五 机制分析

考虑到江艇对因果推断研究中的中介效应进行的讨论,本文在进行下文的机制检验时仅考虑国家级城市群规划对机制变量的影响,机制检验模型如下所示。

1. 促进创新创业

国家级城市群建设对城市产业结构整体升级的影响效果可能通过促进创新创业的渠道产生作用。为了对这一机制的有效性进行实证检验,本文进一步设定模型用于估计国家级城市群对城市创新创业的影响。

$$Innovation_{it} = \beta_0 + \beta_1 did_{it} + \lambda Controls_{it} + \gamma_i + \gamma_t + \varepsilon_{it} \quad (3)$$

$$Tec\_edu_{it} = \beta_0 + \beta_1 did_{it} + \lambda Controls_{it} + \gamma_i + \gamma_t + \varepsilon_{it} \quad (4)$$

$$VC_{it} = \beta_0 + \beta_1 did_{it} + \lambda Controls_{it} + \gamma_i + \gamma_t + \varepsilon_{it} \quad (5)$$

上述三个模型的被解释变量分别是创新指数、创新投入和外商直接投资。创新指数来自寇宗来和刘学悦在《中国城市和产业创新力报告 2017》中计算出来的城市创新指数,这一指数主要从创新产出的角度衡量城市创新水平,也将城市创业活力纳入考量。城市的创新投入则采用科学和教育支出占财政支出比重来衡量,体现了城市对创新活动的重视程度和支持水平。考虑到风险投资在创业活动中十分重要,其对产业结构升级的作用也在一系列研究中得到证实,因此本文选择北京大学企业大数据研究中心发布的中国区域创新创业指数中吸引风险投资得分进行衡量。模型的控制变量及固定效应设定与前文式(1)一致,因此不再赘述。模型的回归结果如表 7 的第(1)列所示。三个被解释变量的系数都显著为正,表明国家级城市群规划显著改善了群内城市的创新创业环境。由此,可以判断促进创新创业的机制成立,即国家级城市群通过加大对城市创新创业活动的支持力度,提升城市的创新创业活跃度,从而对城市产业结构升级产生实质性的推动作用。

2. 提升消费水平

$$\ln pcon_{it} = \beta_0 + \beta_1 did_{it} + \lambda Controls_{it} + \gamma_i + \gamma_t + \varepsilon_{it} \quad (6)$$

国家级城市群规划还可能通过提升居民消费水平来有效提升城市产业结构的整体表现。设定模型（6）用于估计国家级城市群建设对居民消费水平的影响。本文选择使用中国区域统计年鉴、中国各省区市统计年鉴中城镇居民人均生活消费性支出对消费水平进行衡量。城镇居民人均生活消费性支出是指城镇居民在一定时间内用于满足日常生活需求的支出金额，包括食品、衣物、住房、交通、教育、医疗、娱乐等方面的消费开支，能够反映城镇居民在不同城市的消费水平和消费结构差异。模型回归结果如表7的第（1）列所示，did 变量的系数为正，且在5%的统计性水平上显著，表明国家级城市群有效提升了居民的消费水平。因此，提升居民消费水平的渠道成立，即国家级城市群规划可以有效促使居民消费水平的提升和消费结构的优化，从而推动城市产业整体升级。

表7　机制分析（Ⅰ）

变量	(1) Innovation	(2) Tec_edu	(3) VC
did	19.702** (8.918)	0.005* (0.003)	1.675** (0.685)
$\ln perGDP$	9.557 (13.170)	-0.013** (0.005)	2.398* (1.360)
$\ln road$	-13.366* (6.802)	-0.007*** (0.002)	1.628*** (0.582)
$\ln internet$	-41.781** (16.325)	-0.005* (0.003)	1.450** (0.629)
$urban$	-92.867 (42.122)	0.011 (0.015)	15.855*** (3.156)
hr	-632.228 (527.876)	0.374** (0.170)	-5.446 (28.045)
$govern$	13.006 (19.828)	0.067*** (0.015)	8.693*** (2.720)

续表

变量	(1) Innovation	(2) Tec_edu	(3) VC
ln*loan*	−29.508 (21.780)	−0.001 (0.003)	0.713 (0.750)
观测值	3735	3735	3735
调整后 R^2	0.605	0.732	0.734
城市固定效应	是	是	是
年份固定效应	是	是	是
控制变量	是	是	是

注：（1）括号内为聚类到城市层面的稳健标准误。（2）*、** 和 *** 分别表示回归系数在10%、5%和1%的水平上显著。本文所有的回归报告中的常数项都未报告。

3. 增加固定资产投资

$$FA_{it} = \beta_0 + \beta_1 did_{it} + \lambda Controls_{it} + \gamma_i + \gamma_t + \varepsilon_{it} \tag{7}$$

模型（7）可以用于估计国家级城市群对城市固定资产投资的影响。本文选择使用《中国统计年鉴》中地级市固定资产投资总额数据，表8的第（2）列显示了模型的估计结果。FA 的回归系数显著为正，说明国家级城市群的确提高了固定资产投资。可以据此判断增加固定资产投资的机制成立，即国家级城市群建设通过增加固定资产投资的方式加强城市基础设施建设，为城市产业结构优化提供了良好的基础条件。

4. 吸引外商直接投资

$$\ln FDI_{it} = \beta_0 + \beta_1 did_{it} + \lambda Controls_{it} + \gamma_i + \gamma_t + \varepsilon_{it} \tag{8}$$

本文进一步对吸引外商直接投资这一渠道进行检验，设定模型（8）用于检验国家级城市群对外商直接投资的作用效果。被解释变量为外商直接投资实际使用额的对数，这一指标对 FDI 的测算具有很强的代表性。模型的回归结果如表8第（3）列所示。国家级城市群建设对外商直接投资的促进效应十分显著，相比于未被纳入城市群规划的城市来说，群内城市的外商投

资直接使用额增加 56.9%，验证了国家级城市群能够通过吸引外商直接投资的渠道促进城市产业结构升级。

表8 机制分析（Ⅱ）

变量	（1） ln*pcon*	（2） *FA*	（3） ln*FDI*
did	0.031 ** （0.015）	0.157 *** （0.041）	0.569 *** （0.082）
ln*perGDP*	0.128 *** （0.025）	1.079 *** （0.100）	0.682 *** （0.171）
ln*road*	0.012 （0.011）	-0.045 （0.033）	0.054 （0.081）
ln*internet*	0.029 *** （0.009）	0.137 *** （0.031）	0.103 （0.069）
urban	0.178 *** （0.050）	0.302 （0.194）	-0.120 （0.385）
hr	-0.050 （0.875）	-0.180 （1.655）	-9.314 （6.272）
govern	0.119 ** （0.046）	-0.002 （0.158）	0.953 ** （0.403）
ln*loan*	0.015 （0.013）	0.107 ** （0.044）	0.044 （0.080）
观测值	2852	3735	3094
调整后 R^2	0.960	0.942	0.861
城市固定效应	是	是	是
年份固定效应	是	是	是
控制变量	是	是	是

注：（1）括号内为聚类到城市层面的稳健标准误。（2）*、** 和 *** 分别表示回归系数在10%、5%和1%的水平上显著。本文所有的回归报告中的常数项都未报告。

六 结论及政策建议

随着中国经济由高速增长阶段转向高质量发展阶段，推动城市化与新型工业化的良性互动成为城市发展的主要目标。2013年中央经济工作会议强调，城市群要科学布局，与区域经济发展和产业布局紧密衔接，阐明了城市化建设的方向和原则。在此背景下，探究国家级城市群对城市产业结构提升是否具有有效性是至关重要的问题。本文以2015年国务院开始正式批复的国家级城市群发展规划为准自然实验，采用双重差分方法，分析了国家级城市群对城市产业转型升级的作用效果和内在机理，得出以下结论。

第一，基准结果表明：2006～2019年国家级城市群规划带来产业结构整体升级效果的系数在0.019～0.020，说明被纳入国家级城市群规划的城市对产业整体结构有显著的正向升级作用，这一基本结论证实了我国实施的国家级城市群规划有助于推动产业结构升级。同时，国家级城市群规划更多地推动了资本错配程度较低和国有化程度较高城市的产业结构整体升级。

第二，国家级城市群对城市产业结构整体升级具有多种作用渠道。首先，国家级城市群显著提升了城市的创新投入、创新产出，并吸引了更多的风险投资，即通过改善城市的创新创业环境显著促进了产业结构整体升级。其次，国家级城市群提升了群内城市居民的消费水平，即通过扩大内需、畅通循环的渠道提升了城市产业结构水平。再次，在国家级城市群规划的指引下，城市固定资产投资进一步增加，有助于改善城市基础设施和城市环境，进而推动城市产业结构转型升级。最后，国家级城市群建设提升了城市外商直接投资使用额，为产业转型升级提供了更多资本和技术支持。

基于研究结论，本文提出如下政策建议。首先，国家级城市群规划对城市产业整体结构的优化作用是显著的，因此要继续贯彻落实城市群发展规划，继续在基础设施、新兴产业和公共服务等方面提升城市群建设水平，加快建设更高标准的国家级城市群。同时，在全国范围内根据经济和地理条件，推广国家级城市群成功经验，选择更多相邻城市进行集群发展，加强城市之间的合作交流和优势互补。其次，群内城市要继续营造具备创新创业活力的发展环境，在创新投入方面给予更多支持，同时畅通科技成果转化的渠道，激励群内高校、研究机构和各类市场主体增加创新产出。在良好的创新创业氛围下吸引更多风险投资，在城市群内形成创业集聚优势。还要进一步提升居民消费水平、优化消费结构，以更高质量的需求牵引产业结构完成转型升级。增加固定投资并吸引更多外商直接投资，为产业结构升级提供不竭的资本和技术支持。最后，要充分考虑城市群所在地区的区位特征，畅通资本、技术和劳动力等资源的自由流动，提高资源配置效率，降低资源错配程度，为国家级城市群规划的落地实施提供更好的环境。同时，关注群内非国有企业在产业结构升级中所发挥的重要作用，为其提供更多有力的支持。通过以上措施，更好地发挥国家级城市群规划带来的效应，以进一步促进更多城市进行产业结构转型升级，推动城市化和新型工业化的良性互动，为中国式现代化提供坚实的支撑。

参考文献

蔡海亚、徐盈之：《贸易开放是否影响了中国产业结构升级？》，《数量经济技术经济研究》2017年第10期。

曹玉书、楼东玮：《资源错配、结构变迁与中国经济转型》，《中国工业经济》2012年第10期。

陈斌开、林毅夫：《发展战略、城市化与中国城乡收入差距》，《中国社会科学》2013年第4期。

陈丽莉、杨予越、李长风等：《中国五大城市群消费中心城市指数演变及其影响因素》，《经济地理》2023年第8期。

陈熠辉、蔡庆丰、林海涵：《政府推动型城市化会提升域内企业的创新活动吗？——基于"撤县设区"的实证发现与政策思考》，《经济学》（季刊）2022年第2期。

陈永伟、胡伟民：《价格扭曲、要素错配和效率损失：理论和应用》，《经济学》（季刊）2011年第4期。

方创琳：《中国城市群研究取得的重要进展与未来发展方向》，《地理学报》2014年第8期。

付平、刘德学：《智慧城市技术创新效应研究——基于中国282个地级城市面板数据的实证分析》，《经济问题探索》2019年第9期。

何凌云、马青山：《智慧城市试点能否提升城市创新水平？——基于多期DID的经验证据》，《财贸研究》2021年第3期。

洪银兴、陈雯：《由城镇化转向新型城市化：中国式现代化征程中的探索》，《经济研究》2023年第6期。

季书涵、朱英明、张鑫：《产业集聚对资源错配的改善效果研究》，《中国工业经济》2016年第6期。

江艇：《因果推断经验研究中的中介效应与调节效应》，《中国工业经济》2022年第5期。

李勇、魏婕：《所有制结构、技术选择与产业结构变迁》，《经济评论》2015年第1期。

刘和东、纪然：《数字经济促进产业结构升级的机制与效应研究》，《科技进步与对策》2023年第1期。

刘俊、白永秀、韩先锋：《城市化对中国创新效率的影响——创新二阶段视角下的SFA模型检验》，《管理学报》2017年第5期。

刘巧、石大千、刘建江：《智慧城市建设对城市技术创新的影响》，《技术经济》2018年第5期。

刘瑞明、赵仁杰：《西部大开发：增长驱动还是政策陷阱——基于PSM-DID方法的研究》，《中国工业经济》2015年第6期。

刘志彪、孔令池：《从分割走向整合：推进国内统一大市场建设的阻力与对策》，《中国工业经济》2021年第8期。

鲁元平、王品超、朱晓盼：《城市化、空间溢出与技术创新——基于中国264个地级市的经验证据》，《财经科学》2017年第11期。

陆铭、陈钊：《城市化、城市倾向的经济政策与城乡收入差距》，《经济研究》2004年第6期。

陆铭、陈钊：《分割市场的经济增长——为什么经济开放可能加剧地方保护？》，《经济研究》2009年第3期。

毛中根、武优勐、谢迟：《长三角城市群消费水平空间格局及其影响机制》，《经济地理》2020年第12期。

商玉萍、潘洲、孟美侠：《中国城市多中心空间战略的创新绩效研究——基于集聚经济与舒适度的视角》，《经济学》（季刊）2023年第3期。

邵帅、李欣、曹建华：《中国的城市化推进与雾霾治理》，《经济研究》2019年第2期。

石大千、丁海、卫平等：《智慧城市建设能否降低环境污染》，《中国工业经济》2018年第6期。

宋马林、金培振：《地方保护、资源错配与环境福利绩效》，《经济研究》2016年第12期。

吴振华：《城市化、人力资本集聚与产业结构调整》，《经济体制改革》2020年第1期。

徐德云：《产业结构升级形态决定、测度的一个理论解释及验证》，《财政研究》2008年第1期。

徐伟呈、周田、郑雪梅：《数字经济如何赋能产业结构优化升级——基于ICT对三大产业全要素生产率贡献的视角》，《中国软科学》2022年第9期。

余婕、董静：《风险投资引入与产业高质量发展——知识溢出的调节与门限效应》，《科技进步与对策》2021年第14期。

余泳泽、胡山、杨飞：《国内大循环的障碍：区域市场分割的效率损失》，《中国工业经济》2022年第12期。

詹新宇、刘文彬：《中国式财政分权与地方经济增长目标管理——来自省、市政府工作报告的经验证据》，《管理世界》2020年第3期。

张建华、赵英、刘慧玲：《国内国际双循环视角下中国产业结构转型升级研究》，《中国工业经济》2023年第9期。

张治栋、李发莹：《基础设施、空间溢出与产业结构升级——基于长江经济带地级市的实证分析》，《云南财经大学学报》2019年第5期。

周茂、陆毅、杜艳等：《开发区设立与地区制造业升级》，《中国工业经济》2018年第3期。

Beck T., Levine R., Levkov A., "Big Bad Banks? The Winners and Losers from Bank Deregulation in the United States," *The Journal of Finance*, 2010, 65 (5): 1637-1667.

Chenery, Robinson H., Syrquin S., *Industrialization and Growth a Comparativestudy*, Oxford University Press, 1986.

Herrendort B., Rogerson R., Valentinyi A., "Growth and Sturcture Transformation," *Handbook of Economic Growth*, 2014 (2): 855-941.

Ferrara E. L., Chong A., Duryea S., "Soap operas and fertility: Evidence from Brazil," *American Economic Journal: Applied Economics*, 2012, 4 (4): 1-31.

Heckman J. J., Ichimura H., Todd P., "Matching As An Econometric Evaluation Estimator," *Review of Economic Studies*, 1998 (2): 261-294.

Leontief, *The Structure of American Economy*, New York: Oxford University Press, 1951.

Marshall A., Guillebaud C. W., *Principles of Economics: An Introductory Volume*, London: Macmillan, 1961.

B.15 以城兴产：城市化对数字经济创新创业活跃度的影响研究

李欣泽*

摘　要： 数字化是新型工业化的时代特征，产城融合是建设现代化经济体系的重要抓手。本文借助新型城镇化试点这一准自然实验，使用独特城市层面新型工业化发展水平数据，通过双重差分法分析具有中国特色产城融合的经验证据与实现路径。研究结果表明，城市化对区域内数字经济核心产业的创新创业活跃度具有促进作用。进一步的分析表明，"以城兴产"效应主要是通过缓解劳动力错配程度（"匹配效应"）、释放高技能偏向就业岗位（"导向效应"）、加速产业集聚（"集聚效应"）和完善基础设施建设（"连通效应"）实现的，并且这种促进效应在创业程度、中型城市和中西部地区中更为明显。本文为"新四化"中的新型城镇化和新型工业化同步发展、推进中国式现代化提供了学理依据。

关键词： 新型工业化　城市化　产城融合　数字化

一　引言

习近平总书记在中国共产党的二十大报告中擘画了以中国式现代化全

---

* 李欣泽，山东大学经济研究院副教授，主要研究方向为发展经济学、环境经济学。

面推进中华民族伟大复兴的宏伟蓝图，要求推进新型工业化，到2035年基本实现新型工业化。这一重要论断为我国早日进入创新型国家行列、实现中国式现代化指明了前进方向。新型工业化的"新"体现在数字经济这一新的效率源泉和数据这一新的生产要素等方面，其根本动力是自主创新能力。各种要素在城市中高密度汇聚，发挥规模经济效应，为企业的创新活动提供了各种便利条件，使城市成为创新要素的集聚地和创新活力的交汇处。

城市化是新型工业化的重要支撑，实现新型工业化离不开与城市化的协同推进和融合发展。然而城乡间的户籍壁垒是导致城乡二元经济体制、劳动力等生产要素在城乡市场分化等问题的重要原因，特别是在农村与城市的老二元结构转化为城镇内部户籍居民与流动人口的新二元分割的过程中，户籍壁垒严重阻碍了城市创新创业活动的发展和我国科技强国的建设步伐。具体来说，Chen等[1]研究发现部分农业转移人口由于不具有城市户口，而无法享受与城市户籍人口均等化的教育、医疗等城市公共服务，因此无法真正融入城市生活，完成城市身份转移，这极大地降低了流动人口的留城意愿，使与人口集聚的劳动力要素相互交织的土地、资本、技术和数据等生产要素无法实现要素市场一体化下的帕累托最优配置[2]，造成效率损失，进而导致域内企业创新创业活跃程度降低。

Krugman和Venables[3]认为要素的自由流动能够促进经济一体化发展，城市化可以破除户籍制度限制，消除城乡劳动力市场分割，促进劳动力等生产要素自由流动趋于均等，不同于传统的以"数字论英雄"的唯城镇化率，以人为核心的新型城镇化是具有中国特色的城市化进程的创举，实现了从城乡分离走向城乡一体、从以城市为中心转向以农村为主的城

---

[1] Chen M., Liu W., Tao X., "Evolution and assessment on China's urbanization 1960-2010: Under-urbanization or over-urbanization?," *Habitat International*, 2013, 38, 25-33.

[2] 李兰冰、高雪莲、黄玖立：《"十四五"时期中国新型城镇化发展重大问题展望》，《管理世界》2020年第11期。

[3] Krugman P., Venables A. J., "Globalization and the Inequality of Nations," *Quarterly Journal of Economics*, 1995, 110 (4): 857-880.

市化转型，更加注重城乡融合和要素市场一体化建设。那么，研究破除户籍制度限制、实现城乡要素市场一体化的城市化能否推动同我国的新型工业化的融合发展、提升数字经济核心产业创新创业活跃度，对我国实现经济高质量发展、建设社会主义现代化强国具有重要的理论和现实意义。

与本文研究问题相关的文献中，部分研究从促进区域高质量发展[1]、缓解城乡收入差距[2]以及推动绿色全要素生产率增长[3]等不同角度评估了新型城镇化试点的政策效果。同时，与本文研究相对接近的是采用非农人口占比衡量的传统城市化对于创新创业活动影响的文献：程开明[4]研究发现农村中从事非农就业的人口转移至城镇就业后，相对完善的信息基础和信息交换可以实现技术创新水平的更好传递。然而，相比关注非农人口占比的传统城镇化而言，新型城镇化由原来单纯追求速度转变为强调以人为核心的量质协调，这在更大程度上促进了城乡要素市场一体化建设，弱化了户籍限制，因而新型城镇化在促进创新创业行为方面的作用不应被忽视。同时，不同于传统工业化的低成本比较优势，新型工业化的活力源泉在于技术创新，因此，本文基于数字技术视角测度新型工业化发展水平，利用新型城镇化这一试点、这一外生冲击表征城市化分析城市化对新型工业化"以城兴产"的推动作用。

相较于已有研究，本文可能的边际贡献在于如下几点。首先，从研究数据上，本文使用北京大学企业大数据研究中心发布的中国数字经济核心产业创新创业指数衡量各城市的新型工业化水平，该指数参考2021年国家统计

---

[1] 郭晨、张卫东：《产业结构升级背景下新型城镇化建设对区域经济发展质量的影响——基于PSM-DID经验证据》，《产业经济研究》2018年第5期。

[2] 周心怡、李南、龚锋：《新型城镇化、公共服务受益均等与城乡收入差距》，《经济评论》2021年第2期。

[3] Shao J., Wang L., "Can new-type urbanization improve the green total factor energy efficiency? Evidence from China," *Energy*, 2023, 262, 125449.

[4] 程开明：《城市化、技术创新与经济增长——基于创新中介效应的实证研究》，《统计研究》2009年第5期。

局公布的《数字经济及其核心产业统计分类（2021）》，利用大数据思维和技术，以企业为主体刻画了我国数字经济核心产业的创新创业活跃度状况，符合以先进产业科技和制造为体系构建新型工业化发展程度的标准，得到更客观、真实的研究结论。其次，从研究方法上，本文将新型城镇化试点政策的实施视为一项准自然实验，运用多时点双重差分模型评估城市化对数字经济创新创业活跃度的影响，这一研究方法更契合新型城镇化"以人为核心"的内核要求。我们还进行了工具变量法、安慰剂检验、时间窗检验等一系列可能影响研究结论可靠性的稳健性检验。最后，从研究内容上，立足"新四化"同步实现和建设现代化经济体系的时代背景，将影响机制分为"匹配效应""导向效应""集聚效应""连通效应"，并对这四条影响机制进行识别检验，我们发现，以城兴产、促进新型城镇化和新型工业化融合的传导机制是缓解域内的劳动力错配程度、释放高技能偏向就业岗位、加速产业集聚和完善基础设施建设。本文在关注试点政策对创新创业活跃度的各子指标、城市地理区位以及人口规模的异质性的同时，因地制宜地提出了相关的政策建议。

二　文献综述与理论假设

（一）新型城镇化试点的政策背景

消弭制度壁垒，实现要素在城乡间跨区域自由流动是促进城乡融合发展、建立城乡一体化要素市场的必然要求，有助于尽快实现城乡平衡充分发展。但是由于经济体制从计划经济向市场经济转变同步进行和晋升锦标赛等原因，传统城镇化是以土地城镇化为主要内容，而人口城镇化严重滞后于土地城镇化，阻碍了城镇化与信息化的深度融合。为建设城乡要素一体化市场和促进城乡融合发展，中共中央、国务院于2014年3月印发了《国家新型城镇化规划（2014—2020年）》，自此新型城镇化制度和政策体系全面确立，成为重要的国家战略。之后，为推进新型城镇化政策的实施，国家发改委等11个部门联合印发《关于开展国家新型城镇化综合试点工作的通知》（以下简称为《通知》），并于2014年、2015年和2016年分别公示第一批2个省62个城市（镇）、第二批73个城市（镇）和第三批111个城市（镇）的试点名单。同时，国家发改委指出中国的城市化进程以小城镇为中心，[①] 推动农业人口转移和产业转型升级，城镇化是具有中国特色、符合中国国情的城市化。

2015年10月，中共中央制定的关于"十三五"规划的建议进一步明确了新型城镇化的重要任务是"深化户籍制度改革，促进有能力在城镇稳定就业和生活的农业转移人口举家进城落户，并与城镇居民有同等权利和义务"，可以看出，新型城镇化试点在过去对土地城镇化盲目追求的基础上，更加重视以人为核心的人口城镇化，不但让农村居民进入城镇务工，还要他们举家落户并享有城乡一体的保障性权益，从"引得来"到"留得下"。新型城镇化试点政策切实消除了户籍制度壁垒对城乡要素分化的不利影响，通过构建城乡要素一体化市场使要素可以在城乡间实现跨区域自由流动。新型城镇化试点政策为本文分析城市化推进对城乡数字经济创新创业活跃度的影响提供了实施准自然实验的可能。

（二）机制分析

首先，城市化推进过程的"匹配效应"。城乡要素市场分化程度的降低能够扭转过去信息不对称状况导致的实际就业与意向就业匹配度差距过大的问题，同时降低了信息搜寻成本，而中国一体化的城乡要素市场的建立有效扭转了要素单向流动和要素沉睡情况，从体制层面削弱了劳动力的流动障碍，更多就业相关信息的获取难度以及迁移障碍的减弱会使劳动力"用脚投票"，选择成本收益最大化的工作，进而降低劳动力错配程度。要素市场扭曲不仅会降低企业的创新活动投入，而且对高技

[①] 文件来源为中华人民共和国国家发展和改革委员会官网，https://www.ndre.gov.cn/xwdt/ztzl/xxczhjs/ghzc/201b08/t20160824-972008.html。

产业创新绩效提升的抑制效应更显著。因此城市化进程的推进可以加快就业信息获取和打破要素流动壁垒,改善劳动力配置扭曲,实现劳动力配置的帕累托最优,提升作为数字经济企业这一新兴技术产业的创新创业活跃度。

其次,城市化发展的"导向效应"。随着技术迭代和城市化率上升,高技能劳动力替代低技能劳动力、技术和资本替代资源和劳动力成为必然趋势,同时技术专用性让城市的高技能劳动力占比越高,越能发挥企业的"干中学"效应,推动地区创新能力和创新水平的提升。因此,日益深化的城市化对就业人员素质提出了更高要求,为了使农业转移人口掌握一技之长,顺应日益增长的用工需求,新型城镇化政策的实施特别注重在对标劳动力市场需求的基础上对转移人口进行教育培训,促进流动人口的人力资本积累。综上,城市化带来的高技能就业导向加速了劳动力的人力资本提升,为数字产业创新创业提供人才基础。

再次,城市化发展的"集聚效应"。城乡间要素市场一体化建设通过加强人才、资本等各要素的流动,有利于区域间要素的自由流动和产业集聚的形成。产业集聚可以加强区域间的相互学习、模仿与竞争,充分开展创新活动,有效地提升了城市的创新能力。同时,更高的产业集聚水平也意味着区域内企业专业化分工的强化,而企业的横向一体化加深能够有效地推动技术创新和劳动生产率提升。因此城市化率提高带来的农业人口转移促进了产业集聚。信息交流便利带来的知识溢出和域内企业的专业化分工水平强化,推动了城市整体的数字技术创新创业水平提升。

最后,新型城镇化政策的"连通效应"。城市化进程的加快推动了城乡间基建的完善,而农村基础设施的建设具有明显的包容性增长特征,不仅能够促进农民收入增长、缓解城乡差距,还能使低收入群体受益更多、缓解农村内部收入不平等的现状。罗知等[①]从打破城乡分割、加强城乡联系的视角

---

① 罗知、万广华、张勋等:《兼顾效率与公平的城镇化:理论模型与中国实证》,《经济研究》2018年第7期。

进一步指出，道路基础设施建设可以降低移民成本、增加就业机会，从而推动城镇化实现效率与公平兼顾。张睿等[1]则从更微观的企业视角出发，发现了基础设施建设对于企业生产率的积极作用，总体来说市场扩张效应超越竞争效应，激发企业的研发行为。同时，传统信息基础设施和新型信息基础设施建设均会推动区域创业，且新基建的数字创业效果比传统基建更明显。因此城市化率提升加速了城乡间的基础设施建设，无论是传统基建还是新基建，都为当地劳动力带来了更低的流动成本和更大的市场规模，提高了区域的数字经济创新创业活跃度。

综合上述分析，本文旨在解释城市化发展对数字经济创新创业活跃度的影响，并提出如下两个假说。

假说1：城市化的发展能够提升数字经济创新创业活跃度。

假说2：缓解劳动力错配、释放高技能偏向就业岗位、加速产业集聚，以及完善基础设施建设是城市化进程中提升数字经济创新创业活跃度的主要实现路径。

三　研究设计

（一）变量选取

1. 被解释变量

本文的被解释变量为数字经济创新创业活跃度，既有文献对于创业活跃度的衡量有直接和间接两种方法。直接测度法使用新创企业数量进行衡量，而间接测度法主要包括生态学法、人口法和劳动力市场法三种方法，其思路是以区域内全部企业、所有人口或劳动力总数为单位对新创企业数量进行标准化处理，从而消除区域差异造成的统计偏误，然而以上三种方法均存在不

---

[1] 张睿、张勋、戴若尘：《基础设施与企业生产率：市场扩张与外资竞争的视角》，《管理世界》2018年第1期。

同程度的问题：采用新创企业数量占所有企业数量比重的生态学法忽视区域内企业规模异质性，使用新创企业数量与总人口数之比的人口法受年份影响波动较大，而利用新创企业数量比劳动人口数量的劳动力市场法受限于城市层面劳动力的可得性和完整性。对以省份或城市为研究对象的宏观层面创新水平的测度，主要是以R&D经费投入和专利授权数量为代理变量衡量，毛文峰、陆军[1]指出以上两种测度方式可能会因为存在虚报经费投入和忽视专利使用质量问题而造成数据失真的情况，而利用北京大学国家发展研究院和龙信数据研究院联合创建的朗润龙信中国区域创新创业指数作为城市创新创业活跃度的代理变量，能够更好地从人力、技术等多维度描绘创新与创业的关系。本文参考其采用的多指标综合评价法，利用北京大学企业大数据研究中心测算的中国数字经济核心产业创新创业指数，并以2021年国家统计局公布的数字经济核心产业数字产业化部分的创新与创业的活跃度进行统一衡量，很好地展示了我国各城市数字经济和创新创业的综合发展状况。

2. 解释变量

本文的核心解释变量为城市化，而我国的城市化进程以小城镇为中心和主体，已有的使用人口城镇化率衡量城市化水平的研究不可避免地受到不可观测影响因素干扰，挑战因果推断结论，因此本文利用国家发改委提出的三批新型城镇化试点作为对国内各地区城市化水平的外生冲击，能够缓解以往研究使用静态指标测算城市化水平可能面临的内生性问题。新型城镇化试点名单如表1所示，若同时满足试点城市和政策实施当期及以后的城市，则纳入处理组，取值为1，否则为对照组，取值为0[2]。

---

[1] 毛文峰、陆军：《土地要素错配如何影响中国的城市创新创业质量——来自地级市城市层面的经验证据》，《产业经济研究》2020年第3期。

[2] 为了更准确地识别新型城镇化对地级市经济因素发展的影响，在三批新型城镇化试点名单中，若新型城镇化试点政策完全覆盖地级市，将该地级市作为处理组样本；否则，若只是在地级市的下设区（县、镇）进行试点，本文不将其纳入处理组样本。实际上，试点地级市共有85个，由于海东市在研究时间窗口内进行过行政区划变更，考虑到统计口径差异，本文在研究样本中将其剔除，故最终处理组为84个城市。

表1 新型城镇化试点城市名单及时间

时间	试点城市
第一批 (2014年) 共59个地级市	南京市、无锡市、徐州市、常州市、苏州市、南通市、连云港市、淮安市、扬州市、镇江市、泰州市、宿迁市、合肥市、芜湖市、蚌埠市、淮南市、马鞍山市、淮北市、铜陵市、安庆市、黄山市、阜阳市、宿州市、滁州市、六安市、宣城市、池州市、亳州市、宁波市、大连市、青岛市、石家庄市、长春市、哈尔滨市、武汉市、长沙市、广州市、重庆市、吉林市、齐齐哈尔市、牡丹江市、嘉兴市、莆田市、鹰潭市、威海市、德州市、洛阳市、孝感市、株洲市、东莞市、惠州市、柳州市、来宾市、泸州市、安顺市、曲靖市、金昌市、海东市、固原市
第二批 (2015年) 共7个地级市	台州市、茂名市、濮阳市、包头市、成都市、绵阳市、眉山市
第三批 (2016年) 共19个地级市	伊春市、萍乡市、赣州市、抚州市、济南市、淄博市、烟台市、聊城市、鹤壁市、荆门市、随州市、湘潭市、郴州市、韶关市、潮州市、遂宁市、达州市、延安市、银川市

3. 机制变量

(1) 劳动力错配程度

本文参考崔书会等的做法利用劳动力错配情况进行城市的劳动力配置扭曲系数测算，具体计算公式如下：

$$abstaul_{it}^L = |\tau_{it}^L| = \begin{cases} \tau_{it}^L, \tau_{it} > 0 \\ 0, \tau_{it} = 0 \\ -\tau_{it}^L, \tau_{it} < 0 \end{cases} \quad (1)$$

$$\tau_{it}^L = r_{it}^L - 1 \quad (2)$$

其中，τ_{it}^L为城市i在t年的劳动力配置扭曲系数，考虑到劳动力价格扭曲系数的正负号，即劳动力过度配置或配置不足，均是对最优配置的偏离，因此参考季书涵、朱英明[①]的做法对劳动力配置扭曲系数取绝

---

① 季书涵、朱英明：《产业集聚的资源错配效应研究》，《数量经济技术经济研究》2017年第4期。

对值 $abstaul_{it}^L$。由于 r_{it} 是一个理想的绝对值,现实中无法真实得到,我们采用劳动力的相对扭曲系数 $\hat{r}_{it}$ 近似地估计劳动力配置相对扭曲系数,公式如下。

$$\hat{r}_{it} = \frac{L_{it}/L_t}{s_{it}\beta_i^L/\beta_t^L} = \frac{L_{it}/\sum_i^n L_{it}}{(Y_{it}/Y_t)\beta_i^L/\sum_i^n(Y_{it}/Y_t)\beta_i^L} \tag{3}$$

L_{it} 为城市 i 在 t 年份的劳动力供给数量即参与就业总人数,L_{it}/L_t 表示城市 i 在 t 年份的劳动力供给数量在当年所有城市劳动力供给总量的占比,$s_{it}\beta_i^L$ 为理论上劳动力实现最优配置时城市 i 在 t 年份的劳动力供给总量与当年所有城市劳动力数量的比例,s_{it} 表示城市 i 在 t 年份的产出 Y_{it} 与当年所有城市产出之和 Y_t 的比例,产出用各城市折算成以 2010 年为基期的实际国内生产总值表示,β_i^L 表示城市 i 的劳动力产出弹性。劳动力产出弹性采用索洛余值法进行测度,构建如式(4)所示的规模报酬不变的柯布道格拉斯生产函数(Cobb-Douglas Production Function)。

$$Y_{it} = A K_{it}^{\beta_i^K} L_{it}^{\beta_i^L} = A K_{it}^{\beta_i^K} L_{it}^{1-\beta_i^K} \tag{4}$$

β_i^K 表示城市 i 的资本产出弹性,与城市 i 的劳动力产出弹性 β_i^L 之和为 1,因此对式(4)取对数处理,具体形式如下:

$$\ln(Y_{it}/L_{it}) = \ln A + \beta_i^K \ln(K_{it}/L_{it}) + \varphi_i + \omega_t + \varepsilon_{it} \tag{5}$$

K_{it} 表示城市 i 在 t 年份的资本存量,主要利用永续盘存法进行测算,具体步骤见式(6),并在对数处理的模型中加入表示城市固定效应 φ_i、时间固定效应 ω_t 和随机扰动项 ε_{it}。

$$K_{it} = \begin{cases} I_{it}/10, t = 1 \\ I_{it}/P_{it} + (1-\delta)K_{it-1}, t \geq 2 \end{cases} \tag{6}$$

其中,I_{it} 表示城市 i 在 t 年份的投资总额,用固定资产投资总额近似代替,P_{it} 表示城市 i 在 t 年份的固定资产投资价格指数,折旧率 δ 按照国内文献的普遍做法取 9.6%。

(2) 高技能偏向就业导向

本文参考林嵩等[①]的做法在天眼查、启信宝等数据库中查询 2010~2020 年新注册企业的信息，并按照其行政代码在所在城市层面累加，进一步按照牛子恒、崔宝玉[②]对高技能偏向行业的定义计算每个城市的高技能偏向的新注册企业的数量，具体将信息传输、计算机服务和软件业，金融业，水利、环境和公共设施管理业，教育、卫生、社会保障和社会福利业，科学研究、技术服务和地质勘查业，文化、体育和娱乐业，公共管理和社会组织业视为高技能行业，使用其在所有的新增企业中的占比衡量，若新增企业中占比更高的是高技能偏向的行业（$skill$），则代表该城市的就业岗位的高技能导向性越强。

(3) 产业集聚

本文按照集中度的定义测度各城市的产业集聚水平，具体公式如下。

$$agg_{it} = \frac{ind_{it} / \sum_{i=1}^{n} ind_{it}}{area_{it} / \sum_{i=1}^{n} area_{it}} \tag{7}$$

其中，agg_{it} 表示 i 城市 t 年份的产业集聚程度，n 表示城市个数，$area_{it}$ 表示 t 年份的城市 i 的行政区域面积，ind_{it} 表示城市 i 在 t 年份的除农业外的制造业和服务业的总产值。集中度的值越大，说明城市的产业集聚程度越高。

(4) 基础设施建设水平

参考林伯强和谭睿鹏[③]的做法从降低信息沟通成本和通勤成本两方面定义基础设施（$infra$），使用城市人均电话用户数和人均公共交通车辆数之和测度地区的基础设施建设程度，数值越大说明基础设施建设水平越高。

[①] 林嵩、谷永应、斯晓夫等：《县域创业活动、农民增收与共同富裕——基于中国县级数据的实证研究》，《经济研究》2023 年第 3 期。

[②] 牛子恒、崔宝玉：《网络基础设施建设与劳动力配置扭曲——来自"宽带中国"战略的准自然实验》，《统计研究》2022 年第 10 期。

[③] 林伯强、谭睿鹏：《中国经济集聚与绿色经济效率》，《经济研究》2019 年第 2 期。

4. 控制变量

为了避免遗漏变量造成的统计偏误，本文选取各地级市的经济发展状况、产业结构水平、人力资本状况、政府支持和互联网普及情况等作为控制变量。其中，经济发展水平（$pgdp$）用平减至以2010年为基期的实际人均国内生产总值表示，产业结构水平（$struc$）用第三产业占GDP比重衡量，高等教育水平（edu）用地区每百人中高等学校在校学生占比表示，政府支持（gov）用政府财政支出与地区生产总值的比值表示，互联网普及情况（web）用宽带接入用户数表示。

根据前文的变量设定，表2汇报了本文各变量的描述性统计。

表 2 描述性统计

变量	全样本 观测值	全样本 平均值	全样本 标准差	对照组 观测值	对照组 平均值	对照组 标准差	控制组 观测值	控制组 平均值	控制组 标准差
$diginnov$	3080	0.521	0.272	924	0.608	0.266	2156	0.484	0.266
$abstaul$	3080	0.789	0.635	924	0.933	0.751	2156	0.727	0.567
$skill$	3080	4.846	2.747	924	5.505	2.964	2156	4.563	2.598
agg	3080	6.698	1.330	924	7.201	1.274	2156	6.483	1.295
$infra$	3080	7.009	0.933	924	7.442	0.963	2156	6.823	0.856
$pgdp$	3080	5.004	3.460	924	5.651	0.558	2156	4.727	3.468
$struc$	3080	0.484	0.516	924	0.530	0.504	2156	0.464	0.520
edu	3080	1.664	1.881	924	2.050	2.062	2156	1.499	1.772
gov	3080	0.204	0.108	924	0.180	0.104	2156	0.215	0.107
web	3080	0.091	0.096	924	0.120	0.121	2156	0.079	0.080

（二）模型构建

为有效识别城市化对数字经济核心产业创新创业活跃度的影响，本文构建城市和年份双向固定的多期双重差分模型。

$$diginnov_{it} = \alpha_0 + \alpha_1 newurban_{it} + \alpha_2 X_{it} + \varphi_i + \omega_t + \varepsilon_{it} \tag{8}$$

其中，i表示城市，t表示年份，$diginnov_{it}$表示各城市数字经济核心产业的创新创业活跃度，$\alpha_0 \sim \alpha_2$ 代表解释变量与控制变量的系数，若某地级市当年入选新型城镇化试点名单，则在当年及该年之后 $newurban_{it}$ 赋值 1，其他赋值为 0，X_{it} 为控制变量，μ_i 为控制城市个体效应，δ_t 为控制时间效应，ε_{it} 代表随机误差项。

（三）数据来源

本文主要使用了两套研究数据，第一套数据是中国数字经济创新创业指数，由北京大学企业大数据研究中心构建指数体系并整合测算，详细呈现了 2010~2020 年中国 31 个省区市共计 332 个城市数字经济核心领域的创新创业活动强度及组成指标①。第二套数据是《中国城市统计年鉴》，对于统计年鉴中的空缺值利用 CEIC 数据进行补齐，仍有极个别的缺失数据采用线性插值法进行补齐。考虑到不同行政区划统计口径的差异及数据的可得性问题，本文删除了北京市、天津市、上海市、重庆市 4 个直辖市和数据缺失的拉萨市以及研究时期内行政区划发生变更的地级市②，最终形成了 2010~2020 年 280 个地级市的平衡面板数据。

四 实证分析

（一）基准回归结果

表 3 呈现了基准回归结果，在列（1）中，本文只控制了城市固定效应和年份固定效应，在列（2）~（6）中，为了尽可能避免遗漏变量偏误干扰实证结论，我们逐步加入经济发展水平、产业结构水平、高等教育水平、政府支持以及互联网普及情况等控制变量，可以看出不论是否加入控制变量，新型城镇化试点的回归系数均在 1% 的水平上显著为正，这说明城市化的推

---

① 中国数字经济创新创业指数的数据来源为：https：//doi.org/10.18170/DVN/EYCVSP。
② 撤销地级市改为县级行政单位的巢湖市和莱芜市，撤地设市和增设的毕节市、铜仁市、三沙市、儋州市、海东市、日喀则市、昌都市、林芝市、山南市、那曲市、吐鲁番市和哈密市等。

进，显著促进了试点地区的数字经济核心产业创新创业活动的增加。以加入全部控制变量的列（6）为例，当地区实施新型城镇化政策后，数字经济创新创业活跃度显著提升了0.076，相当于全样本数字经济创新创业活跃度均值的14.59%[1]，说明城市化的推进能够增加城市数字经济创新创业活动。

在控制变量方面，经济增长水平的回归系数显著为正且影响程度较大，说明经济发展水平的提高有利于数字经济的发展和创新创业活动的发生。可能的原因在于随着经济的发展，人们在较低层次的需求得到满足后，开始追求更高层次的需求，此时数字经济高效率、跨时空的优点可以满足人们日益丰富的需要；另外，创新创业活动作为自我实现的重要机制，需要一定的物质资本。产业结构水平与受教育水平的回归系数结果均显示与数字经济核心产业的创新创业呈显著正相关关系，这可能是因为随着产业结构转型升级和人力资本水平的提升，推动既有的技术水平快速迭代，进而使数字经济核心产业的创新和创业活动快速增加。政府支持对数字经济创新创业的影响系数同样显著为正，表明数字经济的发展离不开政府财政的支持。最后，互联网普及情况的回归系数显著为正值，这说明互联网作为数字经济发展的技术基础，其普及率的提升对数字经济发展发挥着促进作用。

表3 基准回归结果

变量	(1)	(2)	(3)	(4)	(5)	(6)
$newurban$	0.253*** (21.571)	0.204*** (11.940)	0.097*** (3.038)	0.097*** (3.260)	0.099*** (3.478)	0.076*** (3.600)
$pgdp$		0.373*** (3.214)	0.062*** (3.997)	0.055*** (3.560)	0.050*** (3.373)	0.038*** (2.773)
$struc$			0.203** (2.333)	0.192** (2.347)	0.151** (2.113)	0.141** (2.344)
edu				0.074*** (3.486)	0.071*** (3.489)	0.060*** (3.760)

[1] 计算方法为城市化估计系数/全样本数字经济创新创业活跃度均值，即（0.076/0.521）。

续表

变量	（1）	（2）	（3）	（4）	（5）	（6）
gov					0.683*** （4.779）	0.641*** （5.058）
web						0.735*** （3.206）
$cons$	0.476*** （230.004）	0.305*** （5.597）	0.096 （1.529）	0.012 （0.271）	−0.079** （−2.013）	−0.048 （−1.285）
$city$	是	是	是	是	是	是
$year$	是	是	是	是	是	是
obs	3080	3080	3080	3080	3080	3080
R^2	0.165	0.265	0.451	0.468	0.492	0.522

注：括号内数值为 t 值；***、**和*分别表示在1%、5%和10%显著性水平上显著，下同。

（二）内生性讨论

本文通过构建双重差分模型评估城市化进程对城市数字经济领域创新创业情况的影响，逐年扩大的试点范围作为准自然实验的外生冲击，在一定程度上可以检验前文结论的稳健性，但仍可能存在由于数字经济创新创业水平越高的城市越宜居，进而选择该地区作为新型城镇化试点城市的反向因果所造成的内生性问题。因此，本文采用工具变量法进一步讨论潜在的内生性问题所造成的估计偏误是否影响城市化发展推动数字经济创新创业活动结论的稳健性。

具体来说，本文采用城市的年平均最低气温（$mintemp$）对内生性问题进行检验。一方面，气温影响人群集聚和城市形成，既有的城市规模和经济基础直接关系到城市化程度，满足相关性；另一方面，作为自然变量的最低气温不会直接影响创新创业活动，满足外生性。① 表4呈现了内生性讨论的结果，在使用2SLS和GMM方法后城市化系数仍然在1%的显著水平上可以显著提升数字经济核心产业的创新创业活跃度，影响程度甚至大于不考虑内

---

① 李文贵、余明桂：《民营化企业的股权结构与企业创新》，《管理世界》2015年第4期。

生性的双向固定面板效应,说明不考虑内生性的影响程度可能会造成以城兴产效应的低估,第一阶段回归结果表明年平均最低气温越低的城市,越不容易被选中成为新型城镇化的试点,与前文的预期一致。工具变量的统计回归结果显示工具变量的选取不存在不可识别和弱工具变量的问题,是合理可信的,说明在考虑潜在的内生性问题后,本文的结论仍然成立。

表4 内生性检验:工具变量法

变量	第一阶段 OLS (1)	第二阶段 2SLS (2)	第二阶段 GMM (3)
$mintemp$	0.105 *** (4.587)		
$newurban$		0.835 *** (5.289)	0.835 *** (5.289)
control	是	是	是
city	是	是	是
year	是	是	是
obs	3080	3080	3080
Kleibergen-Paap rk LM	16.608 [0.0000]		
Kleibergen-Paap Wald rk F	21.211 {16.38}		

注:不可识别检验 Kleibergen-Paap rk LM 统计量括号内对应识别不足检验的 p 值,弱工具变量检验 Kleibergen-Paap Wald rk F 统计量括号内对应 Stock-Yogo 弱识别检验的 10% 临界值。

(三)稳健性检验

1. 平行趋势检验

处理组和对照组符合平行趋势假设是双重差分法有效的前提,因此,本文利用事件研究法进行平行趋势检验,模型设定如下。

$$diginnov_{it} = \gamma_0 + \sum_{p=-5}^{5} \gamma_p treat_{it}^p + \gamma_k X_{it} + \mu_i + \delta_t + \varepsilon_{it} \quad (9)$$

$treat_{it}^p$ 表示样本年份是否为城市 i 进行新型城镇化试点前后第 $|p|$ 年的虚拟变量，若该城市入选新型城镇化试点城市名单，$treat_{it}^p$ 取 1，否则取 0，其中，p 取负数则表示成为试点城市前 p 年，p 取正数则表示成为试点城市后 p 年，γ_p 为处理组新型城镇化试点前（后）第 p 年与其他控制组城市之间的差异，若该系数不显著，则说明平行趋势假设成立，构建 DID 模型的研究结果是可信的。

由图 1 的平行趋势检验可以看出在政策实施前 γ_p 不显著，表明处理组和对照组在新型城镇化试点政策实施前，数字经济核心产业的创新创业活跃度不存在明显差异，即满足平行趋势假说。从动态效应来看，试点政策从推行当期开始，城市化进程对数字产业创新创业状况的影响系数显著为正并在实施一年后达到顶峰，虽然之后影响略有减弱，但仍能起到显著促进数字经济核心产业创新创业活动的作用。

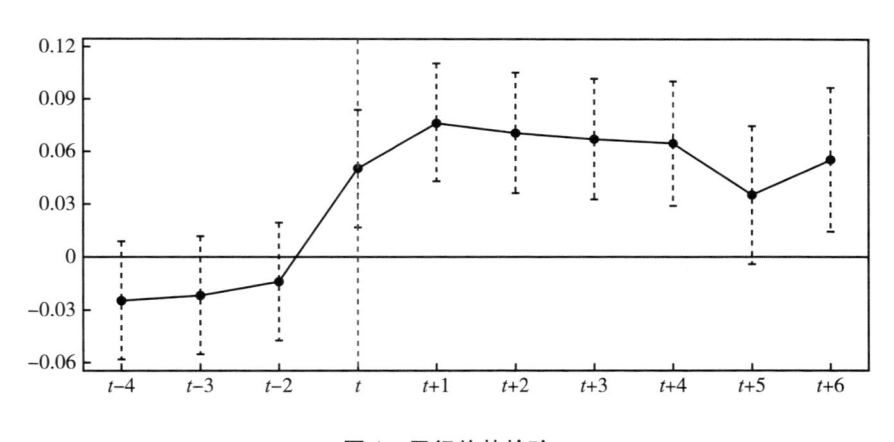

图 1　平行趋势检验

2. PSM-DID 估计

考虑到新型城镇化试点城市可能存在的自选择偏误所导致的内生性问题，本文采用倾向得分值匹配进行稳健性检验，通过为处理组中的各个样本匹配到特定的控制组样本，近似随机化新型城镇化试点城市这一准自然实验。具体做法是选择 $pgdp$、$struc$ 等控制变量作为协变量，通过 Logit 模型估

计倾向得分值后，依次采用核匹配、半径匹配和近邻匹配的方法进行匹配后再进行双重差分估计。表5~表7的核匹配、半径匹配和近邻匹配的匹配平衡性检验表明，匹配后所有的控制变量均不存在显著差异，说明本文选择的匹配方法是合理的。

表5　平衡性检验：核匹配

变量	样本	实验组	对照组	偏差	减幅	t 值	$p>\|t\|$
$pgdp$	匹配前	5.651	4.7267	27.1		6.84	0.000
	匹配后	5.6555	5.4793	5.2	80.9	1.09	0.277
$struc$	匹配前	0.53043	0.46377	13		3.29	0.001
	匹配后	0.52786	0.55282	-4.9	62.6	-0.77	0.444
edu	匹配前	2.0495	1.4986	28.7		7.52	0.560
	匹配后	2.0488	1.9907	3	89.5	0.58	0.560
gov	匹配前	0.17991	0.21479	-33		-8.34	0.000
	匹配后	0.17905	0.1811	-1.9	94.1	-0.48	0.632
web	匹配前	0.11966	0.07852	40		11.08	0.000
	匹配后	0.11891	0.11466	4.1	89.7	0.78	0.435

表6　平衡性检验：半径匹配

变量	样本	实验组	对照组	偏差	减幅	t 值	$p>\|t\|$
$pgdp$	匹配前	5.651	4.7267	27.1		6.84	0.000
	匹配后	5.5951	5.5195	2.2	91.8	0.47	0.641
$struc$	匹配前	0.53043	0.46377	13		3.29	0.001
	匹配后	0.52626	0.50275	4.6	64.7	0.88	0.377
edu	匹配前	2.0495	1.4986	28.7		7.52	0.000
	匹配后	2.0019	2.0472	-2.4	91.8	-0.45	0.653
gov	匹配前	0.17991	0.21479	-33		-8.34	0.000
	匹配后	0.17973	0.18225	-2.4	92.8	-0.57	0.567
web	匹配前	0.11966	0.07852	40		11.08	0.000
	匹配后	0.11373	0.11779	-3.9	90.1	-0.78	0.437

表7 平衡性检验：近邻匹配

变量	样本	实验组	对照组	偏差	减幅	t 值	p>|t|
$pgdp$	匹配前	5.651	4.7267	27.1		6.84	0.000
	匹配后	5.5025	5.5378	-1	96.2	-0.2	0.838
$struc$	匹配前	0.53043	0.46377	13		3.29	0.001
	匹配后	0.52811	0.52004	1.6	87.9	0.27	0.789
edu	匹配前	2.0495	1.4986	28.7		7.52	0.000
	匹配后	1.9442	2.0176	-3.8	86.7	-0.75	0.456
gov	匹配前	0.17991	0.21479	-33		-8.34	0.000
	匹配后	0.18145	0.18215	-0.7	98	-0.15	0.877
web	匹配前	0.11966	0.07852	40		11.08	0.000
	匹配后	0.10888	0.11149	-2.5	93.7	-0.53	0.593

匹配的回归结果如表8所示，核匹配、半径匹配与近邻匹配的回归结果与前文基准回归结果的方向、显著性与数值均基本一致，说明本文城市化能够推动数字经济创新创业的研究结论具有稳健性。

表8 PSM-DID 回归结果

变量	核匹配 （1）	半径匹配 （2）	近邻匹配 （3）
$newurban$	0.075 *** （3.584）	0.076 *** （3.685）	0.078 *** （3.786）
$pgdp$	0.037 *** （2.762）	0.036 *** （2.725）	0.037 *** （2.733）
$struc$	0.140 ** （2.357）	0.152 ** （2.465）	0.135 ** （2.337）
edu	0.059 *** （3.774）	0.058 *** （3.749）	0.056 *** （3.611）
gov	0.646 *** （5.099）	0.654 *** （5.212）	0.626 *** （5.038）
web	0.775 *** （3.511）	0.827 *** （3.820）	0.880 *** （3.878）

续表

变量	核匹配 (1)	半径匹配 (2)	近邻匹配 (3)
cons	-0.047 (-1.261)	-0.048 (-1.292)	-0.042 (-1.134)
city	是	是	是
year	是	是	是
obs	3078	3055	3056
R^2	0.524	0.532	0.533

3. 安慰剂检验

尽管三批数量逐渐增加的新型城镇化试点城市名单可以近似地看作准自然实验进行处理，但是实际上，试点城市的选择并非完全随机，而是综合考虑经济基础、资源禀赋等因素，兼顾各种城市类型进行试点的结果，为了探讨该非随机性对实证结果是否产生干扰进而影响结论的稳健性，本文随机生成新型城镇化试点的控制组名单，并重复进行1000次安慰剂检验，根据图2可以看出估计系数基本呈正态分布，并分布在0左右，说明这种非随机性作为非观测因素并不会对实证结果产生显著影响，前文研究结论依然稳健且可信。

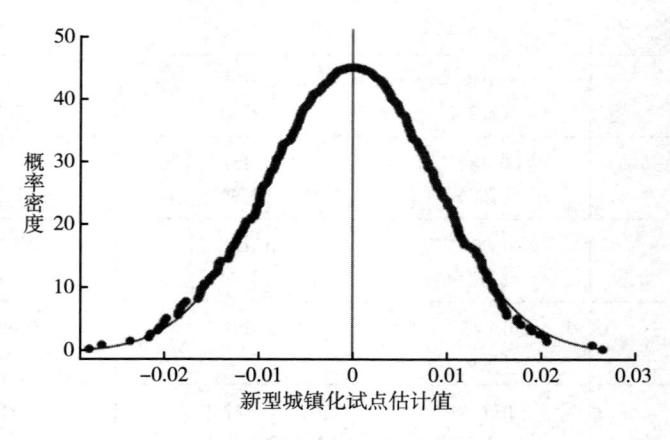

图2 安慰剂检验

4. 替换变量衡量方式

（1）变换被解释变量

在基准回归分析中，本文选用各地级市的数字经济核心产业创新创业指数表示数字经济发展状况，该指标虽然具有很好的连续性和可比性，但作为绝对指标无法排除受到城市人口规模的影响，故本文使用人均数字经济创新创业指数（*piriedec*）进行替换作为新的被解释变量。从表9第（1）列结果可以看出，与上文一致，新型城镇化试点政策对创新创业指数的影响显著为正，表明城市化的推进提升了城市的数字经济核心产业创新创业活跃度。结果具有稳健性。

（2）变换核心解释变量

考虑到三批新型城镇化的文件颁布的时间依次为2014年12月29日、2015年11月16日和2016年11月29日，均处于年末，如果将政策颁布的当年作为试点实施的时间可能存在高估城市化对数字经济创新创业活力的作用，因此本文参考刘秉镰、孙鹏博[①]的做法，将试点文件发布在7月1日后的视下一年为政策颁布的当年，即形成新的核心解释变量（*replace*）。表9第（2）列呈现了更改新型城镇化试点赋值方式后的结果，可以看出与前文估计结果相比，尽管核心解释变量的估计系数大小有所变化，但显著性和方向并没有发生根本改变，这说明城市化推进可以提升城市数字经济创新创业活跃度。此结果与前文基本一致，具有稳健性。

表9 稳健性检验：替换变量与剔除奇异值

变量	替换变量		剔除奇异值	
	替换被解释变量	替换核心解释变量	双边各缩尾1%	双边各截尾1%
	（1）	（2）	（3）	（4）
newurban	0.082*** (3.695)		0.076*** (3.598)	0.072*** (3.638)
replace		0.065*** (3.039)		

---

① 刘秉镰、孙鹏博：《国家级金融改革试验区如何影响碳生产率》，《经济学动态》2022年第9期。

续表

变量	替换变量		剔除奇异值	
	替换被解释变量	替换核心解释变量	双边各缩尾1%	双边各截尾1%
	（1）	（2）	（3）	（4）
control	是	是	是	是
city	是	是	是	是
year	是	是	是	是
obs	3080	3080	3080	3022
R^2	0.619	0.519	0.521	0.548

5. 剔除异常值和删除特殊城市

（1）剔除奇异值

为了排除少量异常值对计量结果可能造成的影响，故本文对数字经济核心产业创新创业指数两端各缩尾和截尾1%重新进行估计，表9的（3）和（4）列呈现了剔除奇异值的结果，核心解释变量的系数符号和显著性与基准回归一致。

（2）删除特殊城市

考虑到省会城市和副省级城市在政策倾斜、经济发展、行政权力以及创业环境等诸多方面与普通地级市存在较大的差异，可能影响城市化对数字经济创新创业状况的结果，本文分别呈现了删除26个省会城市和15个副省级城市[①]的结果，表10（1）和（2）列的估计结果表明核心解释变量对数字经济领域创新创业指数的影响效应依然与基准回归基本可比，仅核心解释变量的系数变大，说明相较于省会城市和副省级城市优渥的资源禀赋，普通地级市由于经济基础较弱，因城市化水平提升实现数字经济核心产业层面的创新创业效果更明显。

---

① 省会城市包括石家庄、太原、沈阳、长春、哈尔滨、南京、杭州、合肥、福州、南昌、济南、郑州、广州、长沙、武汉、海口、成都、贵阳、昆明、西安、兰州、西宁、南宁、呼和浩特、银川和乌鲁木齐26个城市；副省级城市包括广州、武汉、哈尔滨、沈阳、成都、南京、西安、长春、济南、杭州、大连、青岛、深圳、厦门和宁波15个城市。

表 10 稳健性检验：删除特殊城市和排除其他试点政策干扰

变量	删除特殊城市		排除其他试点政策干扰	
	删除省会城市（1）	删除副省级城市（2）	剔除"宽带中国"试点（3）	剔除智慧城市试点（4）
$newurban$	0.082*** (4.011)	0.082*** (4.202)	0.089*** (4.290)	0.061** (2.534)
$control$	是	是	是	是
$city$	是	是	是	是
$year$	是	是	是	是
obs	2794	2915	2477	2289
R^2	0.566	0.564	0.550	0.532

6. 剔除其他政策的干扰

同时期其他相关政策也可能影响试点城市的数字经济核心产业创新创业行为，从而对城市化促进作用的识别造成干扰。为剔除同时期其他相关政策的干扰，本文进一步在模型（1）中删除同时成为新型城镇化和"宽带中国"试点政策以及新型城镇化和智慧城市试点政策的城市进行稳健性检验，估计结果见表10（3）和（4）列。估计结果发现，城市化试点依然在5%的水平上显著提升了数字经济创新创业活跃度，验证了本文研究结论的稳健性。

7. 更换时间窗检验

为了准确识别新型城镇化这一外生政策冲击对各城市数字经济与创新创业带来的影响是否会因样本研究时期的不同而发生改变，同时避免其他政策实施对研究结论产生干扰，本文还通过逐年缩短时间窗口以排除其他政策的干扰，观察核心解释变量新型城镇化的系数及显著性考察研究结论是否稳健。表11的实证结果显示，将原来的样本研究期2010~2020年依次缩短至试点政策的最后一期后，2010~2019年、2010~2018年、2010~2017年、2010~2016年的4个考察期内核心解释变量的系数在1%的水平上对创新创业活跃度发挥正向作用，且该正向影响随年份推进不断变弱，证明了基准回归结果的稳健性。

表 11　稳健性检验：更换时间窗检验

变量	2010~2019 年 （1）	2010~2018 年 （2）	2010~2017 年 （3）	2010~2016 年 （4）
newurban	0.076 *** （3.724）	0.077 *** （3.746）	0.081 *** （4.040）	0.090 *** （4.671）
control	是	是	是	是
city	是	是	是	是
year	是	是	是	是
obs	2800	2520	2240	1960
R^2	0.499	0.475	0.438	0.386

五　进一步分析

（一）影响机制分析

为进一步检验城市化对数字经济核心产业创新创业活跃度的影响机制，本文构建如下机制检验模型。

$$mech_{it} = \gamma_0 + \gamma_1 newurban_{it} + \gamma_2 X_{it} + \varphi_i + \omega_t + \varepsilon_{it} \quad (10)$$

设定机制变量 $mech_{it}$，具体将劳动力错配程度、高技能偏向就业导向、产业集聚和基础设施建设水平作为机制变量，重点考察核心解释变量对各机制变量的影响，若系数 γ_1 的估计结果显著，则表明机制成立。

在理论假设中，我们分析了城市化推进可能会通过纠正劳动力错配程度而提升数字经济核心产业创新创业活跃度。为检验这一影响渠道是否成立，本文进一步考察城市化对劳动力错配程度的影响。表 12 第（1）列呈现了双向面板固定效应的回归结果，城市化至少在1%的显著性水平上缓解劳动力的错配情况。可能的原因在于新型城镇化试点政策要求实现城镇人口占比提高与经济社会健康发展的统一，因此，试点城市不但通过打破城乡户籍限制确保劳动力要素在城乡间平等交换、自由流动，使其优先获得产业转移接收资格，企业发挥产业集聚的规模效益从而提供更多的就业机会，实现"引得来"；还采取了包括加强农业转移人口的技能培训，提供城镇保障性住房，提升教育、养老、医疗等公共服务能力和服务水平在内的一系列举措确保转移人口"留得下"。户籍这一壁垒被打破，使劳动力信息不对称的局面得到缓解，人们可以自由选择与自己的意愿和能力相匹配的工作，职业技能培训进一步实现转移人力资本积累，劳动力错配情况从多方面得到缓解。而劳动力错配的缓解通过实现全要素生产率增长激发了创新创业活力。这表明，纠正劳动力错配、实现人力资本的优化配置是城市化进程激发产业数字化企业创新创业活力的影响机制之一。

考虑到新型城镇化试点政策可能涉及高技能偏向的就业导向，提升城市的数字经济创新创业水平，本文将新型城镇化政策与高技能新增企业占比进行回归，由表12中（2）列可知估计系数为0.776，在1%的显著性水平上显著，这意味着在新型城镇化政策的影响下，实施政策的城市比未实施政策城市的数字经济创新创业水平高出至少0.776，即该政策带动了整个城市的高技能行业就业岗位释放。新型城镇化政策的实施使高技能结构偏向的当年注册企业数占新增企业总数比例更高，意味着就业市场所释放的就业机会多为高技能偏向的，以此为导向倒逼劳动者选择延长受教育年限或接受专业培训，提升人力资本水平以期获得工作机会和更优渥的待遇，为数字产业创新创业水平提升积蓄人力资本基础。

为了更好地准确识别当城市实施新型城镇化政策后，该城市是否会通过产业集聚引起城市的数字经济创新创业水平的变化，本文将考察新型城镇化对于产业集聚的影响。表12（3）列的结果显示，新型城镇化试点政策在5%的显著性水平上促进产业集聚。新型城镇化使大量农业转移人口留居在城市，催生了大量的就业和生活需求，根据理性人假设，企业会选择对接市场需求提供产品和服务，这为产业集聚提供了可能。同时营商环境的改善增强了招商引资和优质人才的吸引力，简化的行政审批手续、强化的全领域全过程监管以及相关的企业研发支持和鼓励为引进投资兴办产业提供制度支撑，而公共基础设施改造、公共卫生防治体系覆盖、公共服务信息化转型引来"金凤凰"，产业投资和产业人力资本的汇合提升了产业集聚的速度和质量，加之产业链上下游的知识交流和溢出效应，以及专业化分工对生产率的提升作用，提升了以城市为单位的区域数字经济创新创业水平。

新型城镇化政策实施以后，可能会加大实施试点政策地区的基础设施和公共服务的建设力度，进而提升城市的数字经济创新创业活力，表12第（4）列检验了连通效应是否成立，可以看出新型城镇化试点在1%的水平上促进城市的数字经济创新创业活跃度，这是因为大量农业转移人口市民化，与传统的土地城镇化不同，新型城镇化政策从两端发力，不但注重转变超大特大城市的发展方式，积极破解"大城市病"，通过疏解相关产业和部分公共服务增强对郊区的辐射带动作用，同时推动城镇基础设施向乡村延伸覆盖，为要素的双向流动提供体制帮助。无论是城还是乡，均由于新型城镇化是以人的城镇化为核心的，提升了基建水平和公共服务能力，为以城兴产提供了经验证据和基本遵循，推动了新型工业化的高效践行和纵深发展。

表12 匹配效应、导向效应、集聚效应以及连通效应影响机制的检验效果

变量	匹配效应 （1）	导向效应 （2）	集聚效应 （3）	连通效应 （4）
newurban	-0.197*** (-3.394)	0.776*** (3.147)	0.090** (2.521)	0.116*** (3.556)
control	是	是	是	是
city	是	是	是	是
year	是	是	是	是
obs	3080	3080	3080	3080
R^2	0.031	0.306	0.647	0.392

（二）异质性讨论

由于数字产业创新创业指数是一个复合指标，而城市的人口规模和所在的地理区位均存在较大的发展差异，因而本文从创新创业指数子指标、城市人口规模和所在地理区位三方面，考察各地区城市化进程中数字经济核心产业创新创业活跃度的异质性影响。

1. 分构成指标分析

戴若尘等[①]指出中国数字产业创新创业指数从企业家、资金和技术三个数字产业核心要素出发，构建了包含新建企业数量、吸引外来投资、吸引风险投资、专利授权数量、商标注册数量和软件著作权登记数量6个维度的指数体系。因此，本文进一步在基准回归模型的基础上分析城市化推进过程对城市数字产业创新创业活跃度的不同维度有何差异性影响。

表13呈现了城市化对数字产业创新创业活跃度不同构成指标的影响，可以看出城市化推进对数字核心产业创新创业指数的各维度在1%或10%的水平上显著发挥正向作用，提升程度从高到低依次为新建企业数量、吸引外来投资、商标注册数量、专利授权数量、软件著作权登记数量和吸引风险投资，说明我国城市化发展主要通过新建企业、外来投资和商标注册提升数字产品制造业等数字经济核心产业的创业活跃度，而通过专利、软件著作权等产业数字化创新程度的影响较弱，这可能是因为中国的城市化以小城镇为中心吸纳的主要市民来源为受教育水平较低且缺乏专业技能培训的低技能农村转移人口，面对门槛更高的申请专利和进行软件著作权的登记等创新活动，转移人口更多地投入创业方面。

表13　异质性讨论：分构成指标分析

变量	新建企业数量(1)	吸引外来投资(2)	吸引风险投资(3)	专利授权数量(4)	商标注册数量(5)	软件著作权登记数量(6)
newurban	0.107*** (4.306)	0.081*** (3.637)	0.020*** (3.488)	0.046*** (3.973)	0.061*** (4.780)	0.036* (1.853)
control	是	是	是	是	是	是
city	是	是	是	是	是	是
year	是	是	是	是	是	是
obs	3080	3080	3080	3080	3080	3080
R^2	0.530	0.519	0.185	0.449	0.338	0.529

---

① 戴若尘、王艾昭、陈斌开：《中国数字经济核心产业创新创业：典型事实与指数编制》，《经济学动态》2022年第4期。

2. 分城市规模分析

城市化对不同人口规模城市的数字产业创新创业活跃度具有差异性。在基准回归模型的基础上，本文按照城镇常住人口规模大小划分为大城市、中等城市和小城市三类①，考察试点政策在不同人口规模城市下对创新创业的促进效应是否有所不同。

表14第（1）~（3）列呈现了不同人口规模城市的城市化进程对数字经济创新创业指数的影响。大、中等城市的城市化的回归系数显著为正，而小城市的影响系数并不显著，说明在样本研究期内，城市化提升了大、中等城市的数字产业创新创业活跃度，且在中等城市的作用更大，但对小城市的影响并不显著。可能的原因在于小城市的人口规模不足，相对应的工资溢价较低、产业规模较小和就业机会较少，因此，对于农业人口的吸引力仍有不足，而大城市尽管经济发展水平更快，提供的就业、娱乐等生活条件更优越，但是物价水平更高，可能造成消费降级。另外，大城市相较于中等城市来说进入门槛更高，因此削弱了农业流转人口进入大城市的愿景，中等城市以其适中的消费水平和较优的经济发展与公共服务体系成为推动数字产业创新创业发展的中坚力量。

表14 异质性讨论：分城市规模和地理区位分析

变量	分城市规模			分地理区位	
	大城市（1）	中等城市（2）	小城市（3）	东部（4）	中西部（5）
newurban	0.049**（2.592）	0.154***（6.533）	-0.001（-0.024）	0.016（0.763）	0.107***（4.645）
control	是	是	是	是	是
city	是	是	是	是	是
year	是	是	是	是	是
obs	2463	523	94	1067	2013
R^2	0.568	0.592	0.626	0.640	0.520

---

① 参考国务院《关于调整城市规模划分标准的通知》（来源为 http://www.gov.cn/xinwen/2014-11/20/content_2781156.htm），将样本城市中年末城区常住人口小于50万人的城市划分为小城市，50万~100万人的城市划分为中等城市，100万人及以上的城市划分为大城市。

3. 分所在区域分析

城市化进程对不同的城市所在区域的数字经济核心产业创新创业活跃行为的影响具有差异性。在基准回归模型的基础上，本文按照城市地理区位划分为东部地区和中西部地区两类①，考察试点政策在不同的城市所在区域下对创新创业活跃度的提升效应是否具有差异。

表 14 第（4）和（5）列呈现了不同的城市所在区域下城市化对数字经济创新创业活跃度的影响。中西部地区城市化的回归系数显著为正，而东部地区的影响系数并不显著，说明在样本研究期内，我国的城市化促进提升了中西部地区的数字产业创新创业活跃度，但对东部地区城市的影响并不显著。可能的原因在于东部地区相较于中西部地区拥有更好的产业基础和创新条件，"孔雀东南飞"是市场自由调控下劳动力流动的自然结果，但以习近平同志为核心的党中央主张坚定不移地走好高质量发展之路，坚持以协调、共享等新发展理念缩小区域发展差距，实现全体人民的共同富裕。在新型城镇化试点政策名单中，中西部地区地级城市占比达到62.35%，且《关于公布第二批国家新型城镇化综合试点地区名单的通知》中提到"按照向中西部地区和东北地区适当倾斜……进行城市功能区转型试点"②，也印证了正是政策更加注重向中西部地区倾斜，从而有效摆脱了区位因素造成的产业规模不足、经济发展程度较低造成的人口转移意愿不强的困境，促进了欠发达地区创新创业活跃度的提高。

六　结论与政策启示

本文基于 2010~2020 年 280 个城市的平衡面板样本数据，利用多期 DID 评估新型城镇化试点政策，即城市化是否能提升数字经济核心产业创新创业

---

① 根据城市所在省份的地理区位将研究样本划分为东部地区与中西部地区，其中东部地区包括北京、天津、河北、辽宁、上海、江苏、浙江、福建、山东、广东、海南 11 个省市；中西部地区包括山西、吉林、黑龙江、安徽、江西、河南、湖北、湖南、内蒙古、广西、重庆、四川、贵州、云南、陕西、甘肃、青海、宁夏、新疆共 19 个省（区、市）。

② 文件来源为中华人民共和国国家发展和改革委员会官网，https：//www.ndrc.gov.cn/xxgk/zcfb/tz/201511/t20151127_963507.html？code=&state=123。

活跃度，以此探究新型工业化和新型城镇化融合发展的实现路径。研究结果表明，新型城镇化试点政策在一定程度上能有效促进数字经济相关产业的创新创业，该实证结果证实了"以城兴产"的可能性。在经过工具变量法、平行趋势假设检验、安慰剂检验、替换变量衡量方式、剔除奇异值、缩减样本、排除同时期其他政策影响和时间窗检验等一系列稳健性检验后结论依然成立。机制检验表明，城市化进程的推进通过缓解劳动力错配、释放高技能偏向就业岗位、加速产业集聚和完善基础设施建设推动数字产业的创新创业行为，走出了具有中国特色的新型工业化道路。异质性分析结果表明，中国特色的城市化进程对创业的提升作用明显大于创新活动，且在城市人口规模适中和中西部地区的城市正向影响效果更显著。

依据前文的主要研究结论，我们有针对性地提出以下三点政策启示。首先，我国应坚定不移地推进新型城镇化和新型工业化的融合发展，坚持以城促产、以产兴城、产城融合，使城乡要素市场一体化的红利能够更多更公平地惠及更多城市和人民。其次，发挥匹配效应、导向效应、集聚效应和连通效应等城市化推动新型工业化的重要机制，进一步深化户籍制度改革，降低流动人口的迁移成本，以产业集聚吸引农村劳动力迁往城市，同时加强农业转移人口技能培训以适应技能偏向的就业岗位需求，并进一步完善基础设施建设，实现教育、医疗、养老、住房等基本公共服务均等化覆盖包含流动人口在内的全部常住城市人口，进而抓住数字化机遇，推动新型工业化建设。最后，要根据各城市的地理位置、人口规模等因素，因地制宜地实行符合各地实际发展状况的城市化发展模式，根据我国国情在城市化战略的推进工作中侧重于中小城市和中西部地区，通过对上述地区给予政策倾斜和提供技术支持，提升城市化的水平和质量，激励后发优势，推进新型工业化建设进程。

参考文献

陈熠辉、蔡庆丰、林海涵：《政府推动型城市化会提升域内企业的创新活动吗？——

基于"撤县设区"的实证发现与政策思考》,《经济学》(季刊) 2022 年第 2 期。

陈云松、张翼:《城镇化的不平等效应与社会融合》,《中国社会科学》2015 年第 6 期。

戴魁早、刘友金:《要素市场扭曲如何影响创新绩效》,《世界经济》2016 年第 11 期。

黄群慧:《论新型工业化与中国式现代化》,《世界社会科学》2023 年第 2 期。

江艇:《因果推断经验研究中的中介效应与调节效应》,《中国工业经济》2022 年第 5 期。

林嵩、谷承应、斯晓夫等:《县域创业活动、农民增收与共同富裕——基于中国县级数据的实证研究》,《经济研究》2023 年第 3 期。

刘娟、耿晓林、刘梦洁:《自贸试验区设立与城市创业活跃度提升——影响机制与空间辐射效应的经验分析》,《国际商务(对外经济贸易大学学报)》2022 年第 6 期。

马万里、刘胡皓:《为什么中国的城镇化是人地非协调的?——土地财政与土地金融耦合下地方政府行为的视角》,《中央财经大学学报》2018 年第 8 期。

谭志雄、邱云淑、李后建、韩经纬:《高铁开通、人才流动对区域创新的影响及作用机制》,《中国人口·资源与环境》2022 年第 8 期。

吴青山、吴玉鸣、郭琳:《新型城镇化对劳动力错配的影响:理论分析与经验辨识》,《经济评论》2022 年第 5 期。

夏怡然、陆铭:《跨越世纪的城市人力资本足迹——历史遗产、政策冲击和劳动力流动》,《经济研究》2019 年第 1 期。

叶文平、李新春、陈强远:《流动人口对城市创业活跃度的影响:机制与证据》,《经济研究》2018 年第 6 期。

尤济红、梁浚强:《新型城镇化、城市规模与流动人口收入提升》,《南开经济研究》2023 年第 9 期。

于斌斌、陈露:《新型城镇化能化解产能过剩吗?》,《数量经济技术经济研究》2019 年第 1 期。

臧新、李菡:《垂直专业化与产业集聚的互动关系——基于中国制造行业样本的实证研究》,《中国工业经济》2011 年第 8 期。

曾婧婧、温永林:《政府创业政策对城市创业的影响及其作用机制——基于国家创业型城市的准自然实验》,《经济管理》2021 年第 4 期。

张杰、周晓艳、李勇:《要素市场扭曲抑制了中国企业 R&D?》,《经济研究》2011 年第 8 期。

中国社会科学院工业经济研究所课题组:《新型工业化内涵特征、体系构建与实施路径》,《中国工业经济》2023 年第 3 期。

Braakman N., Vogel A., "How does economic integration influence employment and wages in border regions? The case of the EU enlargement 2004 and Germany's eastern border," *Review of World Economic*, 2011, 147 (2): 303-323.

专题五　农业现代化：新型工业化的广阔应用场景

B.16
数字经济、技术创新与农业全要素生产率

齐文浩　赵博骏　杨兴龙[*]

摘　要： 数字经济作为一种新型经济业态，为农业高质量发展提供了新的契机。利用 2011~2020 年中国省级面板数据，引入中介效应模型，系统考察数字经济对我国农业全要素生产率的影响，并将农业全要素生产率分解为农业技术效率和农业技术进步，探讨数字经济对农业全要素生产率的影响机制。研究发现，数字经济能够显著促进农业全要素生产率的提升，且直接效能的促进作用大于衍生效能，技术创新在数字经济与农业全要素生产率之间起到了部分中介作用。数字经济的直接效能对东、中部地区农业全要素生产率的促进作用更为明显；数字经济的衍生效能对东部地区农

---

[*] 齐文浩，吉林农业大学经济管理学院副教授，研究方向为数字农业与农业可持续发展；赵博骏，吉林农业大学经济管理学院硕士研究生，研究方向为农业经济管理；杨兴龙，吉林农业大学经济管理学院教授，研究方向为农业经济管理。

业全要素生产率的促进作用更为明显。进一步分析发现，我国农业全要素生产率的提升主要靠农业技术进步驱动，而农业技术效率却起阻碍作用。为此，应大力提升农村数字经济水平，促进中西部地区数字信息技术发展，全面提升农业全要素生产率。

关键词： 农业全要素生产率　数字经济　技术创新　农业高质量发展

一　引言

农业是稳定经济社会的"压舱石"，习近平总书记在党的二十大报告中提出要全面推进乡村振兴，坚持农业农村优先发展，巩固拓展脱贫攻坚成果，加快建设农业强国，扎实推动乡村产业、人才、文化、生态、组织振兴，全方位夯实粮食安全根基，全面落实粮食安全党政同责，牢牢守住十八亿亩耕地红线，确保中国人的饭碗牢牢端在自己手中。粮食安全是国家安全的基础，《中华人民共和国国民经济和社会发展第十四个五年规划和2035年远景目标纲要》提出了确保粮食安全的整体思路，首次将粮食生产能力纳入安全保障类约束性指标之中，如何维护国家粮食安全、推动农业高质量发展是关系全局的战略问题。农业高质量发展关系到农业产业全面升级和农业经济的全面发展，而农业全要素生产率是衡量农业高质量发展的一个重要指标。面对复杂、动荡的国际形势，如何提高农业全要素生产率、推动农业高质量发展、稳住我国农业基本盘已成为社会各界共同关注的问题。

改革开放以来我国的经济发展取得了举世瞩目的成绩，以土地、劳动、资本、技术为主要支撑的农业和工业经济发展阶段逐渐成为过去，取而代之的是以数字化为核心的经济阶段。数字经济已经成为我国经济增长的新动能，2021年《中国数字经济发展白皮书》显示，我国数字经济规模达到45.5万亿元，占GDP比重达39.8%，同比名义增长16.2%，高于同期GDP名义增速3.4个百分点，比2002年提高了19.2个百分点。数字经济具有高创新性、强渗透性和广覆盖性等特征，它既是新的经济增长点，又是对传统产业进行改造和升级的一个支点，能够成为构建现代化经济体系的一个重要引擎。数字经济发展的重要成果就是推动技术的进步，由随着技术进步而来的技术创新是我国农业发展和现代化建设的重要动力。农业与数字技术融合催生了数字农业这一新发展模式。发展数字农业是落实国家粮食安全战略、推动传统农业转型升级发展的有效途径，也是实现乡村振兴的关键路径之一，它能够从多方面对农业生产方式进行升级和重塑，提升农业资源配置效率，促进农业产业多元发展，已经成为农业农村可持续发展的重要抓手。

显然，数字经济和农业全要素生产率对我国农业的高质量发展起着举足轻重的作用，那么数字经济和农业全要素生产率之间存在怎样的联系？数字经济是通过什么方式影响农业全要素生产率？技术创新在其中起到了怎样的作用？本文针对上述问题，将从理论和实证两个层面系统研究数字经济对我国农业全要素生产率的影响，并引入技术创新这一因素，对其作用机理进行综合分析，这不仅对农业高质量发展有一定的启示意义，也为实现我国农业农村现代化目标的路径选择提供经验证据。

随着数字经济的蓬勃发展，它在国民经济中的地位更加稳固、支撑作用更加明显。数字经济已经成为新时代推动经济高质量发展的重要力量。从已有研究来看，关于数字经济与生产效率的研究主要集中于工业企业，研究结果表明，数字经济能够从以下三个维度促进生产效率的提升。第一，优化资源配置。数字经济通过数字技术与其他生产要素的重组，带动生产要素结构优化从而提高生产要素配置效率，提升生产效率。第二，促进技术革新。数字技术应用改变了传统生产方式，利用信息化平台和技术催生了新型工业生产模式，通过发展规模经济提升工业生产效率。第三，调整产业结构。数字经济通过拓宽产业链条、降低交易成本对制造业结构转型升级产生有效推动作用，从而提高产业生产效率。关于农业全要素生产率的研究主要集中于农业全要素生产率的测算以及影响因素识别方面，而将数字经济与农业全要素生产率相结合的研究较少。有学者认为数字经济有助于实现农业生产的规模经济，从而提高全要素生产率；也有研究表明数字经济可以优化农业耕种决策，促进农产品销售渠道畅通，推动农业绿色可持续发展。随着农业领域数字经济的快速发展，朱秋博等[1]通过倍差法分析信息化对农业全要素生产率的影响，得出信息化发展对农业全要素生产率的提升有促进作用，并且这种作用主要源于农业技术效率的提高。技术创新是一个综合性较强的概念，现有研究呈现广泛性的特点，在相关研究中多作为调节变量与中介变量使用。关于数字经济与技术创新关系的研究，许恒等[2]认为数字经济具有技术溢出效应和技术冲击效应，数字经济和传统经济"竞合发展"政策有利于创新和社会利益均衡；熊励、蔡雪莲[3]则认为数字经济能够有效推动技术与产品创新，是区域创新能力发展的新引擎。农业经济高质量发展离不开创新驱动，学者们进一步研究了技术创新对农业生产的影响，张瑞娟、高鸣[4]研究发现，技术创新通过打破资源稀缺和传统技术落后的限制，可以提高要素利用率和农业生产效率，对农业高质量发展产生正向作用；杨义武等[5]则认为技术创新具有知识外溢性等特征，在农业信息化水平提升的情况下，区域间的技术创新传播速度加快对区域农业高质量发展发挥了良性作用，这些研究为本文提供了理论依据和参考。

通过对既往研究的梳理不难发现，随着数字经济对各行各业的不断渗透，其对农业全要素生产率的影响呈现多元化、多层次、多角度的特点，虽然大量研究探讨了数字经济对农业各方面的影响，但关于数字经济与农业全要素生产率的理论联系和作用机理的相关研究较少。基于此，本文通过建立中介效应模型，对数字经济、技术创新与农业全要素生产率之间的关系进行

---

[1] 朱秋博、白军飞、彭超、朱晨：《信息化提升了农业生产率吗？》，《中国农村经济》2019年第4期。

[2] 许恒、张一林、曹雨佳：《数字经济、技术溢出与动态竞合政策》，《管理世界》2020年第11期。

[3] 熊励、蔡雪莲：《数字经济对区域创新能力提升的影响效应——基于长三角城市群的实证研究》，《华东经济管理》2020年第12期。

[4] 张瑞娟、高鸣：《新技术采纳行为与技术效率差异——基于小农户与种粮大户的比较》，《中国农村经济》2018年第5期。

[5] 杨义武、林万龙、张莉琴：《农业技术进步、技术效率与粮食生产——来自中国省级面板数据的经验分析》，《农业技术经济》2017年第5期。

理论梳理与实证分析，可能的边际贡献如下。一是弥补现有文献关于数字经济和农业全要素生产率研究的不足。现有文献多集中于探讨农业全要素生产率的测算以及农业保险、人口老龄化、新型城镇化等因素对农业全要素生产率的影响，鲜有文献探讨数字经济和技术创新如何影响农业全要素生产率，本文从技术创新的中介作用入手，研究数字经济对农业全要素生产率的影响，并探讨影响的异质性，这是对已有研究的补充。二是深入研究数字经济影响农业全要素生产率的作用机制。本文将农业全要素生产率分解为农业技术进步变化和农业技术效率变化，进一步研究数字经济提升农业全要素生产率的路径，从多角度分析作用效果，为政策制定提供理论参考，具有较强的现实意义。

二 理论分析与研究假说

数字经济具有强扩散性，能够促进农业生产技术的升级和改造，通过扩散效应对农业产生创新激励作用。随着近年来数字经济发展水平的不断提升，技术扩散的外部性特征逐渐显现，尤其是示范效应、成果转移效应在数字经济赋能农业发展中表现得尤为明显，技术扩散理论为厘清数字经济与农业全要素生产率的理论联系提供了重要依据，构成了本文研究的理论起点。由于数字经济正处于快速演变阶段，其内涵界定未统一，但多数学者认为数字经济是基于互联网等现代信息技术进行的经济活动的总和，这一观点已经达成了共识。许宪春、张美慧[1]将数字经济界定为现代数字化技术与国民经济运行各方面紧密结合的产物，认为数字经济是由数字化媒体、数字化交易、数字经济交易产品、数字化赋权基础设施四个要素构成的一系列经济活动。丁志帆[2]在相关研究中对数字经济的内涵与核心特征进行了系统的总

---

[1] 许宪春、张美慧：《中国数字经济规模测算研究——基于国际比较的视角》，《中国工业经济》2020年第5期。
[2] 丁志帆：《数字经济驱动经济高质量发展的机制研究：一个理论分析框架》，《现代经济探讨》2020年第1期。

结，在宏观、中观、微观视角下提炼了数字经济的两大效益，一是改善要素配置效率和资本深化效应，促进经济增长；二是通过技术创新和扩散效应提高全要素生产率，推动经济高质量发展。通过对上述研究的总结不难发现，数字经济所产生的效益存在由"交易"产生的直接效益和由"赋权"产生的间接效益两类，数字经济"交易"是直接的经济活动，数字经济"赋权"是由数字经济发展而衍生的经济行为。进而，笔者将数字经济"交易"而形成的直接经济效益界定为数字经济的直接效能，如数字经济带来的各项业务收入，产业产值的提升等，数字经济的直接效能是促进经济发展的直接表现和主要动力；将数字经济"赋权"而形成的间接效益界定为数字经济的衍生效能，如数字经济发展带来互联网基础设施建设水平的提升，数字普惠金融的发展等，数字经济的衍生效能是促进经济发展的扩散性和广泛性，反映其对经济发展其他维度的拉动作用，这构成了本文理论分析的基本框架。

（一）数字经济对农业全要素生产率的影响

生产率是一个经济学概念，通常被界定为投入产出比，投入产出法是效率分析的重要方法，笔者从生产率的概念入手，基于投入产出比这一维度对数字经济与农业全要素生产率的理论关系进行梳理。一方面，数字经济的直接效能对农业全要素生产率具有显著的促进作用。数字经济的发展可以提升政府税收水平和地区经济发展水平，带来地区经济发展资金支持总量的提升，在一定程度上可以增加农业资金投入，为农业发展提供资金支持，推动农业田间管理、畜禽养殖、机械装备更加智能化，加快农业机械化生产，使农业生产规模化水平不断提升，有助于实现规模经营效益。另一方面，数字经济的衍生效能对农业全要素生产率也具有显著的促进作用。数字经济的发展孕育新的技术，提升了农业生产工艺水平，可以间接影响农业发展。其一，数字经济的发展带来融资手段、融资门槛等条件的改善，实现了技术、信息、物质等要素的平台化，有助于生产者更轻松地获取各种生产要素，降低了生产要素获取的成本。同时，数字经济的发展推动了农业产业链之间的紧密结合，通过信息技术对农业生产流程信息及时反馈，使生产专业化、成

本控制科学化，降低生产过程中的资本投入风险。其二，数字经济的衍生效能呈现多样化趋势，数字经济的发展为搭建农业网络信息平台创造了有利条件，大数据、人工智能、物联网等数字技术提升信息传导与反馈速度，使人们能够在农业生产、分配、交换、消费的经济循环中及时了解农产品信息、调整农业生产结构、优化农业生产流程，打破传统农业经济活动信息不对称的壁垒，减少产品循环过程中的损耗，提升产出效益，可见，数字经济的直接效能和衍生效能均有助于提升农业全要素生产率。

基于上述分析，本研究提出如下假说。

H1：数字经济对农业全要素生产率的提升具有显著的促进作用。

H1a：数字经济的直接效能对农业全要素生产率的提升具有显著的促进作用。

H1b：数字经济的衍生效能对农业全要素生产率的提升具有显著的促进作用。

（二）技术创新的中介效应

数字经济作为一种以数字技术为核心的经济发展模式，其对技术创新具有促进作用。数字经济通过信息化产品可以直接提高技术创新效率，数字媒体、技术赋能和网络效应可以推动产业数字化的健康、高效发展，为产业发展带来新的生产要素，提升产业技术效率和创新效率，推动传统产业结构重塑和新兴产业的发展。数字经济对技术创新的影响存在两种路径，从产业创新的宏观视角来看，数字经济通过各种平台和手段，为产业发展带来技术信息等生产要素，促进产业内部不断更新和发展，在整体上提升产业的技术创新水平。同时，数字经济飞速发展带动其他行业和产业的改变，新的技术和产品会渗透到各行各业中，促使其他产业进行技术创新。从创新效率的微观视角来看，数字经济的发展为产业发展提供信息化支持，优化企业生产的流程管理，提升组织配置效率，为技术创新提供强有力的后台保障，降低技术创新过程中的阻力。同时，数字经济能够赋能普惠金融，通过风险的分担，降低技术创新风险，提升技术创新的成功率，为技术创新提供支持。

技术创新作为发展的核心驱动因素对生产效率的提升具有关键作用。随着农业机械化的不断发展，技术投入对生产效益的拉动作用显而易见。在农业生产环节，技术创新能够优化生产要素的投入配比。随着技术的不断进步，技术对劳动力的替代效应愈加显著，农业生产的劳动力投入占比大大降低，农村劳动力得到解放，非农业收入显著提升；同时，由于技术创新带来的生产科学化、专业化、精准化，农业效益也得到进一步提升，技术创新有效地促进了农业生产效率的提升。在农业销售环节，技术创新带来的销售渠道和销售手段呈现多元化，农产品电商等销售渠道的发展为农产品销售提供了保障和支持，农产品"流通困局"日益改善，使农产品销售"中间笑、两头哭"的局面得到缓解，提升了农产品流通效率，促进了农业全要素生产率的提升。

根据上述分析，本研究提出如下假说。

H2a：数字经济对技术创新具有显著的正向影响。

H2b：技术创新对农业全要素生产率的提升具有显著的促进作用。

H2c：技术创新具有中介作用，数字经济可以通过促进技术创新实现农业全要素生产率的提升。

（三）数字经济对农业全要素生产率影响的异质性

数字经济的发展依托于数字技术又反哺数字技术，这使数字经济在发展中受到基础设施建设、技术水平、资金情况等各类客观因素的限制，全国各地区的数字经济发展水平参差不齐。对于农业发展而言亦是如此，各地区农作物种植结构、农业基础设施等条件存在显著差异，如东北地区以农业为核心产业，由于其以平原为主，黑土肥沃，农业机械化程度和农作物产量居于全国领先地位，更有利于农业数字技术的应用和推广；西藏、新疆地区受限于气候条件，粮食作物种植较少，经济作物种植较多，与其他地区产出效益也明显不同。基于地区间资源禀赋条件、产业结构和农业基础设施等方面存在的差异，不同地区数字经济在推动农业全要素生产率提升过程中也存在异质性。在数字经济发展水平较高地区，技术扩散效应更加显著，为农业信息化发展打下了坚实的基础，这类地区往往集中在我国东部，已经表现出明显

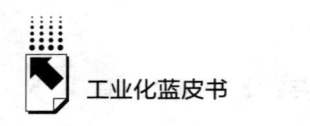

的"涓滴效应"。东部地区农业种植结构趋于多样化,气候优越,土地结构合理,农业生产规模化、机械化程度均处于较高水平,更有利于数字技术的综合应用,数字经济对农业全要素生产率的赋能作用更加明显。而中、西部地区与东部地区的情况截然相反,数字经济对各领域发展的赋能效益仍有待提升,特别是受限于自然资源、社会资源,数字经济对农业全要素生产效率的促进作用较弱。

根据上述分析,本研究提出如下假说。

H3:数字经济、技术创新对农业全要素生产率的影响存在区域异质性。

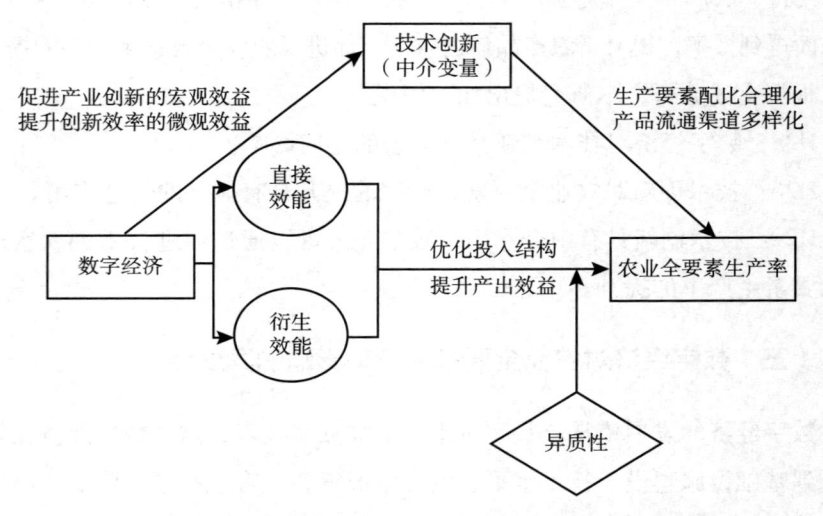

图1 数字经济、技术创新与农业全要素生产率的作用机理

三 研究设计

(一)变量选取

1. 被解释变量

农业全要素生产率(tpf)为本文的被解释变量。农业全要素生产率长期以来都是农业经济领域的研究热点。因此,农业全要素生产率的测算是本文的重点和难点,国内外学者对该问题进行了大量研究和探索,总结了大量的测算方法,而不同的测算方法选择的指标体系之间也存在差异,现有研究中主要有参数和非参数两种方法对农业全要素生产率进行测算,两种方法各有优劣。鉴于本文的研究需求,笔者选择 DEA-Malmquist 生产率指数测算农业全要素生产率。该模型以包含若干个决策单元在内的面板数据为对象,采用距离函数构造生产最佳前沿面,将每个决策单元实际生产情况与最佳前沿面进行比较,并分解出技术进步与技术效率,从而将基于产出导向的 Malmquist 指数分解为:

$$M_o(x^{t+1}, y^{t+1}; x^t, y^t) = \left[\frac{D_o^t(x^{t+1}, y^{t+1} \mid C, S)}{D_o^t(x^t, y^t \mid C, S)} \cdot \frac{D_o^{t+1}(x^{t+1}, y^{t+1} \mid C, S)}{D_o^{t+1}(x^t, y^t \mid C, S)} \right]^{1/2}$$

$$= \frac{D_o^{t+1}(x^{t+1}, y^{t+1} \mid C, S)}{D_o^t(x^t, y^t \mid C, S)} \cdot \left[\frac{D_o^t(x^{t+1}, y^{t+1} \mid C, S)}{D_o^{t+1}(x^{t+1}, y^{t+1} \mid C, S)} \cdot \frac{D_o^t(x^t, y^t \mid C, S)}{D_o^{t+1}(x^t, y^t \mid C, S)} \right]^{1/2}$$

$$= TEC(x^{t+1}, y^{t+1}; x^t, y^t) \cdot TP(x^{t+1}, y^{t+1}; x^t, y^t)$$

x^t 和 y^t 分别代表 t 时的投入和产出向量,C 表示不变规模报酬(constant returns to scale,CRTS);S 表示要素投入强可处置性(strong disposability of inputs);TEC 代表技术效率变化,TP 代表技术进步变化。

由于指标体系和方法多样,得出的结论也存在差异,本文在测算指标上参考李谷成[①]的研究方法,选择了更为完善的指标体系,如表 1 所示,该指标体系充分考虑数据的一致性、连贯性等因素,尽可能全面地包括现有研究中的农业生产要素。农业产出变量采用 2011 年不变价的农林牧渔业总产值(亿元);农业投入指标有劳动、土地、机械、化肥、农膜、灌溉等 6 个方面,劳动投入的测算指标为农林牧渔业从业人员数(万人);土地投入的测算指标为农作物总播种面积(千公顷);机械动力投入的测算指标为农业机械总动力(万千瓦);化肥投入的测算指标为本年度实际用于生产的农用化肥(折纯)使用量(吨);农膜投入的测算指标为农用塑

---

① 李谷成:《技术效率、技术进步与中国农业生产率增长》,《经济评论》2009 年第 1 期。

料薄膜使用量（吨）；灌溉投入的测算指标为每年实际的有效灌溉面积（千公顷）。

表1 农业全要素生产率测算指标体系

指标	变量名称	说明
农业投入	劳动	农林牧渔业从业人员数（万人）
	土地	农作物总播种面积（千公顷）
	机械	农业机械总动力（万千瓦）
	化肥	实际用于生产的农用化肥（折纯）使用量（吨）
	农膜	农用塑料薄膜使用量（吨）
	灌溉	实际的有效灌溉面积（千公顷）
农业产出	农林牧渔业总产值	农林牧渔业总产值（亿元）

表2列出我国2011~2020年Malmquist生产率指数变化情况，从具体数值来看，2011~2020年的Malmquist指数均大于1，说明我国的农业全要素生产率呈现逐年波动增长的趋势，农业全要素生产率的增长速度存在一定变化。2011~2020年我国农业全要素生产率年均增速达7.8%，可能原因是受近年来农产品市场消费需求增长的影响，消费力增强使农业产值不断增加。

表2 2011~2020年我国整体农业全要素生产率指数值及其分解

	农业技术效率指数（lneff）	农业技术进步指数（lnte）	Malmquist指数
2011~2012年	1.008	1.071	1.080
2012~2013年	1.004	1.074	1.078
2013~2014年	1.000	1.059	1.059
2014~2015年	1.008	1.030	1.038
2015~2016年	0.975	1.101	1.074
2016~2017年	0.991	1.064	1.055
2017~2018年	0.976	1.114	1.088
2018~2019年	0.983	1.157	1.137
2019~2020年	1.019	1.143	1.165
均值	0.996	1.090	1.085

2. 解释变量

数字经济发展水平为本文的解释变量。基于温珺等[①]和宋洋[②]的研究，使用如下指标对数字经济发展水平进行测度，在直接效能方面，以软件业务收入、电信业务收入、技术合同成交金额、信息服务业产值为数字经济直接效能（ded）测度指标；在衍生效能方面，以移动电话普及率、互联网宽带接入端口数、数字金融覆盖广度、数字金融使用深度为数字经济衍生效能（dei）测度指标，如表3所示。在对数据进行标准化处理后，利用熵权法对我国各省区市数字经济水平进行全面度量，得出两种效应下各省区市2011~2020年数字经济发展水平指数。

表3 数字经济发展水平测度指标

一级指标	二级指标
直接效能	软件业务收入
	电信业务收入
	技术合同成交金额
	信息服务业产值
衍生效能	移动电话普及率
	互联网宽带接入端口数
	数字金融覆盖广度
	数字金融使用深度

3. 中介变量

技术创新（$inno$）为本文的中介变量。郭风等[③]在数字经济与碳生产率关系的讨论以及金星、郭谊[④]在数字经济与制造业产业链自主可控能力的

---

① 温珺、阎志军、程愚：《数字经济驱动创新效应研究——基于省际面板数据的回归》，《经济体制改革》2020年第3期。
② 宋洋：《数字经济、技术创新与经济高质量发展：基于省级面板数据》，《贵州社会科学》2020年第12期。
③ 郭风、孙仁金、孟思琦：《数字经济、技术创新与碳生产率》，《调研世界》2022年第9期。
④ 金星、郭谊：《数字经济、技术创新与制造业产业链自主可控能力》，《现代管理科学》2023年第2期。

研究中均使用技术创新作为中介变量,技术创新作为后置变量与数字经济具有较强适配性。基于此,本文同样选取技术创新作为中介变量,以地区专利申请授权数量来衡量。其主要原因是技术创新是数字经济促进农业全要素生产率提升的重要渠道,其中各地区申请专利数量可以较好地反映当地的技术创新水平,所以采用专利申请授权数量代表各省区市的技术创新水平。

4. 控制变量

控制变量主要包括其他可能影响农业全要素生产率的因素,本文参考已有研究中选择的相关指标,结合本文研究的实际需要,选取城镇化水平（urban）、受灾率（dis）、财政支农水平（fin）、农业种植结构（str）4个控制变量。其中,城镇化水平以非农人口占总人口的比重表征；受灾率以受灾面积占农作物总播种面积的比重表征,财政支农水平以地方财政农林水支出占地方财政一般预算支出的比例衡量,农业种植结构以粮食播种面积与农作物播种面积的比值表征。

（二）模型设定

根据前文分析,为了验证研究假设,本文利用中介效应模型,定量分析数字经济发展对农业全要素生产率的影响及技术创新的中介效应,分别构建以下模型。

$$\ln tpf_{it} = \alpha_0 + \alpha_1 \ln de_{it} + \alpha_2 \ln urban_{it} + \alpha_3 \ln dis_{it} + \alpha_4 \ln fin_{it} + \alpha_5 \ln str_{it} + u_{it} \quad (1)$$

$$\ln inno_{it} = \beta_0 + \beta_1 \ln de_{it} + \beta_2 \ln urban_{it} + \beta_3 \ln dis_{it} + \beta_4 \ln fin_{it} + \beta_5 \ln str_{it} + u_{it} \quad (2)$$

$$\ln tpf_{it} = \gamma_0 + \gamma_1 \ln de_{it} + \gamma_2 \ln inno_{it} + \gamma_3 \ln urban_{it} + \gamma_4 \ln dis_{it} + \gamma_5 \ln fin_{it} + \gamma_6 \ln str_{it} + u_{it} \quad (3)$$

模型（1）用于验证数字经济是否促进农业全要素生产率的提升；模型（2）用于验证数字经济对技术创新的影响；模型（3）用于检验技术创新在数字经济对农业全要素生产率影响的中介效应。其中,$\alpha_0 \sim \alpha_5$、$\beta_0 \sim \beta_5$、$\gamma_0 \sim \gamma_6$表示待估计的回归系数；u_{it}表示随机误差；$i=1,2,\cdots,31$为地区指标,表示研究样本的 31 个省区市；t 代表的是年份。模型（3）中，若 γ_1 显著，且 $\gamma_1 < \alpha_1$，则存在部分中介效应；若 γ_1 不显著，则存在完全中介效应。

（三）数据来源与描述性统计

本研究的样本包括除港、澳、台之外的中国 31 个省区市，通过对《中国统计年鉴》、《中国农村统计年鉴》、各省区市统计年鉴及《中国数字经济发展白皮书》等统计资料的收集和整理，形成了 2011~2020 年共计 10 年的面板数据，变量的描述性统计结果如表 4 所示。

表 4　变量的描述性统计结果

	变量	观测数	均值	标准差	最小值	最大值
被解释变量	lntpf	310	0.074	0.067	-0.101	0.489
	lneff	310	0.150	0.480	-0.260	2.046
	lnte	310	-0.073	0.480	-1.877	0.302
解释变量	lnded	310	-6.562	1.328	-9.731	-3.366
	lndei	310	-6.152	0.851	-7.982	-2.565
中介变量	lninno	310	9.959	1.623	4.796	13.473
控制变量	lnurban	310	-0.582	0.235	-1.482	-1.110
	lndis	310	-2.233	0.855	-5.130	-0.363
	lnfin	310	-2.202	0.331	-3.192	-1.590
	lnstr	310	-0.450	0.215	-1.035	-0.030

（四）相关性分析

为保障后文分析的合理性，笔者对变量的相关性进行初步检验，表 5 中，变量的相关性检验结果表明，数字经济和农业全要素生产率之间、数字经济和技术创新之间以及技术创新和农业全要素生产率之间呈显著相关。最后，通过图 2 直观描绘了数字经济与农业全要素生产率之间关系的二维散点图以及各自的回归拟合线。由图 2 可知，数字经济的直接效能和衍生效能与农业全要素生产率之间存在明显的正相关关系，通过图 2 可以初步推测出数字经济与农

业全要素生产率的关系，但是更准确的结果必须通过更加严谨的计量分析才能得出。接下来，本文将以31个省区市2011~2020年的面板数据为样本，检验数字经济与农业全要素生产率的实践联系，探讨其背后的作用机制。

表5 相关性检验结果

变量	lntpf	lnded	lndei	ln$inno$	ln$urban$	lndis	lnfin	lnstr
lntpf	1.000							
lnded	0.158***	1.000						
lndei	0.262***		1.000					
ln$inno$	0.142**	0.845***	0.507***	1.000				
ln$urban$	0.070	0.596***	0.487***	0.646***	1.000			
lndis	-0.059	-0.413***	-0.220***	-0.286***	-0.205***	1.000		
lnfin	0.126**	-0.579***	-0.216***	-0.562***	-0.682***	0.336***	1.000	
lnstr	0.016	0.118	-0.031	0.020	-0.051	0.205***	0.106*	1.000

注：***、**、*分别表示在1%、5%、10%的水平上显著。

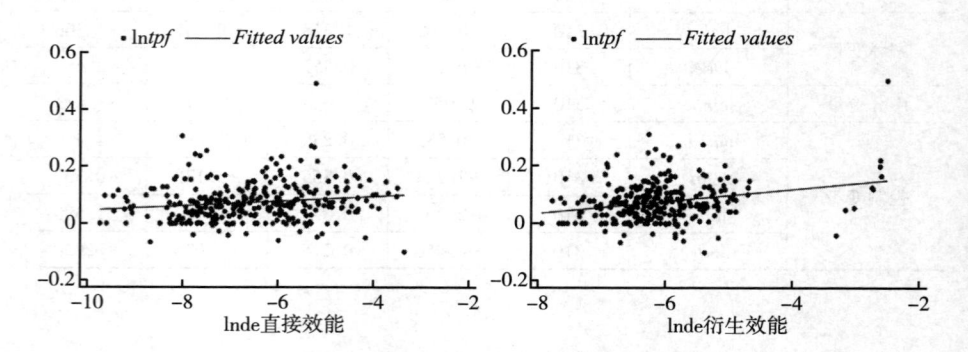

图2 数字经济与农业全要素生产率的相关关系

四 实证结果分析

（一）基准回归

本文利用模型（1），分别研究数字经济的直接效能和衍生效能对农业全要素生产率的影响。在以直接效能与衍生效能分别作为核心解释变量的模型（1）中，方差膨胀因子 VIF 均小于经验值 10，所以不存在严重的多重共线性问题。以模型（1）为基本实证模型，使用 state16.0 软件采用混合回归、固定效应和随机效应模型得出我国 31 个省级样本数据的面板回归结果，表 6 为该模型的回归结果。由表 6 可知，直接效能和衍生效能下 F 检验的 P 值均为 0.0000，说明个体效应十分显著，固定效应模型优于混合回归；通过 LM 检验，直接效能和衍生效能下 P 值分别为 0.0000、0.0006，说明随机效应模型优于混合回归。最后通过 Hausman 检验判断采取固定效应模型还是随机效应模型，P 值均为 0.0000，原假设被强烈拒绝，所以本文选择固定效应模型。

表 6 中列（1）（2）（3）为加入控制变量后的回归结果，同样是分别采取混合效应模型、固定效应模型和随机效应模型。从表 6 结果可知，数字经济直接效能的回归系数分别为 0.014、0.056、0.022，数字经济衍生效能的回归系数分别为 0.019、0.015、0.021，两者均通过了 1% 水平的显著性检验，这表明数字经济对农业全要素生产率的提升具有显著的正向影响。通过上述分析可知，数字经济能够显著促进农业全要素生产率的提升，假设 1 得到验证。根据固定效应模型列（2）的回归结果可知，数字经济的直接效能和衍生效能对农业全要素生产率的弹性系数分别为 0.056、0.015，且在 1% 水平上显著，数字经济发展水平提升 1 个单位时，农业全要素生产率分别提升 0.056 个、0.015 个单位，表明数字经济的发展能够显著提升农业全要素生产率，这也与图 2 显示的关系趋势图相符。表 6 中，数字经济直接效能的回归系数高于衍生效能，说明数字经济直接效能对农业全要素生产率的促进作用强于衍生效能。数字经济的直接效能主要是通过技术发展直接赋能农业产业发展，而数字经济的衍生效能是通过子系统之间的联系，提升农业市场机制的资源配置效率，所以数字经济的衍生效能是通过"传导机制"实现的，造成上述结果的原因可能是传导过程中存在作用效能的损失。表 6 也呈现了加入控制变量后的回归结果，从固定效应回归结果可知，在直接效能和衍生效能分别作为核心解释变量的前提下，农作物种植结构对农业全要素生产率均具有显著的正向影响，结果表明，粮食作物占比越高的地

区，农业生产效率越好，农业全要素生产率越高；财政支农水平对农业全要素生产率的影响并不具有显著性，可能是由于地区财政支出直接作用于投入和产出两端，对投入产出比的影响具有不确定性，进而对农业全要素生产率的影响具有不确定性；受灾面积与城镇化率对农业全要素生产率的影响显著性较差，这可能是样本数据中受灾面积与城镇化率近年变动较小，在年份跨度小的样本数据中二者对农业全要素生产率的影响无法被准确识别造成的。

表6　基准回归结果

变量	(1)混合回归		(2)固定效应		(3)随机效应		(4)工具变量	
ln*ded*	0.014*** (3.68)		0.056*** (5.31)		0.022*** (4.76)		0.010*** (2.65)	
ln*dei*		0.019*** (3.75)		0.015*** (2.69)		0.021*** (4.08)		0.028*** (2.73)
ln*urban*	0.054** (2.40)	0.040* (1.67)	0.039 (0.44)	0.367*** (6.49)	0.061** (2.12)	0.069** (2.41)	0.034 (1.30)	-0.009 (-0.24)
ln*dis*	-0.004 (-0.78)	-0.006 (-1.36)	0.011* (1.91)	0.007 (1.18)	0.001 (0.15)	-0.005 (-0.98)	0.000 (1.35)	0.001 (0.13)
ln*fin*	0.087*** (5.50)	0.060*** (3.80)	0.027 (0.79)	0.022 (0.63)	0.101*** (5.61)	0.072*** (3.89)	0.063*** (0.94)	0.35* (1.81)
ln*str*	-0.005 (-0.27)	0.005 (0.28)	0.177*** (2.95)	0.155** (2.49)	0.003 (0.13)	0.015 (0.66)	-0.003 (-0.14)	0.002 (0.12)
Constant	0.377*** (7.26)	0.334*** (7.26)	0.624*** (7.37)	0.512*** (6.09)	0.479*** (8.26)	0.397*** (7.60)	0.307*** (4.81)	0.328*** (4.77)
N	310	310	310	310	310	310	279	279
R^2	0.114	0.116	0.343	0.294			0.062	0.047
F检验			28.575 [0.0000]	22.776 [0.0000]			12756.6 [0.0000]	25.2704 [0.0000]
LM检验					16.46 [0.0000]	10.40 [0.0006]	12.23 [0.0000]	5.61 [0.0000]
Hausman检验			75.979 [0.0000]	45.549 [0.0000]				

注：( )内数值为回归系数的 *t* 值，[ ]内数值为 *P* 值。下同。

(二)内生性讨论

在基准回归中可能存在内生性的问题,从目前研究成果来看,数字经济和农业全要素生产率之间可能会存在双向因果关系。一方面,数字经济在农业中应用的广泛性不断提升,使农业技术不断进步;另一方面,农业全要素生产率有典型的区域扩散效应,落后地区的农业全要素生产率水平会向发达地区不断赶超,进而推动数字技术在农业领域的应用。互为因果可能导致内生性问题,造成计量结果的偏差。因此,本文选取解释变量数字经济滞后一期作为工具变量,解释变量的滞后项作为工具变量满足"相关性"和"外生性"的要求。滞后项与当期具有一定的时间连续性,所以满足相关性要求,同时运用两阶段最小二乘法(2SLS)进行回归,估计数字经济对农业全要素生产率的影响。根据表6第(4)列的回归结果可知,直接效能和衍生效能中工具变量的F检验P值均为0.0000,拒绝了弱工具变量的原假设;同时工具变量LM检验P值均小于0.05,强烈拒绝不可识别的原假设。从结果可以看出,缓解了内生性的问题,结论仍然支持原假设。

(三)稳健性检验

1. 替换被解释变量

农业全要素生产率的测算方法不同,结果也不同,仅用DEA-Malmquist生产率指数方法计算的结果代表农业全要素生产率可能存在不稳健的问题,因此采用SFA(随机前沿法)模型重新测算各省区市农业全要素生产率来替代被解释变量重新进行回归,回归结果如表7所示,为避免冗余,表7中仅列出了主要解释变量和常数项的回归结果,数字经济的直接效能和衍生效能的回归系数均在1%的水平上显著,表明在替换农业全要素生产率的计算方法后,数字经济的直接效能和衍生效能对农业全要素生产率的促进作用仍然稳健。

2. 替换解释变量

目前对数字经济进行测度存在一定困难,并且没有数字经济的官方数据。本文采用的测量方法对数字经济进行测度虽然具有一定合理性，但是可能也存在片面性，导致测量结果产生偏差。为此，本部分以互联网普及率（iar）和互联网相关产出（iro）替代数字经济的直接效能和衍生效能进行稳健性检验。表7结果显示，互联网普及率和互联网相关产出的回归结果均在1%的水平上显著，它们均能够显著促进农业全要素生产率的提升。因此验证了前文的回归结果具有稳健性。

表7 稳健性检验：替换被解释变量和解释变量

变量	（1）替换被解释变量		变量	（2）替换解释变量	
	lntpf	lntpf		lntpf	lntpf
lnded	0.013*** (2.78)		lniar	0.092*** (4.32)	
lndei		0.015*** (2.40)	lniro		0.041*** (8.71)
控制变量	是	是	控制变量	是	是
地区固定	是	是	地区固定	是	是
时间固定	是	是	时间固定	是	是
Constant	0.486*** (7.34)	0.434*** (7.39)	Constant	-0.162*** (-1.51)	0.177*** (4.42)
N	310	310	N	310	310
R^2	0.137	0.132	R^2	0.128	0.259

3. 缩尾回归

为排除极端值的影响，进一步得出可靠的结论，对模型中的变量进行缩尾处理后再进行回归，结果如表8所示，回归结果与前文相比，数字经济的直接效能和衍生效能的回归系数仍在1%的水平上显著，因此数字经济的直接效能和衍生效能对农业全要素生产率的促进作用是稳健的。

4. 控制变量滞后一期

考虑到农业全要素生产率与控制变量之间可能会存在反向影响，为了规避内生性影响，将所有控制变量滞后一期后进行回归，回归结果如表8所示,将所有控制变量滞后一期的结果仍然在1%的水平上显著,这与前文结果无显著差异,验证了回归结果的稳健性。

表8 稳健性检验:缩尾和控制变量滞后一期

	(1)缩尾			(2)控制变量滞后一期	
变量	lntpf	lntpf	变量	lntpf	lntpf
lnded	0.015*** (4.32)		lnded	0.061*** (5.26)	
lndei		0.015*** (3.10)	lndei		0.016*** (2.76)
控制变量	是	是	控制变量	是	是
地区固定	是	是	地区固定	是	是
时间固定	是	是	时间固定	是	是
Constant	0.394*** (8.12)	0.324*** (7.46)	Constant	0.438*** (4.59)	0.339*** (3.50)
N	310	310	N	279	279
R^2	0.142	0.117	R^2	0.226	0.164

(四)中介效应检验

除了数字经济对农业全要素生产率的直接影响外,在机制分析中还探讨了技术创新在这个过程中的传导作用,本部分利用中介效应模型检验技术创新在数字经济促进农业全要素生产率中的作用,根据模型(2),研究数字经济的直接效能和衍生效能对技术创新的影响,具体结果如表9、表10所示。表9、表10为逐步加入控制变量的回归结果,分别研究数字经济的直接效能、衍生效能和控制变量对技术创新影响的内在关联。从表9和表10中可知,随着控制变量的加入,数字经济的直接效能和衍生效能对技术创新的回归系数没有显著的变化,都对技术创新产生了正向影响,并且全部通过了1%的显著性检验,结果稳健。同时两种效应影响下的R^2也在逐步增大,表明本文的回归模型恰当,结果可信度高。因此,假说2a得到验证,数字经济能显著促进技术创新水平的提高。

表9　数字经济的直接效能对技术创新的影响

变量	(1)ln$inno$	(2)ln$inno$	(3)ln$inno$	(4)ln$inno$	(5)ln$inno$
lnded	1.033*** (27.75)	0.872*** (19.92)	0.909*** (19.37)	0.906*** (18.83)	0.904*** (18.53)
ln$urban$		1.521*** (6.16)	1.492*** (6.06)	1.447*** (4.99)	1.449*** (4.98)
lndis			0.124** (2.08)	0.127** (2.09)	0.125** (2.00)
lnfin				−0.060 (−0.29)	−0.063 (−0.30)
lnstr					0.039 (0.17)
地区固定	是	是	是	是	是
时间固定	是	是	是	是	是
Constant	16.738*** (67.17)	16.570*** (69.89)	17.067*** (50.80)	16.897*** (25.10)	16.895*** (25.05)
N	310	310	310	310	310
R^2	0.714	0.746	0.749	0.749	0.749

表10　数字经济的衍生效能对技术创新的影响

变量	(1)ln$inno$	(2)ln$inno$	(3)ln$inno$	(4)ln$inno$	(5)ln$inno$
lndei	0.966*** (10.32)	0.481*** (5.28)	0.441*** (4.86)	0.535*** (5.91)	0.533*** (5.93)
ln$urban$		3.606*** (10.95)	3.490*** (10.67)	2.178*** (5.04)	2.164*** (5.04)
lndis			−0.250*** (−3.10)	−0.136* (−1.66)	−0.170** (−2.05)
lnfin				−1.283*** (−4.48)	−1.310*** (−4.60)
lnstr					0.686** (2.24)
地区固定	是	是	是	是	是
时间固定	是	是	是	是	是
Constant	15.905*** (27.35)	15.017*** (30.00)	14.148*** (24.92)	11.392*** (13.79)	11.544*** (14.02)
N	310	310	310	310	310
R^2	0.257	0.466	0.482	0.514	0.522

为检验技术创新的中介效应，根据模型（3）进行回归，结果如表 11 所示。列（1）为数字经济的直接效能和衍生效能分别对农业全要素生产率的影响。列（2）为数字经济对技术创新的影响。列（3）将中介变量技术创新加入回归模型，结果显示，技术创新对农业全要素生产率产生了正向影响，且至少在5%的水平上显著，验证了假说2b。根据中介效应检验的三步法的基本原理和思想①，结合上文实证结果，技术创新在数字经济影响农业全要素生产率的过程中起到了中介作用，验证了假说2c。进一步分析发现，将列（3）的回归系数与列（1）的回归系数进行比对，发现直接效能的回归系数由 0.056 变为 0.039，影响作用减弱，而衍生效能系数由 0.015 变为 0.014，影响效果略微减弱，技术创新在数字经济促进农业全要素生产率提高的过程中发挥了部分中介作用。

表 11 中介效应检验

变量	（1）lntpf		（2）ln$inno$		（3）lntpf	
lnded	0.056 *** (5.31)		0.904 *** (18.53)		0.039 *** (3.26)	
lndei		0.015 *** (2.69)		0.533 *** (5.93)		0.014 *** (2.75)
ln$inno$					0.041 *** (2.89)	0.063 ** (5.11)
控制变量	是	是	是	是	是	是
地区固定	是	是	是	是	是	是
时间固定	是	是	是	是	是	是
Constant	0.624 *** (7.37)	0.512 *** (6.09)	16.895 *** (25.05)	11.544 *** (14.02)	0.001 (0.00)	-0.388 ** (-2.00)
N	310	310	310	310	310	310
R^2	0.343	0.294	0.749	0.522	0.362	0.355

---

① 朱秋博、白军飞、彭超、朱晨：《信息化提升了农业生产率吗?》，《中国农村经济》2019 年第 4 期。

（五）区域异质性检验

中国东西地区跨度大，发展水平差异明显，为检验不同地区数字经济、技术创新发展水平对农业全要素生产率的影响，将研究样本分为东部、中部、西部地区，分别对三个区域的数字经济的直接效能、衍生效能与农业全要素生产率的关系进行回归，结果如表12所示。东部、中部地区的数字经济的直接效能对农业全要素生产率具有较为显著的促进作用，而在西部地区该影响并不显著，这表明数字经济在不同地区发挥作用大小不同，表现出较大差异；在数字经济的衍生效能下，东部地区的系数最为显著，西部地区有正向影响但是不显著，而中部地区的系数为负值，表明数字经济的衍生效能对农业全要素生产率具有抑制作用，但是影响并不显著，系数也小于全国整体水平，这可能是由于中部地区数字经济各个子系统之间没有形成高效联结，数字化技术成果在农业生产过程中运用较少造成的，这与前文理论分析基本一致，假说3得到验证，数字经济对农业全要素生产率的影响存在地区异质性。

表12 区域异质性检验

变量	（1）东部地区		（2）中部地区		（3）西部地区	
lnded	0.070** (2.46)		0.066** (2.52)		0.025 (1.34)	
lndei		0.056*** (4.98)		−0.011 (−1.08)		0.006 (0.81)
ln$inno$	0.025 (0.79)	0.065*** (3.30)	0.016 (0.53)	0.041 (1.38)	0.036* (1.69)	0.044** (2.13)
控制变量	是	是	是	是	是	是
地区固定	是	是	是	是	是	是
时间固定	是	是	是	是	是	是
Constant	0.188 (0.32)	−0.519 (−1.45)	0.119 (0.27)	−0.208 (−0.48)	0.14 (0.38)	−0.04 (−0.12)
N	110	110	80	80	120	120
R^2	0.339	0.444	0.475	0.434	0.392	0.386

注：按照国家统计局划分标准，东部地区包括北京、天津、河北、辽宁、上海、江苏、浙江、福建、山东、广东、海南11个省市；中部地区包括山西、吉林、黑龙江、安徽、江西、河南、湖北、湖南8个省；西部地区包括内蒙古、广西、重庆、四川、贵州、云南、西藏、陕西、甘肃、青海、宁夏、新疆12个省区市。

（六）进一步研究

为了进一步研究数字经济是通过提高技术效率来提升农业全要素生产率，还是通过促进技术进步来提升农业全要素生产率，本文采用DEA-Malmqusit方法将全要素生产率分解为技术效率和技术进步，并分别估计了数字经济的直接效能和衍生效能对技术效率和技术进步的影响。检验结果如表13所示，由列（1）的检验结果可知，数字经济的直接效能和衍生效能对农业技术效率影响的系数为负值，并且在1%的水平上显著，说明数字经济对农业技术效率有显著的负向影响，可能是数字经济对农业技术效率的作用受到了信息技术运用能力的影响，并不与数字经济发展水平完全挂钩。由列（2）的检验结果可知，数字经济在直接效能和衍生效能对农业技术进步的影响都在1%的水平上显著，说明数字经济对农业技术进步有显著的促进作用，数字经济的发展促进了农业科研与生产的结合，有效推动农业技术的进步。可见，数字经济对农业全要素生产率的影响主要通过农业技术进步来实现。

表13 数字经济影响农业全要素生产率的具体维度

变量	(1) lneff		(2) lnte	
lnded	-0.079*** (-2.98)		0.084*** (3.22)	
lndei		-0.078** (-2.18)		0.097*** (2.76)
控制变量	是	是	是	是
地区固定	是	是	是	是
时间固定	是	是	是	是
Constant	-1.853*** (-5.04)	-1.496*** (6.09)	2.124*** (5.87)	1.792*** (5.57)
N	310	310	310	310
R^2	0.148	0.136	0.175	0.167

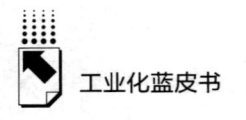

五 结论及对策建议

（一）研究结论

本文使用 2011~2020 年省级面板数据，运用固定效应模型，研究数字经济对农业全要素生产率的影响，并利用中介模型检验了技术创新在数字经济促进农业全要素生产率提升过程中的中介效应。主要研究结论如下。其一，数字经济能够显著促进农业全要素生产率的提升，并且数字经济的直接效能和衍生效能都对农业全要素的提升有积极影响，前者的影响作用要强于后者。其二，数字经济直接效能和衍生效能对农业全要素生产率的作用能够通过技术创新这一影响机制实现，即数字经济能够激发技术创新发展潜力，进而促进农业全要素生产率的提升。其三，不同区域数字经济对农业全要素生产率的影响不同，在数字经济的直接效能下，东部、中部地区影响较为显著，而在数字经济的衍生效能影响下，东部地区最显著。其四，数字经济对全要素生产率的影响主要通过技术进步实现，农业技术效率却起阻碍作用。

（二）对策建议

本文以一种全新的视角探索了数字经济对农业经济发展的赋能作用。本文的研究结论对如何实现数字经济促进农业高质量发展具有重要的启示意义，为了更好地发挥数字经济对农业全要素生产率的促进作用，实现粮食增产目标，本文提出以下对策建议。一是以数字乡村作为目前农业发展的主要方向，加快数字经济与农业的融合发展，促进农业农村数字化转型，大力发展农业数字化信息技术，对农业生产过程进行优化，充分发挥数字经济的衍生效能，全面提升我国农业全要素生产率。二是全面提升技术创新能力。要加强数字经济基础设施建设，对农业技术不断地进行创新和升级，充分发挥技术创新的中介效用，加大对农业技术的科研投入，从源头上提升农业科技创新能力；要加大农业科研投入，鼓励高校等科研机构围绕国家重大需求和社会发展需要，积极开展农业科技攻关，加强科研项目与市场需求的对接，为农业生产解决实际问题。三是立足区域农业发展差异，实施差异化的数字经济策略。一方面，从促进农业农村数字化转型的角度出发，给予中部、西部地区政策倾斜，鼓励其立足自身农业发展实际和资源禀赋条件，因地制宜地推进数字农业的发展；另一方面，从促进数字技术与农业深度融合的角度出发，根据当地经济发展情况和农业种植条件，制定有针对性的数字农业发展策略。四是注重科学化种植，加强数字技术在农业领域的应用，强化对农产品质量的监督和管理，确保农产品的品质和安全性。此外，我们还应该加强对农民的培训和教育，使他们能够掌握更多的专业知识和技能，以提高农业技术的效率。

参考文献

陈丛波、叶阿忠：《数字经济促进经济增长的城市异质性研究》，《统计与信息论坛》2023年第4期。

陈义媛：《农业现代化的区域差异：农业规模化不等于农业现代化》，《理论月刊》2023年第4期。

陈宇斌、王森：《农业技术创新、同群效应与农业高质量发展——兼议农地规模经营的作用机制》，《兰州学刊》2022年第9期。

迟国泰、孙秀峰、芦丹：《中国商业银行成本效率实证研究》，《经济研究》2005年第6期。

金绍荣、王佩佩：《人口老龄化、农地流转与农业绿色全要素生产率》，《宏观经济研究》2023年第1期。

李宾、史汉宣、吕文岱：《数字金融、融资约束与企业对外直接投资》，《财务研究》2023年第1期。

李谷成：《技术效率、技术进步与中国农业生产率增长》，《经济评论》2009年第1期。

林青宁、毛世平：《农业全要素生产率的演化过程、测算方法与未来展望》，《中国农业大学学报》2023年第4期。

刘鑫、韩青：《数字普惠金融对县域经济增长的影响——基于传统金融和产业结构升级视角》，《中国流通经济》2023年第4期。

柳毅、赵轩、杨伟:《数字经济对传统制造业产业链创新链融合的影响——基于中国省域经验的实证研究》,《浙江社会科学》2023年第3期。

龙少波、张梦雪:《中国农业全要素生产率的再测算及影响因素——从传统迈向高质量发展》,《财经问题研究》2021年第8期。

罗海平、王佳铖、胡学英等:《我国粮食功能区粮食安全水平的时空差异及障碍诊断》,《农业经济与管理》2023年第2期。

马述忠、郭雪瑶:《数字经济时代中国推动全球经济治理机制变革的机遇与挑战》,《东南大学学报》(哲学社会科学版)2021年第1期。

马嫣然、吕寒、蔡建峰:《数字经济、技术创新与区域经济增长》,《统计与决策》2023年第6期。

马玥:《数字经济赋能经济高质量发展的机理、挑战及政策建议》,《求是学刊》2022年第6期。

任保平、迟克涵:《数字经济支持我国实体经济高质量发展的机制与路径》,《上海商学院学报》2022年第1期。

邵帅、范美婷、杨莉莉:《经济结构调整、绿色技术进步与中国低碳转型发展——基于总体技术前沿和空间溢出效应视角的经验考察》,《管理世界》2022年第2期。

申君歌、彭书舟:《技术创新、生产效率和出口多样化与中国制造业出口竞争力》,《国际商务研究》2022年第1期。

盛皓炜、王如忠:《数字经济对工业生态效率的影响——基于长三角城市群的实证分析》,《财经论丛》2023年第9期。

宋洋:《数字经济、技术创新与经济高质量发展:基于省级面板数据》,《贵州社会科学》2020年第12期。

孙光林、李婷、莫媛:《数字经济对中国农业全要素生产率的影响》,《经济与管理评论》2023年第1期。

田秀娟、李睿:《数字技术赋能实体经济转型发展——基于熊彼特内生增长理论的分析框架》,《管理世界》2022年第5期。

王海、沈盈盈、李言:《数字经济发展与地区绿色创新:负担还是赋能?》,《现代财经(天津财经大学学报)》2023年第5期。

王雷、王光栋、叶仁荪:《对我国地区发达程度的进一步划分》,《统计与决策》2006年第2期。

温珺、阎志军、程愚:《数字经济驱动创新效应研究——基于省际面板数据的回归》,《经济体制改革》2020年第3期。

温忠麟、叶宝娟:《中介效应分析:方法和模型发展》,《心理科学进展》2014年第5期。

谢会强、吴晓迪、杨丽莎:《农村普惠金融对农业绿色全要素生产率的影响研究——基于空间溢出效应的视角》,《中国农机化学报》2023年第4期。

徐春光：《数字新基建、市场分割与区域经济协调》，《技术经济与管理研究》2023年第4期。

杨慧梅、江璐：《数字经济、空间效应与全要素生产率》，《统计研究》2021年第4期。

杨文溥、曾会锋：《数字经济促进全要素生产率提升的效应评价》，《技术经济》2022年第9期。

袁航、朱承亮：《数字经济、交易成本与中国区域创新创业》，《科研管理》2023年第4期。

张嘉毅：《中国信息通信研究院发布〈中国数字经济发展报告（2022年）〉》，《科技中国》2022年第8期。

张森、温军、刘红：《数字经济创新探究：一个综合视角》，《经济学家》2020年第2期。

张庭：《数字经济与现代农业融合发展问题研究》，《农业经济》2023年第2期。

赵成伟、许竹青：《高质量发展视阈下数字乡村建设的机理、问题与策略》，《求是学刊》2021年第5期。

赵涛、张智、梁上坤：《数字经济、创业活跃度与高质量发展——来自中国城市的经验证据》，《管理世界》2020年第10期。

赵巍、徐筱雯：《数字经济对农业经济韧性的影响效应与作用机制》，《华南农业大学学报》（社会科学版）2023年第2期。

周绍朋：《全面推进高质量发展的系统思考》，《理论探索》2020年第4期。

Fare R., Grosskopf S., Norris M., et al., "Productivity growth, technical progress, and efficiency change in industrialized countries," The *American Economic Review* 1994 (1): 66-83.

Ognivtsev S. B., "The conception of the digital platform of the agricultural complex," *Mezhdunarodnyĭ Selʹskokhozyaĭstvennyĭ Zhurnal*, 2018 (2): 16-22.

Pan W., Xie T., Wang Z., et al., "Digital economy: An innovation driver for total factor productivity," *Journal of Business Research*, 2022 (139): 303-311.

Savina T. N., "Digital economy as a new paradigm of development: challenges, opportunities and prospects," *Finance and Ciedt*, 2018 (3): 579-590.

Wang Y., Xie L., Zhang Y., et al., "Does FDI promote or inhibit the high-quality development of agriculture in China? An agricultural GTFP perspective," *Sustainability*, 2019 (17): 4620.

B.17
小农户衔接现代农业：数字经济的微观影响
——基于要素配置效应及四省农户调查数据

武建辉*

摘　要： 以数字技术、数字化平台、数据为主要载体的数字经济为现代农业发展赋能，小农户作为现阶段我国农业发展的经营主体，数字经济在小农户衔接现代农业生产中发挥的作用值得深入探究。本文结合相关理论，构建了数字经济影响小农户衔接现代农业生产的理论框架，利用川、赣、辽、鲁四省1618户调查数据进行实证分析。结果表明，数字经济有助于推动小农户衔接现代农业，主要表现为促进小农户扩大土地规模、加大机械技术投入、加大资本投入以及采取绿色生产方式；异质性分析表明，在数字经济的影响下，经营面积在10亩以下的小农户会缩小经营面积；而面积在10亩及以上的小农户则选择扩大土地面积，进行专业化种植；"青年"农户表现出较为"冒进"的生产行为，而"中年"组较为"保守"；数字经济对接受农业社会化服务的小农户表现出更为显著的影响。

关键词： 数字经济　小农户　现代农业　要素配置

---

* 武建辉，北京林业大学经济管理学院博士研究生，研究方向为农林经济管理。

小农户衔接现代农业：数字经济的微观影响

一　引言

全面推进乡村振兴，加快建设农业强国，是党的二十大报告作出的重大决策部署。建设中国式农业强国，既要服务于"中国式现代化是人口规模巨大的现代化"的基本国情，也要立足于现阶段"大国小农"的基本农情。第三次全国农业普查数据显示，中国约有2.07亿农业经营户，其中小农户数量占比约为98.1%。小农户整体上具有数量庞大、类型分化、区域差异突出的特征，农业生产活动已具备现代属性，推动小农户衔接现代农业生产是立足中国基本国情、农情实现农业现代化的重要环节。党的二十大报告同时提出要强化农业科技与装备支撑，发展新型农业经营主体和社会化服务，发展农业适度规模经营，努力实现小农户和现代农业发展的有机衔接。因此，推动小农户衔接现代农业是实现中国特色社会主义农业现代化、建设农业强国的关键路径。

一个国家的资源禀赋特征在很大程度上决定了其农业农村发展的道路。我国农业存在资源禀赋空间分布差异大、基础薄弱，农户经营规模细小、基数庞大的特点，农业现代化道路在供给主体及自然资源禀赋上面临着诸多约束，例如，农户地权碎片化与农业趋势合作化、新生产要素与旧生产关系的矛盾，还存在农业适度规模经营的"木桶效应"①，同时我国的农村基本制度与国际多边贸易规则也决定了难以借鉴"新大陆经验"及"日韩经验"走向农业现代化。农业生产要素资源的配置需紧跟发展农业现代化发展路径，但存在农村资源资产统筹盘活不足、乡村优质生产要素快速流失等多重困境。合理配置要素资源、深化农村要素市场改革对小农户衔接现代农业意义重大，也是释放农村经济增长潜能、实现农业现代化的重要突破口。然而，"三农"的天然弱质性导致农户生产稳健经营面临巨大压力，使要素资

---

① 在经济学中，"木桶效应"可以被理解为：在生产要素替代关系相对微弱的情况下，经济总量水平与资源配置效果并非由最优的要素资源所决定的，而是取决于最劣的要素资源。

源配置较差。土地、劳动力和资本等生产要素出现的严重错配制约了以小农户个体经营为主的农业经营方式的转型升级。盘活农业生产要素、优化生产要素配置是从"生产端"帮助小农户衔接现代农业、助力乡村振兴、实现共同富裕的重要基础。因此，克服农户小规模经营的短板，拓宽资本、技术等现代生产要素的配置渠道，化解小农经营与现代农业生产之间的矛盾，是亟须解决的现实难题。

近十年来，以区块链、大数据、物联网、5G、人工智能等为代表的数字技术日益精进，渗透于经济社会各方面，不仅促使日常生活快速转型，更是重塑了要素资源配置模式。2020年4月，党中央、国务院印发的《关于构建更加完善的要素市场化配置体制机制的意见》指出，数据已成为一种重要的生产要素。习近平总书记指出，充分发挥海量数据和丰富应用场景优势，促进数字技术与实体经济深度融合，赋能传统产业转型升级，催生新产业新业态新模式。由此我国进入数字经济时代，数字技术引发新的要素变革对全球资源配置效率、要素配置成本和配置方式、全要素生产率等有较大的影响。据统计，截至2022年12月，中国农村地区互联网普及率已达到61.9%，农村网民以台式机作为上网终端的使用比例下滑至68%，以移动支付为代表的手机使用率达67.3%。在数字经济背景下，在现代农业发展中充分发挥数字技术和数据要素的核心效能，推动农业技术关系变革、重构农业生产要素配置体系和提升农业生产经营效益，能帮助小农户更好地衔接现代农业发展。如今，我国正处于巩固拓展脱贫攻坚成果与乡村振兴的重要交汇期和推进农业农村现代化的重要战略机遇期。依托互联网促进资源优化配置，加快要素资源流动，有望把小农户快速引领到现代农业发展轨道上，加快我国农业现代化进程。

二 理论框架

在新古典经济学的分析框架下，农民被认为是具有经济理性的。小农户的生产决策是在给定外部市场环境和自身资源禀赋等条件下，对劳动、土

小农户衔接现代农业：数字经济的微观影响

地、资本等生产要素作出的最优配置决策，以实现效用最大化。但经典的有限理性决策理论指出，个人理性决策的能力受到不确定的情境的影响，因此，为降低信息不对称带来的不确定性，农户作出生产决策之前会对已有信息进行梳理并试图获取新的数据资源，信息和数据约束成为农户谋求效用最大化的基本约束。著名经济学家舒尔茨认为，传统农业是完全以农民世代使用的各种生产要素为基础的农业，是一种特殊的、收益率低下的、处于发展停滞状态的经济均衡，引进新的现代生产要素是现代农业发展的重点[①]。因此，在数字经济背景下，依托数字技术与数字化平台将数据要素引入农业生产是打破现有生产约束、推进现代农业发展进程的重要途径。引导小农户衔接现代农业发展是"中国模式"的独特农业现代化道路，数字经济帮助"衔接"的主要作用之一体现在生产端：通过影响小农户家庭生产要素的配置，助力其转向现代化的农业生产方式，这也是本文的研究主线。

  我国数字经济以数字要素、数字技术和数字化平台为主要组成部分。首先，引入数据要素驱动生产是小农户融入现代农业重要性变革的关键线索。数据要素驱动现有生产要素进行革新、重组，可以提高传统生产要素边际报酬[②]，助推小农户衔接现代农业。其次，依托数字技术和互联网技术，农户以接触数据和信息为起点，提取和应用市场信息、要素信息和生产知识及经验，提高农户生产经营的决策能力，优化家庭生产资源配置，改变或升级生产经营方式，打开农户融入现代农业生产的路径。再次，数字化平台促进信息资源共享，在信息不对称的情况下，经营主体会有意识地忽略自身情况而追随他人决策，即从众行为[③]。农村存在较为紧密的人际关系网络，借助数字技术和数字平台，促进了数据要素在农户所信赖的农村社会关系中进行信息传播共享。最后，数字经济提高生产积极性。数据要素投入生产的过

[①] 西奥多·W. 舒尔茨：《改造传统农业》，梁小民译，商务印书馆，1999。
[②] 马莉莎：《数据要素发展水平测度及其与传统生产要素的交互效应研究》，江西财经大学硕士学位论文，2022。
[③] Banerjee M., Kooi B. W., "An eciepidemic model with preyherd nejaviorand predatorfeeding: Banerjee," *Msthematical Modelling of Natural Phenomena*, 2017, 12 (2): 133-161.

程受到小农户经营规模、自身能力、知识水平等的限制，在数据要素的驱动下，农户积极寻求更多资源和机会，学习数字技术，利用数字化平台，提高综合素质。给予农户自身可持续发展并衔接现代农业生产的内生动力，激发农户主动衔接现代生产的积极性。

通过梳理已有研究并结合国务院印发的《"十四五"推进农业农村现代化规划》中关于微观农户现代化生产中的具体要求，本文分别讨论了小农户农业生产现代化中土地规模经营、农业技术生产、专业化种植、农业资本投入以及农业绿色生产5个维度的作用机制，从而构建了数字经济助力小农户衔接现代农业生产的理论框架。

（一）数字经济与土地规模经营

在推动以规模化、机械化、集约化为特征的农业现代化进程中，以分散经营为主的小农户难以满足现代农业生产要求，我国通过鼓励农地流转来实现从小农户生产向规模经营的转变，但囿于农地流转市场不完善，存在"关系交易"、租金两极化、期限不稳定、交易不规范等多重困境。截至2017年底，全国流转出承包耕地的农户仅占家庭承包农户数的31.2%且占比增长缓慢，其原因一方面是农民土地情结，另一方面主要在于市场失灵，即农地流转市场中信息不完全与供需错配。因此，数据要素带来的大量信息打破了农地转入与转出双方间的信息不对称壁垒，降低了双方的信息搜寻和传递成本，提高了农户间农地资源信息交流效率，降低了土地流转交易成本，扩大了农户间土地流转市场的时空范围，拓展了土地流转市场交易的深度和广度。同时，农户还能通过数字化平台获取市场信息、增加资本积累、拓展收入渠道，从而提高自身议价能力。从规模经济理论分析，数据要素不仅能提高农户农业生产效率，还能提高农户抵御风险的能力，有利于具有农业生产比较优势的农户扩大土地经营规模。

（二）数字经济与农业技术生产

农业生产力水平和资源利用率较低是我国农业经济发展的客观事实。

先进生产技术采纳率及效率较低是造成其差异的关键。在农户种植经营中，受农村信息获取交流渠道有限、信息不对称问题突出等因素的影响，新的生产技术，如机械化生产、改良种子品种、养分管理和病虫害防治等技术难以被农户及时获取，也难以在生产环节推广应用。农业的机械与技术投入水平与农业生产关系密切。利用数字技术，数据信息的扩散效应得以充分发挥，农户可以实时了解、获取与自身种植特点相关的技术信息，数字化平台还降低了技术人员与农户之间的沟通成本，提高了农业技术的应用频率和效率。在机械化服务方面，数字化平台帮助小农户有效甄别并搜寻合适的农机服务提供商，有效监督服务质量，增加了农户对专业化外包服务的信任程度和托付意愿，进而促进了小农生产机械化水平的提高。另外，数字技术与现代农业技术结合进一步提高了农户对农业种植信息掌握的精确度，有利于及时防范各种种植风险，精准各种要素投入，提高农业生产力，推进小农户与现代农业的有机衔接。

（三）数字经济与专业化种植

受限于我国"人多地少"的农地现实，采用轮种、多样化"小而全"的种植方式是小农生产的显著特征。多样化种植虽然可以规避风险、最大化耕地价值，但不利于农业高质量发展和专业化水平的提升。专业化分工理论认为分工与专业化能够提高要素生产边际报酬、促进农业持续增长。农业生产的纵向专业化是形成生产服务规模经济、突破中国当前小农户土地经营细碎化困境的重要途径。然而，种植专业化在不断深化的过程中降低了生产成本，同时会使交易频繁发生从而增加其他费用，包括信息搜寻费用以及承担市场风险费用在内的潜在交易成本也会不断增加，因此在一定程度上规避了专业化经营农户面临的市场风险。对经济作物、畜牧及水产项目的专业化经营农户而言，良种、特种肥料及饲料等质量对经营结果的影响至关重要，而且需求量大，生产经营者在选购时对其质量、价格及厂商的信誉就十分关注。移动设备和数字化平台有助于降低农产品销售方面的信息扩散成本及机会成本。然而，数字经济也在一定程度上增加了数据筛选和信息甄别等成本

与投资、技术等风险,有可能引发农户为分散风险选择产出更为稳定的种植行为。

(四)数字经济与农业资本投入

小农户融资具有额度小、频率高、风险和交易成本高等特点,农户融资困境一直是制约农民收入提高、阻碍现代农业发展、困扰农村经济发展的核心问题。在数字经济时代,大数据、区块链、物联网、5G等数字技术与金融机构的融合重塑了传统金融供给结构,为农户融资提供了值得信任的数据资料和平台,为农村地区完善了信用体系、缓解了金融排斥;同时丰富了农产品销售渠道,农业种植、加工、运输等各个环节也受到更多监督。数字普惠金融的概念被提出后①,农户利用支付、理财、信贷等多种金融服务功能为农户农业生产引入更多社会资本,能够满足农户生产经营融资需求。数字普惠金融还具有技术和数据优势,利用数字技术手段填补传统金融服务空白的领域和地区;借助数据优势能够为农户生产经营提供市场信息,从而促进农户生产经营投资,使农户及时制定或调整生产经营投资策略、提高生产经营投资效率。在小农户融入现代农业的进程中,数据要素会促进生产性融资动机不断增强,提高传统农业生产要素弹性和边际报酬,进而增强农户进行农业生产活动的积极性,但数字金融并不能完全消除道德风险。

(五)数字经济与农业绿色生产

根据农业农村部制定的《到2025年化肥减量化行动方案》和《到2025年化学农药减量化行动方案》推算,2021年,我国农作物播种的农用化肥施用量约为20.51kg/亩(折纯),农药使用量约为0.10kg/亩,虽有明显减少趋势但与世界先进水平均有一定差距。因此,"绿色生产"成为绿色发展和农业现代化的主导方向。综观全球,数字经济的发展对农业绿色生产

---

① "数字普惠金融"(Digital Financial Inclusion,DFI)在2016年杭州G20峰会上首次被提出,泛指"一切通过数字金融服务促进普惠金融的行动"。《"十四五"国家信息化规划》提出"数字普惠金融服务"优先行动。

有着深刻影响，农业绿色生产行为往往需要经历"意愿—行为"系统化的决策过程。直接地，借助数字化平台，数据和信息带来的是农村居民能够有效获取对种植作物、生态环境与绿色生产的相关知识，提高对有机化肥、生物农药及其减量增效功能的相关了解，有利于改良农村人力资本和绿色生产意愿；进而农户能够借助数字化平台购买"绿色"生产资料。间接地，农业绿色生产有助于节能减排和农业产业结构优化，其效应兼顾环境绩效和生产力水平，将数字经济下创新性革命成果中的数字技术深入农业绿色生产成为促进现代农业发展的重要推手（见图1）。

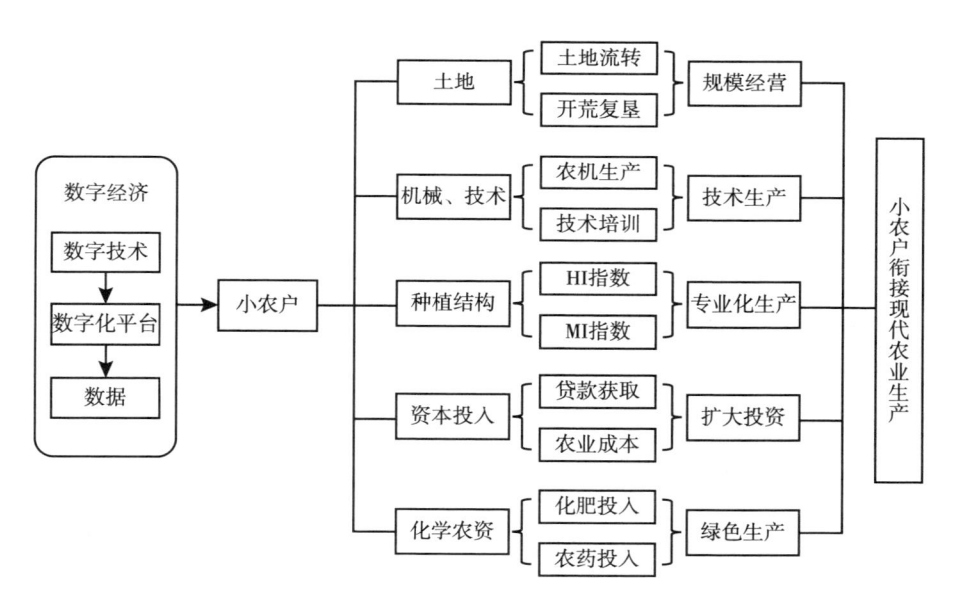

图1 数字经济背景下"小农户—要素配置—衔接现代农业生产"的理论框架

三 研究设计

（一）数据来源

首先，本文对小农户的定义基于国家统计局在2016年进行第三次全

国农业普查对规模农业经营户的界定采取土地经营面积和农业经营收入两重标准，达不到其中任一标准的农户即可被视为小农户[①]。因此本文认为小农户是以家庭为生产单位，达不到第三次全国农业普查规模化经营标准的农户。

笔者对四川、江西、山东以及辽宁四省农村进行了入户问卷调查。2021年，四川省以近10000千公顷的农作物总播种面积位居全国第四；江西省早稻产量增幅位列全国第一，双季稻比重居全国粮食主产省第一；山东省建成10个现代农业强县，全省粮食产量占全国产量的8%；辽宁省粮食亩产在粮食主产省中排名第一，增加量及增幅均居全国第一。

问卷内容涉及村镇概况、农户家庭特征、农户生产情况、互联网使用行为等内容。以村居访问、家庭访问以及个体访问三种调查方式进行调查，采用分层抽样方式，抽样过程为：①对县域分层抽样，根据农户人均纯收入指标分别将四川、江西、山东以及辽宁四省所辖县分为上、中、下3个层次，每个层次随机抽取1个，共12个县；②在选中县中抽村，对村庄进行了随机抽样，分层随机抽样，同样将县域所辖村按农村居民人均可支配收入分为高、低两个层次，每个层次随机抽取1个村，最终选择了24个村；③平均每村入户调查户数为53户。根据本文研究目的剔除无效问卷和数据缺失问卷，共得样本农户1618户。

(二) 变量选取及描述统计

被解释变量：现代农业生产，包括规模经营、技术生产、专业化种植、资本投入、农业绿色生产五部分。变量含义如表1所示。其中，专业化种植使用赫芬达尔指数（Herfindahl Index，HI指数）以及最大化指数（Max Index，MI指数）度量种植结构，其中赫芬达尔指数计算方法为：$H_i = \sum_i (S_i)^2$，S_i为作物i占农户种植总面积的比例，最大化指数为种植面积最大的作物类型占比。

[①] 《第三次全国农业普查主要数据公报（第一号）》，国家统计局网站，2017年12月14日。

核心解释变量。本文的核心解释变量为农户参与数字经济活动。结合数字技术、数字化平台的应用，认为小农户融入数字经济的行为可体现为使用数字化交易，因此该变量用"该农户是否使用数字支付或收款"，"是"赋值为1，"否"赋值为0。

控制变量。本文选取的控制变量包括个体特征、家庭特征和村庄特征。个体特征包括年龄、性别、受教育程度、兼业状况；家庭特征包括劳动力占比、人均收入、农业补贴等；村庄特征包括村庄地形、地区效应等。此外，本文还控制了省份固定效应。各类变量的定义与描述性统计见表1。

表1 变量定义与描述性统计

变量类别	维度	变量名称	变量说明	均值	标准差	最小值	最大值
被解释变量	土地规模经营	实际经营面积（Land）	自有农地及流转地（亩），取对数	2.423	1.115	-1.609	7.313
	技术生产	机械生产水平（ML）	耕种、排灌、植保、收获的机械化作业类型数，取对数	0.267	0.514	0	1.945
		技术生产水平（TL）	选种、地力管理、节水灌溉、施肥、病虫防治等增产增效技术类型数，取对数	0.117	0.274	0	1.386
	资本投入	贷款获取（Credit）	实际投入生产性资本，取对数	2.364	1.501	1.907	8.424
	专业化种植	生产集中度（HI）	赫芬达尔指数（HI指数），取对数	0.443	0.349	-1.694	1.281
		空间集中度（MI）	最大化指数（MI指数），取对数	0.400	0.331	-1.435	1.667
	农业绿色生产	化肥投入（FI）	所用化肥成本（元/亩），取对数	1.096	0.688	0.712	7.085
		农药投入（PI）	所用农药成本（元/亩），取对数	2.393	0.840	-0.048	10.071
核心解释变量	数字经济	使用数字支付/收款	1=使用；0=未使用	0.46	0.49	0	1

续表

变量类别	维度	变量名称	变量说明	均值	标准差	最小值	最大值
控制变量	户主年龄	年龄	实际年龄（周岁）	45.46	16.55	18	96
	户主性别	性别	1=男；0=女	0.52	0.49	0	1
	户主受教育程度	受教育年限	小学×6+初中×3+高中×3+大学×4+硕士×3	15.581	0.374	1	21
	兼业状况	农民兼业情况	1=纯农；2=兼业农户；3=非农户	2.956	0.71	1	3
	劳动力占比	家庭劳动力占比	实际劳动力数/总人数（%）	0.608	0.319	0	1
	人均农地面积	家庭人均农地面积	经营面积/总人数（亩），取对数	1.624	1.641	-3.401	7.606
	人均农用机械价值	家庭人均农机价值	农机总价值/总人数（元），取对数	7.129	1.6	0	19
	社会化服务情况	农户参与社会化服务	1=参与；0=未参与	0.09	0.24	1	1
	农户人均收入	家庭人均收入	总收入/总人数（元），取对数	9.420	1.375	3.218	13.944
	农业补贴	接受补贴情况	1=有；0=无	0.671	0.469	0	1
	村庄人均收入	村民人均收入	（元），取对数	9.897	0.769	5.863	11.901
	村庄地形	村庄所处位置地形	1=平原；2=丘陵；3=山地	1.647	0.693	1	3
	地区效应	地区变量（四川省为对照组）	江西省=1，其他=0	0.31	0.43	0	1
			山东省=1，其他=0	0.30	0.45	0	1
			辽宁省=1，其他=0	0.32	0.49	0	1

（三）模型构建

由于农户是否使用数字支付或收款行为存在"自选择偏差"，同时农户的生产方式、生活习惯等也会影响其参与行为，即自选择偏误，个体是否得到处理在断点处并不是从0到1的直接变动，而是概率上的跳跃。此时使用OLS估计农户数字支付对其生产行为的影响可能因内生性问题而导致结果是有偏的。因此本文采用模糊断点回归（FRD）以及倾向得分匹配法（PSM）

控制潜在的内生性问题。

1. 模糊断点回归

农户选择使用数字支付概率并非随机分配，受到驱动变量（Forcing-variable，FV）的影响，当驱动变量大于阈值时，农户选择使用的概率从 a 跳跃为 b，在断点处接受的概率从 a 变为 b（$0<a<b<1$），符合模糊断点回归的应用特征。

当驱动变量（FV）的阈值独立于农户选择时，在阈值附近因变量的变化可以归因为处理状态（Treatment Status）的变化。与一般断点回归设计中外生政策冲击不同，农户是否使用数字支付取决于农户自身选择，那么，根据农户自身特征通过 Probit 模型估计出农户依自身特征的预测选择使用 P_i 概率值作为连续的驱动变量，同时还与农村通信基站、宽带建设有密切关联，那么，将驱动变量 P_i 进行分组后，农户实际使用的概率则在不同的分组上产生跳跃，从而进一步借助该跳跃实现本文断点回归设计。Probit 模型设定如下。

$$p_i = P_r(B_i = 1 \mid Z_i, Z_v) = P_r(\alpha_0 + Z_i\alpha_1 + u_i > 0) \tag{1}$$

驱动变量 P_i 通过 Probit 模型预测农户 i 的选择使用的概率；B_i 表示农户 i 为被样本观测农户，向量 Z_i 为决定农户参保的自身特征：包括个体特征、家庭特征等。在满足局部随机性的条件下，采用以下"处置趋势"估计量识别"农户使用数字支付"的效应，断点回归的具体模型设定如下。

$$\lim_{p_i \downarrow c} E(TS \mid P_i) - \lim_{p_i \uparrow c} E(TS \mid P_i) = H_1(x_i) - H_0(x_i) \neq 0 \tag{2}$$

其中，P_i 为驱动变量农地面积，TS 为处理变量农户是否使用数字支付，c 为断点，$H_1(x_i)$ 与 $H_0(x_i)$ 可以是任意形式，根据单调性假设，当 $x_1 > x_0$ 时，$H_1(x_i) > H_0(x_i)$，农户选择使用的概率增加。

使用 Y 表示结果变量组，局部平均处理效应（LATE）可以表示为：

$$LATE = E(Y_1 - Y_0 \mid land = c) = \frac{\lim_{p_i \downarrow c} E(Y \mid land) - \lim_{p_i \uparrow c} E(Y \mid land)}{\lim_{p_i \downarrow c} E(TS \mid land) - \lim_{p_i \uparrow c} E(TS \mid land)} \tag{3}$$

农户行为与驱动变量之间的回归模型可以表示为：

$$TS_i = \alpha_0 + \alpha_1 D_i + f(P_i - c) + \delta X'_i + \mu_i \qquad (4)$$

在第一阶段回归中，TS_i 为虚拟变量，代表农户选择使用与否，P_i 为驱动变量，即为农户农地面积，c 为断点，$(P_i - c)$ 表示农地面积到 c 的距离。第二阶段回归可以表示为：

$$\ln Y_i = \beta_0 + \beta_1 TS_i + f(P_i - c) + \gamma X'_i + \varepsilon_i \qquad (5)$$

其中，Y_i 为结果变量组，β_i 为断点附近农户参与行为的局部平均处理效应。具体估计策略采用非参估计，其优势在于不依赖具体的函数形式，并可以通过最小化均方误差（Mse）来选择最优带宽。最后，为了降低扰动项方差并使结果更加稳健，因此加入协变量。

2. 倾向得分匹配法

由于断点回归通过断点附近样本来估计局部平均处理效应，虽然较理想地解决了内生性问题，但其缺陷在于外部有效性并不理想。与之不同，倾向得分匹配法虽可能受到不可测因素带来的隐形偏差，但可以更方便地计算全局的平均处理效应，同时一般认为在样本容量足够大且纳入更多农户特征变量的情况下可以获得足够的平衡性以及共同支撑性，因此这里进一步引入PSM 为本文断点回归设计做稳健性检验。

根据研究目的，设计思路为：设定处理组为"选择参与"农户，控制组为"不参与"农户。估计步骤如下。第一，通过形式灵活的 Logit 模型进行每个农户的倾向得分，再进行倾向得分匹配，使协变量 X_i 在匹配后的处理组与控制组之间分布较均匀，即"数据平衡"。现有倾向得分匹配共有 6 种方法，本文根据样本数量等实际情况依次使用其中三种方法：K 近邻匹配（$K=4$）、卡尺（ε）内近邻匹配（$\varepsilon=0.03$）以及核匹配（用默认二次核与 0.06 带宽），将处理组与控制组进行匹配。第二，检验平衡性以及共同支撑性假设，同时借鉴 Rubin（2001）的方法，通过考察伪 R^2、卡方、偏差均值、B 值以及 R 值，从整体上检验匹配质量；第三，计算处理组与控制组农户农业生产要素配置行为之间的差异，即平均处理效应（ATT），得到农户使用数字支付对其农业生产行为的影响效应。

四 实证分析

(一)断点回归结果

1. 断点效应

首先,要确定结果变量在断点处存在跳跃现象,也即断点效应。本文将农户使用概率与使用概率的 Probit 预测值(驱动变量)之间的关系进行拟合,利用拟合方法,对断点左右分别拟合,通过观察两侧拟合线的差异来更容易推测跳跃现象是否发生。从图 2 的①②③中我们可以发现明显的断点出现在 0.6~0.7,在断点两侧存在明显跳跃。其次,为避免全体样本造成回归偏差,本文将断点左右样本平均分为 20 个组(Bin)进行检验(见图 2 的④),因此

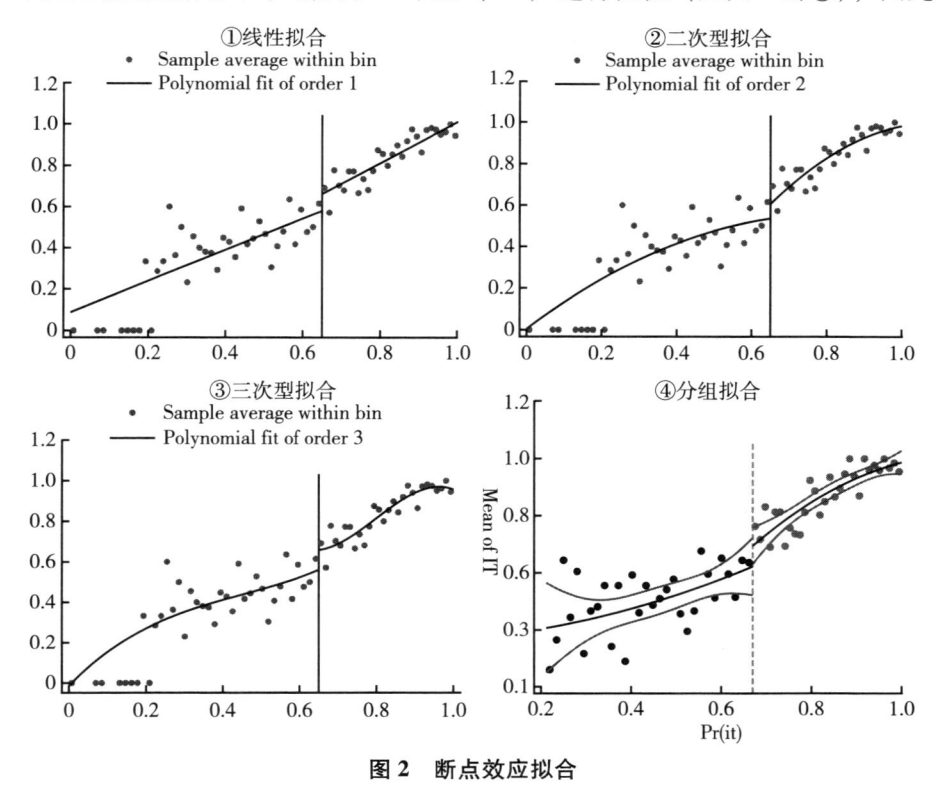

图 2 断点效应拟合

可以利用断点回归来分析此问题。

2. 基准回归结果

为了消除不同指标的经济意义和计量单位的差异，本文采用线性阈值法对非虚拟变量进行无量纲化处理后进行断点回归。首先，使用最小化均方误差（Mse）选择的最优带宽以及默认的三角核（Triangle）进行非参数回归；其次，加入协变量宽重复上述估计，并画图检验协变量在断点处的跳跃情况以作参考；再次，去掉协变量，同时估计三种带宽，并检验局部沃尔德估计值（Local Wald Estimate，LW）对带宽的依赖性，通过带宽估计结果发现带宽对 LATE 估计值有一定影响，但对系数估计值及其显著性影响均不大，由此说明估计结果对带宽的依赖性不大；最后，本文使用矩形核（Rectangle）进行局部线性回归，如表 2 所示。

表 2 农户参保与农业生产现代化

变量	(1)	(2)	(3)	(4)	(5)
Land	0.249**	0.218**	0.338*	0.281**	0.294**
	(0.115)	(0.131)	(0.205)	(0.113)	(0.951)
ML	0.003**	0.096*	0.321*	0.081***	0.238*
	(0.041)	(0.212)	(0.341)	(0.158)	(0.229)
TL	0.044	0.045	0.117	-0.134	0.025
	(0.087)	(0.081)	(0.100)	(0.059)	(0.066)
HI	0.024	0.013	0.005	0.024	0.025
	(0.047)	(0.047)	(0.046)	(0.033)	(0.041)
MI	-0.026**	-0.042**	-0.063	-0.043**	-0.005*
	(0.040)	(0.049)	(0.068)	(0.032)	(0.030)
Credit	1.905**	2.032**	1.592*	0.420*	0.555*
	(0.921)	(0.860)	(0.100)	(0.654)	(0.645)
FI	-0.104***	-0.232***	-0.469***	-0.047***	-0.193***
	(0.098)	(0.116)	(0.138)	(0.095)	(0.137)
PI	-0.359**	-0.324**	-0.875***	-0.042**	-0.172*
	(0.148)	(0.212)	(0.338)	(0.318)	(0.140)

续表

变量	(1)	(2)	(3)	(4)	(5)
加入协变量	否	是	是	是	是
带宽(LW)	Iwald	Iwald	Iwald50	Iwald200	Iwald
矩阵核(R)/三角核(T)	T	T	T	T	R

注：列（1）为模糊断点回归的基准估计结果；列（2）为加入协变量后估计结果；列（3）、（4）分别为使用最优带宽的 1/2 和 2 倍估计结果；列（5）为使用矩形核估计结果。

由表 2 可知，数字经济显著地影响了农户农业生产行为，改变了生产要素配置方式，在土地规模经营、机械化生产、资金投入以及绿色生产等方面对推动小农户衔接现代农业发展有着正向推动作用。小农户技术投入的估计系数并不显著，专业生产技术的推广应用具有较高的技术壁垒，且囿于经济发展，农村数字基础设施以及农村家庭移动设备的不完备再一次导致叠加了数字壁垒。同时，对贷款获取的估计系数在 LWald50 估计时并不显著，根据调查结果，超过 60% 的被调查农民并不了解银行贷款流程，并且农村地区信用数据库建设不完善，所以数字经济能够为小农户带来的增信效果有限，无法提高或满足小农户的生产融资需求。而数字经济为农户家庭带来更多机会和选择，同时也带来更复杂的风险，而小农户更多为风险厌恶型，导致对专业化种植出现明显的负向影响。另外，农业生产存在周期性规律，对种植结构的影响也可能存在滞后性。

3. 设定检验

断点回归后，还需要对其设定进行检验。首先，本文将结果变量替换为控制变量，检验控制变量在断点处的条件密度是否存在跳跃（限于篇幅结果未全部展示）。若出现明显跳跃，则可能会导致解释变量对被解释变量的"跳跃"的解释力度降低，而检验结果证明控制变量的条件密度函数在断点处均为连续且在断点两侧控制变量是平衡的。

其次，本文检验农户决定参与数字经济的概率是否存在人为干预现象，该

检验分为两步，第一步，将驱动变量在断点 c 处两侧尽量等距离细分，记组距为 b，每组的中心位置为变量 $X_j = \left\{\cdots, c - \dfrac{3b}{2}, c - \dfrac{b}{2}, c + \dfrac{b}{2}, c + \dfrac{3b}{2}, \cdots\right\}$。然后计算每组标准化频率，记为 Y_j。第二步，使用三角核，将 Y_j 对 X_j 进行局部线性回归；针对分组变量的取值 r_0，可得密度函数估计值，最终画出密度函数图。如图 3 所示，密度函数曲线与置信区间在断点处几乎并未看到明显跳跃，可以认为断点附近样本近似随机实验分布，证明经济个体不存在对驱动变量的精确控制。断点两侧密度函数估计值的置信区间有较大部分重叠，故断点两侧的密度函数不存在显著差异。

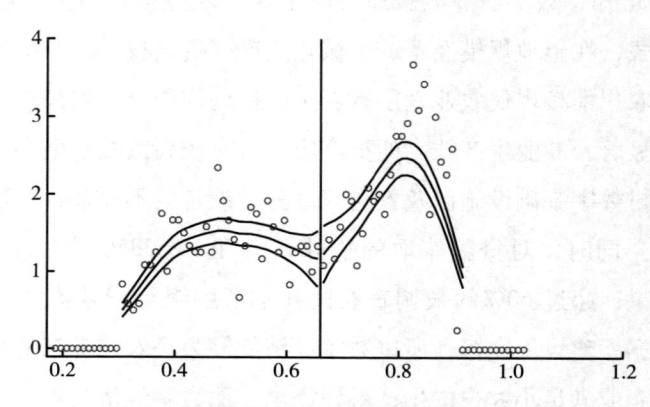

图 3　分组变量密度函数在断点处的连续性

（二）进一步分析

1. 稳健性检验

在数据处理以及三种不同带宽和不同内核选择检验的基础上，本文使用以下方法进行稳健性检验。①替换模型。本文沿用 FRD 的处理组和控制组，用 PSM 替换 FRD 进行稳健性检验。②本文根据断点回归模型设计了证伪检验（Falsification Test，FT），以所有"未使用"农户为样本，以同样的参数和断点再次回归，农户在断点后也不应该存在"使用"的可能，故在理论上得到的所有拟合结果均不显著。如表 3 所示，PSM 模型与 FRD 模型回归结果在影响方向与显著性上是非常一致的,虽然PSM模型得到的干预效果普遍小于FRD模型估计结果,但其多是由平均处理效应(ATT)与局部平均处理效应(LATE)在运算机制上的不同所致,并不影响基准回归结果的可靠性。同时,证伪检验的结果表明所有结果变量均未达到统计显著,再次对基准回归结果提供了支撑。

表3 稳健性检验结果

变量	PSM K值匹配	PSM 卡尺匹配	PSM 核匹配	FT
$Land$	0.318*** (0.117)	0.023*** (0.106)	0.017*** (0.103)	0.018 (0.344)
ML	0.071* (0.067)	0.029** (0.048)	0.028* (0.048)	0.040 (0.061)
TL	0.033 (0.029)	0.025* (0.030)	0.024 (0.025)	-0.025 (0.068)
HI	0.013 (0.048)	0.004 (0.036)	0.002 (0.035)	-0.218 (0.108)
MI	-0.019* (0.046)	-0.010* (0.034)	-0.011 (0.033)	-0.140 (0.094)
$Credit$	0.443*** (0.681)	0.807*** (0.748)	0.780 (0.730)	0.247 (0.832)
FI	-0.129*** (0.081)	-0.127*** (0.065)	-0.120*** (0.064)	0.220 (0.179)
PI	-0.149** (0.114)	-0.100** (0.098)	-0.102** (0.095)	0.058 (0.244)

注:"***""**""*"分别表示在1%、5%、10%的显著性水平上通过检验。下同。

2. 异质性分析

由上文可知,数字经济有助于优化配置土地、技术、资本等生产要素,助推小农户衔接现代农业生产,在制度放活和农业转型发展的背景驱动下,小农户已从高度同质性且农业为生的原生群体,相应地分化成具有不同行为

偏好和农业生产经营意愿的异质化结构群体。因此，数字经济的影响效应可能由于经营规模、经营主体以及接受社会化服务类型等方面的不同而产生不同的效果。

（1）经营规模异质性

本文从农户、作物两个层面考察异质性问题：由于经营规模开始成为区分农户类型的最明显特征之一，尤其是不同经营规模农户在现代农业经营体系中的行为差异已得到学界共识。因而本文以经营规模、作物类型两方面为例考察数字经济效应的异质性问题。将农户按农地经营面积分为"10亩以下""10亩及以上"；进而按种植作物种类分为"粮食作物"和"经济作物"。如表4所示，从结果看，对"10亩以下"的小农户来说，数字经济使其更加"保守"，原因可能是对于这些农户来说，数字技术和数据的应用成本较高，在了解更多信息后，更倾向于选择将农地转出，其中，种植粮食作物的农户存在缩小农地经营面积的情况，且降低了其机械化和技术化生产水平。相反，对于"10亩及以上"的小农户在"数字化"的影响下，更倾向于选择专业化种植，会选择转入土地以扩大面积，也更有动力增加机械和技术投入。值得注意的是，种植粮食作物的农户选择了多样化种植，这并不利于保障粮食安全和供给稳定。

表4 经营规模异质性分析

变量	(1)	(2)	经营规模 (1) 粮食作物	经营规模 (1) 经济作物	经营规模 (2) 粮食作物	经营规模 (2) 经济作物
$Land$	-0.390** (0.205)	0.115** (0.068)	-0.257** (0.134)	0.721*** (0.304)	0.143** (0.077)	0.251* (0.150)
ML	0.190* (0.081)	0.200** (0.117)	-0.236** (0.125)	0.157** (0.102)	0.331*** (0.149)	0.105* (0.061)
TL	0.166 (0.075)	0.104*** (0.056)	-0.117* (0.070)	-0.124** (0.103)	0.119* (0.067)	0.146* (0.086)

续表

变量	经营规模		(1)		(2)	
	(1)	(2)	粮食作物	经济作物	粮食作物	经济作物
HI	0.022 (0.078)	0.127** (0.062)	0.185 (0.092)	-0.392*** (0.134)	-0.118** (0.049)	0.232*** (0.105)
MI	-0.144** (0.089)	0.093* (0.053)	-0.012** (0.103)	-0.229*** (0.086)	-0.074** (0.040)	0.136* (0.076)
Credit	0.981*** (0.831)	0.198* (0.492)	0.090 (0.730)	0.084*** (1.792)	0.821* (0.151)	-0.098 (0.238)
FI	-0.240** (0.131)	-0.287** (0.151)	-0.212** (0.115)	-0.567*** (0.262)	-0.555** (0.289)	-1.155* (0.678)
PI	-0.163** (0.152)	-0.748** (0.349)	-0.351* (0.189)	-0.667*** (0.283)	-0.695** (0.334)	0.662 (0.345)

注：列（1）为"10亩以下"组，列（2）为"10亩及以上"组。

（2）经营主体异质性

第一，考虑到数字技术和平台的使用具有明显技术偏向型的特征，不同年龄的农户对数字经济的敏感程度可能存在差异，数字经济对农户生产决策的影响效应可能存在代际差异。根据本文调研农户实际情况，本文将户主年龄分为青年（18~44岁）、中年（45岁及以上）两组，并分组检验数字经济效应的异质性。第二，本文在调研4个省份中共选取117个新型农业经营主体并利用其相关数据进行异质性分析。如表5所示，数字经济会促进"青年"组选择更加"冒进"的生产策略——扩规模、重技术、专业化种植，在绿色生产方面，对化肥的"减量"不够重视，与此同时，"中年"组却选择了风险更低的多样化种植，且技术生产水平变量的系数并不显著，说明数字经济并没有促进其增加技术投入。另外，相比于小农户，在数字经济背景下，新型农业经营主体会采取更规模化、专业化的种植行为，在农业现代化方面有着较大优势。

表5 经营主体及社会化服务类型异质性分析

变量	经营主体 青年	经营主体 中年	经营主体 新型经营主体	社会化服务 接受	社会化服务 未接受
$Land$	0.311** (0.179)	0.537** (0.276)	0.444*** (0.201)	0.561** (0.251)	0.221** (0.118)
ML	0.302** (0.180)	0.235* (0.136)	0.575** (0.359)	0.339*** (0.129)	0.057** (0.028)
TL	0.110** (0.066)	-0.173 (0.080)	0.559** (0.069)	0.278*** (0.157)	0.064 (0.056)
HI	0.159* (0.093)	0.078 (0.046)	0.185** (0.092)	0.083* (0.050)	-0.097** (0.048)
MI	0.056** (0.061)	-0.070* (0.039)	0.265** (0.150)	0.072* (0.038)	-0.083** (0.041)
$Credit$	0.882* (0.764)	0.802** (0.988)	0.090* (0.730)	0.710** (0.831)	0.949*** (0.078)
FI	0.209* (0.127)	-0.321** (0.158)	-3.392** (0.115)	-0.467** (0.278)	-0.184** (0.111)
PI	-0.330** (0.196)	-0.328** (0.189)	-0.697* (0.189)	-0.468** (0.276)	-0.231** (0.254)

(3) 社会化服务异质性

农业社会化服务是实现农业生产组织化、系统化、规模化的重要手段，是加快推进农业现代化的重大战略举措。在小农户生产的关键薄弱环节，引入代耕代种、代管代收、全程生产托管等社会化服务能够为农业生产提供产前、产中、产后全过程综合配套服务的体系，极大地推进农业生产专业化、商品化和社会化，本文以"是否接受农业社会化服务"为标准进行异质性分析，具体结果如表5所示。从结果看，对于接受社会化服务的小农户来说，数字经济的作用显著促进了生产技术投入和专业化种植。在田野调查中发现，分散的农户参与统一的农业社会化服务，存在交易成本过高、管理风险较大等困境，同时"流水线"式的服务也无法满足不同家庭个性化需求。

小农户衔接现代农业：数字经济的微观影响

五 结论与建议

（一）结论

小农户仍是我国农业的经营主体，小农户衔接现代农业是实现农业农村现代化的必经之路，也是推进乡村振兴战略实施的重要着力点。然而，小规模、分散化的农业经营格局不仅导致生产效率增长缓慢，而且也必然引发引入现代生产要素的内生性约束。其中，小农户与现代农业间的"数字鸿沟"以及由此决定的交易半径与配置空间，构成了小农户与现代农业发展有机衔接的重要障碍。显然，数字经济为小农户带来了数字技术、数字化平台以及数据的广泛应用，这无疑为传统农业改造，尤其是小农生产经营的现代化转型提供了新的契机。

本文通过构建农户参保影响小农户衔接现代农业生产的理论框架，基于四川、江西、辽宁、山东四省1618户微观农户数据，运用断点回归法和倾向得分匹配法进行实证检验，具体考察了参与数字经济的发展对小农户土地规模经营、机械技术投入、专业化种植、农业资本投入以及农业绿色生产的影响，并且从不同的农地经营规模，经营主体的年龄、类型，接受社会化服务三方面进行异质性分析。

主要结论如下。第一，在数字经济背景下，"数字化"显著影响了小农户生产要素配置行为，并主要通过扩大经营规模、提高机械化水平、增加农业资本投入和农业绿色生产四方面正向推动小农户衔接现代农业生产。第二，数字经济的影响效应存在异质性。①经营规模较小的小农户倾向于将农地转出，缩小农地经营面积，采取多样化种植以分散更多风险；经营规模较大的小农户会选择专业化、规模化种植，因此会扩大农地面积，还会增加农业机械和农业技术的使用。对种植粮食作物的小农户来说，"10亩以下"农户倾向于缩小农地经营面积、降低机械技术投入，而"10亩及以上"农户选择扩大规模、提高机械化生产水平，在一定程度上存在"极化效应"。

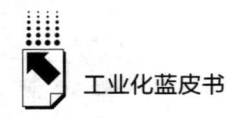

②在数字经济的影响下,"青年"农户会采取更"冒进"的生产策略——扩规模、重技术、专业化种植;新型农业经营主体会采取更规模化、专业化的种植行为,在农业现代化方面有着较大优势。③在数字经济背景下,接受农业社会化服务的农户可以更有效地衔接现代农业生产。

(二)政策建议

首先,小农户拥有一定量的资源禀赋是衔接现代农业的前提。固有的土地、弱质化的劳动力和少量资金构成当前小农户的资源基础,在确保小农户保有原有资源权利的基础上,通过政策倾斜等方式增加资源的数量和质量,能有效提高小农户衔接现代农业的资源能力。同时,农户资源禀赋也是制约其向更高水平衔接模式转换的约束条件,政府应当基于资源要素优化的配置基础,深化农业经营体制机制改革,放活土地、劳动力、资本等传统要素市场,着力破除各种阻碍和制约要素资源自由流动的制度障碍、机制梗阻和政策壁垒,健全要素市场交易机制,加快要素资源高效流动,给予小农户生产要素的配置空间,才能赋予其衔接现代农业的选择能力。并按照农业农村现代化建设的体系要求,拓宽农业与其他产业之间、城乡之间的资源流动渠道,通过要素变革或关系重组来激活小农户发展的内生动力。

其次,充分利用"数字红利",注重弥合"数字鸿沟"。发挥其对小农户衔接现代农业的环境组织带动作用,加快推进农村地区数字基础设施建设,积极组织"数字化"培训,进一步普及农村地区互联网,提高智能数字设备的使用率。在此基础上,充分发挥"数字农业"在促进农业生产适度规模化、技术化和通过正规金融机构的生产性投资等要素性配置方面的作用,借助数字平台在信息传播上低成本、高效率的优势,将"数据"这一现代生产要素深入小农户的农业生产中。与此同时,数字经济可能会带来区域间的"极化效应",强化小农户衔接现代农业的内在积极性是其可持续靠近现代农业的发展路径,积极实施高素质农民培育计划,组织相关培训,提升小农户的数字素养和接受新事物的速度,培养小农户筛选、甄别数据的能力。

再次，加强培育新型农业经营主体，培育多元化农业经营主体，差异化衔接对象的功能，新型农业经营主体在小农户现代农业中有着组织、带动、服务、协调的作用，因此应充分发挥种植大户的生产服务作用、专业合作社的平台组织作用、农业企业的产业协调作用和乡村经济能人的社会协调作用，采取切实有效的分类扶持和个性化扶持措施来培育和发展这些衔接对象，使其各司其职。另外，发挥青年农民的带头作用，对于小规模农户以及年轻农户，可以引导其在农业生产中对互联网信息技术的使用，提高农业信息发布平台、农业社会化服务交易平台等的接入率和问询率，缩小农户群体之间在农业现代化融合上的差距。

最后，发挥农业社会化服务的分工效应。农业社会化服务在生产环节中深化分工，发挥不同企业的比较优势，缓解农户在生产经营中面临的数据应用、机械使用、烘干、仓储等环节的信息和技术的约束，让小农户对现代农业、数字农业发展有更深的了解并从中获益。但同时，在农户分化的现实背景下，小农户与现代农业发展有机衔接的路径日益从单一化、同质性向多元化、异质性探索转变，结合小农户实际经营情况，考虑其个性化需求，是进一步发展的方向。

参考文献

胡凌啸、王亚华：《小农户和现代农业发展有机衔接：全球视野与中国方案》，《改革》2022 年第 12 期。

张文宣：《小农户生产现代化的理论分析与经验证实》，《经济问题》2020 年第 9 期。

张梅、杨洒、颜华等：《分化视角下小农户与现代农业衔接：耦合机制和实现模式》，《农业经济与管理》2022 年第 1 期。

文丰安：《数字经济赋能乡村振兴：作用机理、现实困境与实践进路》，《改革与战略》2023 年第 4 期。

杜秦川：《完善统计监测指标　促进数字经济平稳高质量发展》，《宏观经济管理》2023 年第 7 期。

李宁:《农业农村优先发展中的数字赋能及其实现路径》,《当代经济管理》2023年第5期。

钟文晶、李丹、罗必良:《数字赋能:助推小农户融入现代农业发展轨道——基于全国农户微观数据的考察》,《暨南学报》(哲学社会科学版)2023年第6期。

黄伟、刘银轲、胡培奇:《数字鸿沟背景下小农户信息赋能过程机理与实现路径——基于数字包容理论的多案例研究》,《技术经济》2023年第6期。

任天驰、杨汭华:《小农户衔接现代农业生产:农业保险的要素配置作用——来自第三次全国农业普查的微观证据》,《财经科学》2020年第7期。

李诚浩、任保平:《数字经济驱动我国全要素生产率提高的机理与路径》,《西北大学学报》(哲学社会科学版)2023年第4期。

吕剑平、马亚飞、谢小飞:《小农户参与现代农业行为的影响因素——基于甘肃348户农户调查分析》,《中国农业资源与区划》2022年第5期。

刘进、贾杰斐、许庆:《农机购置补贴如何影响小农户农机社会化服务获得——基于全国农村固定观察点数据的分析》,《中国农村经济》2023年第2期。

刘艳、马贤磊、石晓平:《农机服务对小农户土地流转"内卷化"的影响》,《华中农业大学学报》(社会科学版)2022年第2期。

徐勤航、诸培新、曲福田:《小农户组织化获取农业生产性服务:演进逻辑与技术效率变化》,《农村经济》2022年第4期。

周世军、陈博文:《数字经济是否影响劳动力空间配置?——基于中国流动人口的微观证据》,《云南财经大学学报》2023年第2期。

Okinda O. M., Nyambane D. A., Isaac N., et al., "Determinants of Smallholder Farmers' Membership in Co-operative Societies: Evidence from Rural Kenya," *International Journal of Social Economics*, 2023, 50 (2).

Poonia H., Tonk S. M., Bhatia K. J., et al., "Optimization of Profit and Land Resources for Marginal/Small Farmers - A Linear Programming Approach," *Asian Journal of Agricultural Extension, Economics & Sociology*, 2022.

Qin Z., "Opinion Paper: Precision Agriculture, Smart Agriculture, or Digital Agriculture," *Computers and Electronics in Agriculture*, 2023, 211.

Degila J., Sodedji K. A. F., Avakoudjo G. G. H., et al., "Digital Agriculture Policies and Strategies for Innovations in the Agri-Food Systems—Cases of Five West African Countries," *Sustainability*, 2023, 15 (12).

Degila J., Tognisse S. I., Honfoga C. A., et al., "A Survey on Digital Agriculture in Five West," *African Countries. Agriculture*, 2023, 13 (5).

专题六　共同富裕：新型工业化的包容性体现

B.18
推进新型工业化包容性发展研究

魏国江[*]

摘　要： 新型工业化是我国经济高质量发展的必然要求，是科技推动的绿色化、数字化、高级化、现代化工业体系，与西方的工业化发展道路具有本质区别。新型工业化过程中必然伴随产业替代与就业转换效应，对就业人员的知识与技能要求更高，产业工人的工资也相应提高，但如果产业工人的技能不能提高则可能沦为结构性失业人员，所以新型工业化必须注重包容性发展。我国工业化过程中区域工业不平衡、就业与收入差距及区域创新能力差异都会对新型工业化包容性发展产生影响。一方面要处理好我国工业发展中区域不平衡问题，合理布局工业体系，注重对工人的技能培训，提高就业能力；另一方面要解决好"过早地去工业化"问题，促进产业包容性发展，确保产业与经济安全。

---

[*] 魏国江，福建师范大学教授，主要研究方向为理论经济学、工商管理及企业技术创新等。

关键词： 新型工业化 包容性发展 现代化 高质量发展

党的二十大报告提出，我国到2035年基本实现新型工业化。新型工业化是我国现代化建设的主要内容，是我国由传统工业化向高质量工业化升级的必然结果，是新一轮科技革命和产业变革的必然要求。新型工业化是社会主义市场经济条件下在传统工业化基础上通过科技创新实现产业升级、迈向价值链高端的连续过程，通过数字化与智能化手段提高工业效率实现资源节约、环境友好的绿色工业化发展，最终促进全体人民共同富裕。

现代工业是基于高科技的复杂生产体系，对劳动者的知识与技能要求高，导致部分劳动者难以参与劳动过程；同时我国区域差距大，基础设施和教育水平也存在显著差异。党的二十大报告指出我国在现代化建设中要"着力促进全体人民共同富裕，坚决防止两极分化"。所以新时代发展新型工业化必须重视推进包容性的工业化，既要通过产业升级与转型发展高技术产业和战略性新兴产业；又要保证经济发展惠及更多人民、促进区域协调，保持传统制造业的基础性地位，确保我国完整的产业体系与产业安全。

一 我国工业化过程中的非包容性问题

中国工业化分为三大阶段，新中国成立时期的工业化、改革开放后的工业化和新时代新型工业化。前两个阶段工业发展出现了典型的非包容性问题，这是世界工业发展史的普遍性特征，第三个阶段是现代化建设背景下推进的新型工业化，党的二十大把发展新型工业化和共同富裕有机联系起来，强调了工业化包容性发展的重要性。

第一阶段工业化为完成社会主义革命和推进社会主义建设时期，1953年党正式提出过渡时期总路线，在相当长时期内逐步实现国家的社会主义工业化；党的八大指出全国人民的主要任务是集中力量发展社会生产力，实现国家工业化。基于我国20世纪五六十年代工业基础弱的背景，国家采取

"以农养工""剪刀差"方式以牺牲部分农业利益加速工业发展。在当时条件下加快工业发展是应对国际国内局势的重要举措，但也带来一些问题。"以农养工"所形成的经济体制伤害了农民利益，农业政策只重视"以粮为纲"，农民生活改善缓慢；而工人成为社会中优势群体，工人收入不断增加，生活水平有了较大的改善。1962年召开的扩大的中央工作会议总结了经济工作教训，之后采取措施调整国民经济，大力精减职工，减少城镇人口，加强支援农业战线。经济发展中的"剪刀差"使工业具有优势，工农业存在较大差距，但当时的分配制度主要为按劳分配，贫富分化尚没有形成。

第二个工业化阶段为改革开放时期，这一阶段以2001年加入WTO为分水岭又分为两个时期，第一时期乡镇企业异军突起，是全国性工业化的起步期。我国乡镇企业迅速发展形成了几个大的乡镇企业聚集区，主要集中在山东、江苏等地。从表1可见，1980~2000年我国乡镇企业数量增长了13倍多，就业增加3倍多，居民收入增长49倍多。但是乡镇企业大发展期也是我国农村贫富分化期，虽然我国总体的基尼系数变化不大，但农村居民收入基尼系数由1980年0.1732上升到1998年的0.3230，接近翻一番，表明农村贫富分化快速拉大。

表1 中国的乡镇企业数量、劳动力人数与收入状况

年份	乡镇企业数量(万家)	劳动力人数(万人)	占农村劳动力比重(%)	来自乡镇企业的人均纯收入(元)	农村居民收入基尼系数	中国居民收入基尼系数
1980	142	3000	9.4	15	0.1732	0.3151
1990	1873	9262	22.1	126	0.2354	0.3320
1995	2203	12861	—	467	0.2880	0.3947
1996	2336	13508	29.4	584	0.3034	0.3746
1997	2015	13050	28.0	641	0.3079	0.3737
1998	2004	12537	26.0	720	0.3230	0.3827
1999	2071	12704	27.0	765	0.2950	0.3886
2000	2085	12820	27.3	760	0.2451	0.3951
2005	2496	14272	30.85	649	0.3507	0.4341
2010	617	9815	38.37	1202	0.3550	0.4381

资料来源：相关年份《中国乡镇企业年鉴》、《国家统计年鉴》及田卫民（2012）的计算。

第二时期是我国融入全球化阶段。2001年我国加入WTO，在与世界市场对接过程中沿海地区成为工业化发展速度较快区域，我国工业化开始由农村推动型转为城市推动型。沿海地区基于引进外资的区位优势，工业发展迅速，内地与沿海地区差距拉大。从我国的工业企业数量看（见图1），加入WTO后，工业企业数量增长最快，成为我国工业发展的主力军，尤其是私营企业数量最大，稳定增长至2010年，年均增长40%，但2010年后东部私营企业数量大幅下降，而后进入稳定期。中部私营企业数量增长相对东部较稳定，但数量较少，约为东部的40%。西部的私营企业约为中部的1/2，为东部的1/5。从国有控股企业数量看，数量都较小，但加入WTO初期各地差别不大，东部约为1.5万家，中部约为1万家，西部约为0.9万家，随后国有控股企业数量开始下降，东部下降到约1万家，中部下降到0.68万家，西部下降最少，维持在0.83万家。外商投资企业数量差距较大，2003年东部约有3.5万家企业，中部有2000家，西部有1200家企业。随后各地略有波动，东部基本维持不变，西部和中部接近增长1倍。工业企业的数量分布反映了区域工业发展呈现较大的非均衡性，这种分布格局造成我国各地经济发展水平巨大差异，也是区域收入差距的重要原因，我国居民收入基尼系数

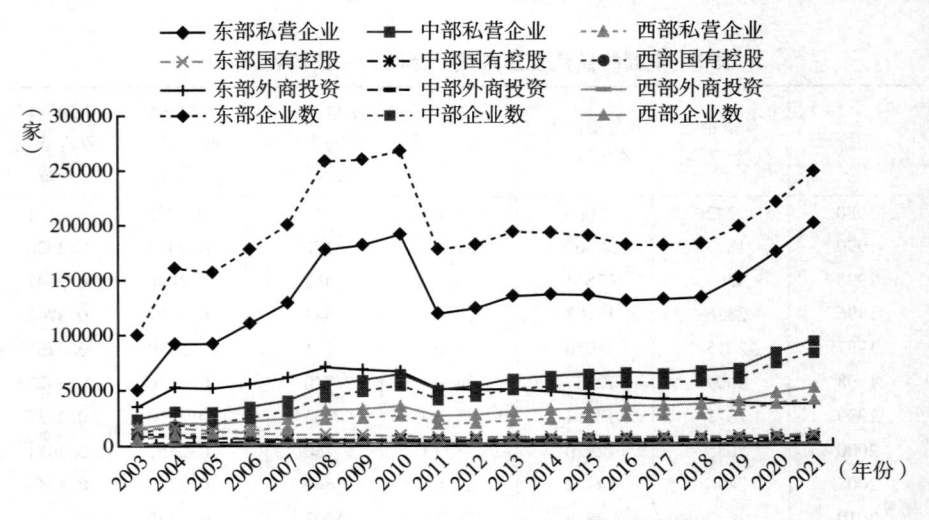

图1 我国加入WTO后各类型工业企业数量

从2000年0.395上升到2020年的0.468。

从黄群慧等构造的中国工业化指数①（见图2）可以看出，我国工业化发展呈现集聚性与非均衡性特征。东部地区和东北地区在早期具有发展优势，但东北的工业优势在全球化浪潮中并没有持续，只有东部得益于改革开放中引进外资的优势，工业发展持续领先。

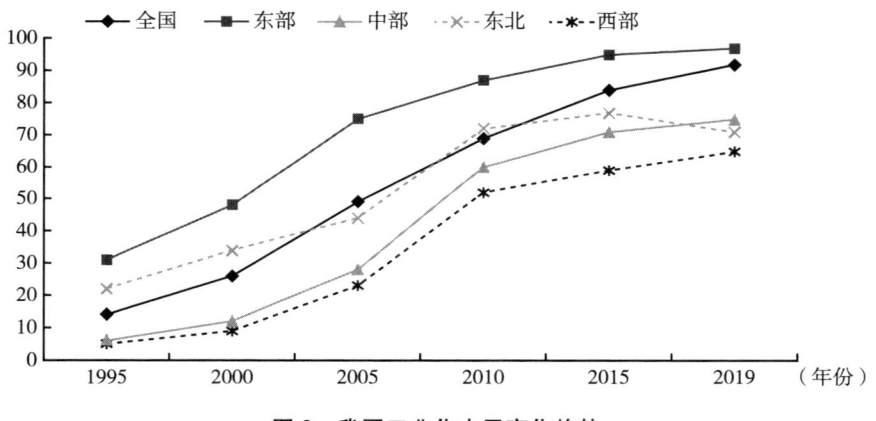

图2 我国工业化水平变化趋势

从图2可见，20世纪末我国工业分布就相对不均衡，东部受益于改革开放，东北地区是传统的重工业基地，工业化呈现东强西弱的典型特征。虽然2000年后各地工业化开始加速，但2000~2005年，东部的工业化速度明显快于其他地区，但东北地区由于多种原因出现了工业化发展滞后状况。2006~2010年东部工业化速度趋缓，其他地区工业化加速，区域差异缩小，但仍然比较明显。2011~2019年，我国工业化速度整体开始下降，尤其东部和东北地区比较突出，东北的工业化指数不仅没有提高反而由72下降到71。正是工业化程度的差异导致我国区域间人均收入的差距。一方面，中西部人口到东部就业以获取劳动收入，使我国出现"民工潮"这一重要的社

---

① 该指数利用人均GDP、三次产业产值比例、制造业增加值占总商品增加值比重、人口城市化率、第一产业就业占总体就业比重等5个指标并赋予不同权重，取实现工业化国家这5个指标在不同工业化阶段的经验数值范围作为标准值，构造工业化水平综合指数。

会现象；另一方面，东部经济起飞后的领先优势不断积累，吸引了大量的优秀人才，为后期高质量发展打下坚实基础，而中、西部的发展劣势加之地区基础设施与现代服务业弱势导致高质量发展遭遇瓶颈。

从我国地区人均收入的变化趋势分析看（见图3），其与工业化存在高度相关性，总体相关系数在0.93～0.99。2010年之前工业化指数与地区居民收入的相关系数稳定在0.98以上，2010年之后开始小幅下降，2019年相关系数为0.93，主要原因是我国第三产业迅速发展，居民收入来源多元化，工业对居民收入的影响小幅下降。总体上看，工业化成为我国经济社会发展的重要动力，但各地工业化程度差异造成居民就业机会与收入的显著区别，我国"让一部分人先富起来"的政策及东部地区的区位优势导致工业化发展中存在较大的非包容性问题。

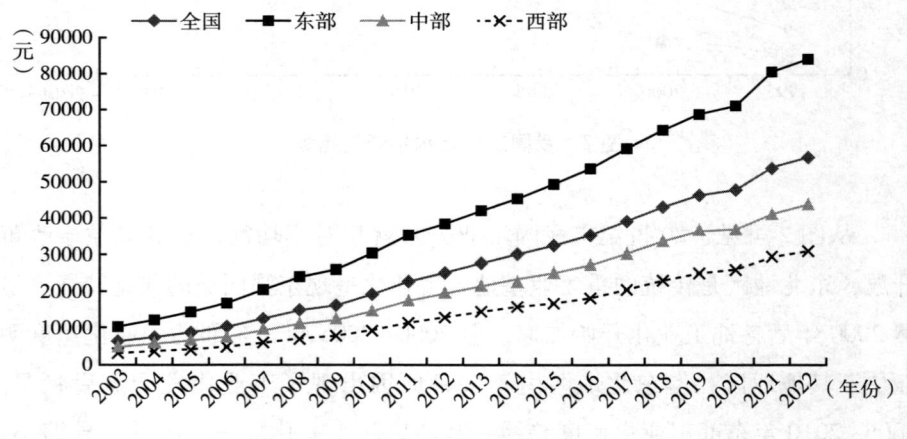

图3 我国不同地区人均收入

第三阶段的工业化是中国特色社会主义进入新时代后推进的新型工业化。进入新时代后我国已经基本实现工业化，进入工业化后期的后半段，但工业化发展的不平衡和不充分问题仍然存在，我国工业化之路遭遇新挑战。首先，我国有220多种工业产品产量位居世界第一，且遥遥领先于其他工业国。我国的居民累积性消费基本释放完毕。其次，我国的生态问题与资源瓶颈成为约束工业持续发展的重要因素。再次，工业生产长期处于价值链低端的发展模式不利于我国跨过"中等收入陷阱"。最后，企业热衷于市场规模竞争的方式在颠覆性技术进步上突破缓慢，限制了我国工业高质量发展。党的十六大为我国工业发展指出具体方向，新型工业化是顺应时代变迁、解决我国高质量发展问题的工业化，既具有工业化的普遍特征，又具有中国特色，新型工业化不仅要促进经济高质量发展，更要解决我国市场经济高速发展下收入差距不断拉大的社会问题。新型工业化推进包容性的工业化。

二 影响新型工业化包容性发展的主要因素

（一）区域工业差异

我国各地由于区域自然条件及社会因素的影响，区域工业化水平存在较大差异，这是我国各地经济水平出现较大差距的主要原因。从图4我国各地工业增加值集聚莫兰指数看，2009年前我国各地工业集聚性不太明显，之后工业集聚性突出，2011~2015年维持相对平衡位置，但2016~2020年又小幅升高。总体来看，世界经济的每一次波动都会使工业集聚水平发生重要变化，表明区域工业化水平强弱反映了其应对全球经济风险的能力，越是工

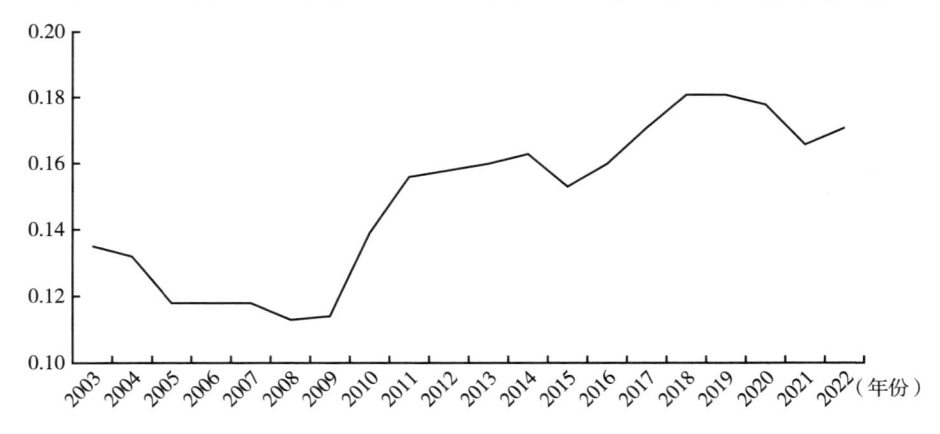

图4 我国各地工业增加值集聚莫兰指数

业化弱的地区应对经济风险的能力越低,只要国际或国内环境发生一定的变化,其工业发展就会受到较大的冲击。目前,我国工业主要形成5个集中区,以辽宁为中心的东北集中区,以河北为中心的京津冀集中区,山东到广东的沿海集中区,以川渝为中心的西南集中区和以湖北为中心包括湖南、安徽、河南、陕西的中原集中区。这5个集中区的工业增加值占全国工业增加值的85%。

莫兰指数衡量了各地工业化程度的集聚性,为了更加准确地反映我国工业化的均衡性,本文同时采用Dagum基尼系数测度我国各地工业水平的差异。基尼系数是测算多主体间某一指标平衡性的重要指标,最早主要用来测量贫富差异程度,Dagum基尼系数通过引入参数来调整基尼系数的计算,比基尼系数更具有灵活性。从莫兰指数看,我国各地区的工业化水平略有升高,由2008年的0.113升高到2018年的0.181,表明总体集聚性是有所提高的,而从平均程度看Dagum基尼系数呈小幅下降趋势,由最高值0.493下降到0.45(见图5),但下降幅度较小,约只有9%,总体上显示我国工业化的区域差异非常明显。

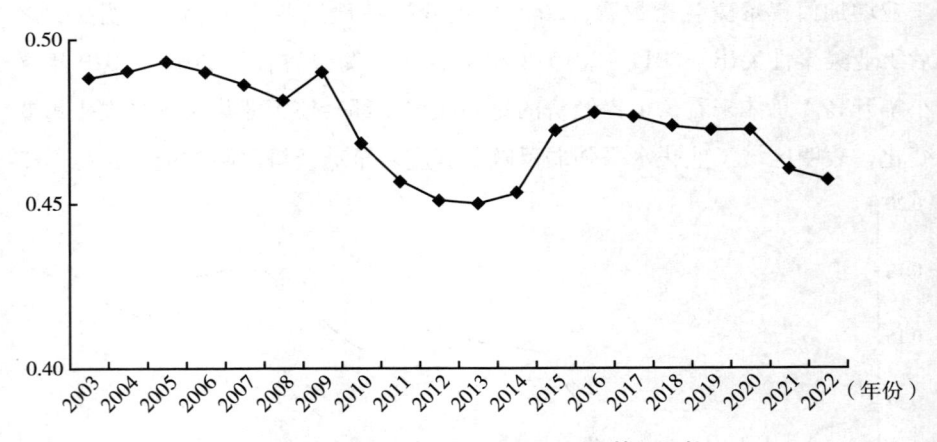

图5 我国各地工业增加值Dagum基尼系数

虽然世界各地的产业发展都具有不平衡性特点,但我国产业不平衡差异发展导致的流动性就业趋势与候鸟式就业模式带来诸多社会问题。首先,我国大量人口由农业向工业转移的过程中由于当地产业发展不充分,只能远离家乡到沿海打工，由此产生大量教育、婚姻、赡养问题。其次，任何地方的经济发展都要经历由不发达向发达的转变过程，但经济起飞需要积蓄一定的条件，罗斯托[①]指出建立和发展一种或多种重要的制造业部门即主导部门是经济起飞的主要条件之一，由于我国中西部地区工业化发展不平衡性，中西部地区高质量发展也存在困难，在发展高技术产业过程中就因前期工业基础差而相对落后。我国高技术产业发展较好的地区分布与工业增加值分布基本相当，两者的相关系数达到 0.86 左右，唯一区别是东北没能形成高技术产业集聚区，全国只形成了 4 个高技术产业集聚区。

（二）区域就业不平衡问题

任何一个国家的工业化初中期都以传统制造业为主体，普通技术工人都是工业化发展的重要基础，但随着工业化发展其技术含量日益提高，传统的技术工人逐渐被淘汰，自动化设备取代一线工人，知识型员工成为工业发展主体。这一现象在西方工业发展中具有普遍性，在我国也已出现端倪。我国的工业化建立在巨大人口优势的基础上，但随着新型工业化推进，自动化与智能化设备会释放大批一线工人，工业尤其是制造业吸纳大量工人就业的特点将出现新变化，由此产生工业高端化与包容性发展矛盾。

西方的工业发展史表明传统工业化发展过程中居民收入会出现不平等与贫富分化日益严重的趋势，但随着工业化推进及工人阶级运动的影响，居民收入差距会缩小。但每一次科技革命驱动的工业革命都会导致收入分配不均与工业发展同步的情况。20 世纪末出现的新科技革命带动数字化、经济全球化和去制造业化趋势，使发达国家大多都呈现收入差距逐年扩大的趋势。

由于我国是人口大国，制造业对国家安全、经济安全、产业安全与社会安全都具有重要的现实意义，但由于全球产业转移及产业升级的影响，我

[①] 沃尔特·罗斯托：《经济成长阶段——非共产党宣言》，国际关系研究所编译室译，商务印书馆，1962。

国"去工业化"现象自 2008 年金融危机就开始出现兆头（见图 6），第二产业增加值占比由 48.5%开始下降，直至下降到 2020 年的 37.9%，后于 2021 年有所提高。制造业城镇就业人数由 2013 年的 5257.8 万人开始出现拐点之后一路下滑，2021 年下降到 3827.9 万人，下降了 27%。

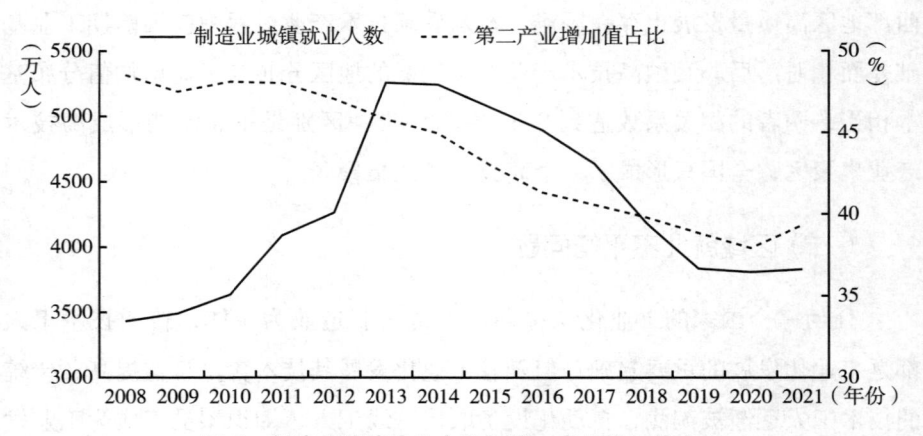

图 6　制造业城镇就业人数与第二产业增加值占比

虽然克拉克定理认为经济发展和人均国民收入水平提高会导致劳动力不断由第一产业向第二产业、第三产业转移的演进趋势[①]，但对于像我国这样一个发展中大国而言，制造业是经济安全和社会安全的重要基础，要适度保持制造业占比，2008 年的金融危机中制造业强的国家如日本和德国受冲击都较小，所以美国又提出"再工业化"。黄群慧[②]认为世界的"去工业化"有两种趋势，分别是"成熟地去工业化"和"过早地去工业化"。在一个国家制造业发展时间较短，生产服务业相对滞后，科技水平较低，制造业的创新溢出效应还没有对服务业产生重要的促进作用，产业关联效应、技术累积效应、人才积累效应、外汇储备效应尚不能支撑第三产业高质量发展的背景下，取代制造业的只能是低技能、低生产率和低贸易度的服务业，这种产业升级反而不利于产业稳步发展。我国近年已经出现了"过早地去工业

---

① 科林·克拉克：《经济进步的条件》，张旭昆、夏晴等译，中国人民大学出版社，2020。
② 黄群慧：《论新型工业化与中国式现代化》，《世界社会科学》2023 年第 2 期。

化"的苗头，一方面金融业的发展黄金期导致大量实体资本脱实向虚，另一方面制造业的平均利润率较低，近年我国各行业工业企业的利润率都不同程度下降，2019年我国工业企业平均利润率为5.33%，[①] 大量制造业企业向其他行业转移。产业升级过程中产业工人就业转换虽然是我国经济发展的必然结果，但也带来诸多问题。我国制造业是产业门类最齐全、产业体系最完整的制造业，"过快地去工业化"必然导致产业工人就业的快速轮换，培训及知识结构的原因又导致大量结构性失业，就业机会的减少又引致工资下降，最终导致基层工人的生存条件不断固化。

从图7可以看出，我国第二产业就业占比从2012年开始出现拐点缓慢下降，2015年后较快下降，直到2020年开始出现小幅上升。第三产业就业占比从2012年开始出现较快上升趋势，直到2021年才趋于稳定。我国就业的变化趋势反映了"过早地去工业化"的事实虽然符合产业升级的趋势，但产业高级化会带来就业变动与工资提升，工业化过程中就业的变化必然伴随工资水平的变化，一方面，就业者多会转向工资较高的行业；另一方面，新行业与产业对就业人员的要求也更高。

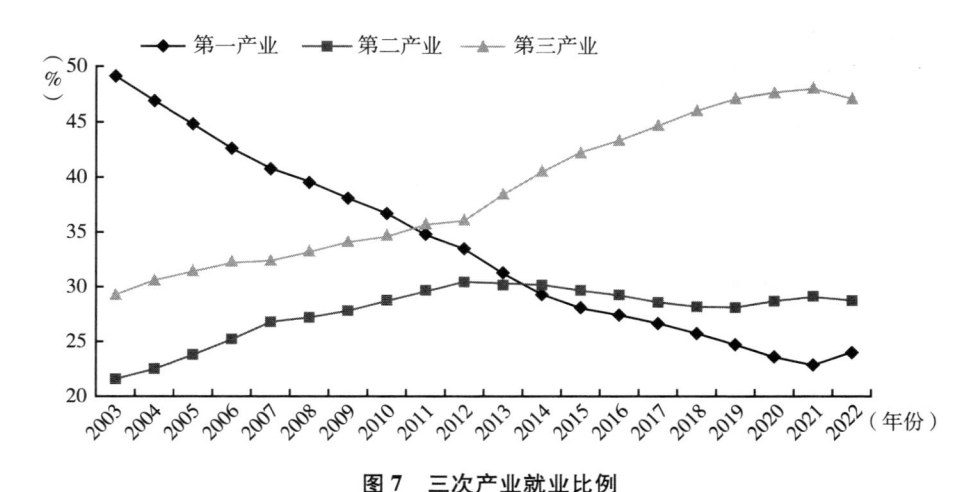

图7 三次产业就业比例

---

① 作者根据《中国统计年鉴》整理。

图 8 反映了我国主要行业就业人员的工资水平，从中可以发现我国制造业工资水平一直处于中下水平，总体上低于城镇单位工资平均水平。2006 年只比农、林、牧、渔业和建筑业略高，之后虽然工资水平有所上涨，但至 2021 年也只比农、林、牧、渔业，建筑业和交通运输、仓储和邮政业高，与金融业和信息传输、计算机服务和软件业的工资水平差距高达 12 万多元。制造业工资水平上涨缓慢导致我国大量工人不愿意在制造业长期就业，工匠数量不足；同时制造业在人才、技术、资本积累方面处于劣势，不利于长期稳定发展。

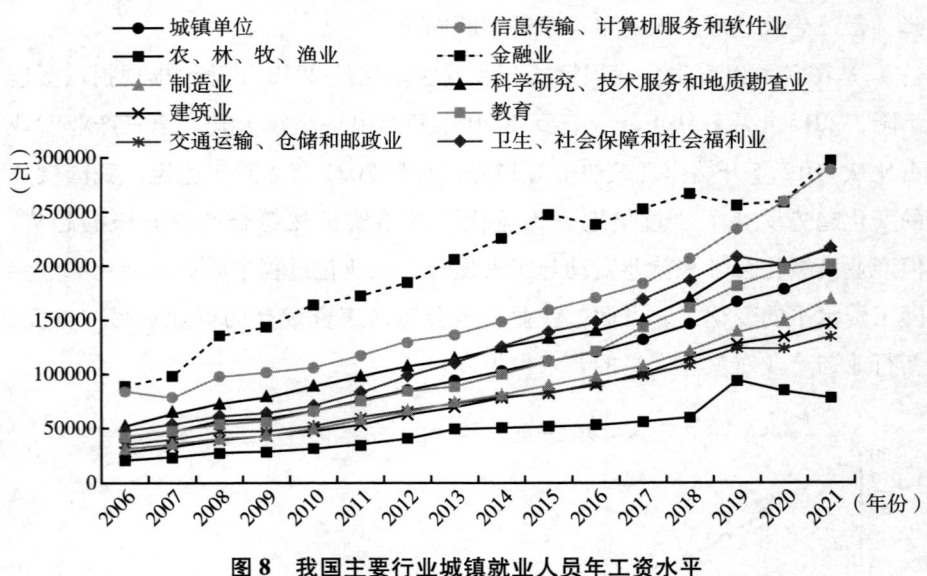

图 8 我国主要行业城镇就业人员年工资水平

（三）区域创新能力差距

新型工业化以科技变革为引领，核心是基于科技推动的高质量工业化，创新驱动是新型工业化的重要手段。由于创新环境和创新条件、资源存在差异，各地创新水平差距较大。由于缺乏创新资源，难以实现突破性创新也就无法推进新型工业化，个别区域只能停留于传统工业化阶段，在高质量发展中落伍；企业没有创新成果就难以利用最新生产技术制造满足消费者对美好生活需要的商品，无法获取高额利润回报，员工的收入也难以提高；员工如果在科技创新中没有创新能力就难以获得较高的就业能力，只能从事低端加工环节换取微薄工资，甚至在产业升级中不断被淘汰。所以保证创新能力是在新型工业化中获得竞争优势的关键，也是促进我国工业化包容性发展的根本任务。

我国各地自然条件、历史人文因素不同导致各地创新能力存在显著差异（见图9），从人均申请专利量可以看出我国区域创新水平差距较大。本文分别采用衡量指标集中趋势的莫兰指数与衡量均衡程度的Dagum基尼系数测评我国区域创新差异。近年我国区域创新水平整体呈现集聚态势，莫兰指数由1994年的最低点0.118上升到2012年最高点0.343，以后每年都在0.3以上徘徊，总体上表明我国区域创新存在集聚现象，且主要集中在京津冀、长三角、珠三角等区域。从Dagum基尼系数分析，我国各地创新水平分布非常不均衡，一直处于高度不协调状态，2005年Dagum基尼系数达0.609，虽2016年我国强调创新驱动，各地加强了创新投入，Dagum基尼系数有小幅下滑，但总体上都在0.4以上。两个指标显示我国创新能力具有集聚性特征，几个大的创新集中区通过虹吸效应与辐射效应汇集了较优的创新资源，而这种集聚又在一定程度上加大了区域创新水平的差距，使我国的协调发展与共同富裕面临更多挑战。

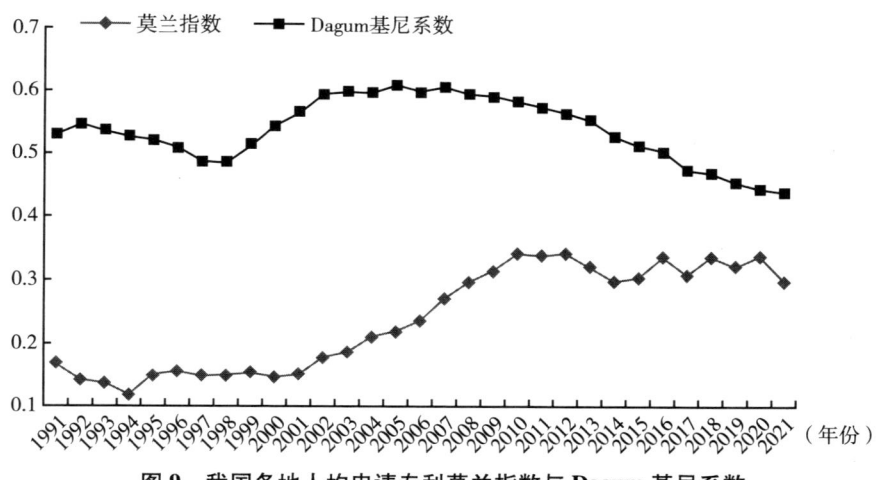

图9 我国各地人均申请专利莫兰指数与Dagum基尼系数

工业化蓝皮书

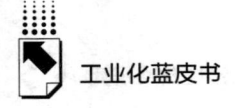

为了准确分析我国各地创新能力，本文采用区域研发全时当量、研发内部支出经费与申请专利数量作为衡量创新水平主要指标，利用熵值法对我国各地近年的创新能力进行评价。虽然创新能力由多种因素构成，但目前学界主要集中在投入与产出方面，投入主要为人、财、物，而物可以折算为经费投入；专利虽不能全面衡量创新能力，但可在一定程度上反映创新实力，所以本研究采用这三个指标衡量区域创新能力（见图10）。

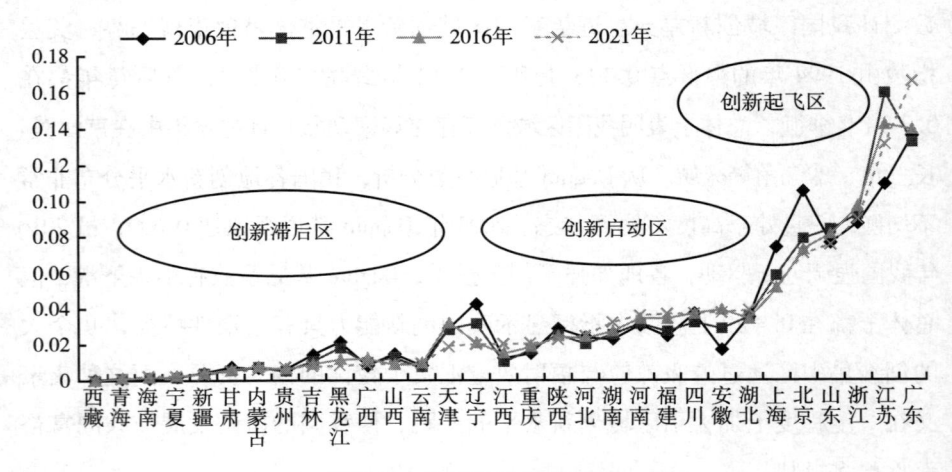

图10 我国各地创新能力

我国各地创新能力存在较大的差距，从低到高总体上可以分为三个区域，江西省处于中位数位置，天津和辽宁有较好的创新基础但在工业化发展中创新能力小幅下降。西藏、青海、海南、宁夏、新疆、甘肃、内蒙古、贵州、吉林、黑龙江、广西、山西、云南等省区市属于创新滞后区，这些省区市由于前期工业基础差或人才集聚优势弱等原因创新投入和产出都较低，在新型工业化中产业升级与价值链升级都存在一定困难；天津、辽宁、江西、重庆、陕西、河北、湖南、河南、福建、四川、安徽、湖北等地属于创新启动区，这些省市近年工业发展得益于中部崛起、西部大开发及长江经济带战略的积极效应，承接了东部的一些产业，积累了一定的工业基础和创新能力，基于既有的创新资源，在国家创新驱动战略的影响下，创新成效初步呈现，其中安徽表现较抢眼，虽早期创新能力弱，但近年由于地处长三角腹地并拥有大量的人口优势，在与上海、江苏和浙江等地产业互动中提升了产业实力与创新能力，科技创新水平上升势头明显；上海、北京、山东、浙江、江苏与广东是创新起飞区，在前期发展中受益于改革开放政策及区位优势，具有工业基础强及人才集聚优势，是我国创新起飞区，在贯彻新发展理念中成功实现创新引领。

从时间趋势上分析，自我国提出创新驱动战略以来，创新滞后区创新能力基本维持在较低水平，没有取得较大进步，甚至有些省区市如吉林和黑龙江创新能力还出现倒退；创新启动区的创新能力近年有一定提高，但天津、辽宁与陕西的创新水平出现小幅下降，江西、重庆、湖南、福建与安徽进步较快，创新成效突出；6个创新起飞区省市竞争激烈，北京和上海由于缺乏强大的工业支撑，创新优势有下降趋势，山东、江苏、浙江与广东得益于强大的工业基础，创新能力强，在全国处于创新前沿，创新驱动较成功。

各地创新能力差距将影响区域高质量发展，进而影响居民收入，导致工业化发展中的非包容性。新型工业化是基于科技水平提升的高科技产业快速发展、传统产业向价值链高端升级的工业现代化，科技实力决定了区域工业发展的潜力与实力，是企业盈利能力的重要条件。区域工业企业创新能力弱必然导致地方产业升级困难，长期处于价值链低端，向价值链高端迈进障碍重重，企业盈利水平受限，企业平均工资较低，吸引高端人才能力不足，地方经济发展停滞，影响我国共同富裕。所以区域创新能力是决定共同富裕的重要因素，影响新型工业化包容性发展。从工业企业利润总额分析，2022年6个创新起飞区的工业企业利润占全国总量的40%多，其中江苏、广东、浙江、上海和北京的城镇就业人员平均工资在我国处于最高水平。新时代建设社会主义现代化国家进程中区域创新能力对新型工业化发展具有重要的促进作用，创新能力将成为我国工业化包容性发展的重要影响因素。

三 推进包容性发展的新型工业化

1. 大力发展教育事业,提高居民就业能力

新型工业化是基于科技进步的劳动生产率大幅提升、产品质量改进、处于价值链高端的工业化,其最重要资源为人才。新型工业化对就业人员有更高的要求,不具备较高技能的人才将丧失就业机会。我国需要通过教育与创新投入把巨大的人口优势转化为创新优势,提高人们的就业能力。所以一方面要大力发展教育事业,促进教育、科技、人才一体化发展;另一方面要均衡教育资源,使公民具有平等接受教育的权利。提升人力资源的均等化公共服务水平,提高义务教育水平,协调城乡教育资源,健全各类技能培训。关注科技革命和产业转型升级过程中劳动力教育培训转型、岗位就业匹配等问题的复杂性、艰难性、长期性。通过改善贫困人口的可得教育资源和职业技能培训提升人力资本,促进贫困地区经济发展和贫困人口增收。新时代我们不仅要促进城乡教育公平,更要促进区域内教育资源公平,优质教育资源要向乡村和教育贫困地区倾斜,保证人们具有平等的受教育权利。对城市教育资源收费化、严重市场化进行调整。

2. 建立完整的产业体系,形成完备的就业吸纳力

产业升级是工业发展的必然结果,但我国的新型工业化不能简单理解为产业升级的趋势,要从中国产业安全与就业包容性上解决产业升级问题,要注重产业体系的完整性。根据中国国情协调发展传统产业与战略性新兴产业的集群化,预防产业高级化过程中的就业结构过快转换带来的社会问题。把实体经济发展作为推进工业化进程的核心,强化制造业在新型工业化中的重要地位,因为实体经济可以吸纳较多的人员就业,同时可以保证我国产业安全。近年我国经济呈现"脱实向虚"的倾向,呈现"去工业化"趋势,"脱实向虚"的问题已经显现,要保证实体经济发展,没有强大的制造业就没有工业现代化。在发展制造业的同时要注意数字化对普通就业人员的冲击,避免工业化进程中"极化效应",要考虑中国拥有巨大人口的具体国情，要处理好摩擦性失业和结构性失业问题。技术创新要考虑社会责任，推进制造业高级化、数字化转型升级过程中注意弥补"数字鸿沟"，使更多人群参与到新型工业化进程。另外在新型工业化过程中要同步推进其他产业发展，采用"并联式"工业化模式，把推进新型工业化与信息化、城镇化和农业现代化同步发展，强化包容性发展。

3. 推进信息基础设施建设，促进欠发达地区数字化

数字化是新型工业化的重要特征，数字化可以有效提升工业效率，通过智能化提高生产效率，数字产品也是工业化的重要发展方向，可以刺激需求、释放产能。但数字产品一方面对生产技术水平要求高，另一方面对消费者要求高，所以中国的新型工业化在大力发展数字经济的基础上要注意促进区域间与人际均衡。要发挥数据要素在促进中西部地区加入全球生产链条的作用，促进数据非竞争特性在发达地区和欠发达地区之间充分共享，促进工业包容性发展。加强中西部数字基础设施建设，为区域经济高质量发展提供必要条件；提高中西部地区人口数字教育水平，保障其具有数字产品消费能力；强化中西部对工农业产品的数字化经营能力，利用现代新媒体促进产品营销、流通。

4. 发挥创新举国体制优势，强化科技创新驱动

新型工业化本质上是科技推进的工业化，只有通过科技创新才能解决高级化、绿色化与信息化的问题，但科技创新并不能实现包容性发展。目前我国多种所有制经济共存，作为独立的市场主体——企业科技创新承担的巨大风险需要较高回报，所以创新驱动的社会都会存在财富非平衡性积累问题，而且现代经济发展对科技创新要求高，大型科技型企业的投资回报更高，财富分配的不平衡问题将日益突出。中国推进新型工业化一方面要推动科技创新，另一方面又要重视包容性科技创新，要发挥社会主义市场经济条件下的新型举国体制优势，强化举国性科技成果惠及普通百姓。中国特色社会主义市场经济具有创新举国体制优势，高校与科研机构承担了大量的科技创新任务，我国的高校和科研机构的科技资源约占全国总量的1/4，其创新成果可以为全体人民造福，不会加剧收入不公；中国的国有企业是创新的重要主体，其创新成果可以惠及百姓，能够解决包容性创新问题，从而实现包

容性工业化。

5. 健全社会主义分配制度，构建完善的多次分配体系

按劳分配为主体、多种分配方式并存是我国的基本经济制度，市场经济下各要素参与分配必然会导致贫富分化，这是处理公平与效率的必然选择。在推进新型工业化过程中必须健全社会主义分配制度，构建完善的多次分配体系。首先，要健全薪酬与福利制度，保护产业工人利益，适当提高制造业行业工资水平，使制造业能留住人。其次，要对垄断性行业收取垄断租金，避免过高收入。最后，在坚持初次分配制度的基础上完善第二、三、四次分配机制，尤其要充分发挥政府税收调节作用，改革我国个人所得税制度；完善公共产品供给机制，尤其是关系人民安定生活的住房、教育与医疗，实现共同富裕；借助互联网力量调动慈善捐赠，发挥慈善捐赠的及时雨作用。

参考文献

洪银兴：《区域共同富裕和包容性发展》，《经济学动态》2022年第6期。
黄群慧：《以新型工业化推进中国式现代化》，《智慧中国》2023年第5期。
黄群慧、李芳芳等：《中国工业化进程报告（1995～2020）》，社会科学文献出版社，2020。
霍斯特·汉斯奇、盛小芳：《重新审视大国工业化运行机制》，《湖南师范大学社会科学学报》2018年第3期。
雷明：《共同富裕愿景下四次分配的总体目标、制度安排与作用机制》，《武汉大学学报》（哲学社会科学版）2023年第5期。
刘方媛、索志林：《农民工"候鸟式"流动就业对农村经济的影响解析》，《安徽农业科学》2010年第4期。
孙伯驰、吕光明：《益贫式增长与包容性政策的耦合：中国减贫成就的经验启示》，《北京师范大学学报》（社会科学版）2022年第5期。
田卫民：《中国基尼系数计算及其变动趋势分析》，《人文杂志》2012年第2期。
魏国江：《累积性需求与关联产业发展探析》，《当代经济研究》2009年第9期。
《习近平关于社会主义经济建设论述摘编》，中央文献出版社，2017。
《中国共产党简史》，人民出版社，2021。

B.19
推进共同富裕背景下公共消费对城乡居民消费结构的影响研究

——基于LA/AIDS拓展模型的实证分析

龙少波 俞思琪[*]

摘　要： 实现共同富裕是建设中国特色社会主义的重要任务之一，在此背景下，本文从公共消费、城乡居民消费的视角，利用2007~2021年31个省区市的面板数据，在现有的LA/AIDS（近似线性需求系统）模型基础上拓展，采用SUR模型（似不相关回归法）和混合回归模型，从城镇和农村两个层面实证分析我国公共消费对居民消费结构的影响。本研究进一步构建公共消费分项支出对居民消费结构分类影响的模型，以更深入地探讨公共消费对城乡居民消费结构差异性影响的内在机理，分析促进城乡居民共同富裕的现实挑战与潜在着力点。

关键词： 公共消费　城乡居民消费结构　共同富裕

一　引言

党的二十大明确指出，中国式现代化是全体人民共同富裕的现代化，

---

[*] 龙少波，重庆大学公共经济与公共政策研究中心副主任，重庆大学公共经济系主任、教授、博士生导师，主要研究方向为宏观经济与政策、公共经济与公共政策；俞思琪，中国人民大学国际学院硕士研究生。

是人民群众物质生活和精神生活都富裕的现代化。2022年12月，中共中央、国务院印发《扩大内需战略规划纲要（2022—2035年）》，着重强调促进内需的必要性，以及中国经济可以通过增加内需来实现长期稳定增长的关键性。具体而言，规划提出将恢复和扩大消费放在优先位置，目的在于进一步增强消费者信心，以推动消费市场的回暖。作为拉动内需的重要方法，促进居民消费对提高经济活力、拉动经济增长具有重要意义。学界对促进居民消费、扩大内需等问题的研究主要涉及两个范式——收入分配范式和预防储蓄范式，可以发现，二者均与政府财政支出有紧密联系。教育、医疗、养老、社会保障等领域社会民生性服务不仅能显著影响居民收入分配与预防性储蓄动机，更是公共消费的重要组成部分。在2008年金融危机之后，我国坚持以扩张性的财政政策带动经济增长，激发我国内需活力，高度重视财政政策在经济发展方面的作用。政府通过公共消费政策，释放城乡居民消费潜力，促进经济增长，对现阶段促进共同富裕具有重要现实价值。

二 LA/AIDS 模型拓展及数理分析

（一）LA/AIDS 模型

Almost Ideal Demand System（AIDS）模型，被称为"几乎理想的需求系统"，其基本思想是：在既定的效用水平和给定的价格体系前提下，消费者实现成本或支出最小化。其具体形式如下。

$$\omega_i = \alpha_i + \sum_j \gamma_{ij} \ln p_j + \beta_i \ln \frac{x}{p} \tag{1}$$

其中，ω_i 表示第 i 类消费占居民消费总支出的比重，p_j 表示第 j 种消费品的价格，x 表示人均消费支出，p 代表价格指数。

价格指数 p 的计算公式为：

$$\ln p = a_0 + \sum_i a_i \ln p_i + \frac{1}{2} \sum_i \sum_j b_{ij} \ln p_i \ln p_j \tag{2}$$

由于 p 代表价格指数,因此 $\frac{x}{p}$ 被视为一种反映居民"真实消费支出"的指标。

在实际应用中,式（1）最大的困难是如何确定每一种商品服务的价格指数 p。所以,学者们一般会选择运用一些指数来近似测算 p。常见的价格指数有 Lasopevres 指数（拉氏价格指数）和 Stone 价格指数等。Stone 指数由于其操作简便和精度较高,在学术界得到了普遍的认可与运用。Stone 价格指数具体表达方式为:

$$\ln p = \sum \omega_i \ln p_i \tag{3}$$

此时,p 表示 Stone 价格指数,经过指数替换后的 AIDS 模型被进一步称为 LA/AIDS 模型,即 Linear Approximated/Almost Ideal Demand System。

（二）LA/AIDS 模型的拓展

由于 LA/AIDS 模型具备扎实的理论基础,简单易用,其已成为一种比较成熟的消费结构领域的研究方法,国内外许多学者在研究消费结构问题时,常借助于 LA/AIDS 模型进行分析。近十年来,许多学者已不再局限于基础的 LA/AIDS 模型,而是尝试通过对原始模型进行拓展,重点探究某一特定影响因素对消费结构的作用。如胡日东等在其研究中,引入城乡收入差距因素,并经过一系列数学分析,拓展原有的 LA/AIDS 模型,以探讨其如何影响城乡居民消费结构。因此,本文借鉴这一做法,将公共消费率引入传统的 LA/AIDS 模型,以实证探究公共消费对城乡居民消费结构的影响,具体的数理推导过程如下。

第一步,将公共消费变量引入 LA/AIDS 模型中,同时引入时间虚拟变量,对该模型进行拓展,形式如下。

$$\omega_i = \alpha_i + \sum_j \gamma_{ij}\ln p_j + \beta_i \ln \frac{x}{p} + \lambda_i gov + \sum_k d_{ik}T_{ik} \tag{4}$$

其中,p 为 Stone 价格指数,gov 是公共消费率,T_{ik} 是年虚拟变量（k =

1，2)。

在此，对模型所引入的年虚拟变量问题加以说明。2007~2009年的金融危机（T_{i1}），2020~2021年的新冠疫情（T_{i2}），均对居民消费造成严重的影响。因此，在分析中国公共消费对居民消费结构影响时，不能忽视这两段特殊时期。在此基础上，本文根据穆月英等的做法，对AIDS模型引入时间虚拟变量，从而将特殊时间的影响划分出来。

由于中国消费品价格水平数据的收集困难性，且不同地区的商品价格也存在差异。因此，为了准确估算式（4）中各系数，参考李皇照等提出的一阶差分处理方法，以有效减少序列自相关对模型的影响，同时解决变量的同期相关问题。因此，将式（4）一阶差分处理后，原式转化成如下形式。

$$\Delta\omega_i = \sum_j \gamma_{ij}\Delta\ln p_j + \beta_i\Delta\ln\frac{x}{p} + \lambda_i\Delta gov + \sum_k d_{ik}\Delta T_{ik} \tag{5}$$

$$\Delta\ln p_j = \ln p_{j,t} - \ln p_{j,t-1} = \ln\frac{p_{j,t}}{p_{j,t-1}} = \ln k_{j,t} \tag{6}$$

其中，$k_{j,t}$是t时刻第j种商品的价格指数（以上年为基期）。

$$\Delta\ln\frac{x}{p} = \ln\frac{x_t}{p_t} - \ln\frac{x_{t-1}}{p_{t-1}} = \ln\frac{x_t}{x_{t-1}} - \ln\frac{p_t}{p_{t-1}} \tag{7}$$

由于本文采用Stone价格指数，p满足式（3），因此有：

$$\ln\frac{p_t}{p_{t-1}} = \ln p_t - \ln p_{t-1} = \sum_i \omega_{i,t}\ln p_{i,t} - \sum_i \omega_{i,t-1}\ln p_{i,t-1}$$
$$= \sum_i \omega_{i,t}(\ln p_{i,t} - \ln p_{i,t-1}) + \sum_i \ln p_{i,t-1}(\omega_{i,t} - \omega_{i,t-1}) \tag{8}$$

因为存在消费惯性，我们近似地认为$\omega_{i,t}$与$\omega_{i,t-1}$相差不大，因此，式（8）可化简为：

$$\ln\frac{p_t}{p_{t-1}} \approx \sum_i \omega_{i,t}(\ln p_{i,t} - \ln p_{i,t-1}) = \sum_i \omega_{i,t}\ln\frac{p_{i,t}}{p_{i,t-1}} = \sum_i \omega_{i,t}\ln k_{i,t} \tag{9}$$

同样，原式（4）经过一阶差分后可以转化为：

$$\Delta\omega_i = \sum_j \gamma_{ij} \ln k_j + \beta_i (\Delta \ln x - \sum_i \omega_i \ln k_i) + \lambda_i \Delta gov + \sum_k d_{ik} \Delta T_{ik} \quad (10)$$

对式（10）进行估计，可得到引入公共消费率与时间虚拟变量后的 LA/AIDS 拓展模型的各系数，即式（4）估计模型中的解释变量的系数，可得到公共消费率对各消费品类支出的影响，进而分析其对城乡居民消费结构的影响。

三 实证结果与分析

（一）数据选择与处理

为了探究中国公共消费及其各细分项对中国城乡居民消费结构的影响，本文将分别建立城镇居民和农村居民的 LA/AIDS 拓展模型。

根据国家统计局的消费品类划分原则，本文分别测算中国 2007~2021 年 31 个省区市的城镇和农村居民八大类消费品比重 ω_i。本文于国泰安财经研究数据库分别收集了城镇和农村居民八大类消费品支出数据、人均消费总支出数据。中国各地区城镇和农村居民八大类消费品价格指数 k_i，均是以上年为基期的环比数据，城镇与农村数据分别来源于《中国价格统计年鉴》、《中国城市（镇）生活与价格年鉴》，其中缺失"其他商品及服务价格指数"的地区及年份数据以"个人商品及服务价格指数"代替，缺失的数据均利用线性插值法进行补充。由于统计的有限性，四大直辖市的农村地区居民八大类消费品消费价格指数将以城市数据代替。

关于公共消费变量的界定，现有文献就公共消费所涵盖的具体内容意见不一。刘尚希和王宇龙[1]提出，公共消费可以分为狭义的公共消费和广义的公共消费。其中，狭义的公共消费主要包括政府自身消费（即政府的运营成本）以及社会性消费（实际工作中表现为各种公共服务，如行政管理、

---

[1] 刘尚希、王宇龙：《财政政策：从公共投资到公共消费》，《财政与发展》2008 年第 7 期。

科教文卫等方面的物质与服务）。广义的公共消费包含政府自身消费、社会性消费与公共消费性投资三类。

本文对公共消费变量的衡量采用狭义口径，即政府自身消费与社会性消费。由于本文所关注的问题是公共消费与居民消费，并且考虑到数据的可获得性，本文选取与居民消费有密切关系的公共支出。其中，将一般公共服务支出，即行政管理费用支出作为政府自身消费的代表；将地方财政医疗卫生支出、地方财政教育支出、地方财政科学技术支出、文化体育与传媒支出、地方财政社会保障和就业支出作为社会性消费的代表。由于支出性质的相似性，本文将文化体育与传媒支出、地方财政教育支出、地方财政科学技术支出三项支出合并作为公共教育消费的代表。

由于政府消费率数据的更新时滞，本文将上述定义的一般公共服务支出（gov_y）、公共教育支出（gov_edu）、地方财政医疗卫生支出（gov_m）、地方财政社会保障和就业支出（gov_in）共4类加总求和作为公共消费总支出，用其除以各地当年GDP作为公共消费率（gov）引入该模型。

（二）单位根检验

本文将引入公共消费率、时间虚拟变量的LA/AIDS拓展模型［式(10)］作为最终回归形式。本文采用了LLC检验、IPS检验、Fisher-ADF检验和Fisher-PP检验4种方法进行单位根检验，结果均表明式(10)变量平稳。

表1 变量解释与单位根检验

变量	变量解释	单位根检验
Δw_1	食品类支出占比	平稳
Δw_2	衣着类支出占比	平稳
Δw_3	居住类支出占比	平稳
Δw_4	家庭设备类支出占比	平稳
Δw_5	医疗保健类支出占比	平稳

续表

变量	变量解释	单位根检验
Δw_6	交通通信类支出占比	平稳
Δw_7	文教娱乐类支出占比	平稳
Δw_8	其他商品与服务支出占比	平稳
$\ln k_1$	食品类价格指数	平稳
$\ln k_2$	衣着类价格指数	平稳
$\ln k_3$	居住类价格指数	平稳
$\ln k_4$	家庭设备类价格指数	平稳
$\ln k_5$	医疗保健类价格指数	平稳
$\ln k_6$	交通通信类价格指数	平稳
$\ln k_7$	文教娱乐类价格指数	平稳
$\ln k_8$	其他商品与服务价格指数	平稳
$\Delta\ln(x/p)$	真实消费支出	平稳
Δgov	公共消费率	平稳
ΔT_1	金融危机时间虚拟变量	平稳
ΔT_2	新冠疫情时间虚拟变量	平稳
Δgov_y	一般公共服务支出	平稳
Δgov_edu	公共教育支出	平稳
Δgov_m	医疗卫生支出	平稳
Δgov_in	社会保障和就业支出	平稳

注:"Δ"表示一阶差分,$\Delta\ln(x/p)$ 变量经数理变换后的表达式为 $\beta_i(\Delta\ln x - \sum_i w_i \ln k_i)$。

(三) 参数估计结果

由于差分后的 LA/AIDS 拓展模型不存在截距项,因此初步剔除以随机与固定效应模型为代表的变截距模型估计方法。考虑到本文采用的模型是由居民八大类消费对应的 8 个方程组成的线性回归系统,虽然各个方程的变量之间不存在直接联系，但代表性理性消费者不可观测影响因素会同时对八类消费产生影响，因而该回归系统的扰动项之间可能存在相关性。基于此，相较于联合方程估计法，本文使用似不相关 SUR 回归模型（Seemingly Unrelated Regression），采用 FGLS 法（可行广义最小二乘法）分别对城镇和农村居民引入公共消费后的 LA/AIDS 拓展模型转换形式方程（式10）进行估计。

考虑到八大类消费占比 ω_i 具有可加性，8个方程同时估计将导致共线性问题。因此，本研究的处理方式为：先删除第八个回归方程，对前7个方程进行参数估计，得到回归结果。下一步，对包含第八个方程的另7个方程重复以上步骤，回归结果见表2、表3。

表2　中国城镇居民的 LA/AIDS 拓展模型估计结果

消费种类	食品	衣着	居住	家庭设备	医疗保健	交通通信	文教娱乐	其他
变量	w_1	w_2	w_3	w_4	w_5	w_6	w_7	w_8
$\ln p_1$	0.2283***	0.0304**	-0.1889**	0.0005	0.0023	-0.0649**	-0.0092	0.0015
$\ln p_2$	-0.0759*	-0.0284**	0.0627	-0.0258**	0.0111	0.0325	0.046	-0.0221**
$\ln p_3$	-0.0779	-0.0341*	0.1839*	0.0001	0.0096	-0.0276	-0.0448	-0.009
$\ln p_4$	-0.0089	0.0471	0.1175	0.0018	-0.0622*	-0.0124	-0.1219**	0.0388*
$\ln p_5$	0.0915**	0.0491**	-0.2057**	0.0223**	-0.0065	0.0227	0.0035	0.0233***
$\ln p_6$	0.1167**	0.0864**	-0.2260**	0.0126	-0.0281	-0.0725	0.0886**	0.0221*
$\ln p_7$	-0.0867	-0.1074**	0.2262*	-0.0212	0.0861**	-0.1077**	0.0512	-0.0404**
$\ln p_8$	-0.1260***	-0.0302**	0.1692**	0.0046	-0.0269*	0.0375	-0.0034	-0.0247**
$\ln(x/p)$	-0.0843**	0.0301**	-0.1279**	0.0282***	-0.0153	0.0838***	0.0563**	0.0292***
gov	0.2199***	0.0992**	-0.3362**	0.027	-0.0169	0.079	-0.0958**	0.0238*
T_1	0.0070**	-0.0059**	0.0078	-0.0030**	0.0079***	-0.0133***	-0.0011	0.0005
T_2	-0.0008	0.0076***	0.002	0.0060**	-0.0119**	0.0074*	-0.0136**	0.0034**

注：*、**、*** 分别表示在1%、5%、10%水平上显著，下表同。

表3 中国农村居民的 LA/AIDS 拓展模型估计结果

SUR 模型(FGLS)/混合回归模型(OLS)

消费种类	食品	衣着	居住	家庭设备	医疗保健	交通通信	文教娱乐	其他
变量	w_1	w_2	w_3	w_4	w_5	w_6	w_7	w_8
$\ln p_1$	0.1326 ***	0.0179 **	−0.1500 ***	0.0093	0.0149	−0.0143	−0.0046	−0.0058
$\ln p_2$	−0.0435	0.0037	−0.0416	−0.0262 **	0.0113	0.0125	0.0829 **	0.0021
$\ln p_3$	−0.1024 **	−0.0364 **	0.2751 ***	−0.0115	0.0152	−0.0649 **	−0.0733 **	−0.0066
$\ln p_4$	−0.0804	−0.0144	0.1105	0.0615 **	−0.0402	−0.0298	−0.0175	0.0075
$\ln p_5$	0.0188	−0.0048	−0.0642	0.0136	0.0266	0.0303	−0.0192	0.0006
$\ln p_6$	0.2381 ***	0.0487 **	−0.2820 ***	0.0079	−0.0163	−0.0122	0.0006	0.0203
$\ln p_7$	0.0524	0.0015	−0.0206	−0.0157	−0.043	−0.0159	0.053	−0.0124
$\ln p_8$	−0.0407	0.0006	0.0557	−0.0099	−0.0144	0.0484 *	−0.0521 *	0.0144
$\ln(x/p)$	−0.1691 ***	−0.0027	0.1531 ***	0.0134 **	−0.0061	0.0144	−0.0099	0.007
gov	0.0638	0.0408 **	0.0261	0.0378 *	0.021	−0.0527	−0.1332 **	0.0029
T_1	−0.0052	−0.0026 **	0.0048	−0.0018 *	0.0039 **	0.000	0.002	−0.0011 *
T_2	0.0222 ***	−0.0034 **	0.0173 ***	−0.0017	−0.0085 ***	−0.0059 **	−0.0200 ***	−0.0002

表3为混合回归模型和SUR模型估计结果，观察后可发现：两种方法得到的估计结果除标准误有所差异，各变量的系数值与显著性完全一致，这也进一步说明本文的实证结果是稳健的。出现这个结果的原因可能有以下两个。①在SUR模型中，各方程间扰动项将系统方程组联系起来。若扰动项之间不相关，则视Ω为单位矩阵，由此系统估计与单一方程估计则无差别。②当SUR模型的扰动项满足：$Eu_i u'_i = \sigma_i^2 I$，$Eu_i u'_j = 0 (i \neq 0)$，此时的SUR模型的估计值就相同于混合回归的估计值。

综上表明，每一个估计方程均含有相同的解释变量，可行广义最小二乘法的系统估计简化为方程对方程的单一OLS估计。似不相关模型很好地解决了方程中各变量之间的同期相关性，LA/AIDS拓展模型的一阶差分处理，不仅可以消除序列自身的相关性影响，而且可以消除同期相关性的影响，从而使估计结果更为合理。

（四）实证结果分析

表2、表3分别是根据式（10）和上文所述回归方法得到的公共消费对城镇居民与农村居民的消费结构影响的系数估计。从中可以看出，公共消费能显著影响消费结构，且对城乡居民消费的影响趋势大致相同，总体上促进居民基础生存型消费，抑制发展与享受型消费。

第一，从城镇居民的消费情况上看，公共消费的增长能够促进城市居民在食品、衣着和其他商品与服务方面的消费支出，同时减少居民在居住、文教娱乐领域的消费支出。从农村居民的消费情况上看，公共消费增加能促进居民衣着与家庭设备的消费，抑制文教娱乐消费。

第二，$\frac{x}{p}$ 即人均消费支出与价格指数比，表示的是居民真实消费支出。$\ln(\frac{x}{p})$ 的估计系数代表某一商品消费比重 w_i 随居民真实支出的变动额，即边际消费值。从表2、表3可看出，当实际消费支出上升时，城镇居民对衣着、家庭设备、交通通信、文教娱乐以及其他商品与服务的消费比重明显上升；与城镇居民相比，农村居民将把更多的实际消费用于居住与家庭设备。由此可见，农村居民当下的边际消费偏向于基础化与保守化。因此，改善农村居民的消费观念，将有效缩小城乡居民消费差异，以助推全体人民共同富裕。

第三，从各类消费品价格的角度看，$\ln(p_i)$ 的系数表示某一类消费品的价格变动所带来的居民消费品类比重 w_i 的变化。以居住消费为例，当居住类价格水平升高，即住房、租房价格上涨时，城镇居民在居住类的消费支出将显著提高，这挤出城镇居民衣着的消费；而农村居民面对这一价格上涨反应更加明显，农村居民将缩减食品、衣着、交通通信、文教娱乐支出，以此支付居住类消费。因此，相关部门应有效管控住房价格，以缓解农村居民住房消费压力，以释放农村居民对其他类消费品的支出，提升农村居民的消费质量以加快推进全体人民实现共同富裕。

四 公共消费分类支出模型估计

公共消费支出可根据其职能分成不同项目，为了进一步探究公共消费细分支出对居民消费结构的作用，本文将从4个角度，即一般公共服务、医疗、社会保障、教育，利用上述模型方法，分别将一般公共服务支出、公共教育支出、医疗卫生支出、社会保障和就业支出，引入拓展后的 LA/AIDS 模型。

表4 一般公共服务支出对居民消费结构估计结果

城镇居民 SUR 模型（FGLS）/混合回归模型（OLS）

变量	w_1	w_2	w_3	w_4	w_5	w_6	w_7	w_8
$\ln(x/p)$	-0.0789**	0.0319**	-0.1393**	0.0283***	-0.0159	0.0827***	0.0609**	0.0302***
gov_y	0.4853***	0.1591**	-1.0126***	0.0099	-0.0454	-0.0894	0.3993***	0.0939***
T_1	0.0062*	-0.0059***	0.0106	-0.0028**	0.0081**	-0.0122**	-0.0040*	0.0037***
T_2	0.0011	0.0082***	-0.0018	0.0061***	-0.0121***	0.0073*	-0.0125***	0.0002

农村居民 SUR 模型（FGLS）/混合回归模型（OLS）

变量	w_1	w_2	w_3	w_4	w_5	w_6	w_7	w_8
$\ln(x/p)$	-0.1741***	-0.0034	0.1527***	0.0127**	-0.0057	0.0181	-0.0073	0.0069
gov_y	-0.3397*	0.0137	0.0108	0.0009	0.0809	0.2446**	-0.0083	-0.0017
T_1	-0.0025	-0.0022**	0.005	-0.0013	0.0037**	-0.0021	0.0005	-0.001
T_2	0.0207***	-0.0036**	0.0172**	-0.0019	-0.0084***	-0.0048*	-0.0192***	-0.0003

注：由于篇幅有限，此处未列出价格指数系数与消费种类，下同。

表5 公共教育支出对居民消费结构估计结果

城镇居民 SUR 模型（FGLS）/混合回归模型（OLS）

变量	w_1	w_2	w_3	w_4	w_5	w_6	w_7	w_8
$\ln(x/p)$	-0.0873**	0.0278**	-0.1230**	0.0278***	-0.015	0.0804***	0.0605**	0.0288***
gov_edu	0.2738**	0.2150***	-0.4586*	0.0353	-0.0325	0.3185**	-0.3921**	0.0408
T_1	0.0082**	-0.0055***	0.006	-0.0029**	0.0079***	-0.0132***	-0.0011	0.0006
T_2	-0.0006	0.0077***	0.0015	0.0061***	-0.0119***	0.0075*	-0.0136***	0.0034**

续表

农村居民 SUR 模型（FGLS）/混合回归模型（OLS）

变量	w_1	w_2	w_3	w_4	w_5	w_6	w_7	w_8
$\ln(x/p)$	-0.1702***	-0.0034	0.1524***	0.0126**	-0.0066	0.0155	-0.0075	0.007
gov_edu	0.3323**	0.1418***	-0.1852	-0.0257	-0.0174	0.0211	-0.3278***	0.0824**
T_1	-0.0054	-0.0025**	0.0056	-0.0013	0.0042**	-0.0007	0.0013	-0.0012
T_2	0.0230***	-0.0031**	0.0165**	-0.002	-0.0087***	-0.0055**	-0.0203***	0

表6　医疗卫生支出对居民消费结构估计结果

城镇居民 SUR 模型（FGLS）/混合回归模型（OLS）

变量	w_1	w_2	w_3	w_4	w_5	w_6	w_7	w_8
$\ln(x/p)$	-0.0873**	0.0299**	-0.1208***	0.0279***	-0.0158	0.0853***	0.0529**	0.0280***
gov_m	-0.6975**	-0.0532	1.7262***	-0.0634	-0.1227	0.3708	-0.8722***	-0.2871**
T_1	0.0089**	-0.0051***	0.0049	-0.0028**	0.0078***	-0.0127***	-0.0017	0.0007
T_2	0.0001	0.0078***	0.0001	0.0061***	-0.0119***	0.0073*	-0.0131***	0.0036**

农村居民 SUR 模型（FGLS）/混合回归模型（OLS）

变量	w_1	w_2	w_3	w_4	w_5	w_6	w_7	w_8
$\ln(x/p)$	-0.1660***	-0.0041	0.1504***	0.0118**	-0.0075	0.0145	-0.0059	0.0067
gov_m	-1.1913***	0.1681*	0.582	0.2240	0.2555	0.2694	-0.3552	0.0654
T_1	-0.0043	-0.0022**	0.005	-0.0014	0.0041**	-0.0007	0.0006	-0.001
T_2	0.0227***	-0.0038**	0.0167**	-0.0021*	-0.0088***	-0.0058**	-0.0189***	-0.0003

表7　社会保障和就业支出对居民消费结构估计结果

城镇居民 SUR 模型（FGLS）/混合回归模型（OLS）

变量	w_1	w_2	w_3	w_4	w_5	w_6	w_7	w_8
$\ln(x/p)$	-0.0854**	0.0299**	-0.1267***	0.0280***	-0.0154	0.0836***	0.0569**	0.0291***
gov_in	0.2199**	0.0546	-0.252	0.0469*	0.0094	0.0279	-0.1254*	0.0188
T_1	0.0086**	-0.0051***	0.0053	-0.0028**	0.0078***	-0.0127***	-0.0018	0.0007
T_2	-0.0013	0.0075***	0.0024	0.0059***	-0.0120***	0.0075*	-0.0133***	0.0033**

续表

农村居民 SUR 模型(FGLS)/混合回归模型(OLS)

变量	w_1	w_2	w_3	w_4	w_5	w_6	w_7	w_8
$\ln(x/p)$	-0.1673***	-0.0035	0.1538***	0.0137**	-0.0066	0.012	-0.0085	0.0064
gov_in	0.2448**	-0.0013	0.0972	0.0805**	-0.0022	-0.2716***	-0.103	-0.0425**
T_1	-0.0052	-0.0021**	0.0048	-0.0015	0.0042**	0.0001	0.0008	-0.0009
T_2	0.0218***	-0.0036**	0.0172**	-0.0019	-0.0086***	-0.0056**	-0.0192***	-0.0003

由表 4~表 7 的估计结果可大致看出,不同的公共消费细分项对居民消费结构存在显著差异性影响,为使结果更清晰,本文对以上若干表格的实证结果进行梳理,如表 8 所示。

表 8 公共消费种类对城乡居民消费作用汇总

城镇居民

公共消费种类	食品	衣着	居住	家庭设备	医疗保健	交通通信	文教娱乐	其他
一般公共服务	↑	↑	↓	—	—	—	↑	↑
公共教育	↑	↑	↓	—	—	↑	↓	—
医疗卫生	↓	—	↑	—	—	—	↓	—
社会保障和就业	↑	—	—	↑	—	—	↓	—

农村居民

公共消费种类	食品	衣着	居住	家庭设备	医疗保健	交通通信	文教娱乐	其他
一般公共服务	↓	—	—	—	—	↑	—	—
公共教育	↑	↑	—	—	—	—	↓	↑
医疗卫生	↓	—	↑	—	—	—	—	—
社会保障和就业	↑	—	—	—	—	↓	—	↓

注:↑、↓分别表示促进与抑制作用,—表示回归结果不显著。

一般公共服务支出所表示的显著性效应如下:对城镇居民,一般公共服务支出挤入居民的食品、衣着、文教娱乐以及其他方面的消费支出,同时挤出居民的居住消费;对农村居民,一般公共服务挤入交通通信的消费,同时挤出食品消费,在一定程度上促进农村居民消费结构的升级。由此可见,在一定程度上,一般公共服务支出能带动城乡居民消费水平的上升。一方面,这部分管理支出用于公务员的工资福利发放上,从而提高这部分群体的收入。这也是近年来,考公热的一个典型特征,它对促进消费产生直接影响。另一方面,行政管理支出结构的不断升级,导致社会消费出现了"攀比"效应,从而间接促进消费,比如"三公"消费。

公共教育支出所表示的显著性效应如下:对城镇居民,公共教育支出挤入食品、衣着与交通通信的消费,挤出居住与文教娱乐的消费支出;对农村居民,公共教育支出挤入食品、衣着与其他商品服务消费,挤出文教娱乐的消费支出。城镇和农村居民的文教娱乐消费系数为负,可看出教育方面的财政投入能有效减轻居民的教育费用负担,居民的可支配收入相对增加,农村居民的消费水平得到一定程度的提升,有助于城乡居民消费水平的均衡化,从而助推全体人民共同富裕。与此同时,政府在文化领域的投入,也能提升居民在衣着上的欣赏能力,居民的收入将更多地分配到衣着类生存型消费中。

医疗卫生支出所表示的显著性效应如下:对城镇居民,公共医疗支出挤入居住消费,挤出食品、文教娱乐与其他方面支出;对农村居民,公共医疗财政消费挤入衣着、家庭设备支出,挤出食品的支出。由此可以看出,医疗财政投入在一定程度上可以促进农村居民消费结构的升级。结合表8可以发现,公共医疗消费投入对城乡居民医疗消费的影响均不显著,但显著增加其他方面消费支出。

社会保障和就业支出所表示的显著性效应如下:对城镇居民,社会保障和就业支出挤入食品、家庭设备的消费,挤出文教娱乐消费。由此可见,政府在就业方面的投入并未达到通过教育提高居民劳动力技能从而促进就业的目的;对农村居民,社会保障和就业的公共消费挤入食品与家庭设备消费,挤出交通通信和其他方面消费支出。由此,政府在社会保障的投入,不仅保障城乡居民对于食品的基本支出,同时也促进城镇居民和农村居民家庭设备的消费支出。

五　结论与建议

公共消费率和居民消费率都被视为消费的关键要素,考虑到城乡二元结构的特殊性,本文先后将公共消费率与公共消费细分项引入基本的LA/AIDS模型进行拓展,进而进行一阶差分处理。本文采取SUR模型与混合回归模型估计方法对城乡居民2007~2021年的省级面板数据进行回归,以探究公共消费之于城乡消费结构的影响。综合实证研究可以发现如下几点。①公共消费总量对城乡居民各项消费的影响方向大致相同,影响力度上略有差异,整体上挤出发展享受类消费,挤入基础民生类消费。②不同的公共消费支出对消费结构的影响不一,在城乡两个维度上也存在差异。③公共教育类支出挤出城乡居民的文教娱乐支出。④政府一般公共服务与医疗卫生支出在一定程度上促进农村居民消费结构升级。⑤社会保障和就业支出挤入城乡食品和家庭设备消费支出,但没有达到促进就业的目的。

综上,为有效促进居民消费,优化财政支出结构,本文提出以下几点建议。其一,合理地提高公共消费,特别是通过有效地分配,来提高教育、医疗、养老、育幼等关系国计民生的公共服务支出效率。其二,在一般行政管理消费方面,要逐步规范政府开支项目,实现政府支出透明化,为经济和社会发展营造一个良好的环境。其三,增加科学文化教育等公共产品的投入,减少居民的"预防性储蓄",尤其是减轻农村居民的"养儿压力",以提升人力资本积累,畅通农民向上流动通道,激发农民的内生动力,依靠自己的双手勤劳致富。公共教育投入与居民文教娱乐方面支出具有互补性,一方面可替代居民在文教娱乐的支出额,另一方面在一定程度上拉动居民对其余类商品服务的消费,增加居民的当期消费。其四,增加医疗卫生的民生支出,致力于缩小城乡医疗服务水平的差距,降低农村居民医疗负担,且有效促进农村居民消费结构升级,缩小城乡居民消费差距,加快实现共同富裕。其五,在社会保障和就业方面,政府还应该拓宽社会保险的范围,以减少人们的预防性储蓄,从而更好地满足其日常需求,有效拉动消费增长;同时也

要加大就业培训开支，尤其是对于农民工技能培训，以此提高人力资本素质，增强自生能力与消费潜力，以推动城乡居民消费水平均衡化，从而推进全体人民共同富裕。

参考文献

陈强：《高级计量经济学及 Stata 应用》，高等教育出版社，2010。

胡日东、钱明辉、郑永冰：《中国城乡收入差距对城乡居民消费结构的影响——基于 LA/AIDS 拓展模型的实证分析》，《财经研究》2014 年第 5 期。

李皇照、方正玺：《台湾地区主食消费偏好结构转变之验证》，《农业与经济》2008 年第 40 期。

李晓嘉：《城镇医疗保险改革对家庭消费的政策效应——基于 CFPS 微观调查数据的实证研究》，《北京师范大学学报》（社会科学版）2014 年第 6 期。

穆月英、笠原浩三、松田敏信：《中国城乡居民消费需求系统的 AIDS 模型分析》，《经济问题》2001 年第 8 期。

吴强、刘云波：《财政支出影响居民消费的差异性效应分析——基于财政功能和居民消费分类的省级面板数据》，《宏观经济研究》2017 年第 10 期。

Wissem Khanfir, "Effect of Fiscal Policy on Private Consumption in Tunisia： Modeling Nonlinear," *European Journal of Social Law*, 2015.

专题七　更高水平对外开放：
新型工业化的必由之路

B.20
以自由贸易试验区建设引领
高水平对外开放

李芳芳　裴韬武*

摘　要： 党的二十大报告指出要坚持高水平对外开放，加快构建新发展格局。自由贸易试验区作为构建新发展格局、促进"双循环"的重要连接点，是引领高水平对外开放的新高地。通过梳理自由贸易试验区建设的历史进程，总结自由贸易试验区建设的基本经验，并从中获得新时代实现自由贸易试验区高质量发展的重要启示，即校准发展定位，勇担时代重任；加强制度革新，畅通国内循环；对标国际规则，促进内外循环；坚持自力主导，实现对等开放，为推动形成更大范围、更宽领域、更深层次的自主发展、

---

* 李芳芳，北京林业大学经济管理学院副教授、硕士生导师，研究方向为产业经济、国际贸易理论与政策；裴韬武，中国农业大学经济管理学院博士研究生，研究方向为国际贸易理论与政策。

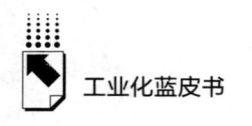

自主开放局面积累经验。

关键词： 自由贸易试验区　高水平对外开放　新发展格局

　　建设自由贸易试验区是中国新时期全面深化改革和构建开放型经济新体制的重大战略举措。自由贸易试验区不仅肩负着全面深化改革与实施高水平对外开放的使命，还担负着推动高质量发展，打造动力更强、结构更优、质量更高增长极的重任。党的二十大报告指出要"坚持高水平对外开放，加快构建以国内大循环为主体、国内国际双循环相互促进的新发展格局"。这将为自由贸易试验区建设提供新的历史机遇。

　　从顶层设计来看，自由贸易试验区是构建新发展格局、促进"双循环"的重要连接点，要协同推进自由贸易试验区创新发展和构建新发展格局，实现二者深度融合和有机衔接。在党的领导下，国家在自由贸易试验区建设方面已取得重大进展。回顾其建设的历史进程，总结其历史经验与启示，对加快构建新发展格局、着力推动高质量发展具有重大的理论价值和现实意义。

一　自由贸易试验区建设的历史进程

　　改革开放以来，中国的对外开放"高地"经历了从经济特区、经济技术开发区、保税区、保税港区、综合保税区到自由贸易试验区的渐变演进，可以依据加入世界贸易组织（WTO）和党的十八大召开两个重要历史节点划分为三个阶段。

（一）以政策性优惠为主导：1978~2001年

　　中国的对外开放始于具备优惠性质的区域性特殊政策，它的出现打破了计划经济的旧体制，成为中国从封闭型经济融入国际大循环的主要动力。20世纪80年代经济全球化登上历史舞台，美、英、日、部分拉美国家、中东国家和"亚洲四小龙"从中获益，实现经济腾飞。党的十一届三中全会作出实行改革开放的历史性决策，中国开始由计划经济转型为市场经济，由单独的国内经济循环转向积极参与国际经济循环。1978年邓小平在访日时说道："这次到日本来，就是要向日本请教，我们向一切发达国家请教，向第三世界穷朋友中的好经验请教。"[①] 1979年7月，党中央、国务院先后决定在深圳、珠海、汕头、厦门等城市创办经济特区。自此，中国形成了以政策性优惠为主导的区域对外开放体系，拉开了快马加鞭追赶世界的序幕。

20世纪80年代末90年代初，东欧剧变，苏联解体，美苏"两极格局"宣告终结，世界格局开始向多极化演变。在激荡的时代背景下，自由贸易试验区的建设雏形初现。在创办经济特区的基础上，1988年4月，国家批准海南岛建省、办经济特区。作为对外开放的先行窗口，经济特区充分利用政策优势，着力发展外向型经济，积极参与国际竞争与合作，形成了以工业为主导的外向型经济结构，为更大规模的中国对外开放打下坚实基础。1984年5月，在总结经济特区经验的基础上，党中央、国务院决定进一步开放14个沿海港口城市，建立经济技术开发区。除了特区的部分政策优惠，各经济技术开发区被赋予了更大的经济技术对外自主权。1985年2月，党中央提出沿海地区经济发展战略，先后决定将长江三角洲、珠江三角洲、闽南三角洲地区和环渤海地区开辟为沿海经济开放区。1990年6月，浦东新区应运而生。按照不同功能定位，浦东新区设立陆家嘴金融贸易区、金桥出口加工区、外高桥保税区和张江高科技园区等4个功能分区。次年，朱镕基出访西欧五国时曾说："中国的保税区，就是你们的自由贸易区，FREE TRADE ZONE！"[②] 可以看出，彼时的保税区就是自由贸易试验区的雏形，是中国经济融入世界、参与国际竞争的重要节点和桥头堡。1992年邓小平南方谈话打消了人们关于发展社会主义市场经济的一系列思想顾虑，形成第

---

① 参见《1978年10月邓小平在访问日本时的讲话》，人民网日文版，http://japan.people.com.cn/2004/8/19/print/2004819143915.htm，最后访问日期：2022年6月28日。
② 参见《1991年朱镕基出访西欧五国时的讲话》，人民网，http://finance.people.com.cn/n1/2018/0918/c1004-30299070.html，最后访问日期：2022年6月28日。

二次思想解放大潮。以党的十四大为标志，国家开始实施扩大开放战略，在开放地域上，从沿海开放扩大到沿江、沿边（境）和内陆省会城市开放，先后批准开放了6个沿江城市、13个沿边城市、18个内陆省会城市。在开放领域上，从生产领域扩大到金融、贸易等服务领域，先后批准了32个国家级的经济技术开发区、52个高新技术开发区、13个保税区，开放了34个口岸，形成了全方位、多层次、宽领域的对外开放格局。

（二）转向制度型开放的探索：2002~2012年

2001年12月中国正式加入WTO。由此，中国的对外开放从政策性优惠逐渐向制度型开放[①]过渡，更加深入地融入国际大循环。冷战结束后，东西方政治和意识形态的对抗告一段落，基于多边主义的实践在世界范围内得到蓬勃发展，得益于此，中国开启了经济发展的黄金十年。以综合保税区的成立为标志，自由贸易试验区建设在这一时期迎来了新发展。

2002~2007年，中国三次修订《外商投资产业指导目录》，积极引导外资产业流向，为引进高质量外资提供制度支撑。2004年，为应对入世后对外贸易所面临的法律体系问题，弥补对外贸易制度的漏洞，中国修订了《对外贸易法》。修订后的《对外贸易法》减少和规范了行政审批，完善了中介机构、金融扶持等外贸促进体系，建立健全了贸易防御和贸易救济措施的法律体系，在制度型开放的道路上走出坚实一步。

2005年6月，为实施国家建设东北亚枢纽港和国际航运中心的战略，国务院正式批准设立上海洋山保税港区。相较于保税区，保税港区多了码头和港口的功能，将港口的物流功能和保税区的优惠政策完美结合，实行出口加工区、保税区和港区的"三区合一"，实现区位优势和政策优势的协同发力。保税港区将国际、国内两个市场更加紧密地连接起来，极大促进了进出

[①] 开放型经济体制意味着消除政策性优惠带来的市场扭曲，实现以市场配置资源的要求，经济开放格局由稳定的法律法规所确定，不存在经常变动的政策安排，更不存在地区间的政策竞争。参见张幼文《从政策性开放到体制性开放——政策引致性扭曲在发展中地位的变化》，《南京大学学报》（哲学·人文科学·社会科学版）2008年第4期。

口贸易、转口贸易、出口加工业等的发展。它事实上为中国"双循环"新发展格局的演变提供了重要的现实基础。与此同时，为实现内陆地区（非港口城市）的同步对外开放，国务院开始着手建设综合保税区。2007年8月，苏州工业园综合保税区顺利通过九部委联合验收，成为中国第一个综合保税区，是当时中国开放层次最高、优惠政策最多、功能最齐全的特殊功能区。保税港区和综合保税区同属于海关特殊监管区域，不仅监管更为宽松，且通关更为便捷，成为中国对外开放制度创新的先行区。

（三）制度型开放走向成熟：2013年至今

面对世界百年未有之大变局，中国开始以畅通国内经济循环为主，着手构建新发展格局，自由贸易试验区也在这一阶段正式成形，并迅速进入建设的快车道。党的十八届三中全会明确指出，"经济体制改革是全面深化改革的重点，核心问题是处理好政府和市场的关系，使市场在资源配置中起决定性作用和更好发挥政府作用"。这为畅通国内大循环指明了方向。在解决国内大循环堵点的同时，中国对外经济关系也呈现新的外延。世界经济不再是中国发展只能被动适应的外部环境。在这一时期，中国制度型对外开放逐渐由探索期走向成熟期。

2013年7月，国务院常务会议讨论并原则通过《中国（上海）自由贸易试验区总体方案（草案）》，9月国务院批准印发《中国（上海）自由贸易试验区总体方案》，标志着中国第一个自由贸易试验区正式落成。在外高桥保税区、外高桥保税物流园区、洋山保税港区和上海浦东机场综合保税区等4个片区基础上建立的上海自由贸易试验区成立伊始就肩负着中国在新时期加快政府职能转变、积极探索管理模式创新、促进贸易和投资便利化，为全面深化改革和扩大开放探索新途径、积累新经验的重要使命，其发展的首要任务就是要探索建立投资准入前国民待遇和负面清单管理模式。实践证明，上海自由贸易试验区在负面清单管理模式上的成功探索成为中国制度型开放的重中之重，真正成为推进改革和提高开放型经济水平的"试验田"。

面对复杂多变的国际局势，2020年4月10日，在中央财经委员会第七次会议上，习近平总书记强调要构建以国内大循环为主体、国内国际双循环相互促进的新发展格局。这是党中央首次对外提出"双循环"的战略构想。"双循环"不是与世界脱钩，而是为全球创造更多机遇。作为真正多边主义的践行者，中国2012年举办首届服贸会，2013年提出"一带一路"倡议，2018年举办首届进博会，2020年完成《中欧全面投资协定》谈判，2021年率先批准RCEP，举办首届消博会，正式提出申请加入CPTPP、DEPA等一系列对外开放举措都不断为世界共享中国市场和发展成果创造平台，持续为世界经济复苏注入动能。可以看出，中国将坚定不移在推动高水平开放的道路上行稳致远。

作为国内国际双循环的重要节点，自由贸易试验区的建设也在新时期迎来了大发展。2020年6月，中共中央、国务院印发《海南自由贸易港建设总体方案》，由此自由贸易试验区建设形成了以海南自由贸易港为"领头雁"的全面开放平台新格局。截至2023年，自由贸易试验区数量已达21个，包括67个片区。根据《中国自由贸易试验区发展报告（2021）》，2021年前9个月，前五批18家自贸试验区实现进出口总额4.7万亿元，以不到全国4‰的土地面积实现了全国14.7%的外贸规模；自贸试验区实际使用外资1763.8亿元，新设外资企业6472家，占全国比重分别为17.6%和16.8%。2020年全年共形成37项创新性强、可操作性高、有效性好、风险可控的改革经验，有31项在全国范围内复制推广，6项在特定区域复制推广。其中，投资自由化便利化领域11项，贸易便利化领域11项，金融开放创新领域4项，事中事后监管领域6项，人力资源领域5项。① 2021年7月，中国首张跨境服务贸易负面清单《海南自由贸易港跨境服务贸易特别管理措施（负面清单）（2021年版）》发布，这标志着中国制度型对外开放迈上了一个新台阶。

---

① 数据来源于《中国自由贸易试验区发展报告（2021）》。

二 自由贸易试验区建设的实践经验

自上海自由贸易试验区成立以来，自由贸易试验区建设坚持以制度创新为核心，锐意进取、奋勇前行，截至 2023 年 7 月，我国已经形成了 7 批自由贸易试验区改革试点经验，合计 167 项，以国务院发函等方式面向全国集中复制推广，积累了一套富有中国特色的社会主义经济建设实践经验。

（一）坚持党对开放型经济的全面领导

开放型经济是要素、商品与服务可以较自由地跨国界流动，从而实现最优资源配置和最高经济效率的经济体制模式，是社会生产力水平不断提升的必然结果。中国开放型经济早期建设的主要驱动力源于解决国内要素结构严重失衡问题。在党的十二大上，邓小平正式提出"坚定不移地实行对外开放政策，在平等互利的基础上积极扩大对外交流"。然而，运用国际国内两种资源两个市场进行调整的解决办法客观上提高了中国融入国际分工体系的迫切需求。从经济特区到自由贸易试验区，党在对外开放的战略部署上逐渐从"引进外来资金、技术、人才和管理经验"提升到"扩大服务贸易、积极参与区域经济合作、促进全球贸易和投资自由化便利化、扩大服务业开放和外资准入"等高层次对外开放领域，探索出了一条符合中国特色的社会主义开放型经济发展道路。

中国开放型经济的建设历程是一段不断解放思想、开拓创新的历史。解放思想始终是中国开放型经济建设的开路先锋。解放思想、实事求是、与时俱进，是马克思主义活的灵魂，是适应新形势、认识新事物、完成新任务的根本思想武器，是中国特色社会主义的重要法宝。从党的十四届三中全会首次提出"开放型经济"以来，伴随着中国社会生产力和综合国力不断提升，中国对对外开放认识不断加深、经验不断积累，"开放型经济"的内涵不断丰富，包含了经济体系和体制、开放战略、参与全球经济治理以及形成参与国际经济竞争合作新优势等重大理论命题。从经济特区的初探，到以海南自由贸易港为"领头雁"的全面开放平台新格局，自由贸易试验区建设取得的成功正是源自党对"开放型经济"不断的思想解放。自由贸易试验区作为中国开放型经济的重要实践产物，可以说它在服务贸易、自然人流动、外资准入等领域取得的重大突破都是在党对开放型经济的全面领导下，坚持对外开放的基本国策、发挥经济优势和制度优势的结果。

（二）坚持试点先行，以制度创新为核心，打造对外开放新高地

坚持试点先行、渐进式开放是中国对外开放的重要举措，也是中国开放型经济能够实现制度创新的实践基础。2018年中央经济工作会议首次提出"制度型开放"的重要概念，标志着中国对外开放进入新阶段。中国开放型经济建设开始以制度创新为核心，而制度创新又依赖于实践经验。从马克思主义认识论的基本观点看，只有实践并经实践检验的真理才能正确地指导实践。因此，没有实践创新，就不可能有新的制度理论产生。中国开放型经济建设采用的试点先行办法是其实现制度创新的重要手段之一。试点先行不仅能够有效避免对外开放带来的重大经济冲击，保障国民经济发展总体安全，还能为国内产业升级和科技创新争取时间和空间，力争实现自主力导型对等开放。

自由贸易试验区作为中国开放型经济的重要试点，完成政府职能转变、探索管理模式创新、促进国内要素流动、实现贸易和投资便利化等制度性开放创新任务成为应有之义。十年来，自由贸易试验区的建设始终将制度创新作为核心要领，抓住开放与改革两条主线，始终坚持社会主义市场经济的改革方向，在"放管服"改革、投资便利化、贸易便利化和金融开放创新等领域都发挥了极大的桥头堡作用，不断从体制机制上为解决制约中国经济发展的矛盾和问题提供参考，切实为完善社会主义市场经济体制发挥了举足轻重的作用。从上海自由贸易试验区在负面清单管理模式上的成功探索，到海南自由贸易港首张跨境服务贸易负面清单的出台，自由贸易试验区为中国高水平对外开放探出一条对内改革与对外开放有机结合、符合中国实际的路

子，使中国能够更加自如地应对日趋激烈的国际经济竞争环境，真正成为中国对外开放的新高地。

（三）坚持科学利用、吸收国际先进成果，助推高质量、高标准对外开放

马克思指出，"一个国家应该而且可以向其他国家学习。一个社会即使探索到了本身运动的自然规律，……它还是既不能跳过也不能用法令取消自然的发展阶段。但是它能缩短和减轻分娩的痛苦"。[①] 这表明主体性在社会发展中具有重要作用，人类社会的发展是合规律性与合目的性的统一。邓小平也曾明确指出，"资本主义已经有几百年历史，各国人民在资本主义制度下所发展的科学和技术，所积累的各种有益的知识和经验，都是我们必须继承和学习的"。2019年习近平总书记在敦煌研究院也讲道："今天，我们要铸就中华文化新辉煌，就要以更加博大的胸怀，更加广泛地开展同各国的文化交流，更加积极主动地学习借鉴世界一切优秀文明成果。"中国作为后发国家，要实现高质量、高标准对外开放，首先就要重视学习、善于学习世界各国对外开放的先进成果。

作为国内国际两个市场、两种资源的重要联结点，自由贸易试验区既要支撑中国对外双边和多边经贸合作的深入开展，又要适时进行应对国际经贸新规则的压力测试。因此，自由贸易试验区建设始终以国际规则和标准为重要导向。通过科学吸收和利用国际先进成果，自由贸易试验区成功地把国内深化改革与对外开放有机结合起来；通过制度创新促进扩大对外开放，自由贸易试验区成功地把坚持独立自主与融入经济全球化结合起来。可以说，自由贸易试验区建设为中国实现国内国际双循环的相互促进和共同发展提供了现实基础和实践经验。

从经济特区到保税港区，中国借鉴国际重要港口的发展经验，逐步打造出上海港、舟山港、深圳港等世界级港口，极大地推动了区域性经济增

---

① 《马克思恩格斯全集》第四十四卷，人民出版社，2001。

长，使这些港口成为中国融入世界经济的重要窗口。从上海自由贸易试验区到海南自由贸易港，中国还将借鉴国际自由港建设经验，进一步扩大国际开放程度，在零关税、简税制、低税率、放权审批、更开放的市场化运行等方面探索出构建自由贸易港的政策和制度体系，做好从自由贸易试验区到自由贸易港的衔接，努力建成特色鲜明、世界著名的现代化自由贸易港，形成高度自由化、法治化、国际化、现代化的制度体系，成为中国实现社会主义现代化的标杆和范例。

（四）坚持顺应时代发展潮流，准确定位于新发展格局

习近平总书记曾引用孙中山名言"世界潮流，浩浩荡荡，顺之则昌，逆之则亡"，强调"正确处理中国和世界的关系，是事关党的事业成败的重大问题"，并指出"中国共产党的诞生，社会主义中国的成立，改革开放的实行，都是顺应世界发展大势的结果"，要"进一步把握历史发展规律和大势，始终掌握党和国家事业发展的历史主动"。[①] 习近平总书记关于把握历史发展规律和大势的重要论述是对唯物史观的创造性运用和发展。马克思主义科学地揭示了人类社会发展的基本规律和总趋势，认为在各种社会要素的复杂关系中，历史发展规律和大势是起决定性作用的终极要素。

中国对外开放的步伐，每一步都准确地踏在了时代发展的潮流之上，都是党中央领导集体立足于中国国情、深刻洞察国内外发展大势所作出的科学研判。因此，无论是经济特区，还是自由贸易试验区，它们的出现都蕴含着深刻的历史逻辑，镌刻着鲜明的时代烙印，肩负着不同的时代使命。党的十八大以来，面对逆全球化、单边主义、保护主义抬头，习近平总书记反复强调，"开放已经成为当代中国的鲜明标识""中国开放的大门不会关闭，只会越开越大"。[②] 在科学的思想指引下，自由贸易试验区建设顺应时代发展潮流，准确定位于新发展格局，取得了丰硕成果。可以说，只有正确把握

[①]《习近平著作选读》第二卷，人民出版社，2023。
[②]《习近平著作选读》第二卷，人民出版社，2023。

历史发展规律和大势，在复杂变局中掌握历史主动，自由贸易试验区的发展才能顺应历史潮流、紧跟时代步伐、战胜风险挑战。唯有坚持实践是检验真理的唯一标准，发挥历史的主动性和创造性，清醒认识国内国际发展格局的变和不变，坚持独立自主地扩大开放，始终保持战略定力，自主决定开放的节奏和力度，以逢山开路、遇河架桥的精神，大胆探索，敢于并善于分析回答中国开放型经济发展中亟待解决的问题，才能将自由贸易试验区打造成中国特色社会主义经济建设和深化经济体制改革的"试验田"。

三 自由贸易试验区高质量发展的实现路径

梳理自由贸易试验区的历史进程，从中总结自由贸易试验区建设的经验，有助于更为准确地把握中国特色社会主义经济建设的规律，也可以为今后自由贸易试验区的建设提供有益镜鉴。

（一）校准发展定位，勇担时代重任

"双循环"的提出从理论观点上科学回答了中国开放型经济与世界经济政治关系基本走向和大逻辑，是马克思主义政治经济学的运用和发展。虽然对于任何独立成熟的经济体，国内循环都是其经济发展的重要基础，但这并不意味着经济发展要走向封闭，反而在社会化大生产中开拓世界市场、融入世界经济才是成熟经济体发展的必然结果。因此，自由贸易试验区的建设要深刻理解并践行蕴含在新发展格局中的理论内涵与实践意义，即"双循环"新发展格局虽然强调以国内大循环为主体，但绝不意味着关闭大门与世界市场脱钩，而是不断夯实国内经济高质量发展根基，进而为全球经济创造更多机遇。

在新发展格局下，自由贸易试验区建设要把握好新的历史使命，校准发展定位。当前，各地自由贸易试验区总体方案均明确了各自的重点发展产业名录，在此基础上，各片区要进一步加强组织实施，切实做好方案实施的前后衔接、统筹协调，开展动态监测、定期评估等工作。"十四五"期间，自由贸易试验区建设应与保持国内产业链、供应链稳定，扩大内需，促进消

费升级，深化供给侧结构性改革，协调区域经济发展等国家重大战略有机结合起来。坚持以制度创新为核心，大胆试、大胆闯，聚焦重点领域、关键环节、基础性制度开展深层次改革试点，发挥自由贸易试验区先行先试作用，深化首创性、集成化、差别化改革探索。自由贸易试验区建设可以构建新发展格局为契机，勇担时代重任，开展特色化、差异化探索，在市场准入、负面清单管理、"放管服"、政企关系、国际科技交流合作、重点产业链创新升级等领域继续发挥领头羊作用。

（二）加强制度革新，畅通国内循环

"十四五"时期，自由贸易试验区应坚持和完善社会主义基本经济制度，以完善产权制度和要素市场化配置为重点，承担起以更高水平开放倒逼全面深化改革的重任。在风险可控的前提下，对其进行综合性、一揽子授权，坚持应放尽放原则，激发制度创新主动性和积极性。特别是在知识产权保护方面以及人才、资本、技术、数据等要素自由流动方面加大制度创新力度，完善自由贸易试验区的产权制度体系，强化自由贸易试验区生产要素聚集和市场配置能力，为畅通国内大循环提供引导力量，实现连接国内国际市场的重要作用。

具体来看，如下。一要加强赋权赋能。要有针对性地解决"中央要求高、地方热情大、相关部门被动应对"的突出问题，理顺所在省市相关职能部门与自由贸易试验区之间的事权关系，下放更多省级经济管理权限，建立容错纠错机制，与地方海关、海事、边检等部门协调好政策对接，坚持问题导向，协同发力，奋楫笃行，切实为基层创新开拓空间。二要探索数字化建设。要以数字化改革为抓手，以数字贸易、数字产业、数字金融、数字物流、数字治理为重点，找准市场需求，提供数字自由贸易试验区一站式全场景服务，降低内循环制度成本。三要继续重点领域攻坚克难。以金融领域为例，自由贸易试验区利率、汇率"双轨制"加大了投机资本渗透概率，可能存在金融风险外溢的情况，因此，要在金融风险防范监管等重点领域奋蹄扬鞭、再接再厉。四要强化人才储备。制度创新是自由贸易试验区的立身之

本，而人才储备是制度创新的关键核心，各片区可以结合自身特点，尝试建设产学研基地，为建设高质量自由贸易试验区备好人才库。

（三）对标国际规则，实现内外循环

党的二十大报告指出，要"推进高水平对外开放，稳步扩大规则、规制、管理、标准等制度型开放，加快建设贸易强国，推动共建'一带一路'高质量发展，维护多元稳定的国际经济格局和经贸关系"。随着中国改革开放的不断加深，中国在世界经济发展中的话语权不断提高，作为世界上最大的发展中国家，中国有责任、有义务代表新兴经济体在国际社会发声，积极参与全球治理。这也在客观上需要中国在国际经贸领域积极对标高标准的国际经贸规则，以期在对等的地位同发达国家共商国际经贸规则，共建公平合理的世界经贸新秩序。

目前，世界正处于百年未有之大变局，国际"规则之争"已愈演愈烈，中国已无法置身事外。此外，国内国际双循环相互促进的发展格局也需要各贸易伙伴国有统一的经贸规则作为支撑。因此，自由贸易试验区作为对外开放的先行区，应在"一带一路"倡议和现有自贸区建设的基础上，在片区内率先探索对标最先进最高标准的国际经贸规则。2021年中国已加入RCEP，在对标高水平国际经贸新规则方面迈出了坚实一步。但相较于CPTPP、USMCA、DEPA等自由贸易协定，RCEP在跨境服务贸易、数字贸易等方面还存在一定差距。特别是在中国已经正式提出申请加入CPTPP的背景下，自由贸易试验区应针对其中卫生和植物卫生措施、跨境服务贸易、商务人员临时入境等中国难以接受的条款进行开放压力测试。只有不断对标高水平、高标准自由贸易协定中的国际经贸新规则，自由贸易试验区才能真正建设成为中国对外开放的制度新高地，进而为高质量的新发展格局构建提供现实经验。

（四）坚持自力主导，实现对等开放

20世纪80年代以来，新自由主义思潮对中国经济发展产生了重要影

响。新自由主义的盛行是基于发达资本主义国家在科学技术等领域的暂时优势，当优势渐渐失去时，发达资本主义国家的垄断资产阶级和国际垄断资产阶级的"双重标准"就会暴露无遗。具体体现在对外宣扬自由化、对内搞贸易保护主义。英国从重商主义到自由主义的发展历程无疑是最好的佐证之一。在百年未有之大变局的背景下，中国要警惕发达资本主义国家对华企业实施科技制裁，甚至是对华金融和经济的全面制裁和封锁。因此，自力主导型对等开放是中国推进高水平对外开放、维护真正多边主义的必由之路。

自由贸易试验区的建设应从以下几方面做好风险防范。一要加强企业创新培育，完善自主研发体系。自由贸易试验区建设要进一步加大知识产权保护与执法力度，为培育创新型企业提供法制土壤。同时，支持区内企业提升自主研发能力，完善自主研发体系，通过培育技术优势，破解"卡脖子"难题，以抵御美西方国家对中国的技术封锁和科技制裁。二要加强金融开放创新，助力人民币国际化。为弱化美元霸权对中国经济的影响，自由贸易试验区建设要在完善人民币跨境支付结算法律监管体系、推动人民币跨境支付与离岸人民币市场协同发展、扩大跨境人民币资金池试点范围等方面先试先行，助力完善人民币跨境支付体系，为人民币国际化铺设快车道。三要加强法律保障，保护企业利益。国际社会中的大国往往会针对他国域外适用主张制定本国的反制立法或反制措施。自由贸易试验区建设要在《对外贸易法》《外商投资法》《反垄断法》等法律法规的修订和完善方面发挥"试验田"作用，要在《中国（上海）自由贸易试验区贸易调整援助试点办法》的基础上探索转移支付、技术援助等新方式，为受外国制裁而遭受损失的企业提供补偿和帮助，从实体和程序两方面完善现行贸易救济法律规则和专向性补贴管理制度。

参考文献

陈昌盛、许伟、兰宗敏等：《"十四五"时期我国发展内外部环境研究》，《管理世界》2020 年第 10 期。

程恩富：《反思和超越新自由主义主导的经济全球化》，《河北学刊》2008 年第 1 期。

程恩富、张峰：《"双循环"新发展格局的政治经济学分析》，《求索》2021 年第1 期。

陆燕：《自贸区建设成效、问题及发展方向》，《人民论坛》2020 年第 27 期。

裴长洪：《中国开放型经济学的马克思主义政治经济学逻辑》，《经济研究》2022 年第 1 期。

裴长洪：《中国特色开放型经济理论研究纲要》，《经济研究》2016 年第 4 期。

张幼文：《从政策性开放到体制性开放——政策引致性扭曲在发展中地位的变化》，《南京大学学报》（哲学·人文科学·社会科学版）2008 年第 4 期。

张幼文：《70 年中国与世界经济关系发展的四个阶段》，《当代中国史研究》2019 年第 5 期。

郑尚植、常晶：《"双循环"新发展格局的马克思主义政治经济学分析》，《当代经济管理》2021 年第 12 期。

朱华雄、周文蕾、阳甜：《"双循环"新发展格局：历史演化与展望》，《新疆师范大学学报》（哲学社会科学版）2021 年第 5 期。

王爱俭、方云龙：《双循环新发展格局视域下中国自由贸易试验区发展再定位——兼论中国经济高质量发展的自贸区改革路径》，《现代经济探讨》2021 年第 11 期。

王海峰：《上海自由贸易试验区进展、问题和建议》，《宏观经济管理》2015 年第 1 期。

B.21
碳减排视角下的制造业全球价值链嵌入与全要素生产率

——基于造纸产业的多国（地区）影响检验

解希玮 李芳芳 李凌超*

摘 要： 在降碳减排和低碳经济发展的大背景下，本文以世界造纸产业链为研究对象，以参与度和分工地位指标重新界定了价值链嵌入的准确内涵，进而从本质层面深入阐述了二者影响低碳全要素生产率的理论机制与作用效果。在此基础上，本文采用SBM-GML模型和投入产出模型分别测算了2001~2021年42个世界主要经济体的低碳TFP和价值链嵌入水平及演变趋势，并采用固定效应模型和门槛效应模型考察价值链嵌入对低碳TFP的总体及分阶段影响。结果表明：2001~2021年，世界造纸产业链上主要国家（地区）的低碳全要素生产率虽稳步增长但彼此间差异较大，多数国家（地区）的低碳TFP增长源于技术进步，而仅有少数TFP高水平国家（地区）的技术效率指标同样呈现上升趋势；价值链分工地位对低碳TFP的提升存在1:0.2643的显著促进作用；而参与度的低碳TFP效应呈现为以0.2095为门槛的非线性影响，且前一阶段具体表现为不显著的阻碍作用，越过门槛后则产生1:0.1258的显著促进作用。对此，应从低碳TFP自身、价值链嵌入水平和其他经济因素三方面同步着手，以全球价值链重

---

* 解希玮，北京林业大学经济管理学院博士研究生，研究方向为农林经济管理；李芳芳，北京林业大学经济管理学院副教授、硕士生导师，研究方向为产业经济、国际贸易理论与政策；李凌超，北京林业大学经济管理学院教授，研究方向为农林经济管理。

构和"双碳"战略实现为契机，有效促进国民经济主要行业的高质量可持续发展。

关键词： 全球价值链　低碳全要素生产率　造纸产业　门槛效应

一　引言

党的十八大以来，在中国经济发展进入新常态的科学论断指引下，国内经济工作的重点开始由高速增长转向高质量增长，并使全要素生产率逐步取代 GDP 增速，成为衡量中国经济发展当前水平及未来潜力的有效工具。而在同一时期，由金融危机余韵诱发的逆全球化思潮在各发达国家愈演愈烈，继而呈现为此起彼伏的"脱钩""退群""贸易战"；而这一逆全球化趋势又伴随着中国等后发国家向全球生产网络的持续嵌入，并最终导向全球价值链的全方位重构。十年来，中国经济增长的步调始终与全球化进程紧密相连，且与 21 世纪初更多依靠参与国际贸易实现 GDP 快速增长的单一规模效应相比，当前各生产部门努力向价值链高端攀升的深度嵌入模式显然更加符合新发展阶段的要求；但是，其对全要素生产率的实际影响也随着产业、地域和外部条件的异质性特征而变得更加复杂。

在此背景下，2017 年国内"双碳"战略的正式提出不仅完善了"低碳全要素生产率"（Low Carbon Total Factor Productivity，LCTFP，以下简称低碳 TFP）这一概念，更为以上问题的研究提供了全新视角。与测算多种污染物的绿色全要素生产率相比，低碳 TFP 以碳排放量为核心纽带，清晰串联起经济增长与环境保护两大发展主题间的差异与共性，通过碳达峰的刚性约束将环境因素转化为可衡量的稀缺性资源，进而以碳中和的远期目标为各类资源在经济领域的优化配置指明方向。在国内经济由粗放型向集约型加速转变的关键时期，从碳减排视角对全球价值链嵌入的 TFP 效应加以考察，一方面可为当前产业部门参与 GVC 分工的经济意义提供更为准确的证据，另

一方面则有助于面向下一阶段的环境友好型增长目标提出可行建议。为此，本文选取附加值高而降碳减排难度较大的造纸产业为考察对象，并综合世界各主要经济体的分析结果，为产业的高质量可持续增长提供有益参考。

二 理论机制与研究假设

（一）GVC分工地位对低碳TFP的影响

联合国工业发展组织在对全球价值链的定义中指出，从生产过程的上游到下游，全球价值链包括从设计、产品开发、生产制造、营销、交货、消费、售后服务到最后循环利用等各种增值活动，而上述活动又可依据产生的价值增值量划分为分工地位的高端与低端，即以生产制造环节为波谷，两头高、中间低的"微笑曲线"。其中，价值链高端环节多为技术研发和服务活动，具有附加值高且环境污染小的优势，而位于低端的加工制造环节则意味着较低的附加值和高碳排，即更低的低碳全要素生产率。因此，从长期来看，出于社会福利最大化的需要，一国必然积极通过对国际先进技术的追赶、学习和创新实现在特定产业链中的分工地位上升，而全球价值链在此过程中则作为技术溢出效应和正外部性的实现纽带，为后发国家的产业高质量转型升级提供有益契机。据此，本文提出假设1：全球价值链分工地位的提升可促进低碳全要素生产率增长。

（二）GVC参与度对低碳TFP的影响

在大规模国际中间品贸易的背景下，全球价值链参与度反映了一国出口对全球价值链的贡献和依赖程度，而这一价值链参与过程同样伴随着对先进生产技术和减排技术的创造与竞争。一方面，对全球生产网络的深度参与将有助于本国接触到相关先进技术，即一国可经由与自身相邻中间品环节的被动技术溢出，以及在激烈的国际竞争中主动实现"干中学"等方式，有效促进低碳TFP的提升。而另一方面，一国对全球价值链的大规模参与和经济活动的过度扩张不仅会导致碳排放量的增加，且极易引起国际大买家和跨国公司的关注，进而通过多种技术贸易壁垒手段阻碍技术溢出，并将本国锁定在原有生产环节，从而极大地抑制低碳 TFP 的提升。

在现实情况下，技术溢出和技术抑制效应在价值链参与过程中往往同时存在，而彼此间的力量对比和最终呈现影响则极大取决于该国在特定产业链中的分工地位。当一国的主要生产活动聚焦于价值链高端环节时，其自身即为先进技术的创造方和占有方，因而更有利于在进一步的技术竞争中放大效率改善的积极作用，同时规避技术壁垒的阻碍效应，即此时 GVC 参与度的提升将更多表现为对低碳 TFP 的正向影响；而当一国产业部门更多处于价值链低端的加工制造环节时，较低的技术密集度和极大的后发赶超难度使其更易被技术发达国家和企业俘获，并通过重污染环节转移等方式，在阻碍本国低碳 TFP 提升的同时使产业陷入更加严重的低端锁定和"污染天堂"困境。据此，本文提出假设 2：全球价值链参与度的提升对低碳全要素生产率存在技术溢出和技术抑制两种相反的效应，且其最终作用结果将随产业分工地位的差异而呈现非线性影响。

由以上分析得到本文理论机制如图 1 所示。

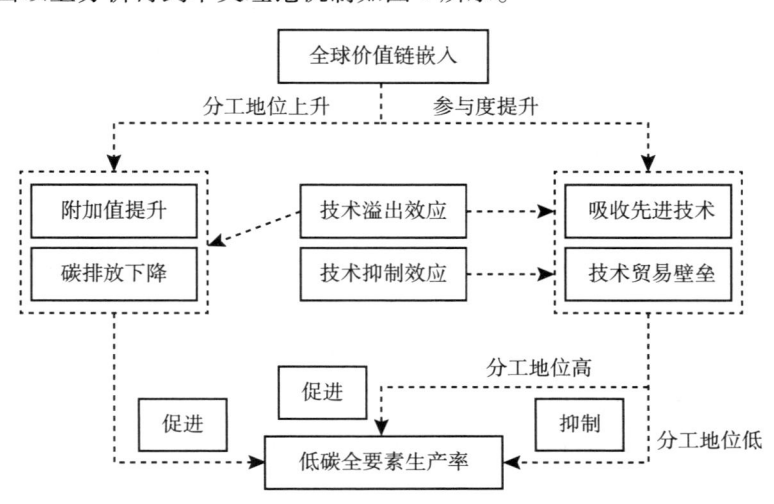

图 1 全球价值链嵌入与低碳全要素生产率的非线性关系

三 模型构建与变量选择

（一）主要模型设定

1. 面板回归与门槛效应模型

基于前文理论机制分析，研究首先构建如下基准模型，考察GVC参与度及分工地位对各国造纸产业低碳TFP的总体影响。

$$LCTFP_{it} = \alpha_0 + \alpha_1 GVC\_PA_{it} + \alpha_2 GVC\_PO_{it} + \alpha_3 X_{it} + v_i + v_t + \varepsilon_{it} \quad (1)$$

其中，$i = 1, 2, \cdots, N$表示不同国家。$t = 1, 2, \cdots, T$表示时间。$LCTFP$为研究的被解释变量：造纸产业低碳全要素生产率。GVC_PA和GVC_PO为研究的两类解释变量：造纸产业全球价值链参与度及分工地位。X为研究的一系列控制变量。α为对应系数向量。v_i、v_t分别为地区和年份固定效应。ε_{it}为随机干扰项。

在此基础上，研究进一步考察GVC参与度上升的技术溢出和技术抑制效应由于产业分工地位不同而呈现的异质性影响。为避免研究者的主观干扰，采用1999年Hansen提出的门槛模型，按照数据的自身特点来划分区间，模型的基本设定（单门槛）如下。

$$LCTFP_{it} = \mu_i + \beta_1 GVC\_PA_{it} \times I(GVC\_PO_{it} \leq \gamma) + \beta_1' GVC\_PA_{it} \times I(GVC\_PO_{it} > \gamma) + \beta_2 X_{it} + \omega_{it} \quad (2)$$

其中，主要变量含义如上文所示，$I(\bullet)$为一个指标函数，相应条件成立时取值为1，否则取值为0，γ为特定的门槛值；β为对应系数向量，μ_i用于反映不同国家的个体效应，ω_{it}为随机干扰项，该模型可依据具体情况扩展为多重门槛模型。

2. SBM-GML指数模型

为准确计算造纸产业的各国低碳TFP，研究参考Färe等（2007）的测算方法，采用SBM（Slack Based Measure）方向性距离函数和GML（Global Malmquist-Luenberger）生产指数测算研究时段内造纸产业链中所有主要国家的低碳TFP。

假设每个国家都是一个决策单元（DMU），每个单元使用 N 种投入：$x = (x_1, \cdots, x_N) \in R_N^+$，生产出 M 种期望产出：$y = (y_1, \cdots, y_M) \in R_M^+$，以及 I 种非期望产出：$b = (b_1, \cdots, b_I) \in R_I^+$，每个国家 k 在时期 t 的投入产出向量表示为：$(x^{k,t}, y^{k,t}, b^{k,t})$，则考虑投入和非期望产出等约束条件的当期生产可能性集 $P^t(x^t)$ 可表示为：

$$P^t(x^t) = \left\{ \begin{array}{l} (y^t, b^t): \sum_{k=1}^{K} \lambda_k^t y_{km}^t \geq y_{km}^t, \forall m; \quad \sum_{k=1}^{K} \lambda_k^t b_{ki}^t \geq b_{ki}^t, \forall i; \\ \sum_{k=1}^{K} \lambda_k^t x_{kn}^t \leq x_{kn}^t, \forall n; \quad \sum_{k=1}^{K} \lambda_k^t = 1, \lambda_k^t \geq 0, \forall k \end{array} \right\} \tag{3}$$

其中，λ_k^t 是每一个横截面观察值的权重，当 $\lambda_k^t \geq 0$ 时，生产技术遵循规模报酬不变（CRS）假设；当 $\lambda_k^t \geq 0$ 且 $\sum_{k=1}^{K} \lambda_k^t = 1$ 时，生产技术遵循规模报酬可变（VRS）假设。考虑到生产前沿的一致性和可比性，将式（3）的生产可能性集变换为基于全局的生产可能性集 $P^G(x)$。

$$P^G(x) = P^1(x^1) \cup P^2(x^2) \cup P^3(x^3) \cup \cdots \cup P^T(x^T) \tag{4}$$

据此，研究基于 Fukuyama 和 Weber（2009）的测算方法，定义全局性 SBM 方向性距离函数如下。

$$S_V^G(x^{t,k'}, y^{t,k'}, b^{t,k'}; g^x, g^y, g^b) = \max_{s^x s^y s^b} \frac{\frac{1}{N} \sum_{n=1}^{N} \frac{s_n^x}{g_n^x} + \frac{1}{M+I} \left(\sum_{m=1}^{M} \frac{s_m^y}{g_m^y} + \sum_{i=1}^{I} \frac{s_i^b}{g_i^b} \right)}{2}$$

$$\text{S.t.} \left\{ \begin{array}{l} \sum_{k=1}^{K} \lambda_k^t x_{kn}^t + s_n^x = x_{k'n}^t, \forall n; \\ \sum_{k=1}^{K} \lambda_k^t y_{km}^t - s_m^y = x_{k'm}^t, \forall m; \\ \sum_{k=1}^{K} \lambda_k^t b_{ki}^t + s_i^b = b_{k'i}^t, \forall i; \\ \sum_{k=1}^{K} \lambda_k^t = 1, \lambda_k^t \geq 0, \forall k; \\ s_n^x \geq 0, \forall n; \\ s_m^y \geq 0, \forall m; \\ s_i^b \geq 0, \forall i \end{array} \right. \tag{5}$$

其中，$(x^{t,\ k'},\ y^{t,\ k'},\ b^{t,\ k'})$ 表示 t 时期第 k 个国家造纸产业的投入、期望产出和非期望产出向量，$(g^x,\ g^y,\ g^b)$ 表示投入减少、期望产出增加、非期望产出减少的方向变量，$(S_n^x,\ S_m^y,\ S_i^b)$ 表示投入、期望产出和非期望产出的松弛向量，S_n^x 表示投入冗余，S_m^y 表示期望产出不足，S_i^b 表示非期望产出过多，当 S_n^x、S_i^b 大于 0 时，说明实际投入和非期望产出超过边界值，S_m^y 大于 0 则表明实际期望产出小于边界值。

SBM 函数主要用于测算每个生产决策单元的静态低碳 TFP，而欲反映低碳 TFP 的动态变化特征，则需在此基础上使用 Oh 提出的 GML 指数公式。

$$GML_t^{t+1} = \frac{1 + S_V^G(x^t, y^t, b^t;\ g^x, g^y, g^b)}{1 + S_V^G(x^{t+1}, y^{t+1}, b^{t+1};\ g^x, g^y, g^b)} \tag{6}$$

其中，GML 指数大于 1 表明低碳 TFP 增长，反之则表示下降。

3. 多区域投入产出模型

多区域投入产出（MRIO）模型涵盖了全球多国的生产、需求和双边贸易等信息，不仅能够从增加值贸易视角核算国外需求创造的国内产出，且能有效避免传统出口贸易核算带来的"重复统计"问题，故选用该模型考察造纸产业的各国全球价值链参与度及分工地位。根据 MRIO 模型可知，国家 s 对任一国家 r 的出口（E_{sr}）包括中间品出口（$A_{sr}X_r$）和最终品出口（Y_{sr}）两个部分。根据总贸易核算法，可将国家 s 对国家 r 的出口分解为 16 个增加值和重复计算部分，即：

$$\begin{aligned}
E_{sr} &= (V_s B_{ss})^T \# Y_{sr} + (V_s L_{ss})^T \# (A_{sr} B_{rr} Y_{rr}) + (V_s L_{ss})^T \# (A_{sr} \sum_{t \neq s,r}^G B_{rt} Y_{tt}) + (V_s L_{ss})^T \# (A_{sr} B_{rr} \sum_{t \neq s,r}^G Y_{rt}) \\
&+ (V_s L_{ss})^T \# (A_{sr} \sum_{t \neq s,\ ru \neq s,t}^G \sum^G B_{rt} Y_{tu}) + (V_s L_{ss})^T \# (A_{sr} B_{rr} Y_{rs}) + (V_s L_{ss})^T \# (A_{sr} \sum_{t \neq s,r}^G B_{rt} Y_{ts}) \\
&+ (V_s L_{ss})^T \# (A_{sr} B_{rs} Y_{ss}) + (V_s L_{ss})^T \# (A_{sr} \sum_{t \neq s}^G B_{rs} Y_{st}) + (V_s B_{ss} - V_s L_{ss})^T \# (A_{sr} X_r) + (V_r B_{rs})^T \# Y_{sr} \\
&+ (V_r B_{rs})^T \# (A_{sr} L_{rr} Y_{rr}) + (V_r B_{rs})^T \# (A_{sr} L_{rr} E_{r*}) + (\sum_{t \neq s,r}^G V_t B_{ts})^T \# Y_{sr} + (\sum_{t \neq s,r}^G V_t B_{ts})^T \# (A_{sr} L_{rr} Y_{rr}) \\
&+ (\sum_{t \neq s,r}^G V_t B_{ts})^T \# (A_{sr} L_{rr} E_{r*})
\end{aligned} \tag{7}$$

式中，#表示分块矩阵点乘；B_{ss} 和 A_{sr} 分别为国家 s 内的直接消耗系数矩阵，以及国家 s 与国家 r 生产部门之间的相互需求系数矩阵；B_{ss}、B_{rr}、B_{rt}、B_{rs} 和 B_{ts} 为经典的列昂惕夫逆矩阵；L_{ss} 和 L_{rr} 分别为国家 s 和国家 r 内的列昂惕夫逆矩阵，$L_{ss} = (I - A_{ss})^{-1}$；$V_s$、$V_r$ 和 V_t 分别表示国家 s、国家 r 和国家 t 的增加值系数向量；X_r 和 E_{r*} 分别为国家 r 的总产出向量和总出口向量（均为 $N \times 1$ 的列向量）；Y_{ss} 和 Y_{sr} 分别为国家 s 生产并用于满足国内和国家 r 最终需求的产品。

设将式（7）等号右侧的 16 个部分依次设为向量 $T_1 \sim T_{16}$，则该式可转换为：

$$E_{sr} = T_1 + T_2 + \cdots + T_{16} = \sum T_n \tag{8}$$

式中各部分具体含义如表 1 所示。

表 1 增加值视角下多区域投入产出分解的各部分具体含义

组成部分	符号	分解内容	符号	代码
被国外吸收的国内增加值	DVA	最终品出口的国内增加值	DVA_FIN	T_1
		被进口国直接吸收的中间品出口	DVA_INT	T_2
		被进口国直接生产向第三国出口所吸收的中间品出口	DVA_INTREX	$T_3+T_4+T_5$
返回并被本国吸收的国内增加值	RDV	—	—	$T_6+T_7+T_8$
国外增加值	FVA	出口隐含的进口国增加值	MVA	$T_{11}+T_{12}$
		出口隐含的其他国增加值	OVA	$T_{14}+T_{15}$
纯重复计算部分	PDC	来自国内账户的纯重复计算	DDC	T_9+T_{10}
		来自国外账户的纯重复计算	FDC	$T_{13}+T_{16}$

注：各增加值向量均为 $N \times 1$ 的列向量。

（二）变量选取与数据来源

1. 被解释变量：低碳全要素生产率

根据本文研究目的，使用 Matlab 软件进行测算。设低碳 TFP 计算所需的期望产出为一国造纸产业总产出量，相关数据来源于 WIOD 与 ADBMRIO 数据库；非期望产出为一国造纸产业部门的二氧化碳排放量，其中 2001~

2016年数据来源于WIOD数据库，2017~2021年数据来源于EDGAR-IND[①]数据库，研究采用Arcgis软件汇总各国制造业年度碳排放总量，并按对应比例推定得到造纸行业的碳排放情况；低碳TFP计算所需的投入包括劳动要素、资本要素和能源要素，研究采用造纸产业的从业人数、名义资本存量及能源消费总量作为指标，相关数据分别来源于WIOD-SEA数据库、ILOSTAT数据库、pwt100数据库和世界银行数据库等；其中，对于资本相关指标，研究进一步依据IMF-IFS、EUROSTAT和IRS等数据库中的各国年度汇率变动情况进行转换，得到投入要素的准确数据。

2. 解释变量：全球价值链参与度及分工地位

研究采用Wang等（2017）的分析方法，将一国某部门的全球价值链前向与后向参与度分别表示为：

$$GVCPt_f = \frac{V\_GVC\_S}{va'} + \frac{V\_GVC\_C}{va'} = \frac{\widehat{VLA^F BY}}{va'} \tag{9}$$

$$GVCPt_b = \frac{V\_GVC\_S}{Y'} + \frac{V\_GVC\_C}{Y'} = \frac{\widehat{VLA^F BY}}{Y'} \tag{10}$$

其中，va'为一国某部门增加值或行业GDP的去向，Y'为一国某部门最终产出的增加值来源，V_GVC_S与V_GVC_C则分别表示一国总生产活动中扣除纯国内生产与传统国际贸易活动后余下的简单GVC活动和复杂GVC活动部分。据此，可将一国某部门的全球价值链参与度表示如下。

$$GVC\_Participation = GVCPt_f + GVCPt_b \tag{11}$$

该指标越大，表示在全球价值链中的参与度越高。

进一步地，根据Koopman等（2010）构建的GVC分工地位测算方法，将一国某部门全球价值链分工地位表示如下。

$$GVC\_Position = \ln(1 + GVCPt_f) - \ln(1 + GVCPt_b) \tag{12}$$

---

① Emissions Database for Global Atmospheric（EDGAR）数据库是欧盟统计局开发的多用途、独立的全球温室气体和空气污染人为排放数据库。

该指标越大，表示越靠近价值链上游。

根据以上测算方法，研究基于 UIBE GVC INDEX 系统[①]，由 WIOD 与 ADBMRIO 数据库提取并计算各国造纸产业 2001~2021 年全球价值链参与度与分工地位数据。

3. 控制变量

产业结构（IS）：采用一国造纸业产出占制造业总产出的比重衡量。制造业是经济增长与环境保护的核心影响部门，在降碳减排约束和规模效应的叠加作用下，各国均着力推动造纸产业政策向清洁类和高技术环节倾斜，从而该指标提升反映的结构效应预测为正。相关数据来源于 WIOD 与 ADBMRIO 数据库。

能源消费结构（ES）：采用一国造纸产业煤炭消耗量与产业能源消耗总量之比衡量。与清洁能源相比，更高比例的煤炭消耗会带来更多的二氧化碳排放，从而不利于低碳 TFP 的提升。2001~2016 年数据来源于 WIOD 数据库，2017~2021 年数据结合《世界能源统计年鉴》中一国全部产业煤炭消耗占比推定。

四 实证结果分析与讨论

（一）低碳全要素生产率现状与趋势

在考察价值链嵌入的生产率影响之前，研究首先基于 SBM-GML 模型，将各类投入和产出数据纳入，以测算 2001~2021 年世界主要国家和地区造纸产业的低碳 TFP 自身发展与变化情况。并根据模型设定，将反映其动态变化特征的 GML 指数进一步分解为技术效率变动（*EC*）和技术差距变动（*BPC*）加以解读，为下一阶段的影响效应分析提供基本认识和数据准备。各地区相关指标的平均值情况如表 2 所示（按 *LCTFP* 降序排列）。

---

① UIBE GVC INDEX 系统为对外经济贸易大学全球价值链研究团队在 Wang Zhi 教授带领下，基于目前较为成熟的增加值贸易核算与分析方法，在世界 ICIO 表的原始数据基础上加工而成的次级（派生）数据库。

表 2　2001~2021 年各国（地区）造纸产业平均低碳全要素生产率及其分解

country*	LCTFP	EC	BPC	country	LCTFP	EC	BPC
MLT	0.6504	1.0000	1.0534	AUS	0.0230	0.9373	1.2340
USA	0.5844	1.0000	1.0475	PRT	0.0225	0.9547	1.0809
LUX	0.4380	1.0133	1.1986	SVK	0.0221	1.0042	1.1055
IRL	0.3911	1.0000	1.0997	ROM	0.0217	0.9850	1.1140
CHN	0.2864	1.0854	1.9535	HUN	0.0190	0.9360	1.0963
JPN	0.1342	0.9867	1.1894	FRA	0.0190	0.8763	1.3076
Overall	0.0877	0.9521	1.1921	CAN	0.0177	0.9445	1.3566
EST	0.0770	0.8920	1.1643	CZE	0.0175	0.9608	1.0766
HRV	0.0755	1.2712	1.1705	GBR	0.0172	0.8883	1.4073
NOR	0.0735	0.9335	1.1231	POL	0.0154	0.9462	1.0680
DNK	0.0495	0.9581	1.0879	ITA	0.0142	0.8874	1.4777
CHE	0.0470	0.9185	1.1437	ESP	0.0140	0.8671	1.2398
DEU	0.0414	0.8679	1.7456	KOR	0.0119	0.9906	1.4807
LVA	0.0379	0.9649	1.1231	BGR	0.0118	0.9277	1.1023
GRC	0.0351	0.9649	1.0916	TUR	0.0090	0.9220	1.0841
FIN	0.0286	0.9274	1.1592	TWN	0.0085	0.9251	1.0790
NLD	0.0260	0.9117	1.2391	MEX	0.0062	0.8859	1.1900
BEL	0.0258	0.9343	1.0952	BRA	0.0048	0.8947	1.1953
SWE	0.0254	0.9158	1.1718	RUS	0.0043	1.0147	1.1454
LTU	0.0252	0.9294	1.1047	IDN	0.0034	0.9162	1.0684
AUT	0.0240	0.9309	1.0877	IND	0.0014	0.9202	1.0724
SVN	0.0230	0.9492	1.1069				

* 篇幅所限，各国（地区）名称均使用"世界各国和地区名称代码"（GB/T 2659-2000）指代。

由表 2 可知，在世界造纸产业链条中涉及的 42 个主要国家和地区中，马耳他（MLT）的低碳 TFP 水平最高，在研究时段内的平均值为 0.6504；印度（IND）的指标值最低，仅为 0.0014，区位差异较为显著；此外，仅包括中国在内的 6 个国家该指标数值高于总平均值，从而再次表明各地区低碳 TFP 的发展水平存在极为明显的分层现象。进一步地，就 GML 分解情况来看，多数国家和地区的低碳 TFP 增长来源于技术差距变动，即"技术进步"，指在技术上实现以同样的投入组合生产出更多的产出；包括中国在内的前5位国家的技术效率指标同样支持了低碳 TFP 的增长，即在现有技术水平下，能够通过增加各种资源要素间的协调性，使既有技术水平的潜能得以更大程度释放。据此可以得出，欲从指标内涵层面实现低碳 TFP 的增长，各国应一方面保持技术水平的持续提升，另一方面应着力加强在自身技术效率上的创新和发掘，从而为本国在价值链嵌入领域的具体作用方向提供有益参考。

（二）基准回归

基于以上获得的低碳 TFP 水平和其他主要变量数据，研究使用固定效应模型对各国（地区）造纸产业的全球价值链参与度与分工地位增长的现实效应进行基准检验。首先对各变量进行描述性统计，结果如表 3 所示。

表 3　各变量描述性统计

变量	样本数	平均值	标准差	最小值	最大值
$lctfp$	882	0.0806	0.1774	0.0010	1.0000
gvc_pa	882	0.6106	0.2517	0.1451	1.4543
gvc_po	882	0.0631	0.1074	-0.1814	0.4449
is	882	0.0597	0.0316	0.0112	0.1972
es	882	0.0599	0.1184	0.0000	0.7641

由表 3 可知，研究所需的所有变量数据均为完全获得且样本量满足研究要求。具体来看，根据最小值和平均值可知，除价值链分工地位外，所有指标均为正值；按标准差和最大值情况分析，各变量的绝对值变动不大，演变趋势较为平稳，但不排除存在门槛的可能性。在对数据进行初步计量分析后，研究对以上变量进行总体回归检验，结果如表 4 所示。

表 4　基准数据回归结果

变量	gvc_pa	gvc_po	is	es
系数	0.0178 (0.33)	0.2643 *** (3.27)	2.2190 *** (7.78)	-0.3904 *** (-6.38)

注：*** 表示在1%的水平上显著，括号内为 t 统计量。

由表4可知，除全球价值链参与度变量外，模型其余变量的参数结果均通过1%水平的显著性检验。具体来看，控制变量中，产业结构指标每增长1%，低碳TFP将对应增长2.2190%，表明在低碳经济约束下，各国造纸产业正普遍转向清洁可持续发展模式，进而有助于产业低碳TFP的提升；能源消费结构指标每增长1%，低碳TFP将对应下降0.3904%，表明煤炭等传统能源消耗将极大阻碍造纸产业的转型升级。而对于两类解释变量，分工地位指标对低碳TFP存在显著的促进作用，该指标每增加1%，对应的低碳TFP将提高0.2643%，从而验证了本文假设1；而参与度指标对低碳TFP的回归结果不显著，预示着二者间可能存在非线性关系，从而部分验证了前文理论机制。

（三）门槛效应检验

在检验了价值链分工地位低碳TFP的促进作用之后，研究在线性分析的基础上，以分工地位指标为门槛变量，进一步考察参与度指标对低碳TFP的非线性影响。相关参数结果如表5所示。

表5 门槛效应检验结果

门槛值	0.2095	F值	51.30	P值	0.0400	5%临界值	45.8715
gvc_pa_0	−0.0190	gvc_pa_1	0.1258 ***	is	2.1372 ***	es	−0.4234 ***

注：*** 表示在1%的水平上显著。

由表5可知，全球价值链参与度指标与低碳TFP二者间存在显著的单门槛效应：当分工地位小于0.2095时，参与度指标对造纸产业的低碳TFP产生不显著的负向影响；而当分工地位指数越过门槛值后，参与度每增加1%，对应的低碳TFP水平将明显提升0.1258%，反映出价值链高端地位对参与度技术溢出效应的极大加成作用，从而再次验证了本文理论机制和研究假说2。

基于以上计量结果，研究以分工地位门槛值0.2095为界，对本文研究的42个国家（地区）造纸产业的对应影响情况进行分组，并绘制门槛相位图，如图2所示。

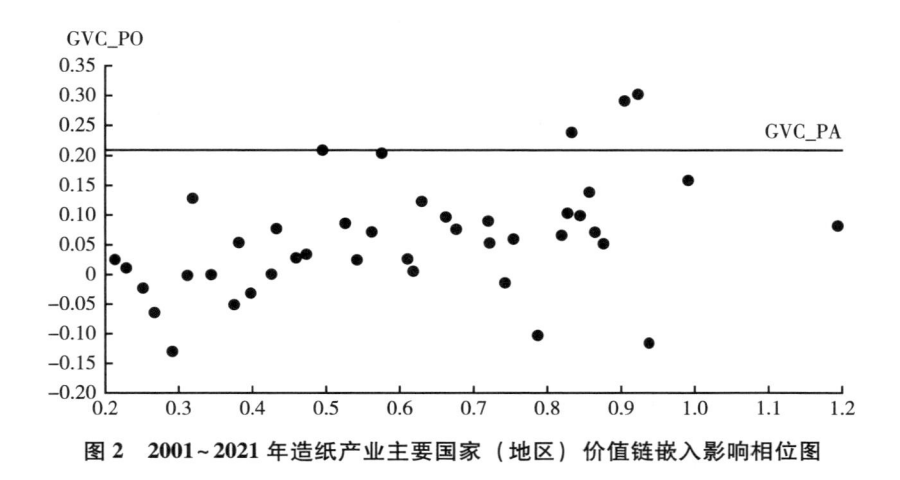

图 2 2001~2021 年造纸产业主要国家（地区）价值链嵌入影响相位图

由图 2 可见，在 2001~2021 年的世界造纸产业链中，仅有 4 国的平均价值链分工地位越过 0.2095 的门槛，即此时的参与度上升将显著促进低碳 TFP 的提升，而其他 38 国（地区）的参与度增长，对于本国的低碳 TFP 无显著影响或将产生阻碍作用，即此时促进产业低碳发展的前提是实现分工地位的提升。需要注意的是，在本文的固有理论框架下，该门槛的具体数值显然将随着产业部门、研究时段和产业链主要国家（地区）的不同而发生变化。

五 结论与政策建议

（一）研究结论

在低碳经济转型的大背景下，研究以世界造纸产业链为研究对象，以参与度和分工地位指标重新界定了价值链嵌入的准确内涵，进而从本质层面深入阐述了二者影响低碳 TFP 的理论机制与作用效果。在此基础上，研究采用 SBM-GML 模型和投入产出模型分别测算了 2001~2021 年 42 个世界主要经济体的低碳 TFP 和价值链嵌入水平及演变趋势，并采用固定效应模型和门槛效应模型考察价值链嵌入对低碳 TFP 的总体及分阶段影响，主要得到

以下结论。

第一，2001~2021年，世界造纸产业链上主要国家（地区）的低碳TFP虽稳步增长但彼此间差异较大，多数国家的低碳TFP增长源于技术进步，而仅有少数TFP高水平国家的技术效率指标同样呈现上升趋势。

第二，2001~2021年，世界造纸产业链上主要国家（地区）的分工地位对低碳TFP的提升存在1∶0.2643的显著促进作用；而参与度的低碳TFP效应呈现为以0.2095为门槛的非线性影响，且前一阶段具体表现为不显著的阻碍作用，越过门槛后则产生1∶0.1258的显著促进作用。

第三，2001~2021年，世界造纸产业链上主要国家（地区）的产业结构和能源消费结构大多呈现清洁化、低碳化趋势，并分别对本国的低碳TFP产生1∶2.2190和1∶-0.3904的显著影响效应。

（二）主要政策建议

基于本文主要研究结论，研究进一步针对中国造纸产业及其他国民经济主要行业的高质量可持续发展提出如下政策建议。

1. 找准生产率差距根源，提升技术利用效率

从概念的分解界定来看，相比于技术发展水平的进步，技术利用效率不足仍是当前制约多数国家低碳TFP增长的根源，而中国在造纸产业领域的出色表现一方面反映出近年来国内相关政策实施的显著成效，另一方面则可为其他主要行业的低碳转型提供有益借鉴。当前，如国际贸易冲突和新冠疫情对外循环供应链的阻断，以及国内加大环境治理力度等倒逼因素的多重影响，均使以先进的技术设备和管理经验提升生产能力和资源利用率，进而实现产业的绿色发展成为中国各高效益、重污染产业的转型共识，且已在造纸产业取得一定成效。因此，在下一阶段，相关生产部门应着重关注产业转型中的技术元素，在持续开展关键领域技术创新的同时，重点挖掘现有技术的效率提升空间，有效保证低碳TFP在概念内涵层面的均衡发展。

2. 厘清价值链嵌入水平，提高产业分工地位

研究结果表明，全球价值链分工地位不仅极大地促进了产业低碳TFP

的提升，更是使价值链参与度的低碳 TFP 促进效应得以有效发挥的重要前提。就造纸产业而言，其造纸设备单一且稳定性差，产成品质量低且同质性高，企业规模小而议价能力较弱，且行业的国际贸易参与度同样不高，导致自中国加入 WTO 以来该产业始终处于价值链低端水平。对此，应一方面鼓励企业走出国门、积极拓展海外业务，同时提高行业生产技术标准，广泛吸引高水平外商投资，以推动产业内各主要环节加速融入全球生产和贸易网络；另一方面，应重点关注并考察包括造纸产业在内的各行业部门价值链嵌入动态及主要存在问题，在产业研发和服务端下功夫，以技术引进、技术创新和"干中学"等方式着力摆脱"低端锁定"局面，努力实现价值链嵌入水平与产业低碳 TFP 的同步提升。

3. 促进低碳化发展趋势，完善能源消费结构

进入新发展阶段以来，中国经济发展的重点由高增长、高排放转为稳增长、调结构，使合理的产业结构与能源消费结构成为衡量产业转型升级进程的重要抓手。研究显示，各国造纸产业在历经数年的清洁化、低碳化政策引导下，在以上两方面均已呈现鲜明的可持续发展趋势，并积极作用于产业的低碳 TFP 提升。因此，作为全球唯一拥有全部工业门类的国家，同时也是全球碳排放第一大国，中国有义务也有必要改善自身行业结构以实现高质量发展。一方面，应加速出台和落实相关鼓励政策，支持低碳生产企业和绿色行业发展壮大，并倒逼其他高排放主体主动减碳增效；另一方面，应加快能源结构调整步伐，积极探索完善以多种清洁能源替代传统煤炭燃料的可行方案，在各产业内推进资源集约、环境友好的低碳生产模式，为同步实现经济增长与环境保护目标作出积极贡献。

参考文献

白雪洁、孙献贞：《互联网发展影响全要素碳生产率：成本、创新还是需求引致》，《中国人口·资源与环境》2021 年第 10 期。

梁经伟、钟世川、毛艳华：《全球生产网络是否提升了全要素生产率?》，《北京工商大学学报》（社会科学版）2022年第4期。

谢会强、黄凌云、刘冬冬：《全球价值链嵌入提高了中国制造业碳生产率吗》，《国际贸易问题》2018年第12期。

杨飞、孙文远、张松林：《全球价值链嵌入、技术进步与污染排放——基于中国分行业数据的实证研究》，《世界经济研究》2017年第2期。

叶静怡、林佳：《创新与企业全要素生产率——来自中国制造业企业的证据》，《学习与探索》2016年第5期。

Färe, R., Grosskopf, S. & Pasurka Jr, C. A., "Environmental production functions and environmental directional distance functions," *Energy*, 2007, 32 (7): 1055-1066.

Fukuyama, H., & Weber, W. L., "A directional slacks-based measure of technical inefficiency," *Socio-Economic Planning Sciences*, 2009, 43 (4): 274-287.

Gereffi, G., & Lee, J., "Why the world suddenly cares about global supply chains," *Journal of Supply Chain Management*, 2012, 48 (3): 24-32.

Hansen, B. E., "Threshold effects in non-dynamic panels: Estimation, testing, and inference," *Journal of Econometrics*, 1999, 93 (2): 345-368.

Humphrey, J., & Schmitz, H., "How does insertion in global value chains affect upgrading in industrial clusters?" *Regional Studies*, 2002, 36 (9), 1017-1027.

Koopman, R., Powers, W., Wang, Z., & Wei, S. J., Give credit where credit is due: Tracing value added in global production chains (No. w16426), National Bureau of Economic Research.

Oh, D. H., "A metafrontier approach for measuring an environmentally sensitive productivity growth index," *Energy Economics*, 2010, 32 (1), 146-157.

United Nations Industrial Development Organization, Industrial Development Report, 2002/2003: Competing Through Innovation and Learning. The Organization, 2002.

Wang, Z., Wei, S. J., Yu, X., & Zhu, K., Measures of participation in global value chains and global business cycles (No. w23222), National Bureau of Economic Research. 2017.

社会科学文献出版社

皮 书

智库成果出版与传播平台

❖ 皮书定义 ❖

皮书是对中国与世界发展状况和热点问题进行年度监测，以专业的角度、专家的视野和实证研究方法，针对某一领域或区域现状与发展态势展开分析和预测，具备前沿性、原创性、实证性、连续性、时效性等特点的公开出版物，由一系列权威研究报告组成。

❖ 皮书作者 ❖

皮书系列报告作者以国内外一流研究机构、知名高校等重点智库的研究人员为主，多为相关领域一流专家学者，他们的观点代表了当下学界对中国与世界的现实和未来最高水平的解读与分析。

❖ 皮书荣誉 ❖

皮书作为中国社会科学院基础理论研究与应用对策研究融合发展的代表性成果，不仅是哲学社会科学工作者服务中国特色社会主义现代化建设的重要成果，更是助力中国特色新型智库建设、构建中国特色哲学社会科学"三大体系"的重要平台。皮书系列先后被列入"十二五""十三五""十四五"时期国家重点出版物出版专项规划项目；自2013年起，重点皮书被列入中国社会科学院国家哲学社会科学创新工程项目。

皮书网

（网址：www.pishu.cn）

发布皮书研创资讯，传播皮书精彩内容
引领皮书出版潮流，打造皮书服务平台

栏目设置

◆ 关于皮书
何谓皮书、皮书分类、皮书大事记、
皮书荣誉、皮书出版第一人、皮书编辑部

◆ 最新资讯
通知公告、新闻动态、媒体聚焦、
网站专题、视频直播、下载专区

◆ 皮书研创
皮书规范、皮书出版、
皮书研究、研创团队

◆ 皮书评奖评价
指标体系、皮书评价、皮书评奖

所获荣誉

◆ 2008年、2011年、2014年，皮书网均在全国新闻出版业网站荣誉评选中获得"最具商业价值网站"称号；

◆ 2012年，获得"出版业网站百强"称号。

网库合一

2014年，皮书网与皮书数据库端口合一，实现资源共享，搭建智库成果融合创新平台。

皮书网

"皮书说"
微信公众号

权威报告·连续出版·独家资源

皮书数据库
ANNUAL REPORT(YEARBOOK) DATABASE

分析解读当下中国发展变迁的高端智库平台

所获荣誉

- 2022年，入选技术赋能"新闻+"推荐案例
- 2020年，入选全国新闻出版深度融合发展创新案例
- 2019年，入选国家新闻出版署数字出版精品遴选推荐计划
- 2016年，入选"十三五"国家重点电子出版物出版规划骨干工程
- 2013年，荣获"中国出版政府奖·网络出版物奖"提名奖

皮书数据库　"社科数托邦"微信公众号

成为用户

登录网址www.pishu.com.cn访问皮书数据库网站或下载皮书数据库APP，通过手机号码验证或邮箱验证即可成为皮书数据库用户。

用户福利

- 已注册用户购书后可免费获赠100元皮书数据库充值卡。刮开充值卡涂层获取充值密码，登录并进入"会员中心"—"在线充值"—"充值卡充值"，充值成功即可购买和查看数据库内容。
- 用户福利最终解释权归社会科学文献出版社所有。

数据库服务热线：010-59367265
数据库服务QQ：2475522410
数据库服务邮箱：database@ssap.cn
图书销售热线：010-59367070/7028
图书服务QQ：1265056568
图书服务邮箱：duzhe@ssap.cn

社会科学文献出版社 皮书系列
卡号：214772758547
密码：

S 基本子库
SUB DATABASE

中国社会发展数据库（下设 12 个专题子库）

紧扣人口、政治、外交、法律、教育、医疗卫生、资源环境等 12 个社会发展领域的前沿和热点，全面整合专业著作、智库报告、学术资讯、调研数据等类型资源，帮助用户追踪中国社会发展动态、研究社会发展战略与政策、了解社会热点问题、分析社会发展趋势。

中国经济发展数据库（下设 12 专题子库）

内容涵盖宏观经济、产业经济、工业经济、农业经济、财政金融、房地产经济、城市经济、商业贸易等 12 个重点经济领域，为把握经济运行态势、洞察经济发展规律、研判经济发展趋势、进行经济调控决策提供参考和依据。

中国行业发展数据库（下设 17 个专题子库）

以中国国民经济行业分类为依据，覆盖金融业、旅游业、交通运输业、能源矿产业、制造业等 100 多个行业，跟踪分析国民经济相关行业市场运行状况和政策导向，汇集行业发展前沿资讯，为投资、从业及各种经济决策提供理论支撑和实践指导。

中国区域发展数据库（下设 4 个专题子库）

对中国特定区域内的经济、社会、文化等领域现状与发展情况进行深度分析和预测，涉及省级行政区、城市群、城市、农村等不同维度，研究层级至县及县以下行政区，为学者研究地方经济社会宏观态势、经验模式、发展案例提供支撑，为地方政府决策提供参考。

中国文化传媒数据库（下设 18 个专题子库）

内容覆盖文化产业、新闻传播、电影娱乐、文学艺术、群众文化、图书情报等 18 个重点研究领域，聚焦文化传媒领域发展前沿、热点话题、行业实践，服务用户的教学科研、文化投资、企业规划等需要。

世界经济与国际关系数据库（下设 6 个专题子库）

整合世界经济、国际政治、世界文化与科技、全球性问题、国际组织与国际法、区域研究 6 大领域研究成果，对世界经济形势、国际形势进行连续性深度分析，对年度热点问题进行专题解读，为研判全球发展趋势提供事实和数据支持。

法律声明

"皮书系列"（含蓝皮书、绿皮书、黄皮书）之品牌由社会科学文献出版社最早使用并持续至今，现已被中国图书行业所熟知。"皮书系列"的相关商标已在国家商标管理部门商标局注册，包括但不限于LOGO（ ）、皮书、Pishu、经济蓝皮书、社会蓝皮书等。"皮书系列"图书的注册商标专用权及封面设计、版式设计的著作权均为社会科学文献出版社所有。未经社会科学文献出版社书面授权许可，任何使用与"皮书系列"图书注册商标、封面设计、版式设计相同或者近似的文字、图形或其组合的行为均系侵权行为。

经作者授权，本书的专有出版权及信息网络传播权等为社会科学文献出版社享有。未经社会科学文献出版社书面授权许可，任何就本书内容的复制、发行或以数字形式进行网络传播的行为均系侵权行为。

社会科学文献出版社将通过法律途径追究上述侵权行为的法律责任，维护自身合法权益。

欢迎社会各界人士对侵犯社会科学文献出版社上述权利的侵权行为进行举报。电话：010-59367121，电子邮箱：fawubu@ssap.cn。

社会科学文献出版社